AF638324

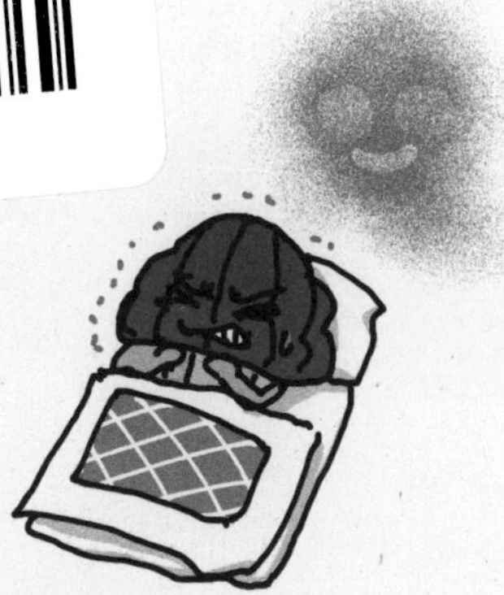

戸塚慶文
Yoshifumi Tozuka

So etwas wie Schlafstarre gibt es, nicht wahr? Vor meinem Debüt, als ich noch mit meiner Karriere als Mangaka zu kämpfen hatte, trat so eine Paralyse jedes Mal auf, wenn ich ins Bett ging. Ich konnte meinen Körper nicht bewegen, spürte aber gleichzeitig auch, dass ein böser Geist von mir Besitz ergreifen wollte, und dachte nur: »Wenn der mich jetzt berührt, werde ich sterben!« Ich konnte diesem Gefühl nie wirklich entkommen und bin jedes Mal, wenn der Geist mich berührt hat, total erschrocken aufgewacht. Erst als ich diese Szene wieder und wieder im Traum erlebt hatte, gewöhnte ich mich allmählich daran und dachte, dass es sich nicht um ein psychisches Phänomen, sondern eher um einen stressbedingten Albtraum handelte. Nachdem ich mir diese rationale Erklärung zurechtgelegt hatte, tauchte der Geist auch nicht mehr länger in meinen Träumen auf.

Wie es auch in meinem Manga oft gesagt wird, es kommt immer auf die Perspektive an.

UNDEAD UNLUCK

Wir produzieren nachhaltig

- Klimaneutrales Produkt
- Papiere aus nachhaltigen und kontrollierten Quellen
- Hergestellt in Europa

FSC www.fsc.org
MIX
Papier | Fördert gute Waldnutzung
FSC® C083411

CARLSEN MANGA
© 2023 Carlsen Verlag GmbH · Völkersstraße 14-20, 22765 Hamburg
Aus dem Japanischen von Martin Gericke
UNDEAD UNLUCK © 2020 by Yoshifumi Tozuka
All rights reserved.
First published in Japan in 2020 by SHUEISHA Inc., Tokyo.
German translation rights in Germany, Austria, Luxembourg and German-speaking Switzerland arranged by SHUEISHA Inc. through VME PLB SAS, France.

Die Handlung dieser Geschichte ist frei erfunden. Ähnlichkeiten mit lebenden Personen, realen Organisationen oder Ereignissen sind rein zufällig und unbeabsichtigt.

Redaktion: Anne Berling
Textbearbeitung: Karen Eifler
Herstellung: Björn Liebchen
Alle deutschen Rechte vorbehalten
ISBN: 978-3-551-71104-5

Carlsen Manga! News – jeden Monat neu per E-Mail!
www.carlsenmanga.de
www.carlsen.de

Wir behalten uns die Nutzung unserer Inhalte für Text und Data Mining im Sinne von § 44b UrhG ausdrücklich vor.

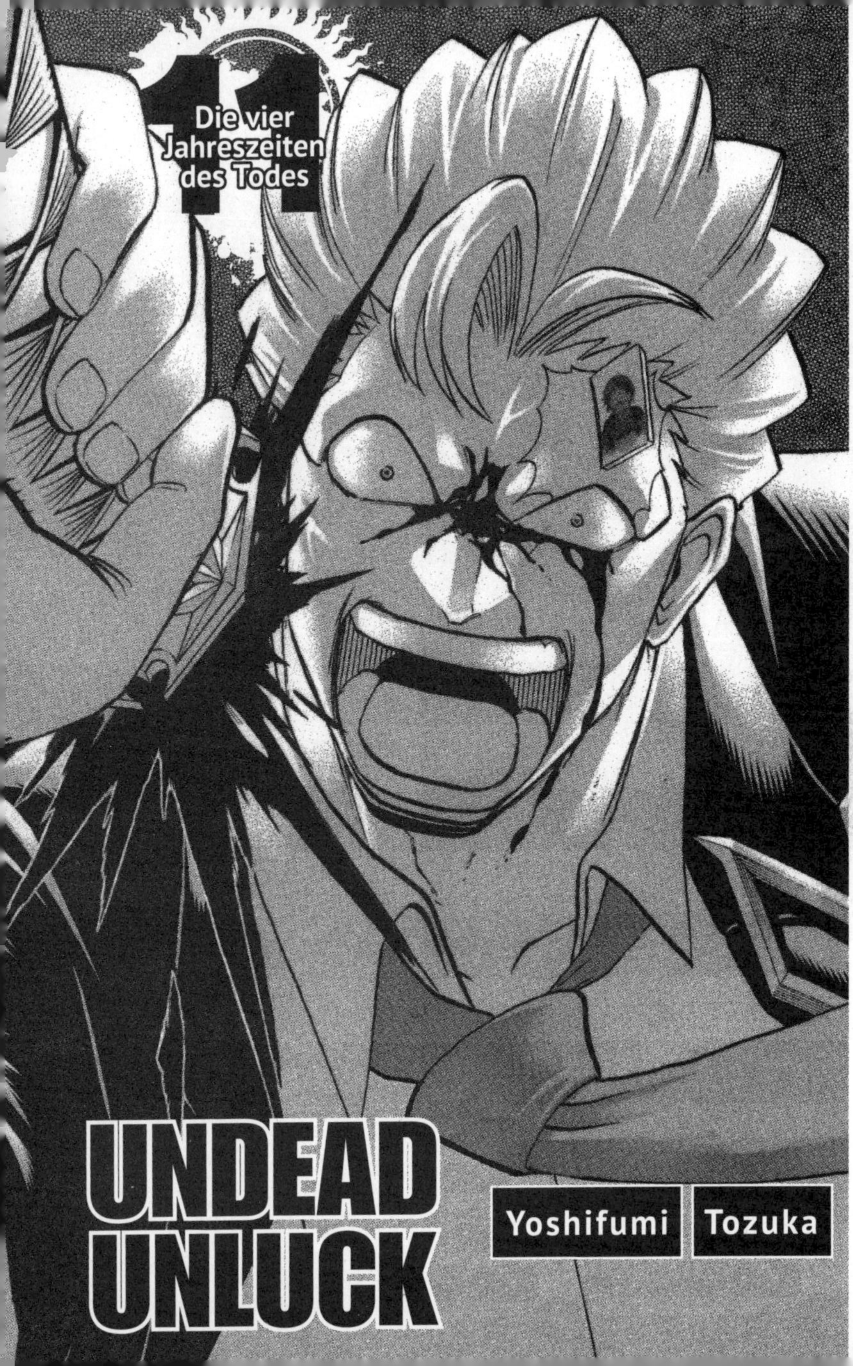

UNDEAD UNLUCK

11

Die vier Jahreszeiten des Todes

Yoshifumi Tozuka

CHARAKTERE

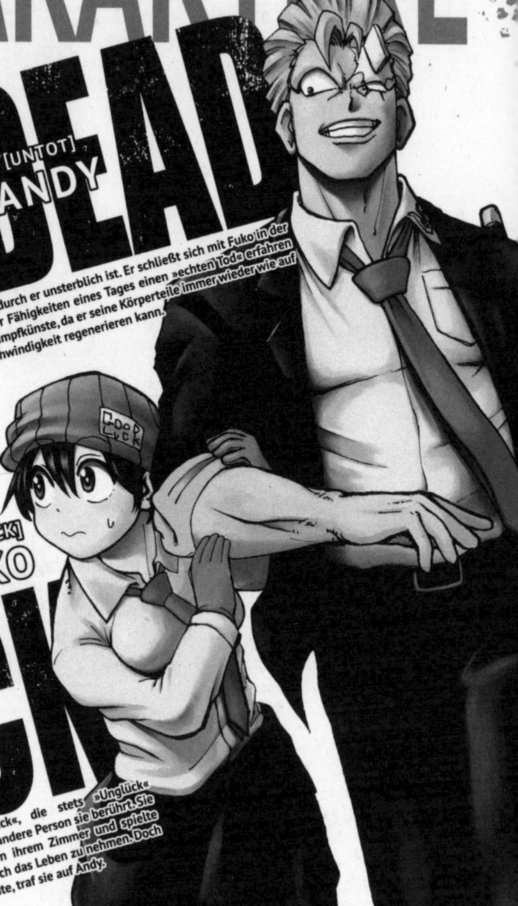

UNDEAD

[UNTOT]
ANDY

Besitzt die Fähigkeit »Undead«, wodurch er unsterblich ist. Er schließt sich mit Fuko in der Hoffnung zusammen, mithilfe ihrer Fähigkeiten eines Tages einen »echten Tod« erfahren zu können. Besitzt erstaunliche Kampfkünste, da er seine Körperteile immer wieder wie auf Knopfdruck und in rasender Geschwindigkeit regenerieren kann.

UN LUCK

[UNGLÜCK]
FUKO

Besitzt die Fähigkeit »Unluck«, die stets »Unglück« heraufbeschwört, sobald eine andere Person sie berührt. Sie lebte lange zurückgezogen in ihrem Zimmer und spielte bereits mit dem Gedanken, sich das Leben zu nehmen. Doch bevor es dazu kommen konnte, traf sie auf Andy.

STORY

Da sie anderen Menschen mit ihrem »Unglück« ungewollt Pech beschert, hatte sich Fuko eigentlich vorgenommen, ihrem Leben ein Ende zu setzen. Doch nach der kuriosen Begegnung mit Andy, einem mysteriösen Kerl mit einem unsterblichen Körper, gewinnt sie ihren Lebenswillen zurück und schöpft neuen Mut. In der Zwischenzeit erfahren die beiden von der Existenz einer Organisation, der Union, welche sogenannte UMA (unidentifizierte, mysteriöse Arten) und andere unbekannte Phänomene aufspürt und in Gewahrsam nimmt. In der Union gibt es einen runden Tisch, der auf zehn Mitglieder begrenzt ist und an dem sich die Negatoren versammeln. Andy und Fuko beschließen, der Union beizutreten, und besiegen dafür zwei der bisherigen Mitglieder, um sich einen Platz am besagten Tisch zu sichern. Dort erfahren sie auch den Grund für die Existenz der Union: Es gilt, die vom Schöpfer auferlegten Quests zu lösen und gegen ihn zu rebellieren. Nachdem es Fuko gelungen ist, bis zu Spring vorzudringen, schlägt der ihr einen Wettstreit in drei Runden vor, bei dem alles, aber auch wirklich alles auf dem Spiel steht. Das erste Spiel hat sie verloren, im zweiten Spiel konnte sie knapp siegen, doch nun zieht Spring alle Register, um Fuko noch weiter in die Enge zu treiben.

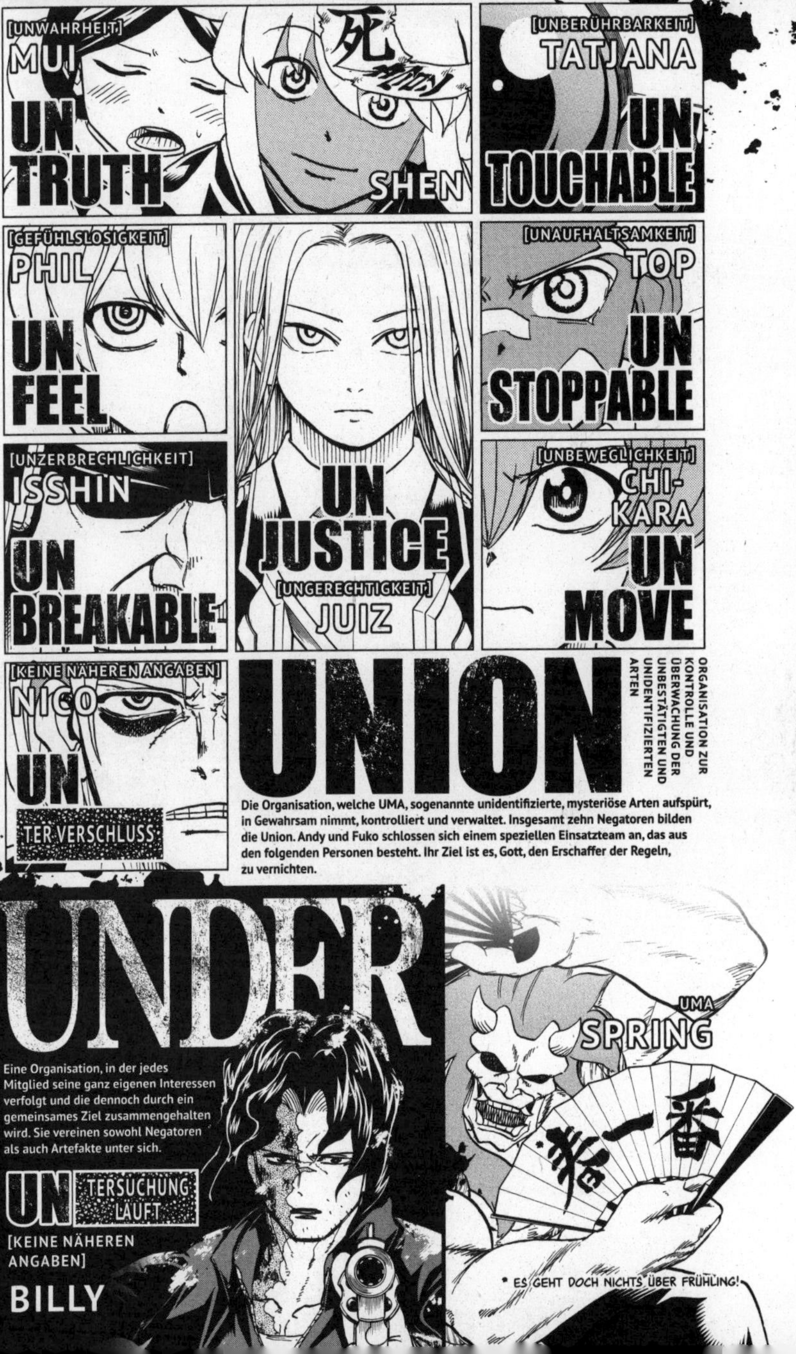

[UNWAHRHEIT]
MUI
UN TRUTH
SHEN
[UNBERÜHRBARKEIT]
TATJANA
UN TOUCHABLE
[GEFÜHLSLOSIGKEIT]
PHIL
UN FEEL
UN JUSTICE
[UNGERECHTIGKEIT]
JUIZ
[UNAUFHALTSAMKEIT]
TOP
UN STOPPABLE
[UNZERBRECHLICHKEIT]
ISSHIN
UN BREAKABLE
[UNBEWEGLICHKEIT]
CHI-KARA
UN MOVE
[KEINE NÄHEREN ANGABEN]
NICO
UN
TER VERSCHLUSS
UNION
ORGANISATION ZUR KONTROLLE UND ÜBERWACHUNG DER UNBESTÄTIGTEN UND UNIDENTIFIZIERTEN ARTEN
Die Organisation, welche UMA, sogenannte unidentifizierte, mysteriöse Arten aufspürt, in Gewahrsam nimmt, kontrolliert und verwaltet. Insgesamt zehn Negatoren bilden die Union. Andy und Fuko schlossen sich einem speziellen Einsatzteam an, das aus den folgenden Personen besteht. Ihr Ziel ist es, Gott, den Erschaffer der Regeln, zu vernichten.
UNDER
Eine Organisation, in der jedes Mitglied seine ganz eigenen Interessen verfolgt und die dennoch durch ein gemeinsames Ziel zusammengehalten wird. Sie vereinen sowohl Negatoren als auch Artefakte unter sich.
UN TERSUCHUNG LÄUFT
[KEINE NÄHEREN ANGABEN]
BILLY
UMA
SPRING
一番
ES GEHT DOCH NICHTS ÜBER FRÜHLING!

UNDEAD UNLUCK

アンデッドアンラック

11

Die vier Jahreszeiten des Todes

No. 089 Runde drei 7

No. 090 Ihr verrückten Negatoren 27

No. 091 Geh spielen, Kiddo 51

No. 092 Essenz 71

No. 093 Der Gesang des Frühlings 91

No. 094 Die vier Jahreszeiten des Todes 111

No. 095 Raum und Zeit überwinden 135

No. 096 Geisterseele 155

No. 097 Du Hurensohn 175

★ DIE HANDLUNG DIESER GESCHICHTE IST FREI ERFUNDEN. ÄHNLICHKEITEN MIT LEBENDEN PERSONEN, REALEN ORGANISATIONEN ODER EREIGNISSEN SIND REIN ZUFÄLLIG UND UNBEABSICHTIGT.

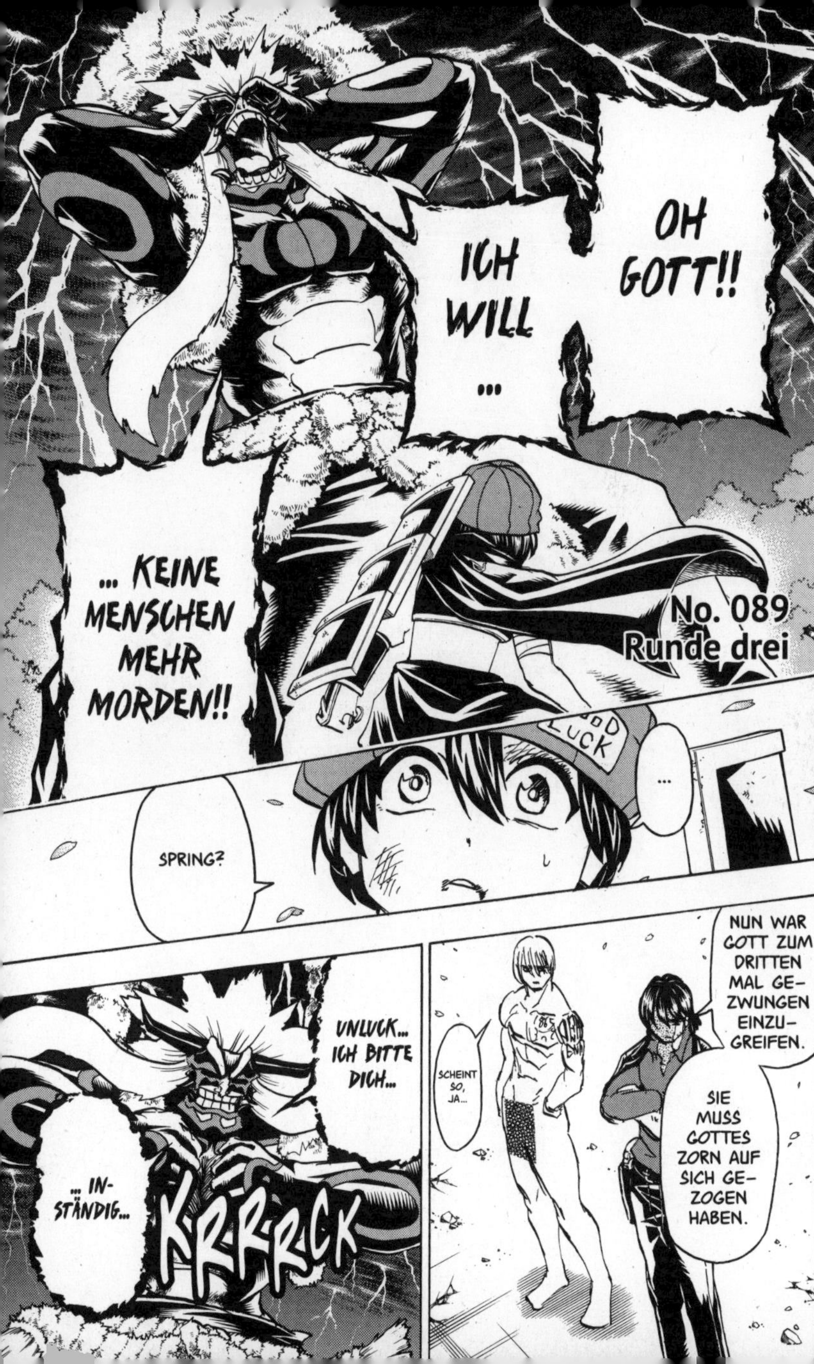
OH GOTT!!
ICH WILL ...
... KEINE MENSCHEN MEHR MORDEN!!
No. 089
Runde drei
...
SPRING?
NUN WAR GOTT ZUM DRITTEN MAL GE-ZWUNGEN EINZU-GREIFEN.
SIE MUSS GOTTES ZORN AUF SICH GE-ZOGEN HABEN.
SCHEINT SO, JA...
UNLUCK... ICH BITTE DICH...
... IN-STÄNDIG...
KRRRCK

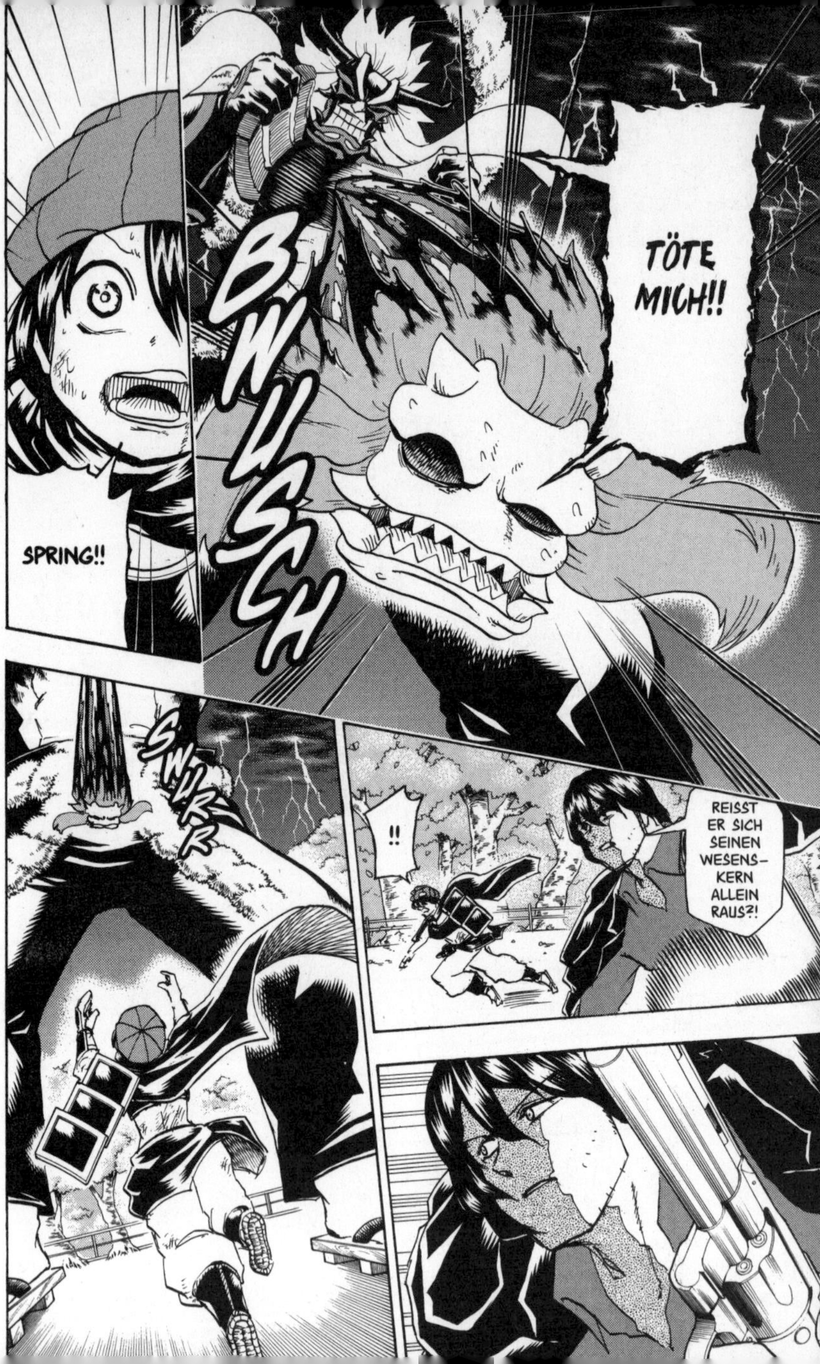
TÖTE MICH!!
BWUSCH
SPRING!!
REISST ER SICH SEINEN WESENS-KERN ALLEIN RAUS?!
!!
SWIRR

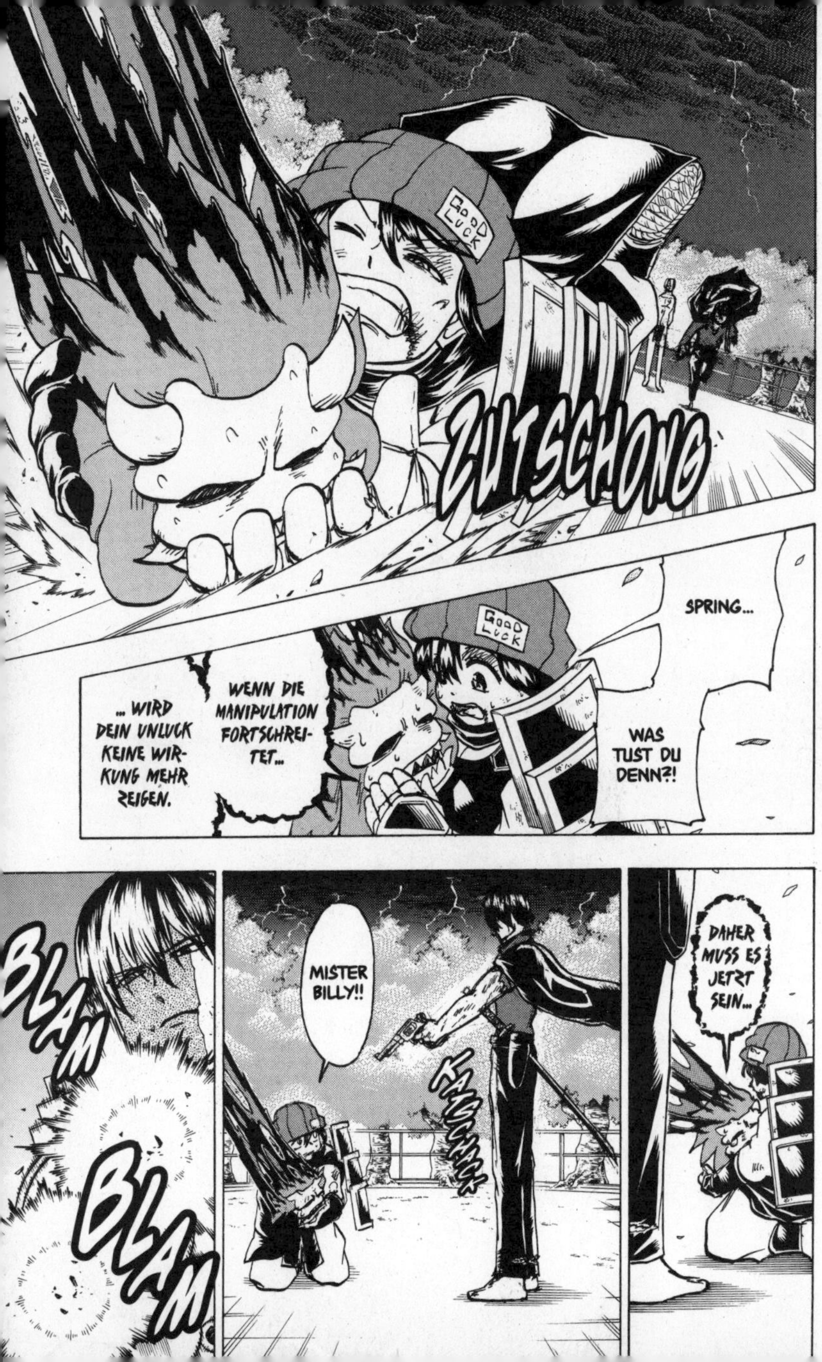
ZUTSCHONG
SPRING...
WAS TUST DU DENN?!
WENN DIE MANIPULATION FORTSCHREITET...
... WIRD DEIN UNLUCK KEINE WIRKUNG MEHR ZEIGEN.
DAHER MUSS ES JETZT SEIN...
MISTER BILLY!!
KACHACK
BLAM
BLAM
BLAM

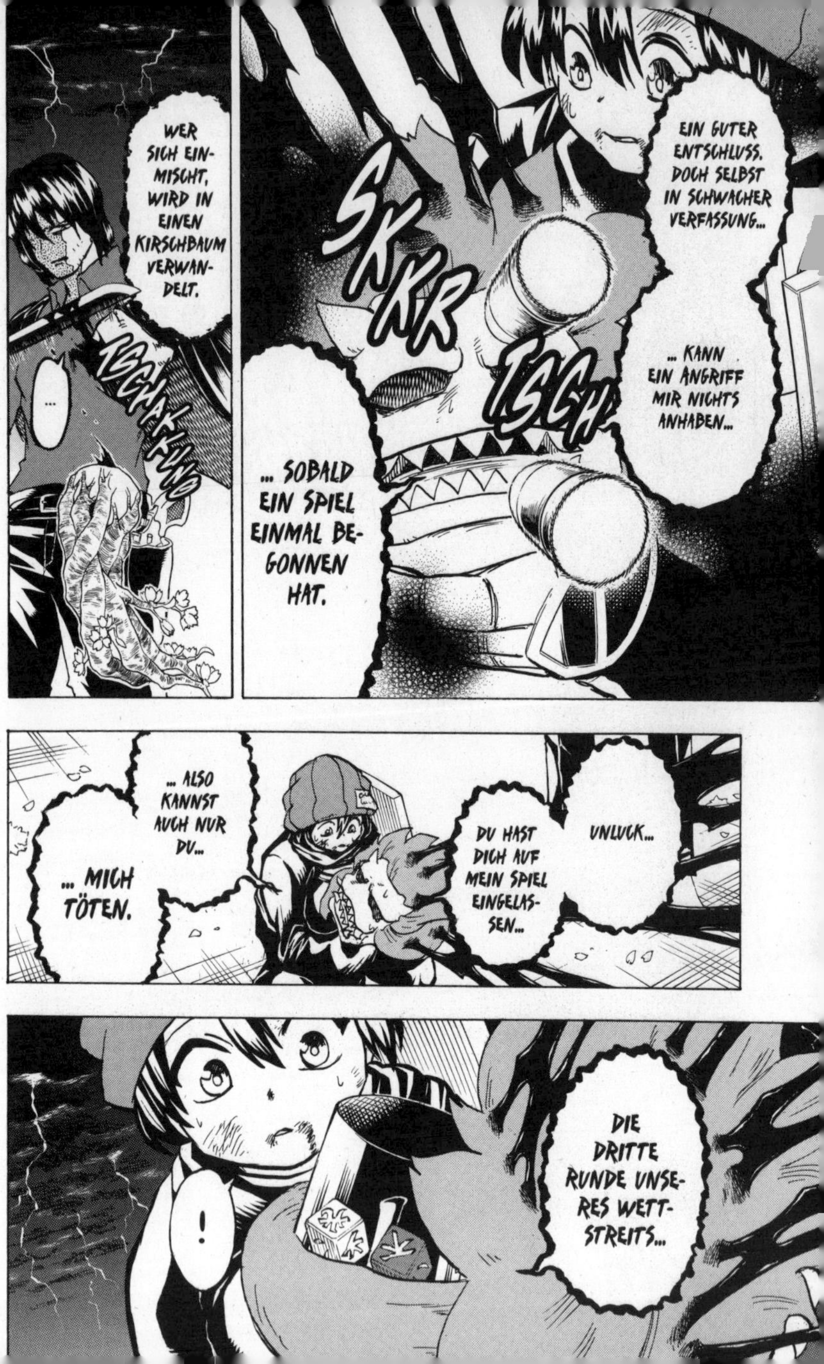
EIN GUTER ENTSCHLUSS. DOCH SELBST IN SCHWACHER VERFASSUNG…
… KANN EIN ANGRIFF MIR NICHTS ANHABEN…
SKKR
TSCH
… SOBALD EIN SPIEL EINMAL BEGONNEN HAT.
WER SICH EINMISCHT, WIRD IN EINEN KIRSCHBAUM VERWANDELT.
…
UNLUCK…
DU HAST DICH AUF MEIN SPIEL EINGELASSEN…
… ALSO KANNST AUCH NUR DU…
… MICH TÖTEN.
DIE DRITTE RUNDE UNSERES WETTSTREITS…
!

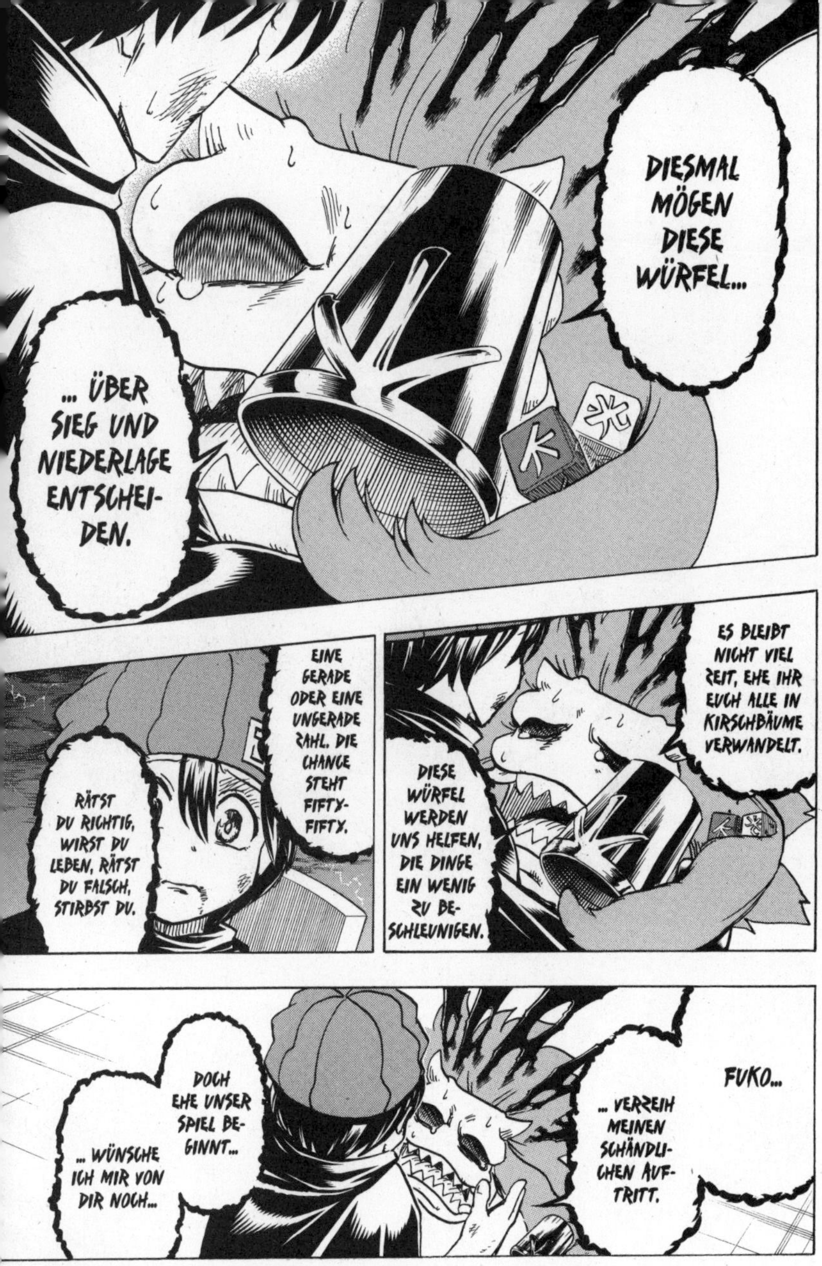
DIESMAL MÖGEN DIESE WÜRFEL...
... ÜBER SIEG UND NIEDERLAGE ENTSCHEIDEN.
ES BLEIBT NICHT VIEL ZEIT, EHE IHR EUCH ALLE IN KIRSCHBÄUME VERWANDELT.
DIESE WÜRFEL WERDEN UNS HELFEN, DIE DINGE EIN WENIG ZU BESCHLEUNIGEN.
EINE GERADE ODER EINE UNGERADE ZAHL. DIE CHANCE STEHT FIFTY-FIFTY.
RÄTST DU RICHTIG, WIRST DU LEBEN, RÄTST DU FALSCH, STIRBST DU.
FUKO...
... VERZEIH MEINEN SCHÄNDLICHEN AUFTRITT.
DOCH EHE UNSER SPIEL BEGINNT...
... WÜNSCHE ICH MIR VON DIR NOCH...

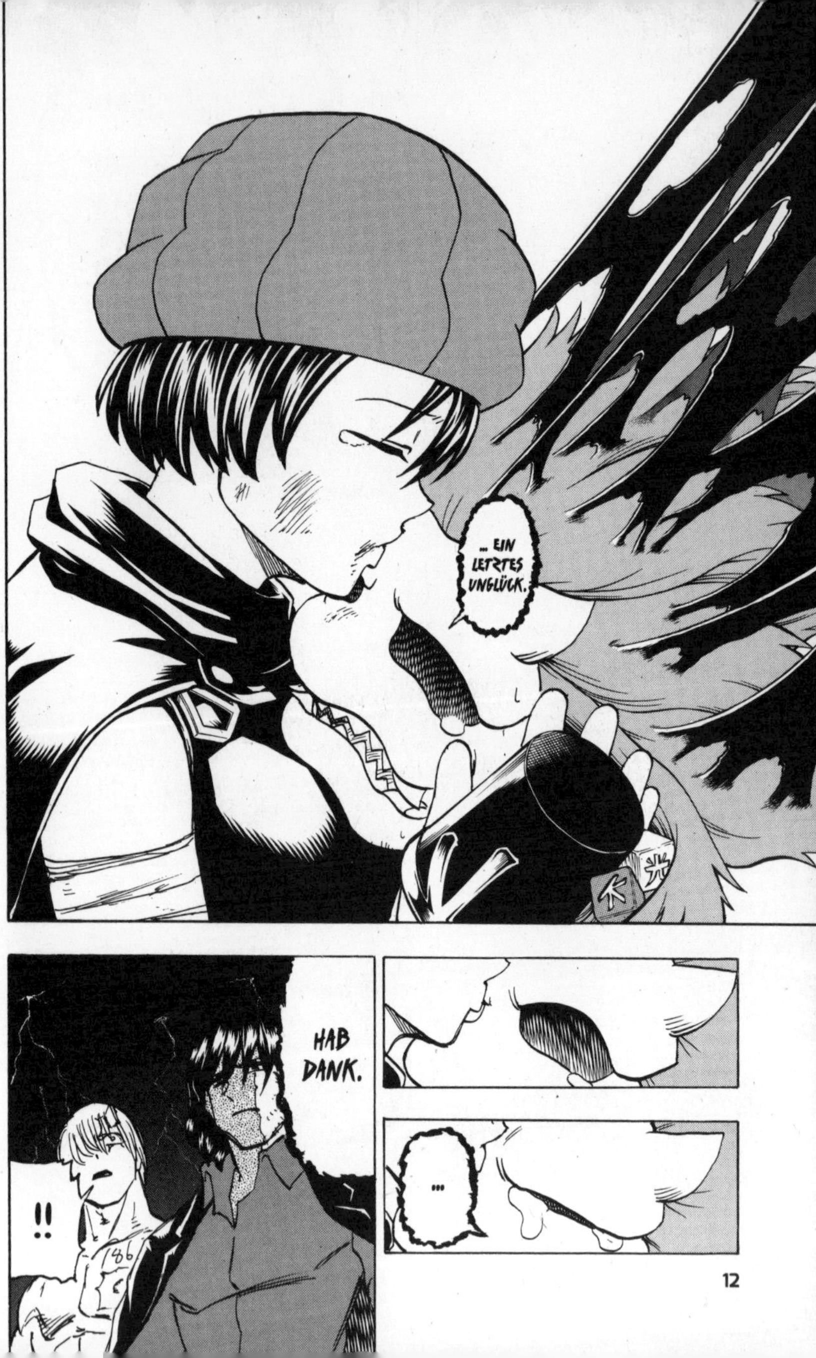
... EIN LETZTES UNGLÜCK.
...
HAB DANK.
!!

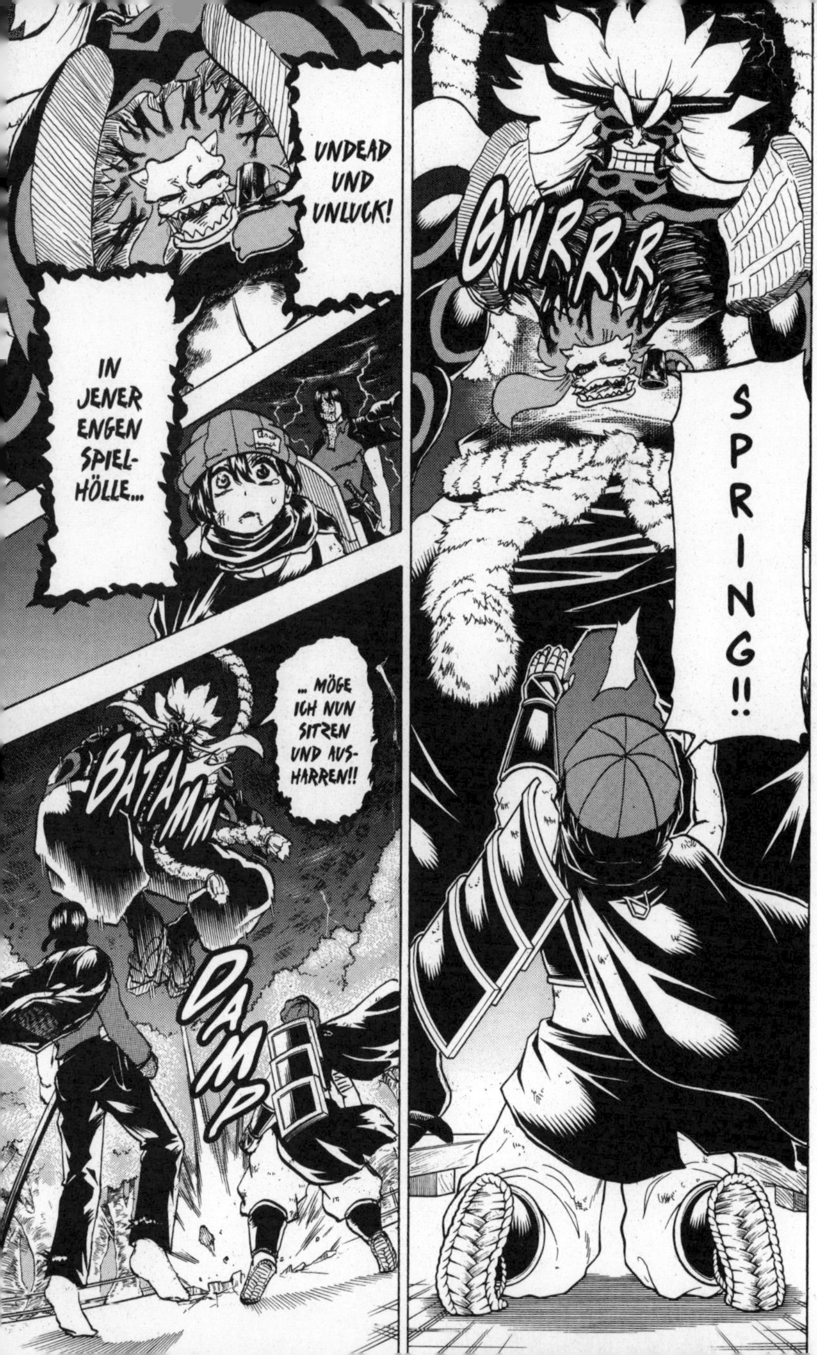
GWRRR
SPRING!!
UNDEAD UND UNLUCK!
IN JENER ENGEN SPIEL-HÖLLE...
... MÖGE ICH NUN SITZEN UND AUS-HARREN!!
BATAMM
DAMP

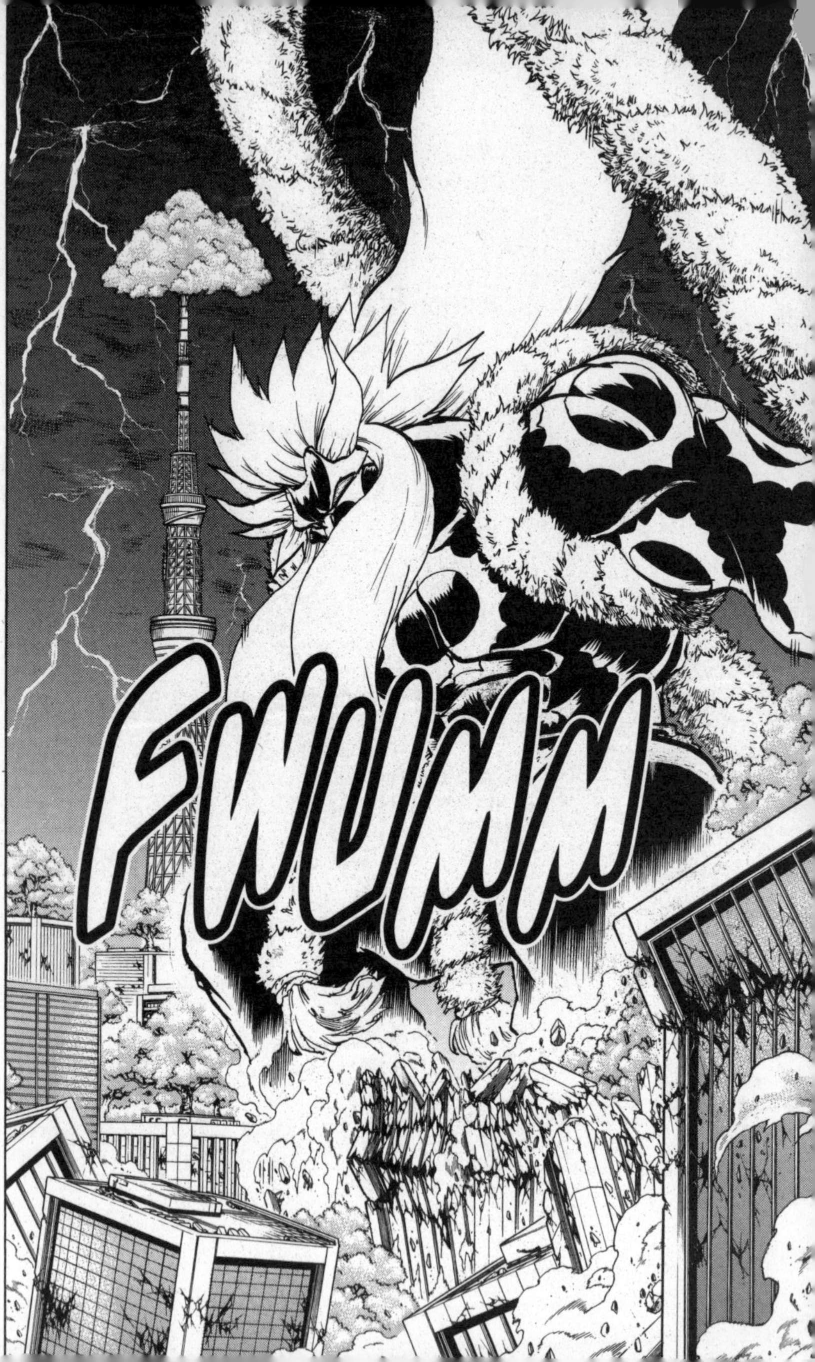
FWUMM

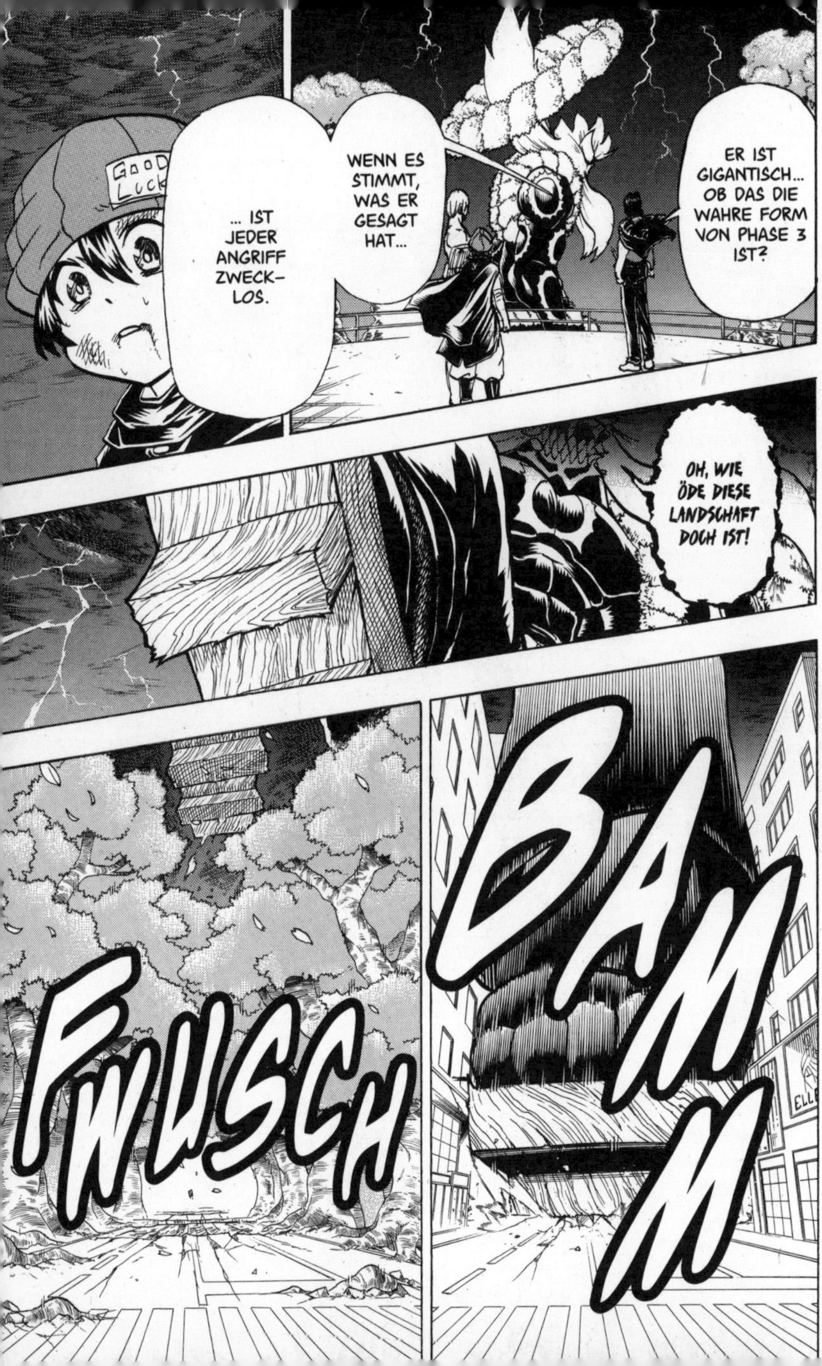
ER IST GIGANTISCH... OB DAS DIE WAHRE FORM VON PHASE 3 IST?
WENN ES STIMMT, WAS ER GESAGT HAT...
... IST JEDER ANGRIFF ZWECKLOS.
OH, WIE ÖDE DIESE LANDSCHAFT DOCH IST!
BAMM
FWUSCH

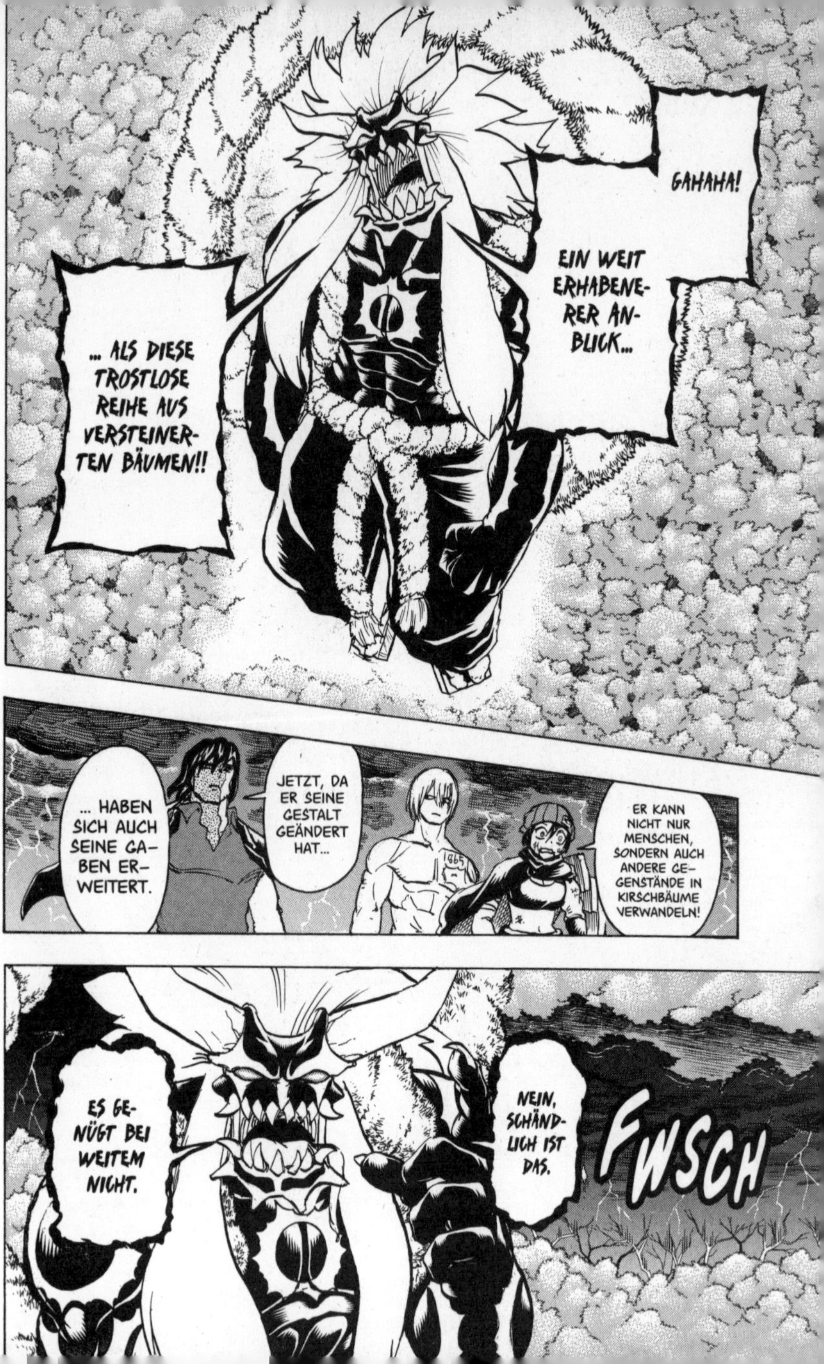
GAHAHA!
EIN WEIT ERHABENERER ANBLICK...
... ALS DIESE TROSTLOSE REIHE AUS VERSTEINERTEN BÄUMEN!!
ER KANN NICHT NUR MENSCHEN, SONDERN AUCH ANDERE GEGENSTÄNDE IN KIRSCHBÄUME VERWANDELN!
JETZT, DA ER SEINE GESTALT GEÄNDERT HAT...
... HABEN SICH AUCH SEINE GABEN ERWEITERT.
FWSCH
NEIN, SCHÄNDLICH IST DAS.
ES GENÜGT BEI WEITEM NICHT.

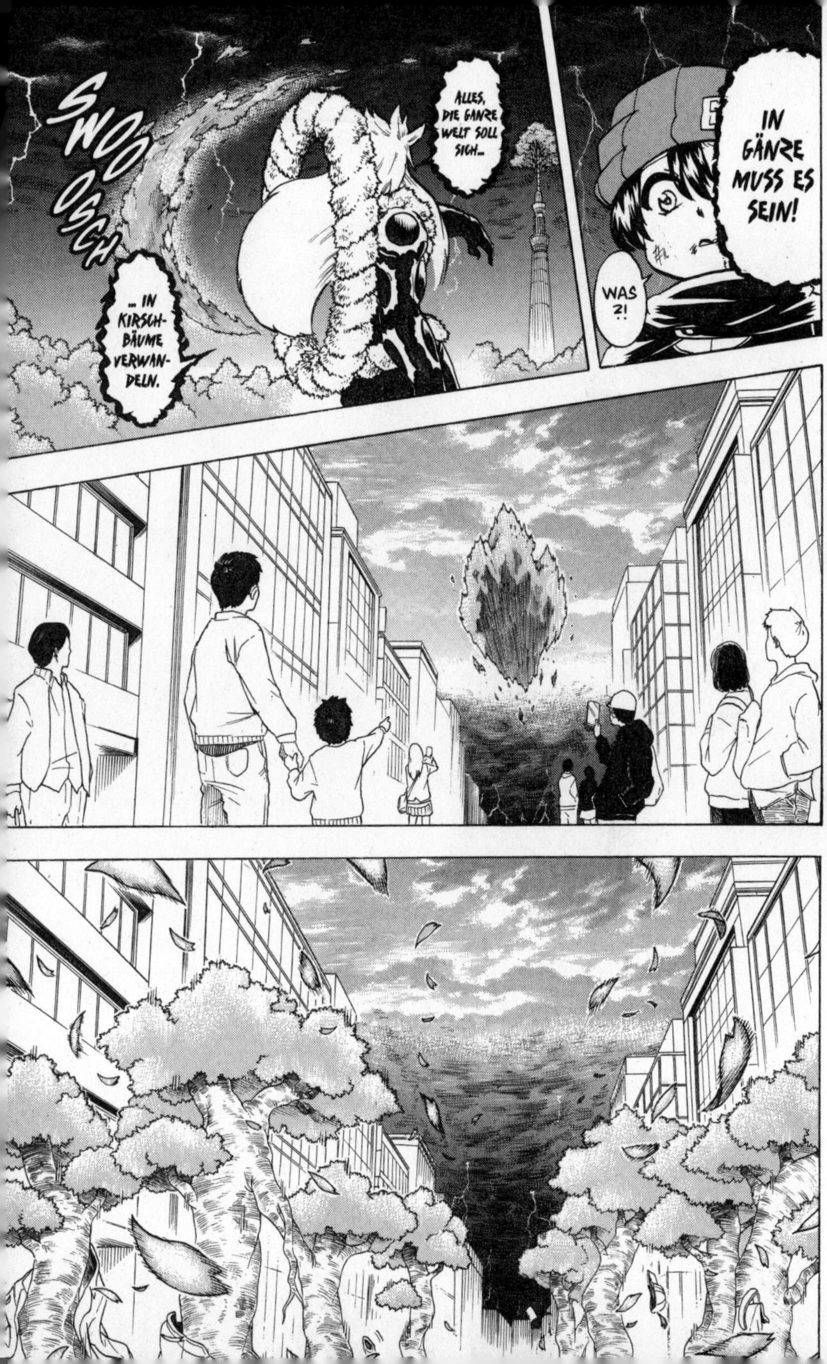
IN GÄNZE MUSS ES SEIN!
WAS?!
ALLES, DIE GANZE WELT SOLL SICH...
SWOOOSCH
... IN KIRSCH-BÄUME VERWAN-DELN.

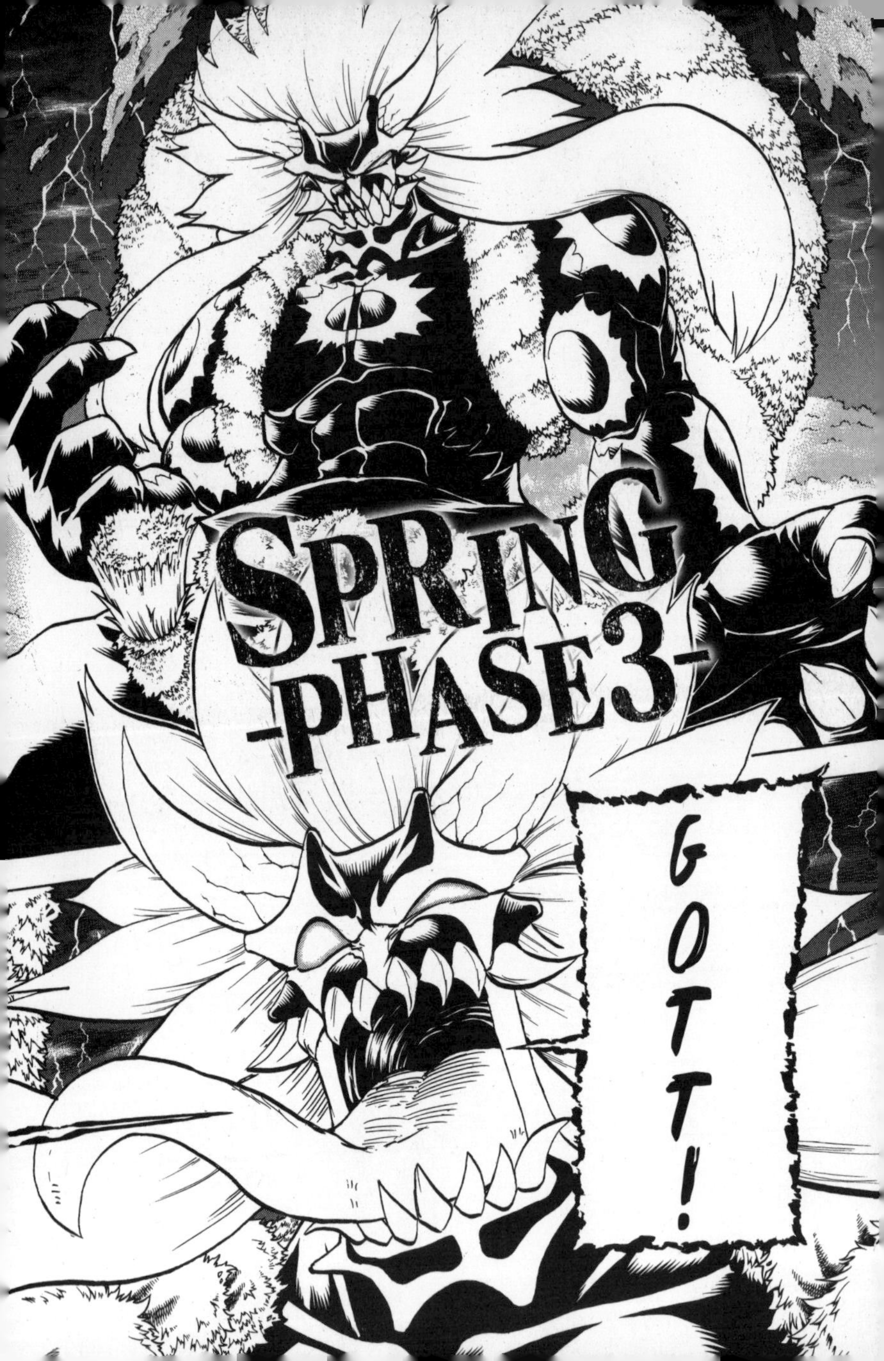
SPRING
-PHASE 3-
GOTT!

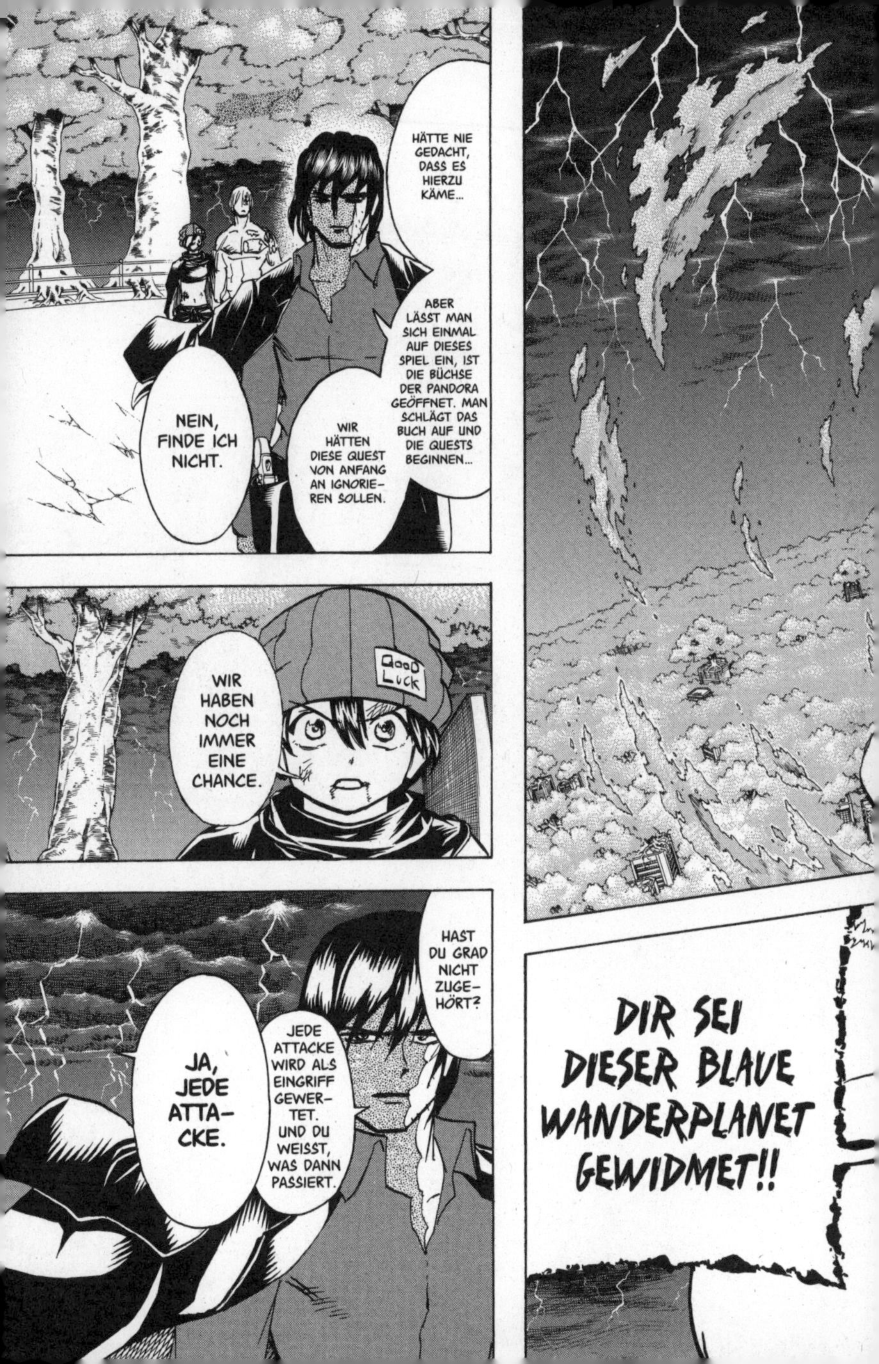
DIR SEI DIESER BLAUE WANDERPLANET GEWIDMET!!
HÄTTE NIE GEDACHT, DASS ES HIERZU KÄME...
ABER LÄSST MAN SICH EINMAL AUF DIESES SPIEL EIN, IST DIE BÜCHSE DER PANDORA GEÖFFNET. MAN SCHLÄGT DAS BUCH AUF UND DIE QUESTS BEGINNEN...
WIR HÄTTEN DIESE QUEST VON ANFANG AN IGNORIEREN SOLLEN.
NEIN, FINDE ICH NICHT.
GOOD LUCK
WIR HABEN NOCH IMMER EINE CHANCE.
HAST DU GRAD NICHT ZUGEHÖRT?
JEDE ATTACKE WIRD ALS EINGRIFF GEWERTET. UND DU WEISST, WAS DANN PASSIERT.
JA, JEDE ATTACKE.

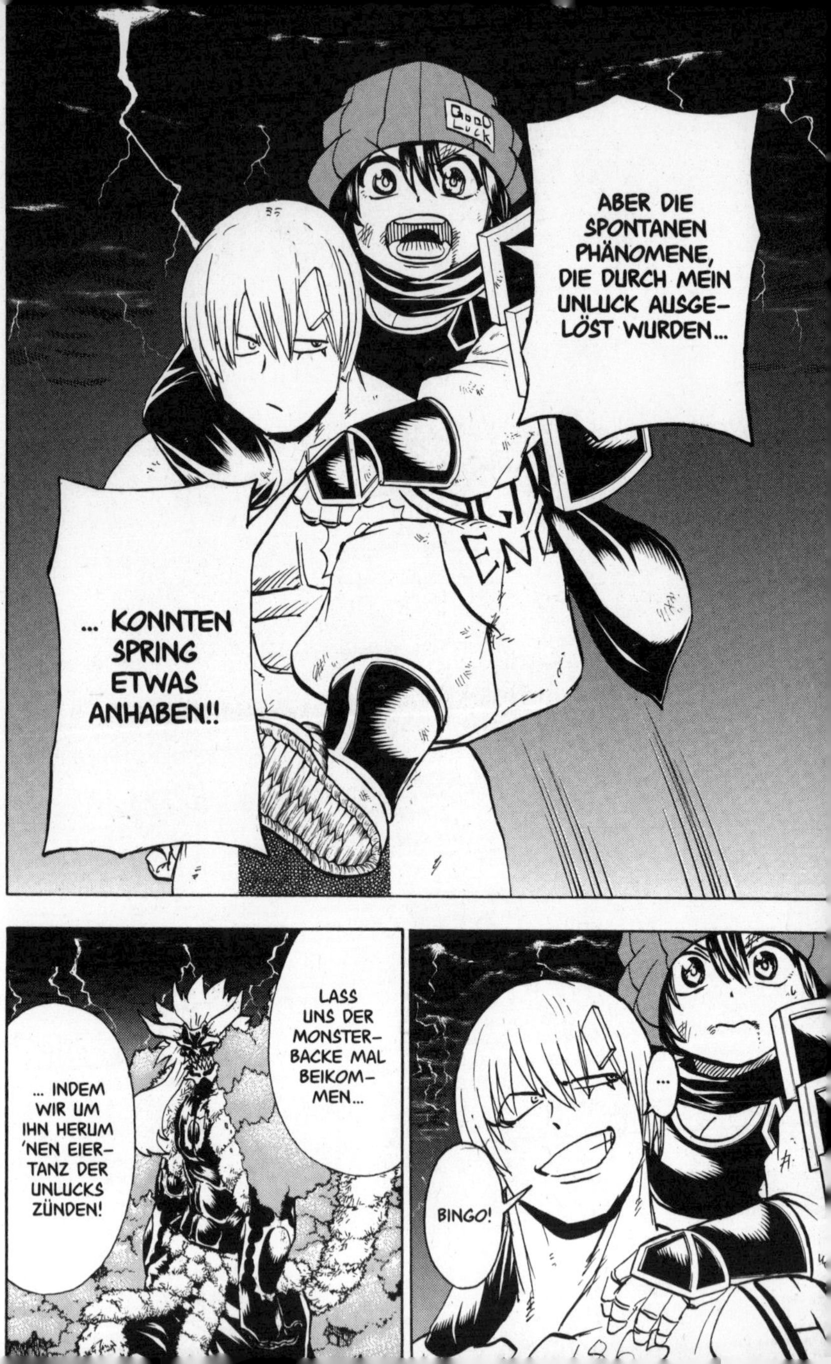
ABER DIE SPONTANEN PHÄNOMENE, DIE DURCH MEIN UNLUCK AUSGE-LÖST WURDEN...
... KONNTEN SPRING ETWAS ANHABEN!!
...
BINGO!
LASS UNS DER MONSTER-BACKE MAL BEIKOM-MEN...
... INDEM WIR UM IHN HERUM 'NEN EIER-TANZ DER UNLUCKS ZÜNDEN!

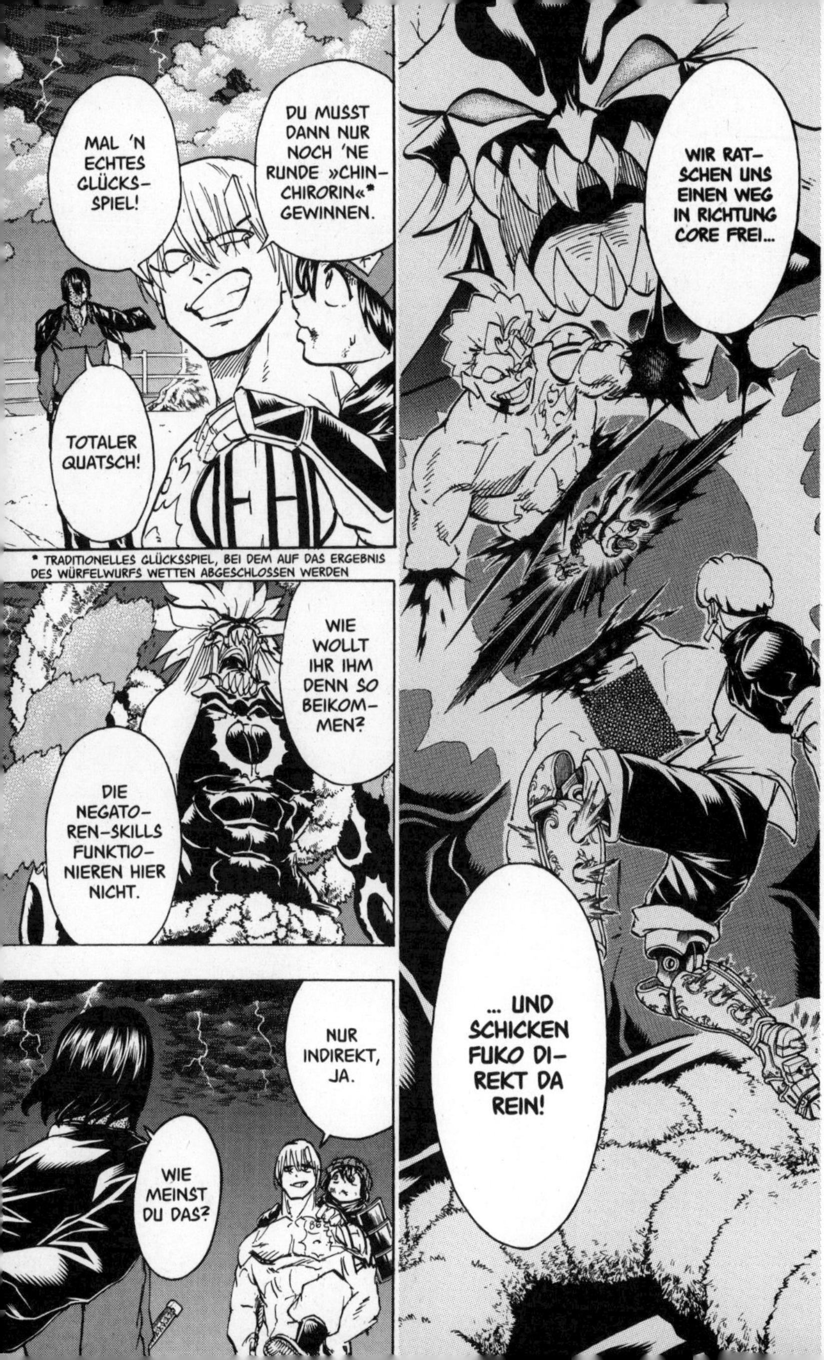

* TRADITIONELLES GLÜCKSSPIEL, BEI DEM AUF DAS ERGEBNIS DES WÜRFELWURFS WETTEN ABGESCHLOSSEN WERDEN

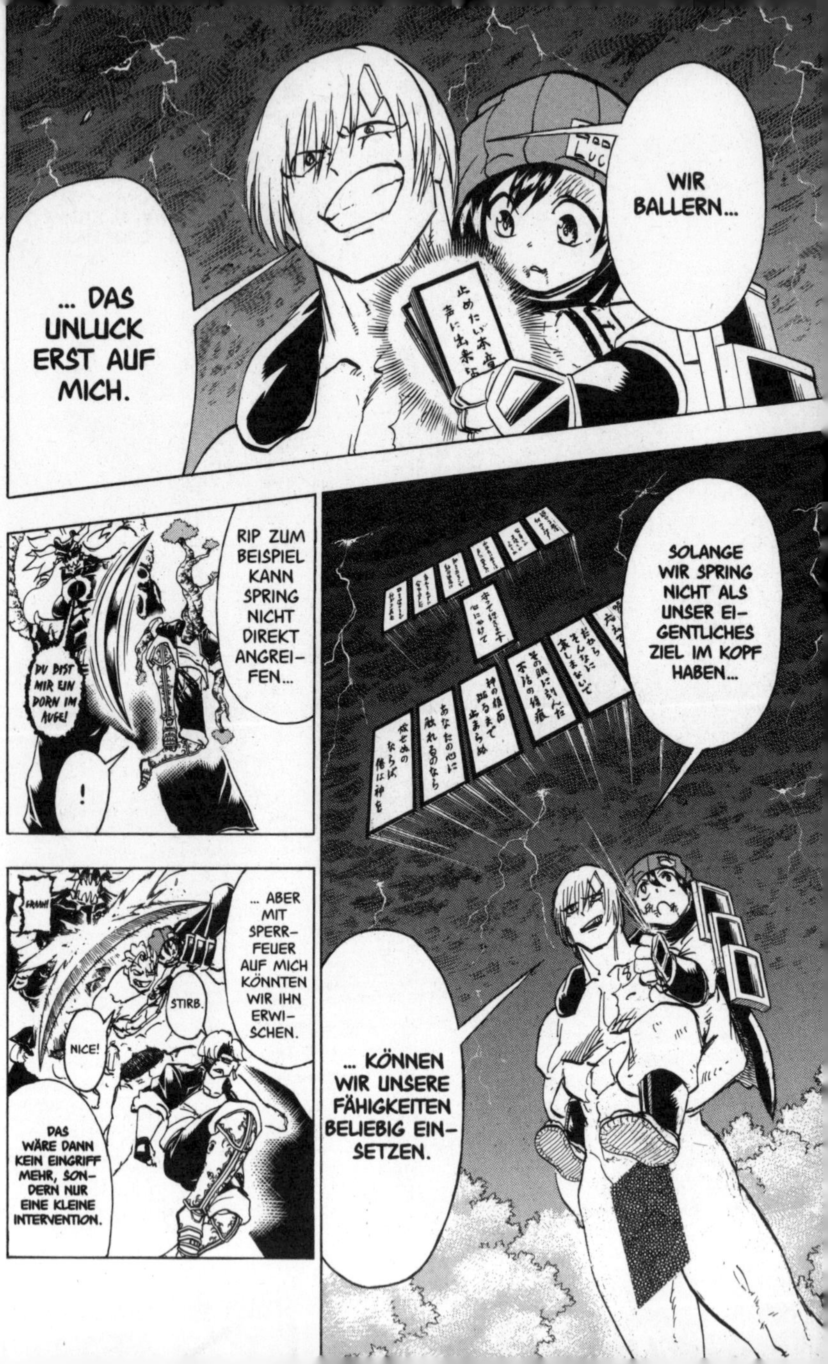
WIR BALLERN...
... DAS UNLUCK ERST AUF MICH.
SOLANGE WIR SPRING NICHT ALS UNSER EI-GENTLICHES ZIEL IM KOPF HABEN...
... KÖNNEN WIR UNSERE FÄHIGKEITEN BELIEBIG EIN-SETZEN.
RIP ZUM BEISPIEL KANN SPRING NICHT DIREKT ANGREI-FEN...
DU BIST MIR EIN DORN IM AUGE!
!
... ABER MIT SPERR-FEUER AUF MICH KÖNNTEN WIR IHN ERWI-SCHEN.
STIRB.
NICE!
DAS WÄRE DANN KEIN EINGRIFF MEHR, SON-DERN NUR EINE KLEINE INTERVENTION.

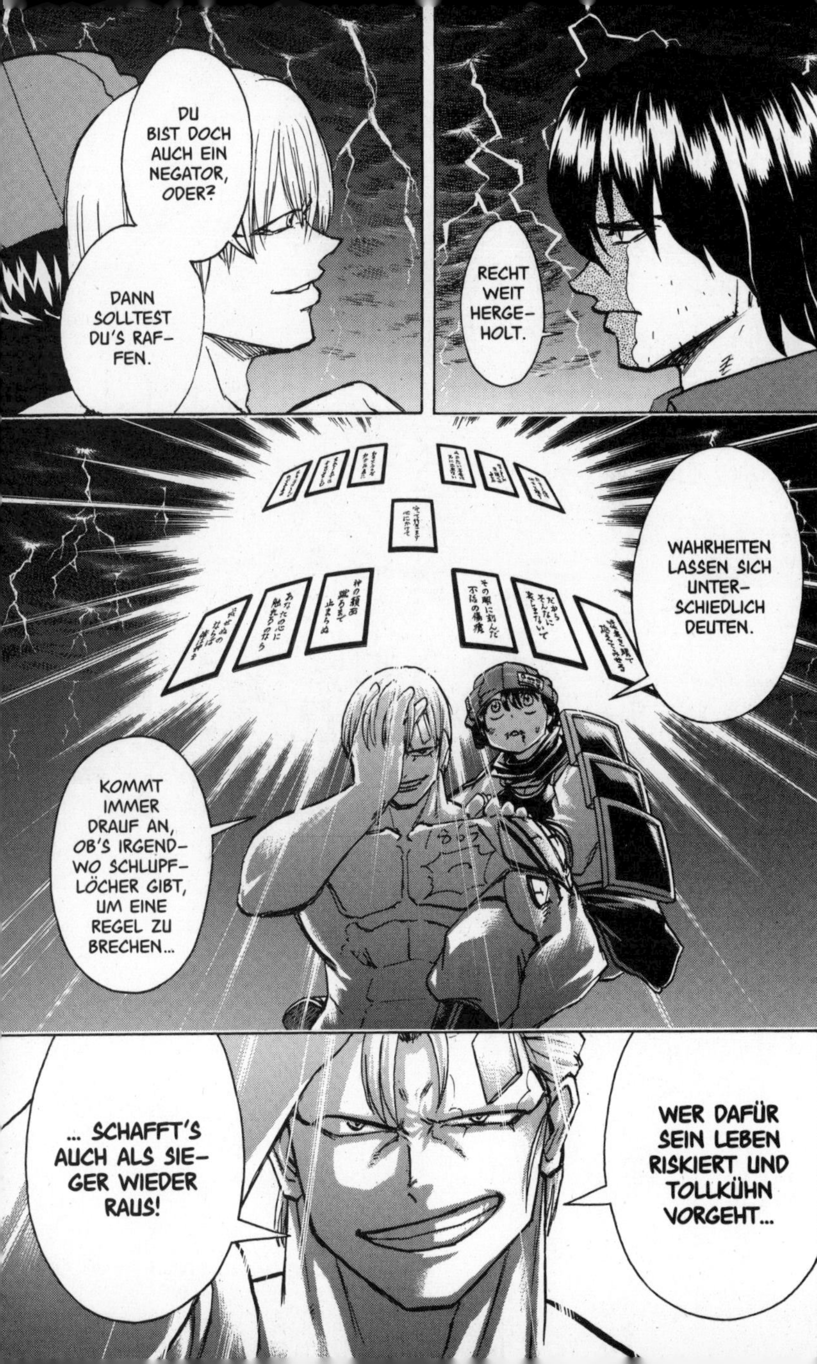
RECHT WEIT HERGEHOLT.
DU BIST DOCH AUCH EIN NEGATOR, ODER?
DANN SOLLTEST DU'S RAFFEN.
WAHRHEITEN LASSEN SICH UNTERSCHIEDLICH DEUTEN.
KOMMT IMMER DRAUF AN, OB'S IRGENDWO SCHLUPFLÖCHER GIBT, UM EINE REGEL ZU BRECHEN...
WER DAFÜR SEIN LEBEN RISKIERT UND TOLLKÜHN VORGEHT...
... SCHAFFT'S AUCH ALS SIEGER WIEDER RAUS!

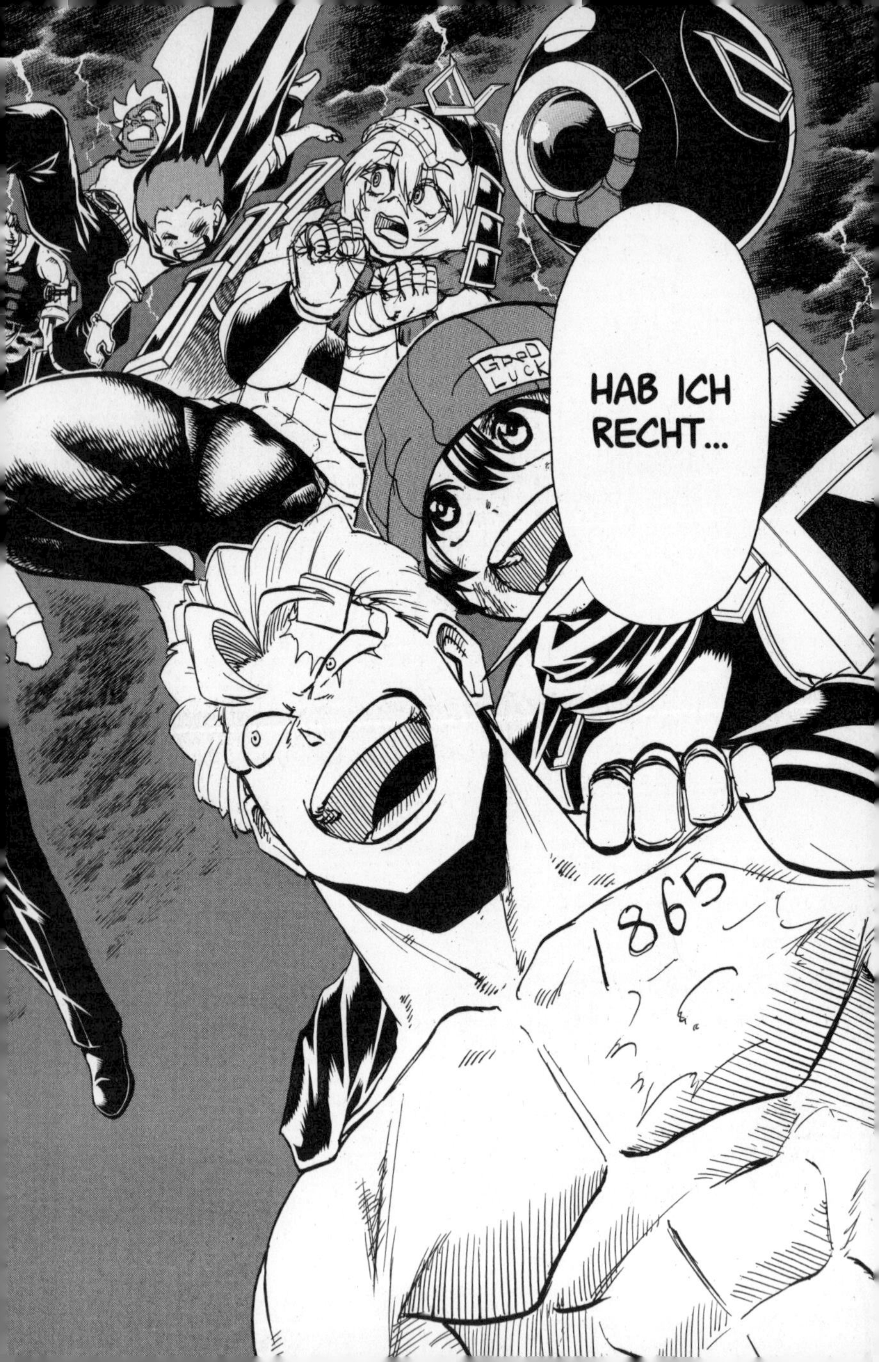
HAB ICH
RECHT...
GOOD
LUCK
1865

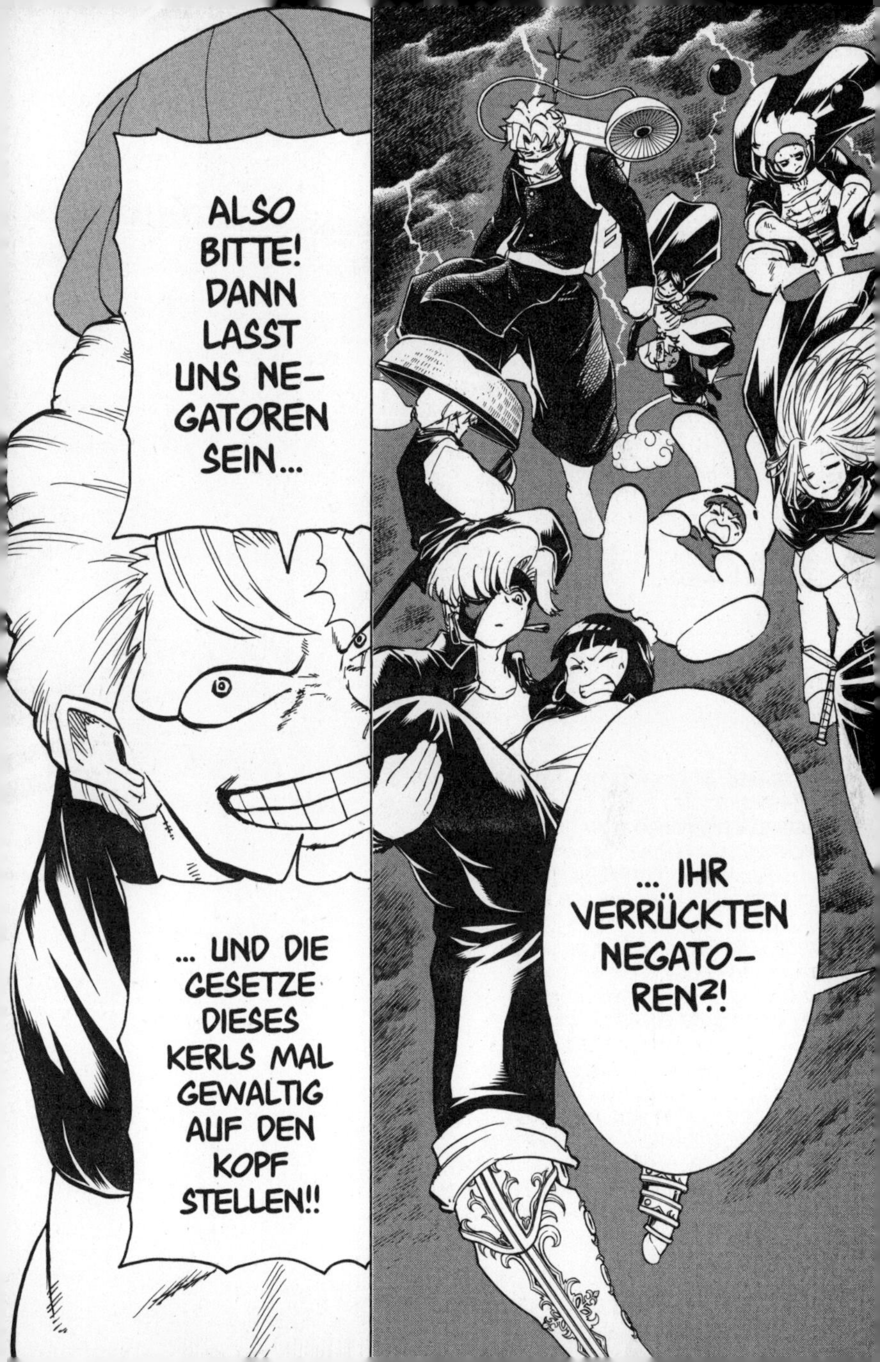
... IHR VERRÜCKTEN NEGATO-REN?!
ALSO BITTE! DANN LASST UNS NE-GATOREN SEIN...
... UND DIE GESETZE DIESES KERLS MAL GEWALTIG AUF DEN KOPF STELLEN!!

KOUFUSAI – LICHT IST TRUMPF

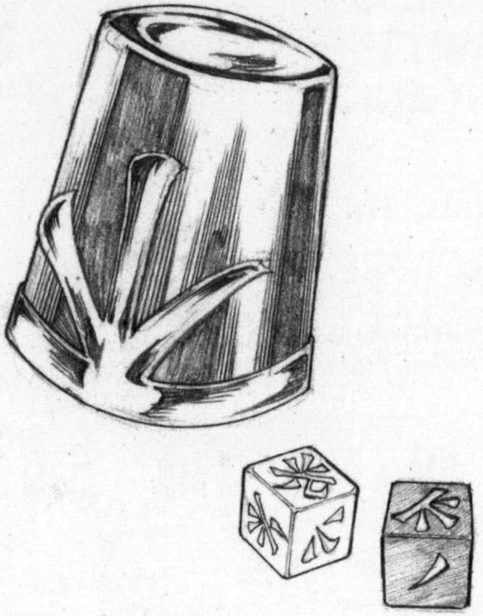

DIESE TECHNIK KANN AKTIVIERT WERDEN, WENN BEIDE PARTEIEN ZUSTIMMEN, IHR EIGENES LEBEN ODER ETWAS VON GLEICHEM WERT ZU SETZEN (DIE ZUSTIMMUNG KANN MÜNDLICH ODER TELEPATHISCH ERFOLGEN). DIE BEIDEN SPIELER WÜRFELN MIT ZWEI WÜRFELN UND GEBEN AN, OB DIE SUMME DER AUGENZAHLEN GERADE ODER UNGERADE IST. WER RICHTIG RÄT, BEKOMMT DAS, WAS DER ANDERE SPIELER ALS SPIELEINSATZ ANGEGEBEN HAT. DIESE TECHNIK KANN AUCH ALS TÄUSCHUNGSMANÖVER EINGESETZT WERDEN, DANN ALLERDINGS MUSS DIE GENAUE AUGENZAHL AUCH ERRATEN WERDEN. DA DIESE VARIANTE ABER SEHR RISKANT IST, SOLLTE SIE EHER NICHT IM KAMPF ZUM EINSATZ KOMMEN. IN KAPITEL NR. 070 HAT SPRING DIESE TECHNIK JEDOCH VERWENDET, UM GEGEN SEINE ANGREIFER VORZUGEHEN.

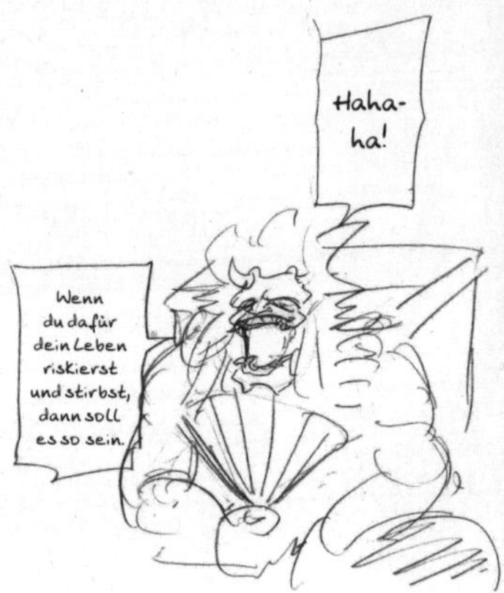

No. 090 Ihr verrückten Negatoren

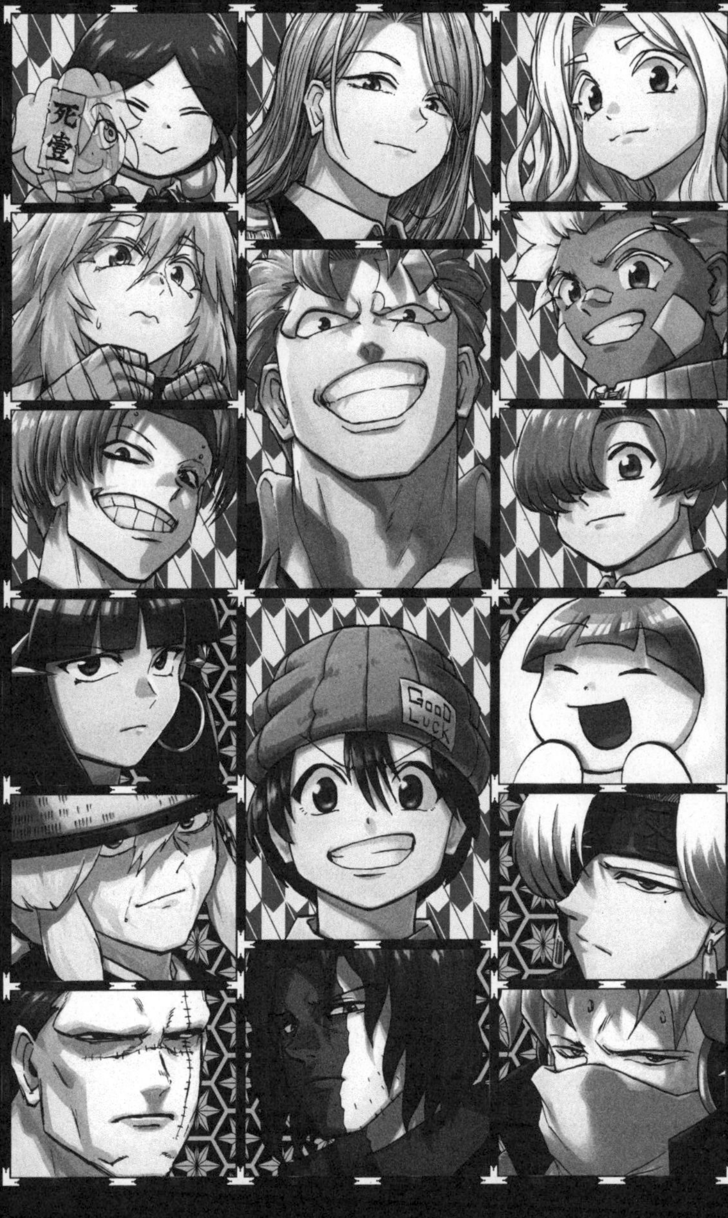

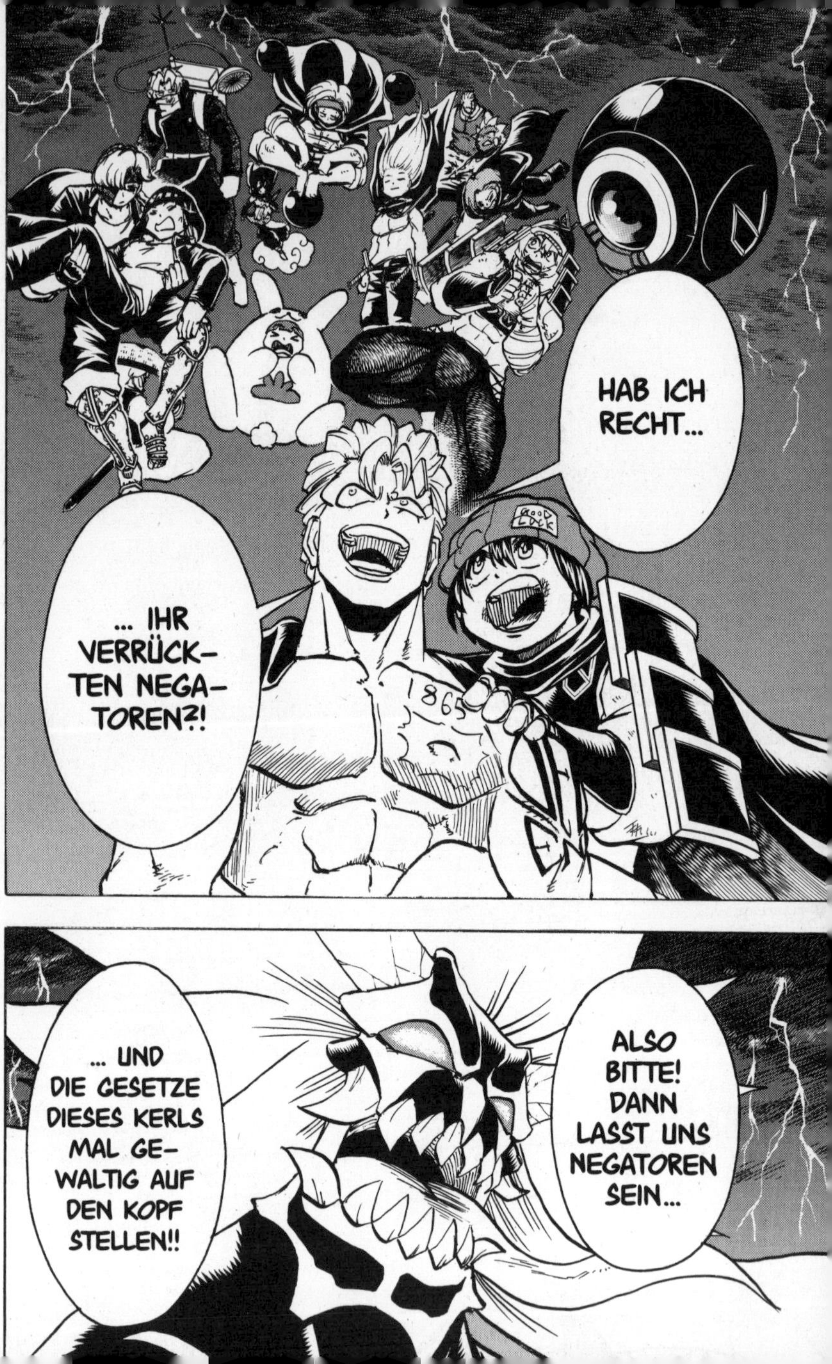
GOOD LUCK
HAB ICH RECHT...
... IHR VERRÜCK-TEN NEGA-TOREN?!
1865
ALSO BITTE! DANN LASST UNS NEGATOREN SEIN...
... UND DIE GESETZE DIESES KERLS MAL GE-WALTIG AUF DEN KOPF STELLEN!!

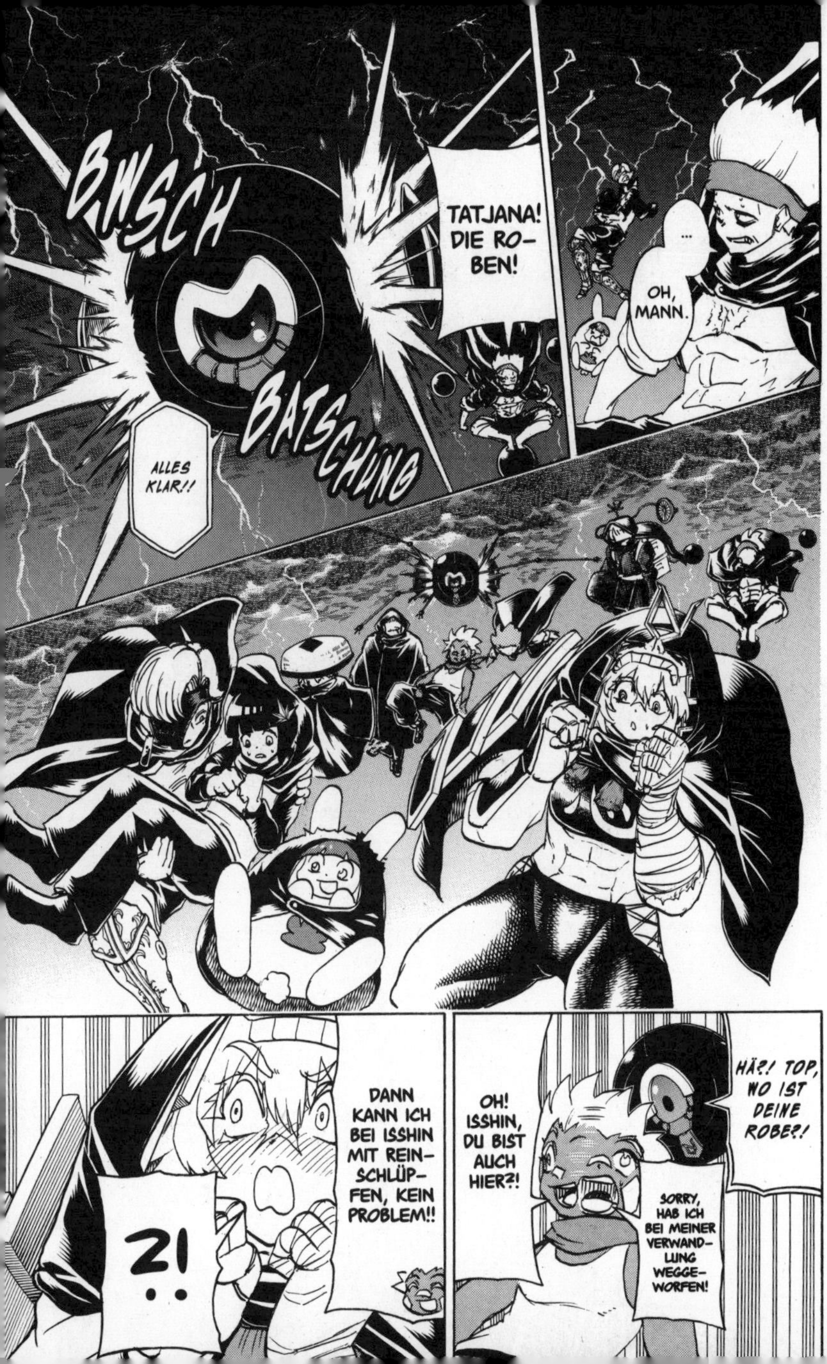
OH, MANN.
...
TATJANA! DIE RO-BEN!
BWSCH
ALLES KLAR!!
BATSCHUNG
HÄ?! TOP, WO IST DEINE ROBE?!
SORRY, HAB ICH BEI MEINER VERWAND-LUNG WEGGE-WORFEN!
OH! ISSHIN, DU BIST AUCH HIER?!
DANN KANN ICH BEI ISSHIN MIT REIN-SCHLÜP-FEN, KEIN PROBLEM!!
?!

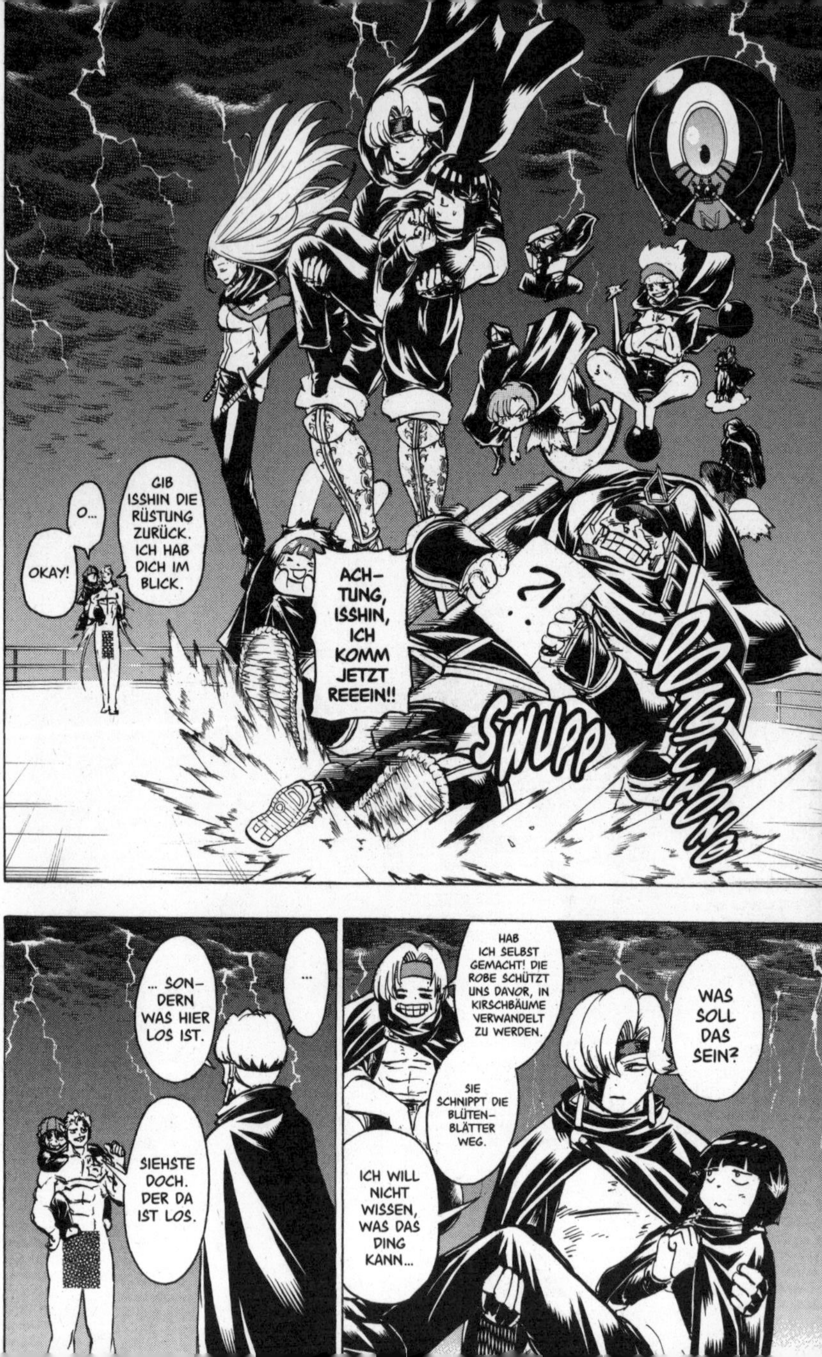
ACHTUNG, ISSHIN, ICH KOMM JETZT REEEIN!!
?!
DOSCHONG
SWUPP
GIB ISSHIN DIE RÜSTUNG ZURÜCK. ICH HAB DICH IM BLICK.
O...
OKAY!
WAS SOLL DAS SEIN?
HAB ICH SELBST GEMACHT! DIE ROBE SCHÜTZT UNS DAVOR, IN KIRSCHBÄUME VERWANDELT ZU WERDEN.
SIE SCHNIPPT DIE BLÜTENBLÄTTER WEG.
ICH WILL NICHT WISSEN, WAS DAS DING KANN...
...
... SONDERN WAS HIER LOS IST.
SIEHSTE DOCH. DER DA IST LOS.

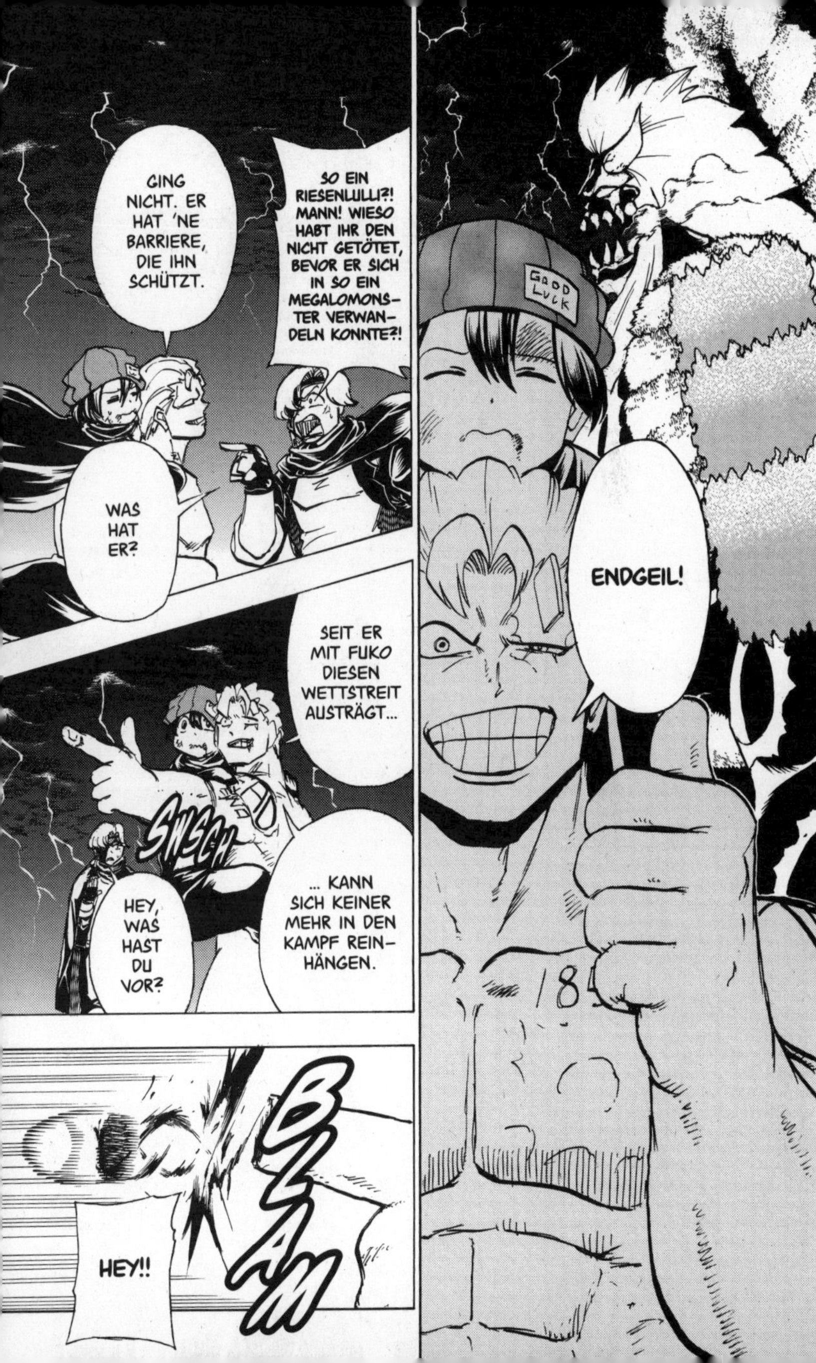
GOOD LUCK
ENDGEIL!
SO EIN RIESENLULLI?! MANN! WIESO HABT IHR DEN NICHT GETÖTET, BEVOR ER SICH IN SO EIN MEGALOMONSTER VERWANDELN KONNTE?!
GING NICHT. ER HAT 'NE BARRIERE, DIE IHN SCHÜTZT.
WAS HAT ER?
SEIT ER MIT FUKO DIESEN WETTSTREIT AUSTRÄGT...
SWSCH
... KANN SICH KEINER MEHR IN DEN KAMPF REINHÄNGEN.
HEY, WAS HAST DU VOR?
BLAM
HEY!!

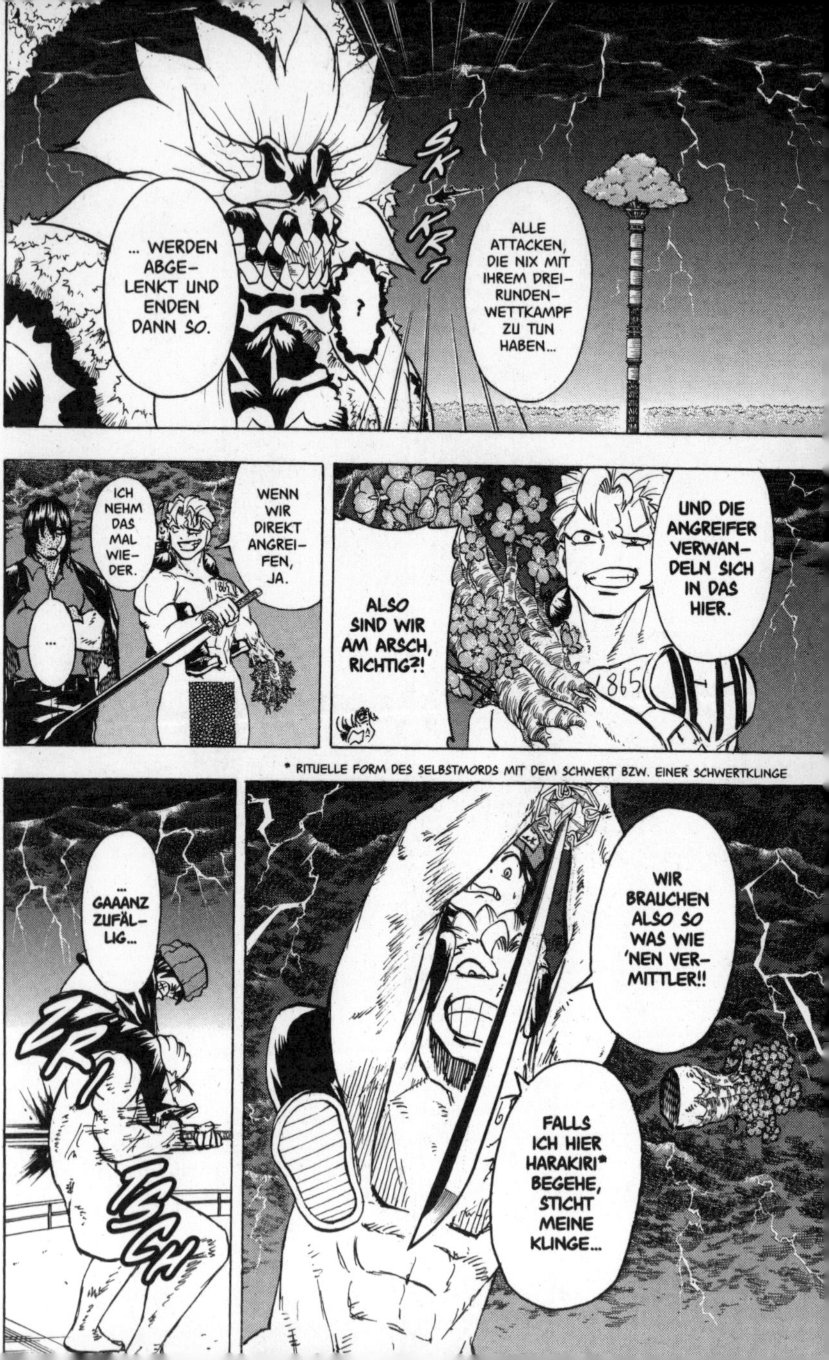
ALLE ATTACKEN, DIE NIX MIT IHREM DREI-RUNDEN-WETTKAMPF ZU TUN HABEN...
?
... WERDEN ABGE-LENKT UND ENDEN DANN SO.
UND DIE ANGREIFER VERWANDELN SICH IN DAS HIER.
ALSO SIND WIR AM ARSCH, RICHTIG?!
WENN WIR DIREKT ANGREIFEN, JA.
ICH NEHM DAS MAL WIEDER.
...
* RITUELLE FORM DES SELBSTMORDS MIT DEM SCHWERT BZW. EINER SCHWERTKLINGE
WIR BRAUCHEN ALSO SO WAS WIE 'NEN VERMITTLER!!
FALLS ICH HIER HARAKIRI* BEGEHE, STICHT MEINE KLINGE...
... GAAANZ ZUFÄLLIG...

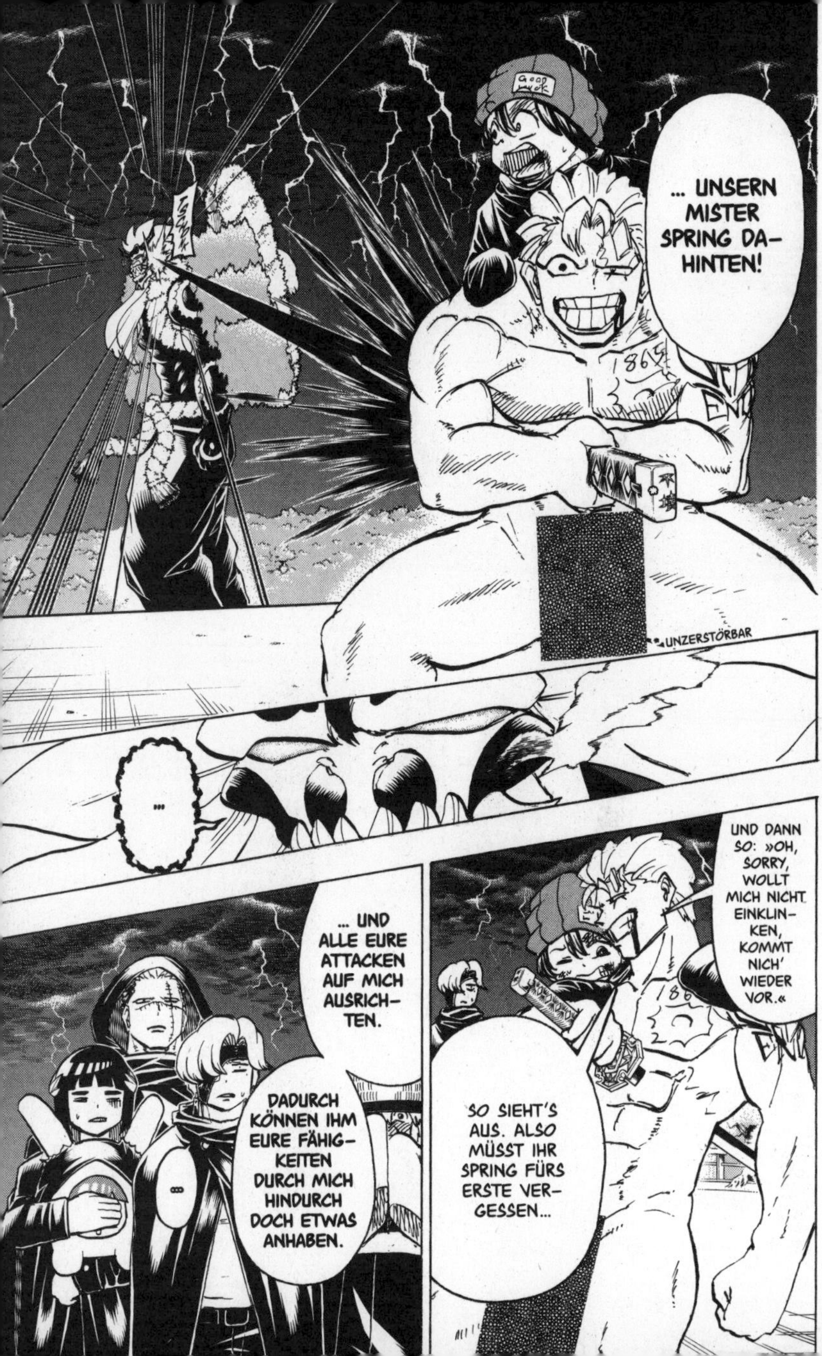
... UNSERN MISTER SPRING DAHINTEN!
UNZERSTÖRBAR
...
UND DANN SO: »OH, SORRY, WOLLT MICH NICHT EINKLINKEN, KOMMT NICH' WIEDER VOR.«
SO SIEHT'S AUS. ALSO MÜSST IHR SPRING FÜRS ERSTE VERGESSEN...
... UND ALLE EURE ATTACKEN AUF MICH AUSRICHTEN.
DADURCH KÖNNEN IHM EURE FÄHIGKEITEN DURCH MICH HINDURCH DOCH ETWAS ANHABEN.
...

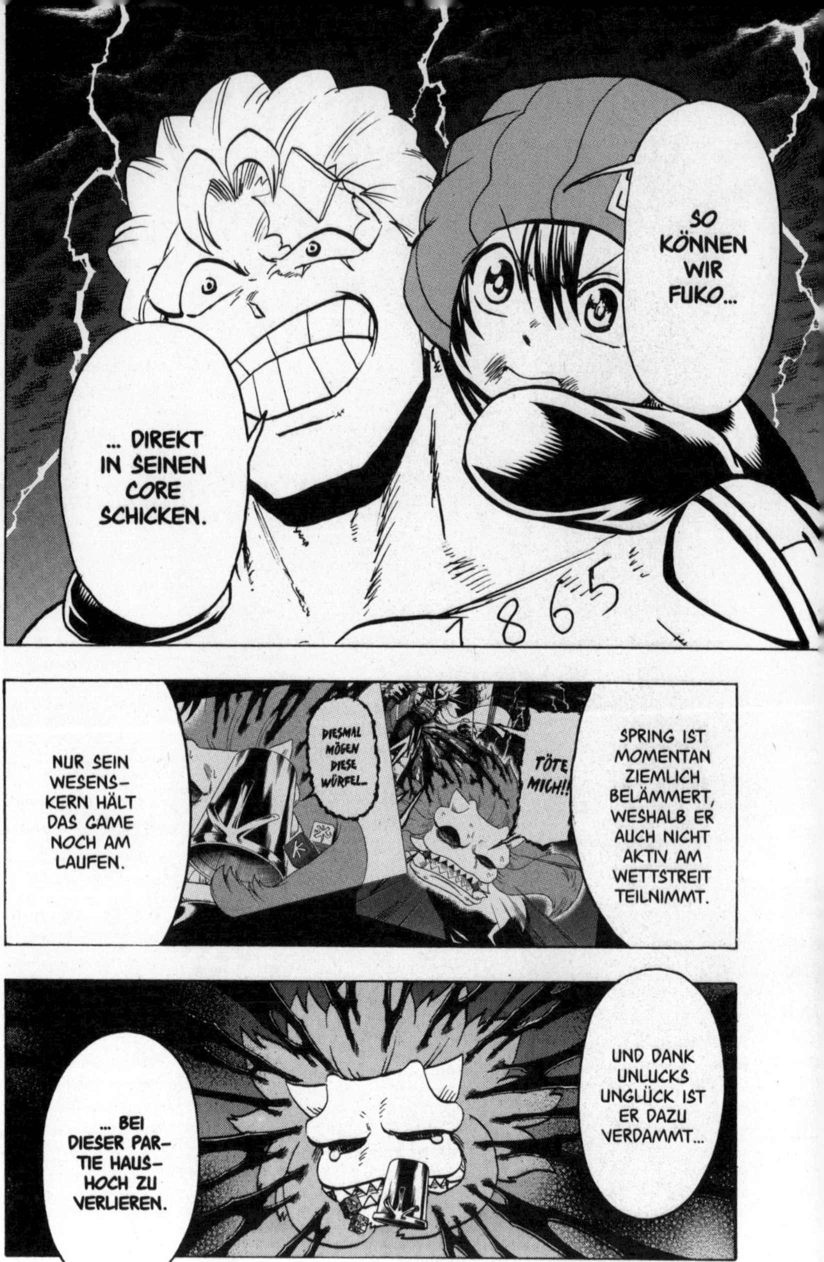
SO KÖNNEN WIR FUKO...
... DIREKT IN SEINEN CORE SCHICKEN.
1865
SPRING IST MOMENTAN ZIEMLICH BELÄMMERT, WESHALB ER AUCH NICHT AKTIV AM WETTSTREIT TEILNIMMT.
TÖTE MICH!!
DIESMAL MÖGEN DIESE WÜRFEL...
NUR SEIN WESENS-KERN HÄLT DAS GAME NOCH AM LAUFEN.
UND DANK UNLUCKS UNGLÜCK IST ER DAZU VERDAMMT...
... BEI DIESER PAR-TIE HAUS-HOCH ZU VERLIEREN.

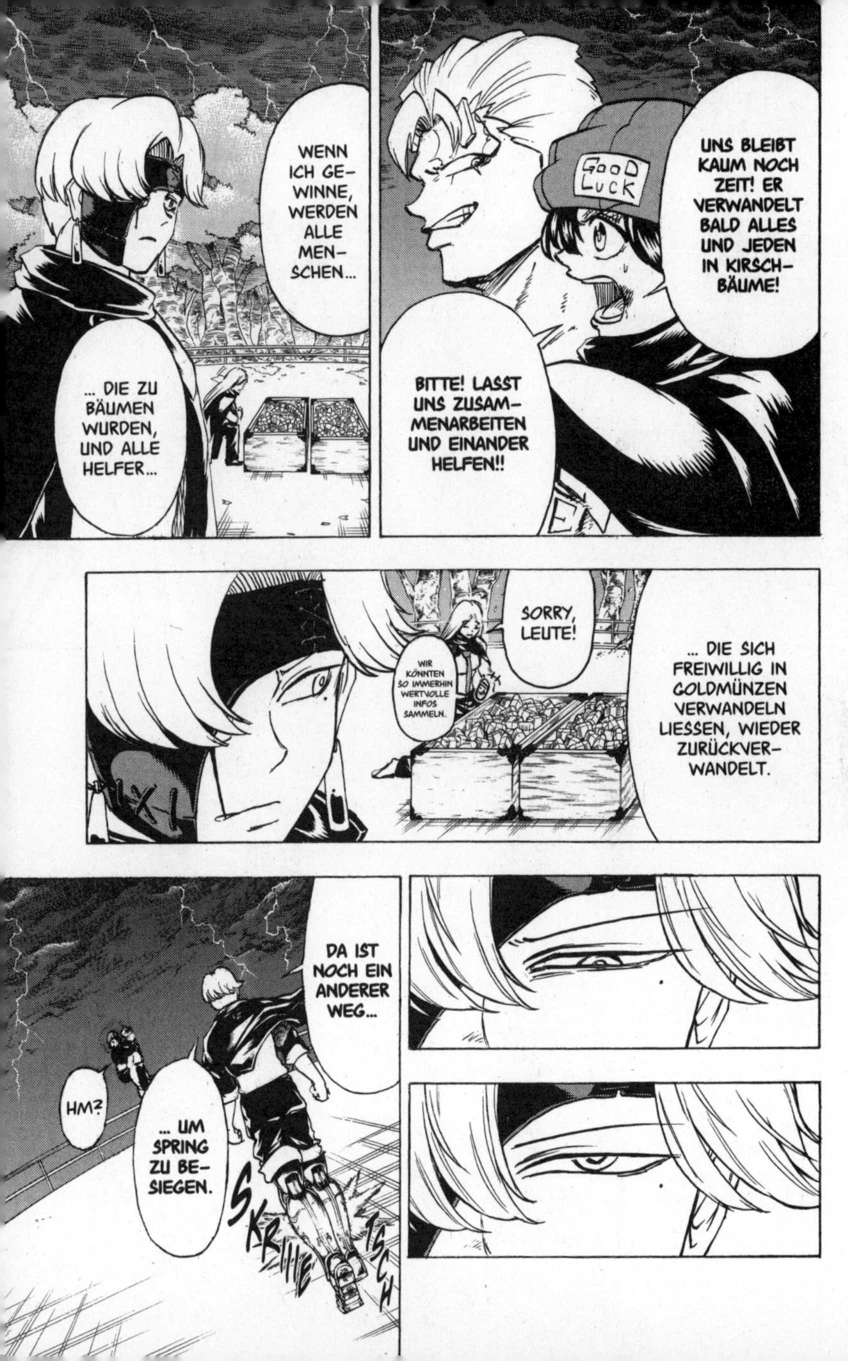

UNS BLEIBT KAUM NOCH ZEIT! ER VERWANDELT BALD ALLES UND JEDEN IN KIRSCH-BÄUME!
GOOD LUCK
BITTE! LASST UNS ZUSAM-MENARBEITEN UND EINANDER HELFEN!!
WENN ICH GE-WINNE, WERDEN ALLE MEN-SCHEN...
... DIE ZU BÄUMEN WURDEN, UND ALLE HELFER...
... DIE SICH FREIWILLIG IN GOLDMÜNZEN VERWANDELN LIESSEN, WIEDER ZURÜCKVER-WANDELT.
SORRY, LEUTE!
WIR KÖNNTEN SO IMMERHIN WERTVOLLE INFOS SAMMELN.
DA IST NOCH EIN ANDERER WEG...
... UM SPRING ZU BE-SIEGEN.
HM?
SKRIIIETSCH

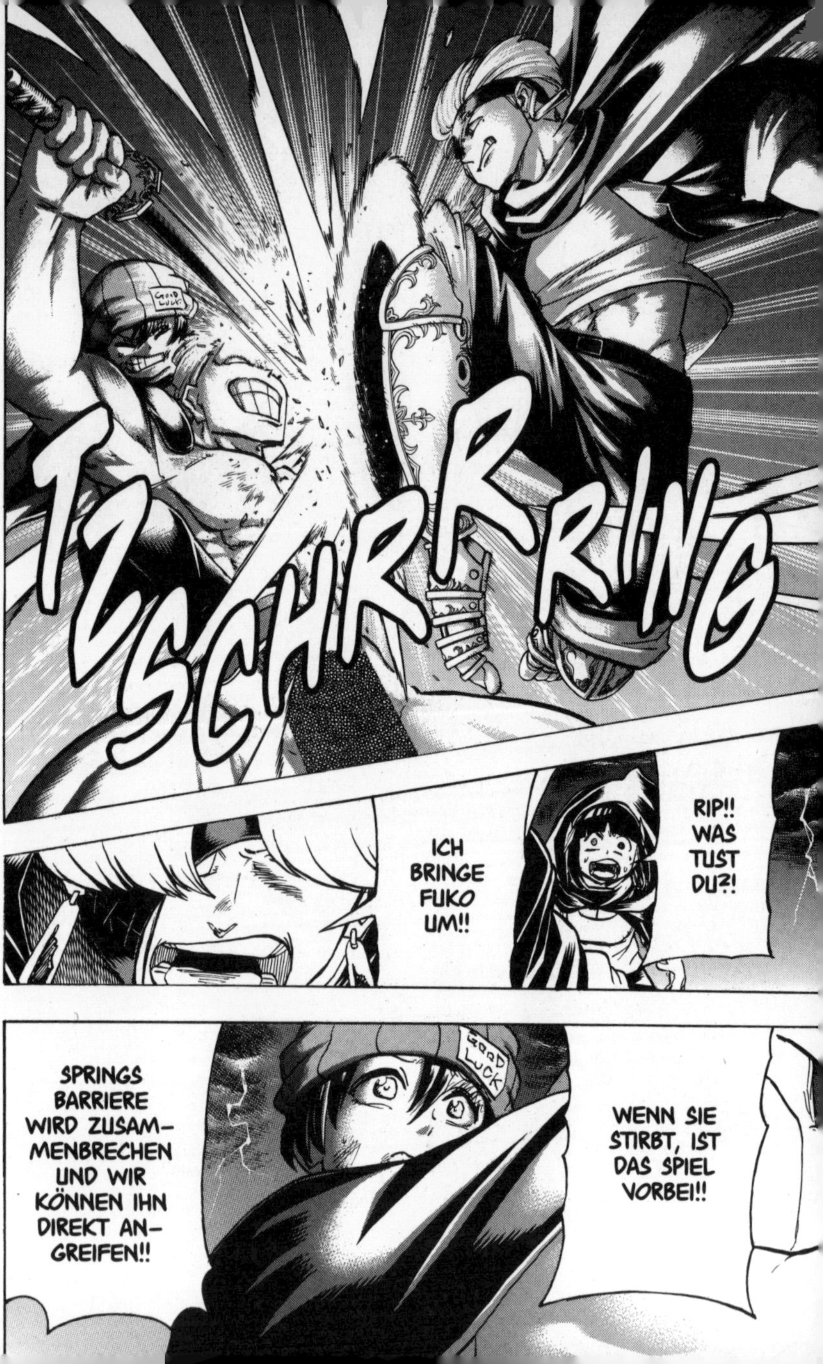

TZSCHRRRING
RIP!! WAS TUST DU?!
ICH BRINGE FUKO UM!!
WENN SIE STIRBT, IST DAS SPIEL VORBEI!!
SPRINGS BARRIERE WIRD ZUSAM-MENBRECHEN UND WIR KÖNNEN IHN DIREKT AN-GREIFEN!!

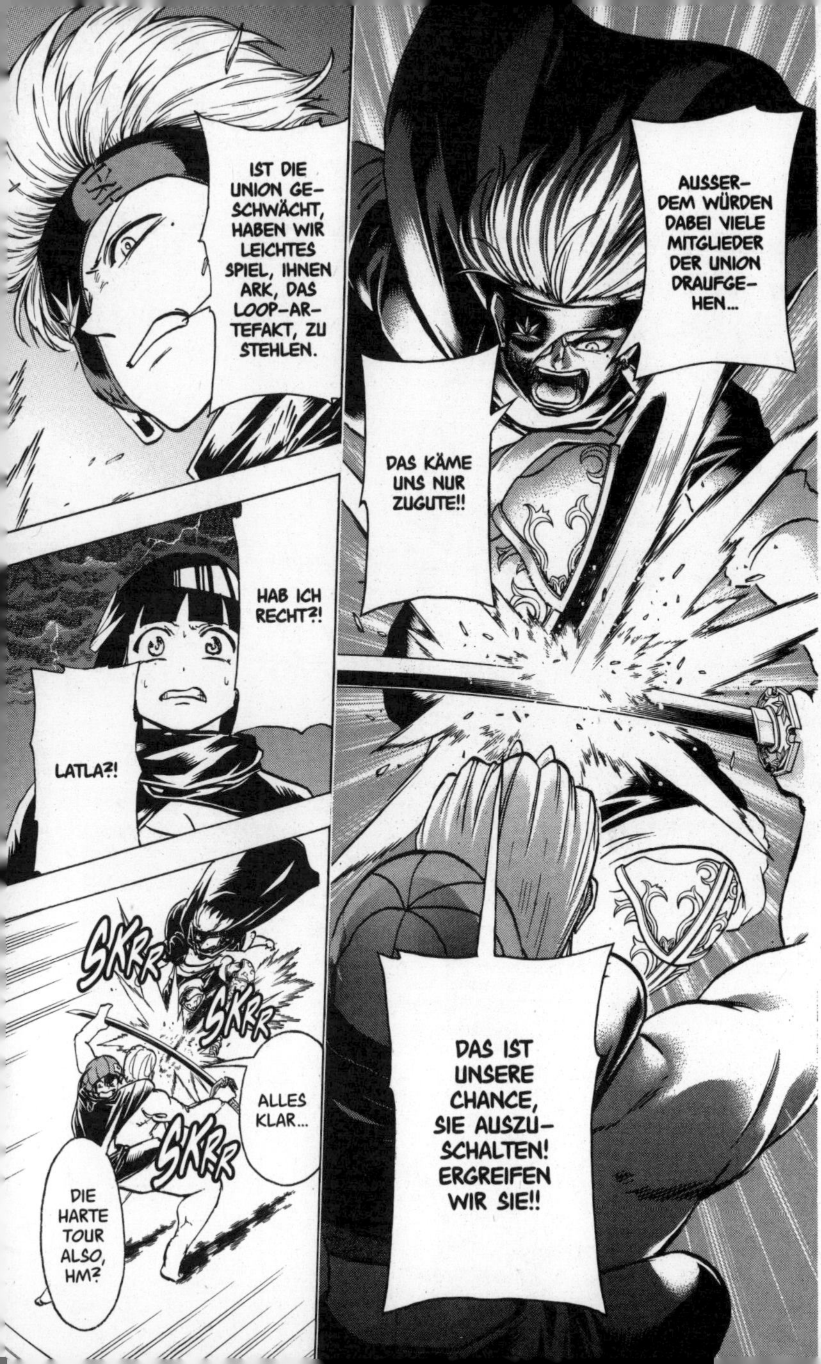
AUSSER-DEM WÜRDEN DABEI VIELE MITGLIEDER DER UNION DRAUFGE-HEN...
DAS KÄME UNS NUR ZUGUTE!!
IST DIE UNION GE-SCHWÄCHT, HABEN WIR LEICHTES SPIEL, IHNEN ARK, DAS LOOP-AR-TEFAKT, ZU STEHLEN.
HAB ICH RECHT?!
LATLA?!
DAS IST UNSERE CHANCE, SIE AUSZU-SCHALTEN! ERGREIFEN WIR SIE!!
SKRR
SKRR
SKRR
ALLES KLAR...
DIE HARTE TOUR ALSO, HM?

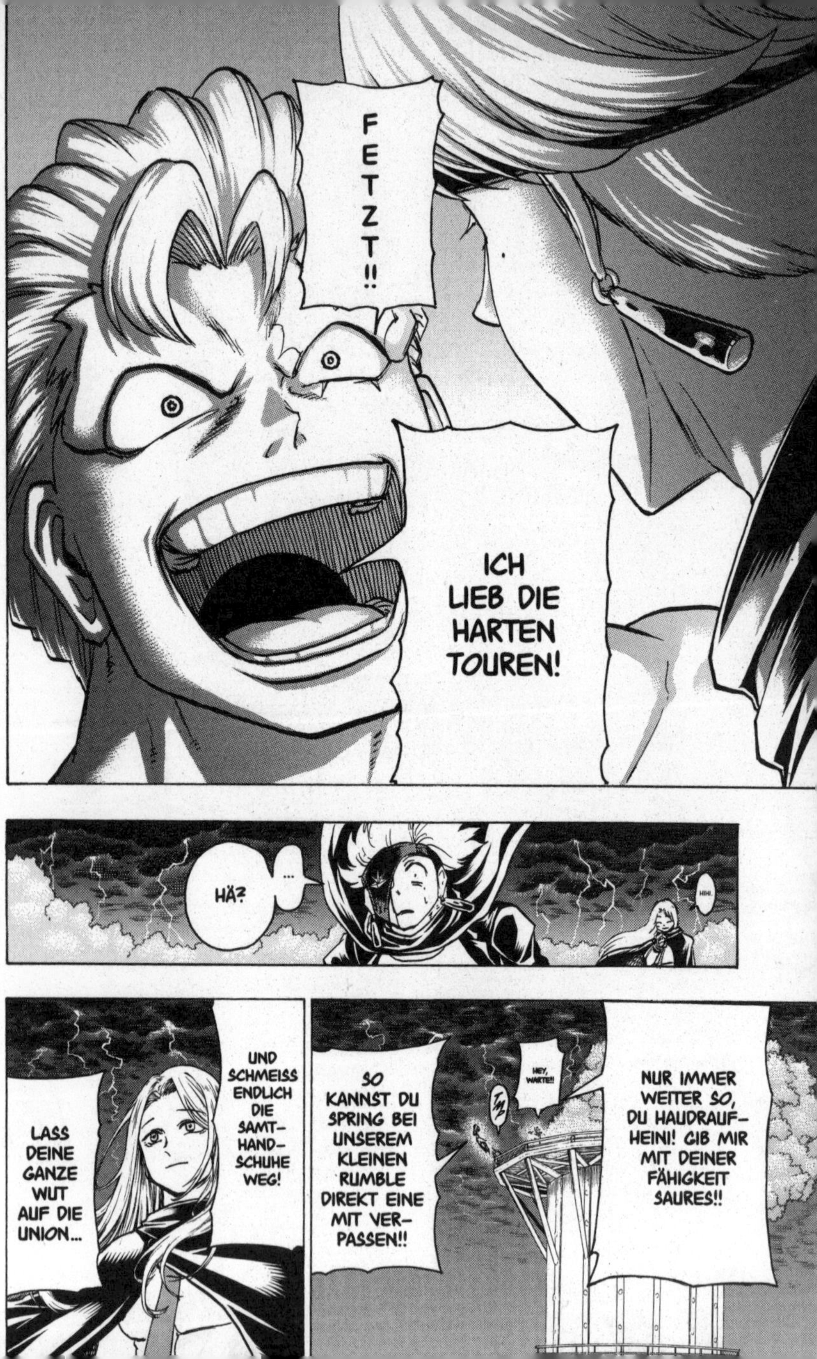
FETZT!!
ICH LIEB DIE HARTEN TOUREN!
HIHI.
…
HÄ?
NUR IMMER WEITER SO, DU HAUDRAUF-HEINI! GIB MIR MIT DEINER FÄHIGKEIT SAURES!!
HEY, WARTE!!
SO KANNST DU SPRING BEI UNSEREM KLEINEN RUMBLE DIREKT EINE MIT VER-PASSEN!!
LASS DEINE GANZE WUT AUF DIE UNION…
UND SCHMEISS ENDLICH DIE SAMT-HAND-SCHUHE WEG!

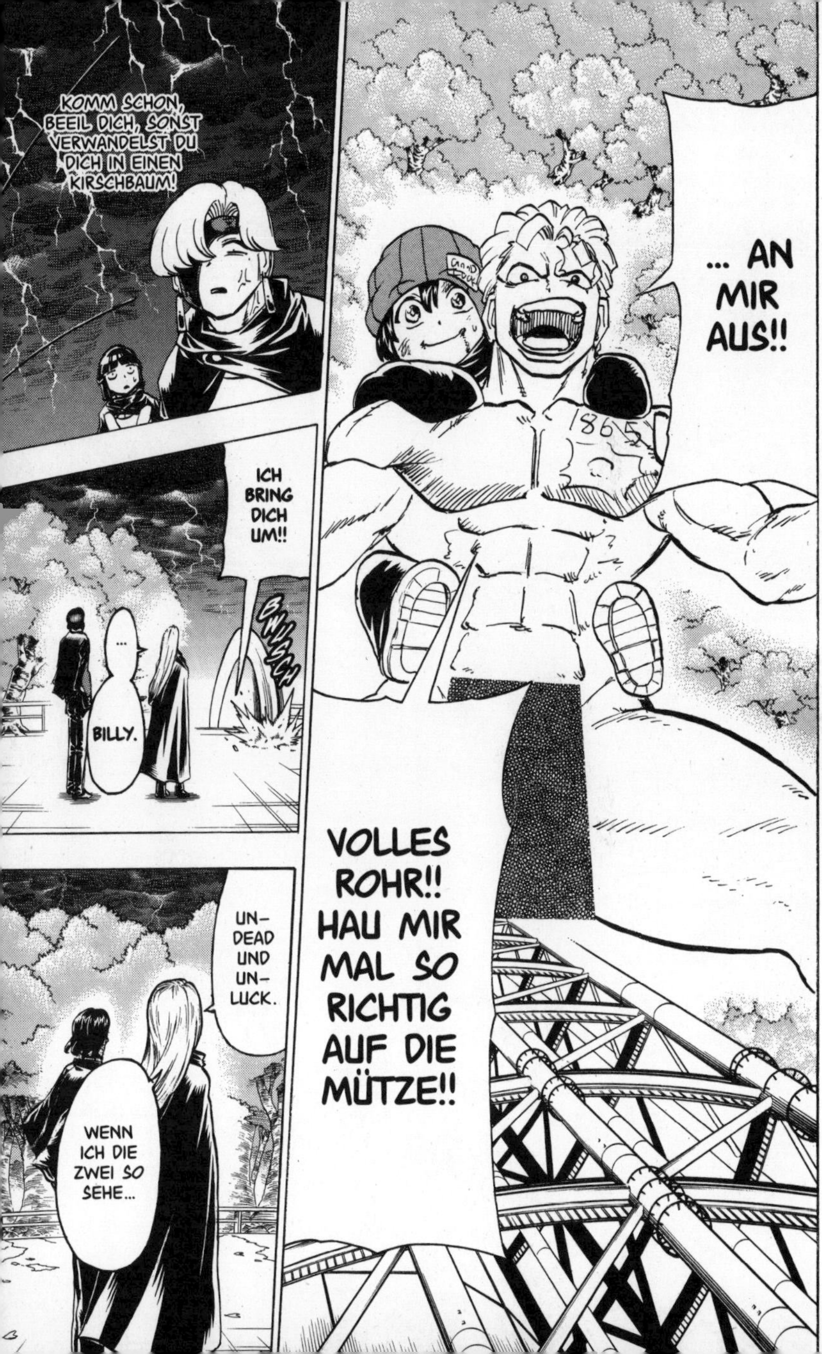
... AN MIR AUS!!
1865
VOLLES ROHR!! HAU MIR MAL SO RICHTIG AUF DIE MÜTZE!!
KOMM SCHON, BEEIL DICH, SONST VERWANDELST DU DICH IN EINEN KIRSCHBAUM!
ICH BRING DICH UM!!
BWUSCH
...
BILLY.
UN-DEAD UND UN-LUCK.
WENN ICH DIE ZWEI SO SEHE...

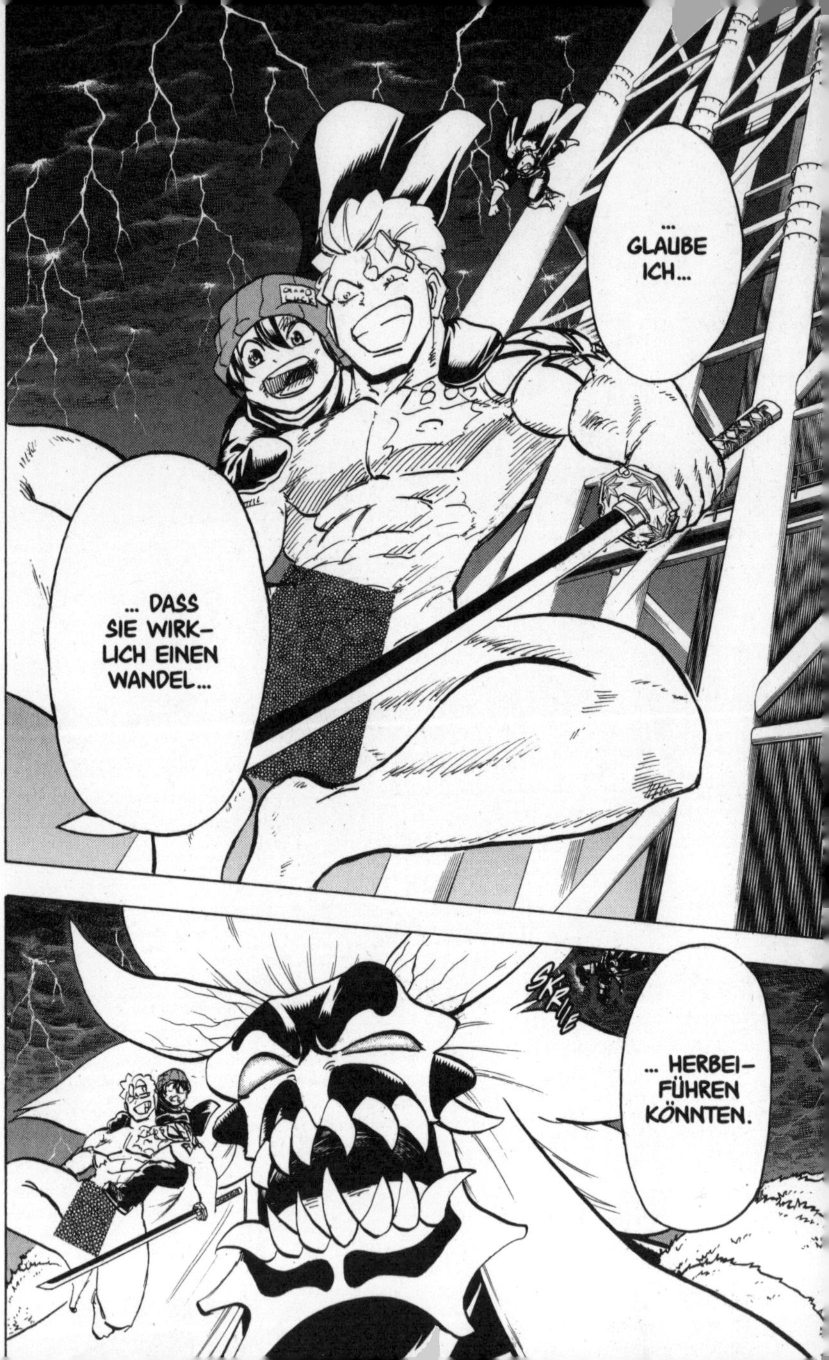
... GLAUBE ICH...
... DASS SIE WIRK-LICH EINEN WANDEL...
SKRIIE
... HERBEI-FÜHREN KÖNNTEN.

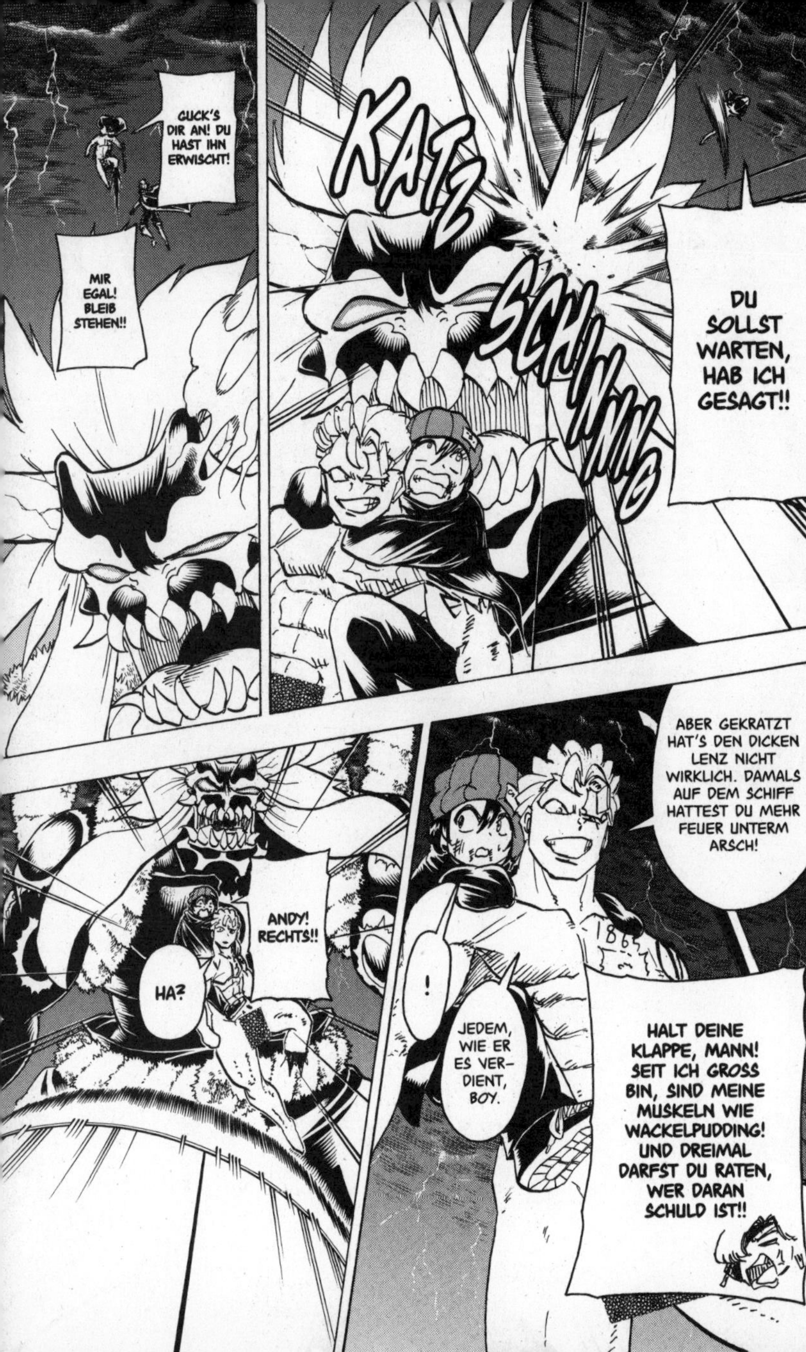
KATZ
SCHWING
DU SOLLST WARTEN, HAB ICH GESAGT!!
GUCK'S DIR AN! DU HAST IHN ERWISCHT!
MIR EGAL! BLEIB STEHEN!!
ABER GEKRATZT HAT'S DEN DICKEN LENZ NICHT WIRKLICH. DAMALS AUF DEM SCHIFF HATTEST DU MEHR FEUER UNTERM ARSCH!
!
JEDEM, WIE ER ES VER-DIENT, BOY.
HALT DEINE KLAPPE, MANN! SEIT ICH GROSS BIN, SIND MEINE MUSKELN WIE WACKELPUDDING! UND DREIMAL DARFST DU RATEN, WER DARAN SCHULD IST!!
ANDY! RECHTS!!
HA?

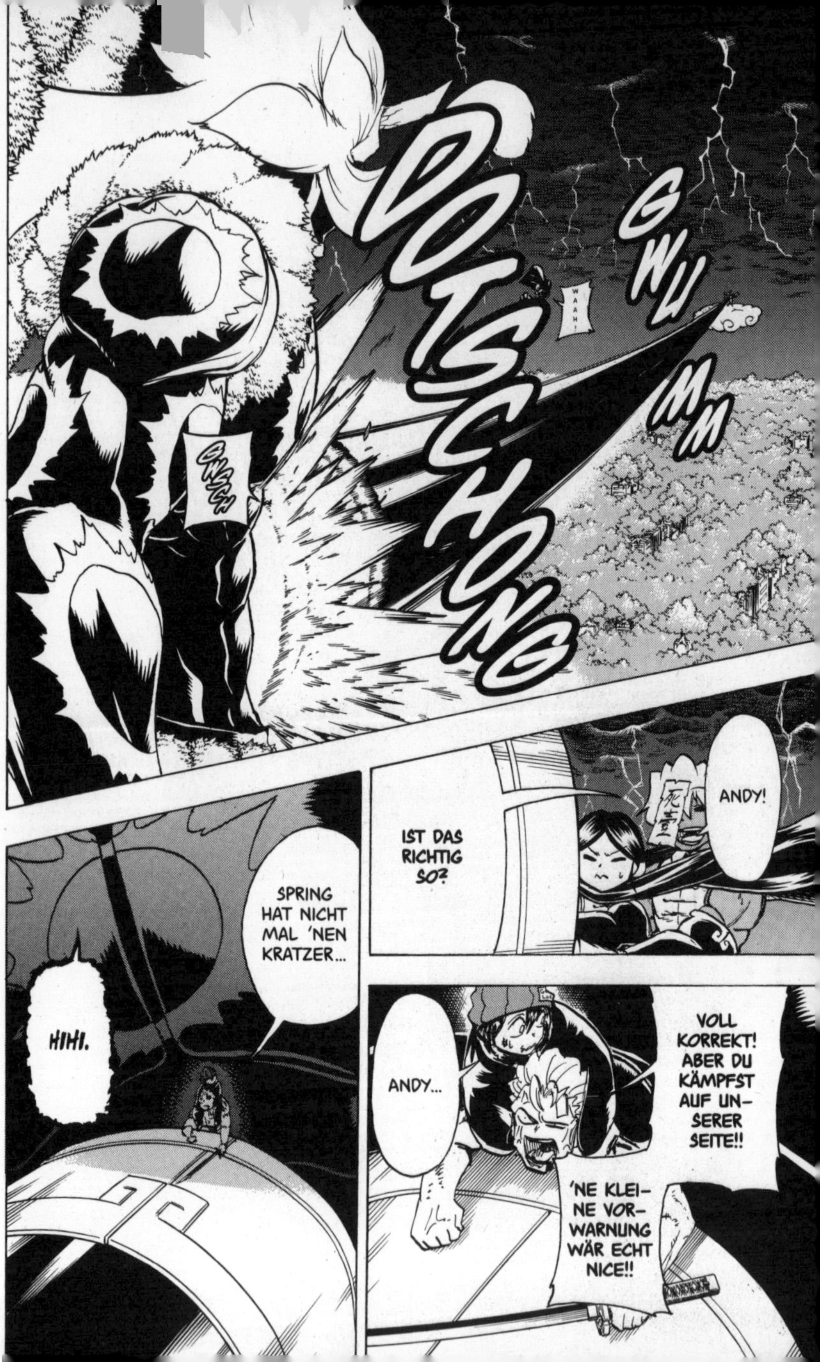
GWUMMM
WAAH!
DOTSCHONG
GWSCH
ANDY!
IST DAS RICHTIG SO?
SPRING HAT NICHT MAL 'NEN KRATZER...
HIHI.
VOLL KORREKT! ABER DU KÄMPFST AUF UNSERER SEITE!!
ANDY...
'NE KLEINE VORWARNUNG WÄR ECHT NICE!!

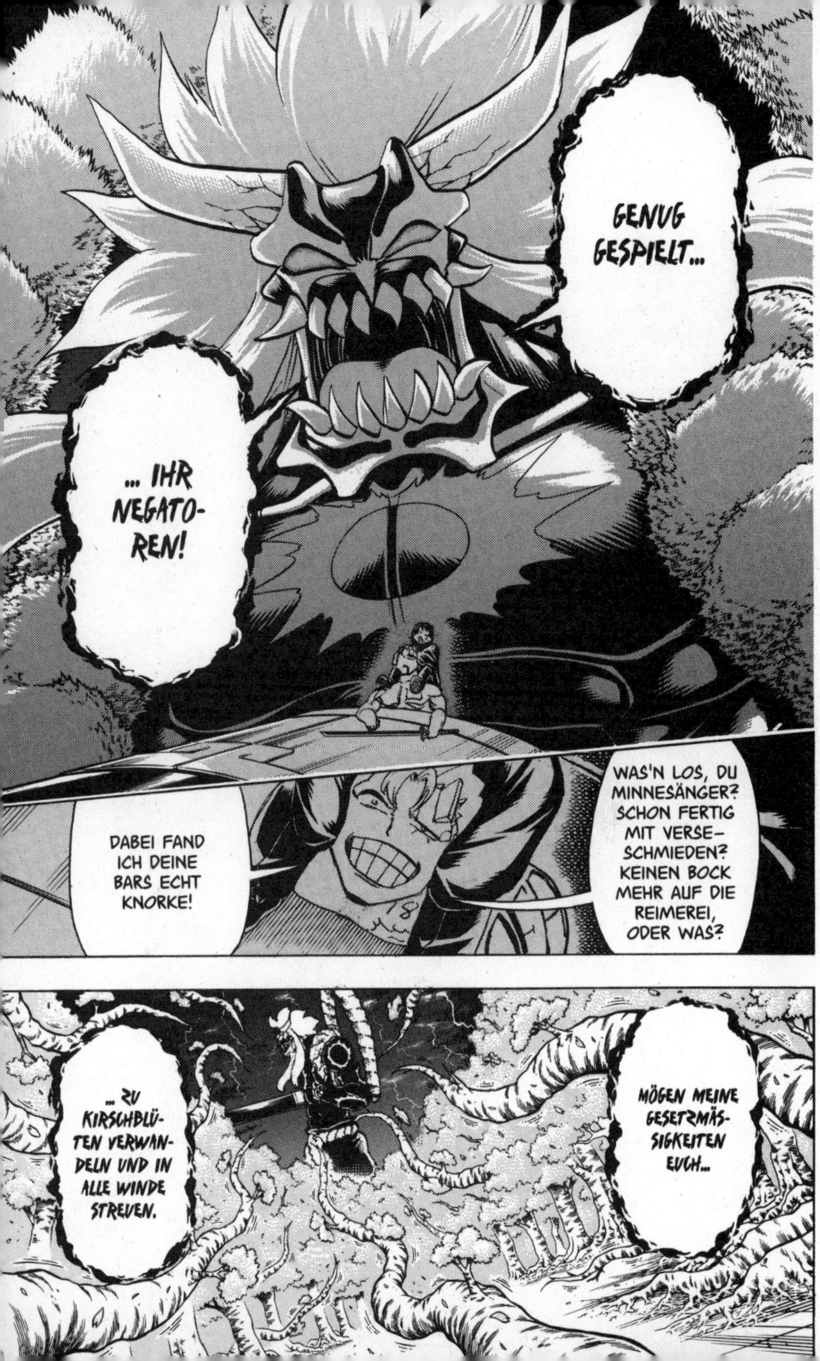
GENUG GESPIELT...
... IHR NEGATO-REN!
WAS'N LOS, DU MINNESÄNGER? SCHON FERTIG MIT VERSE-SCHMIEDEN? KEINEN BOCK MEHR AUF DIE REIMEREI, ODER WAS?
DABEI FAND ICH DEINE BARS ECHT KNORKE!
MÖGEN MEINE GESETZMÄS-SIGKEITEN EUCH...
... ZU KIRSCHBLÜ-TEN VERWAN-DELN UND IN ALLE WINDE STREUEN.

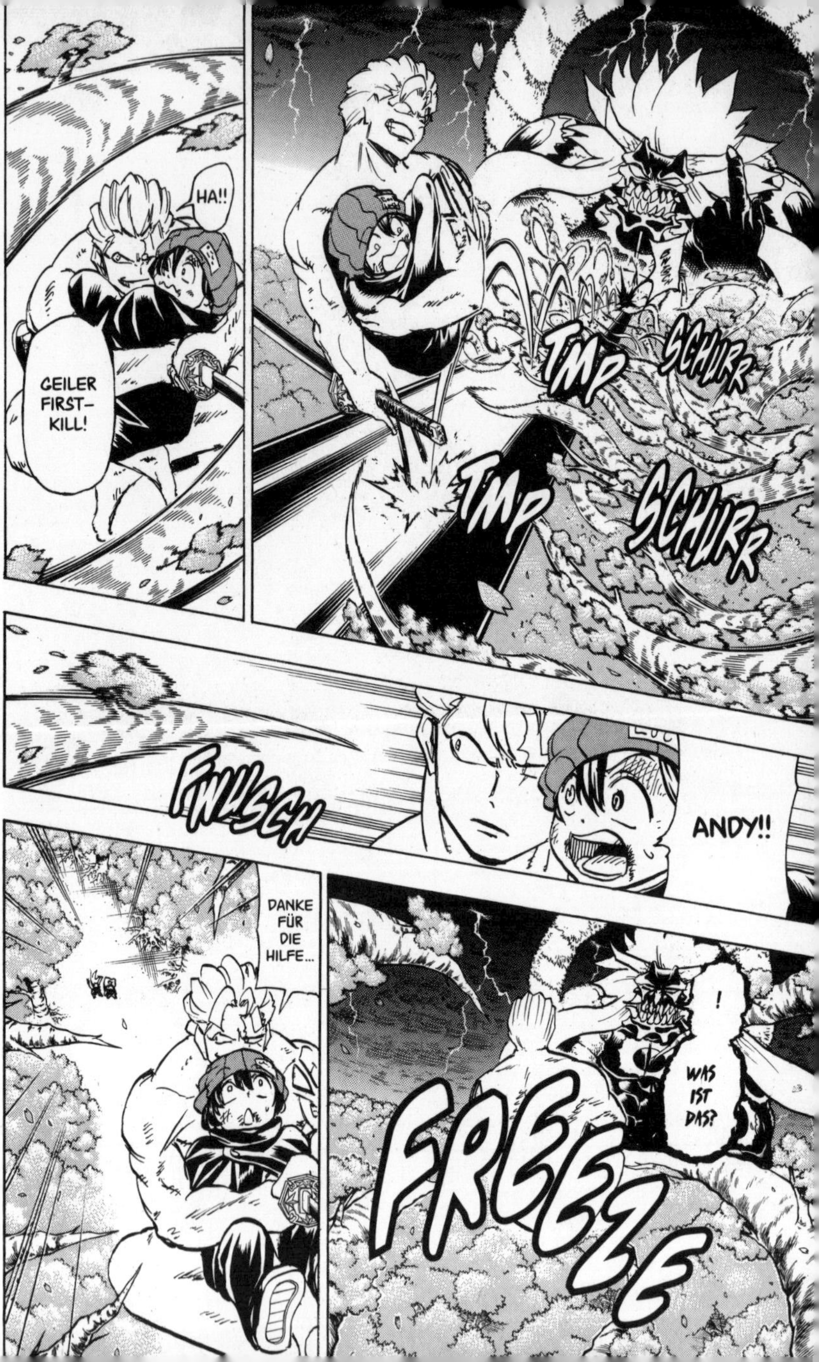
HA!!
GEILER FIRST-KILL!
TMP
SCHIRR
TMP
SCHIRR
FWUSCH
ANDY!!
!
WAS IST DAS?
DANKE FÜR DIE HILFE...
FREEZE

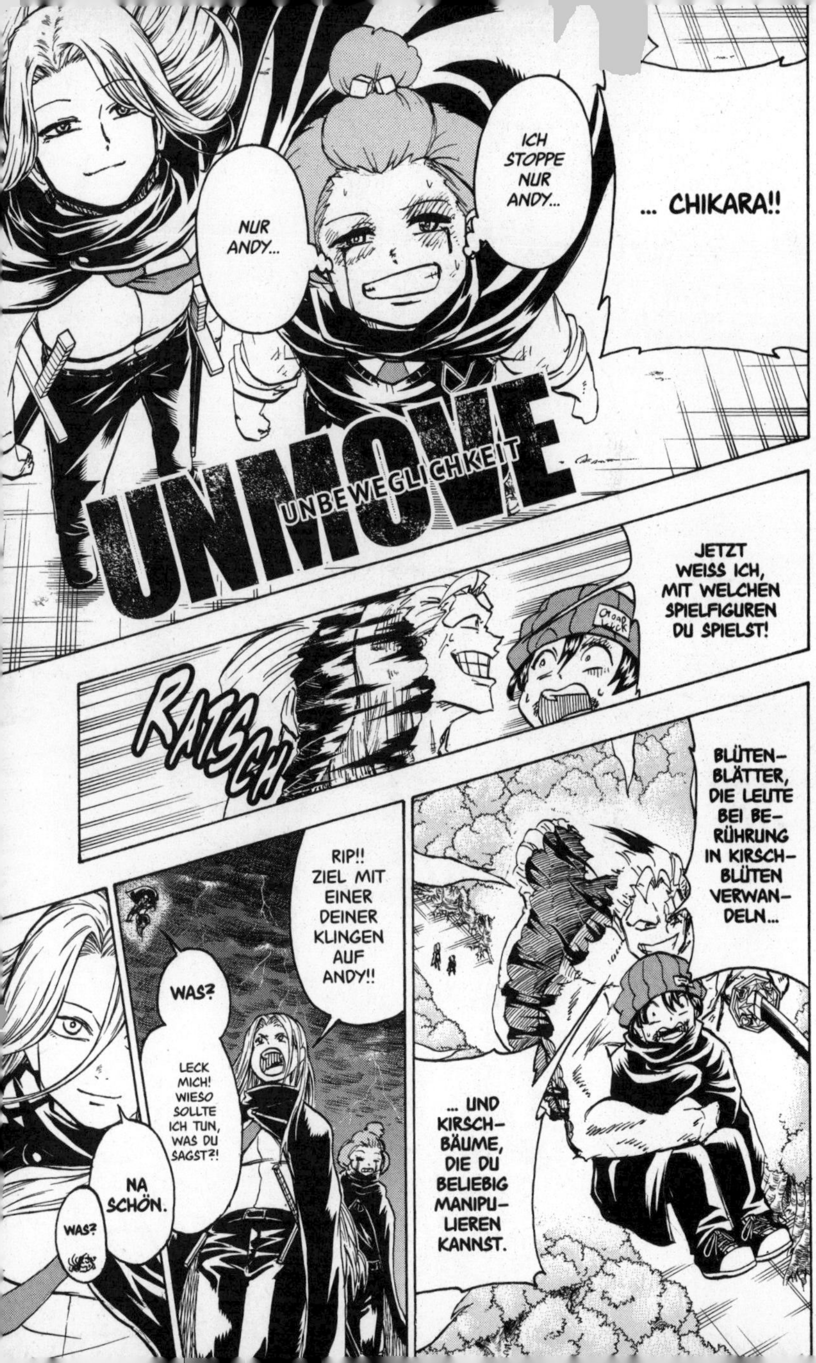
... CHIKARA!!
ICH STOPPE NUR ANDY...
NUR ANDY...
UNMOVE
UNBEWEGLICHKEIT
JETZT WEISS ICH, MIT WELCHEN SPIELFIGUREN DU SPIELST!
RATSCH
BLÜTENBLÄTTER, DIE LEUTE BEI BERÜHRUNG IN KIRSCHBLÜTEN VERWANDELN...
... UND KIRSCHBÄUME, DIE DU BELIEBIG MANIPULIEREN KANNST.
RIP!! ZIEL MIT EINER DEINER KLINGEN AUF ANDY!!
WAS?
LECK MICH! WIESO SOLLTE ICH TUN, WAS DU SAGST?!
NA SCHÖN.
WAS?

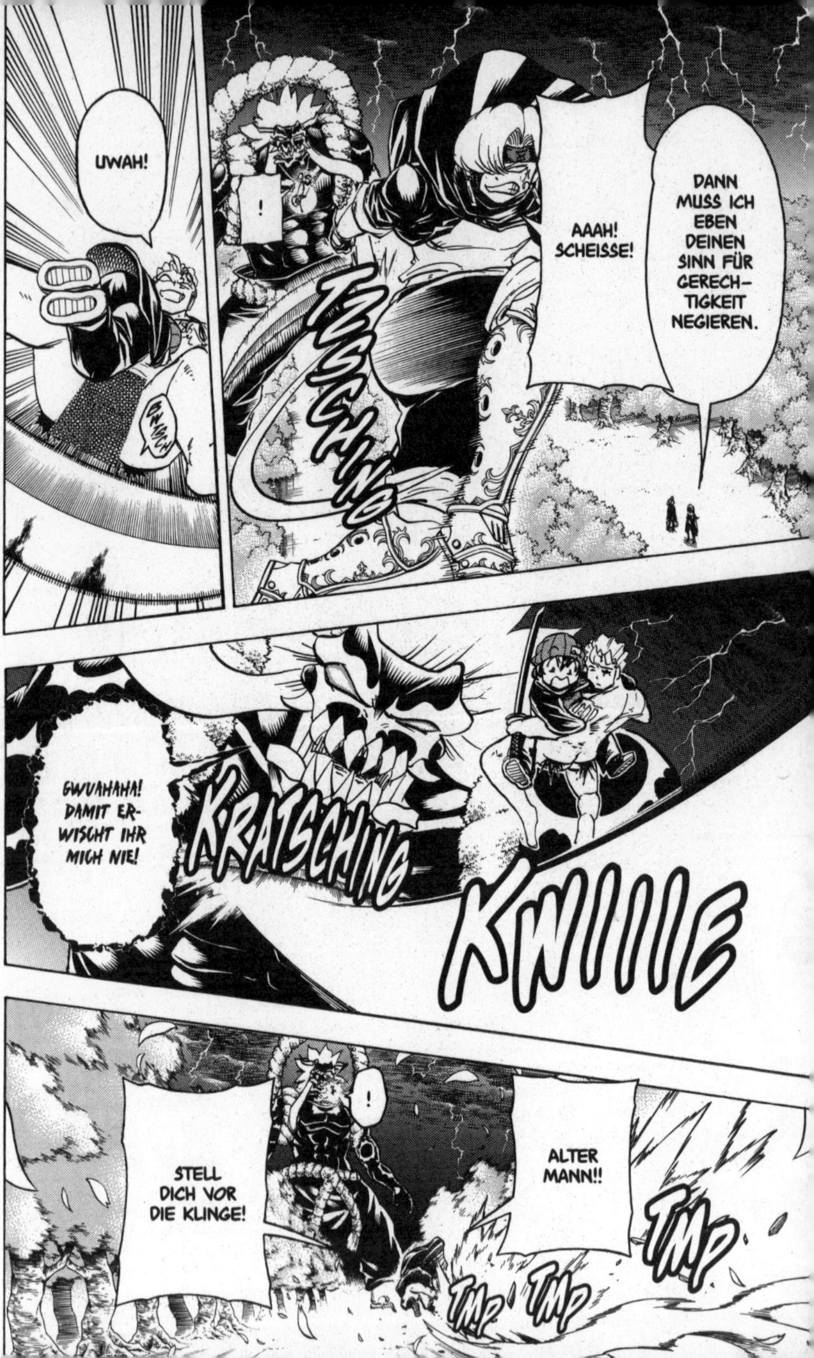
DANN MUSS ICH EBEN DEINEN SINN FÜR GERECH-TIGKEIT NEGIEREN.
AAAH! SCHEISSE!
!
TZSCHING
UWAH!
GWUAHAHA! DAMIT ER-WISCHT IHR MICH NIE!
KRATSCHING
KWIIIE
ALTER MANN!!
!
STELL DICH VOR DIE KLINGE!
TMP
TMP
TMP

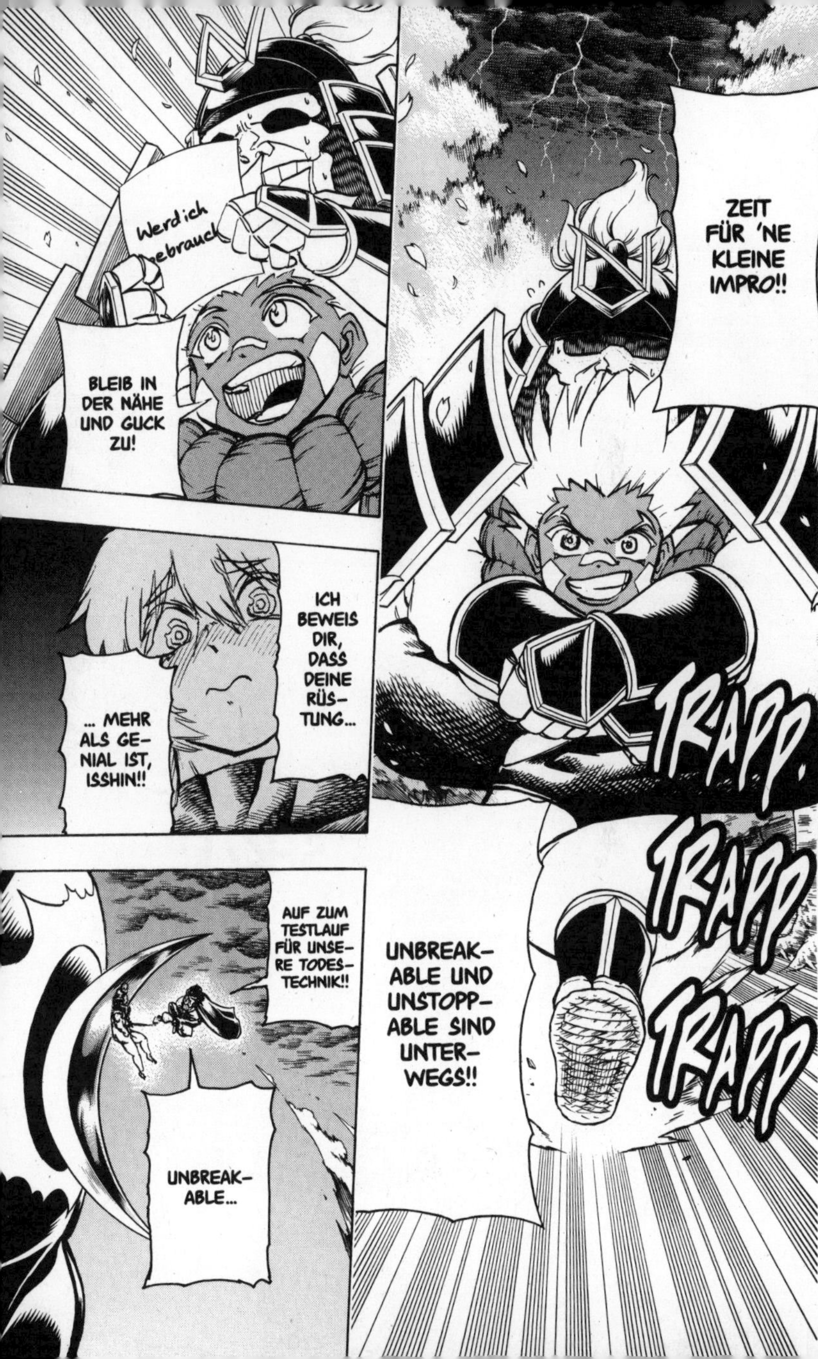
ZEIT FÜR 'NE KLEINE IMPRO!!
Werd ich
BLEIB IN DER NÄHE UND GUCK ZU!
ICH BEWEIS DIR, DASS DEINE RÜS-TUNG...
... MEHR ALS GE-NIAL IST, ISSHIN!!
TRAPP
TRAPP
TRAPP
UNBREAK-ABLE UND UNSTOPP-ABLE SIND UNTER-WEGS!!
AUF ZUM TESTLAUF FÜR UNSE-RE TODES-TECHNIK!!
UNBREAK-ABLE...

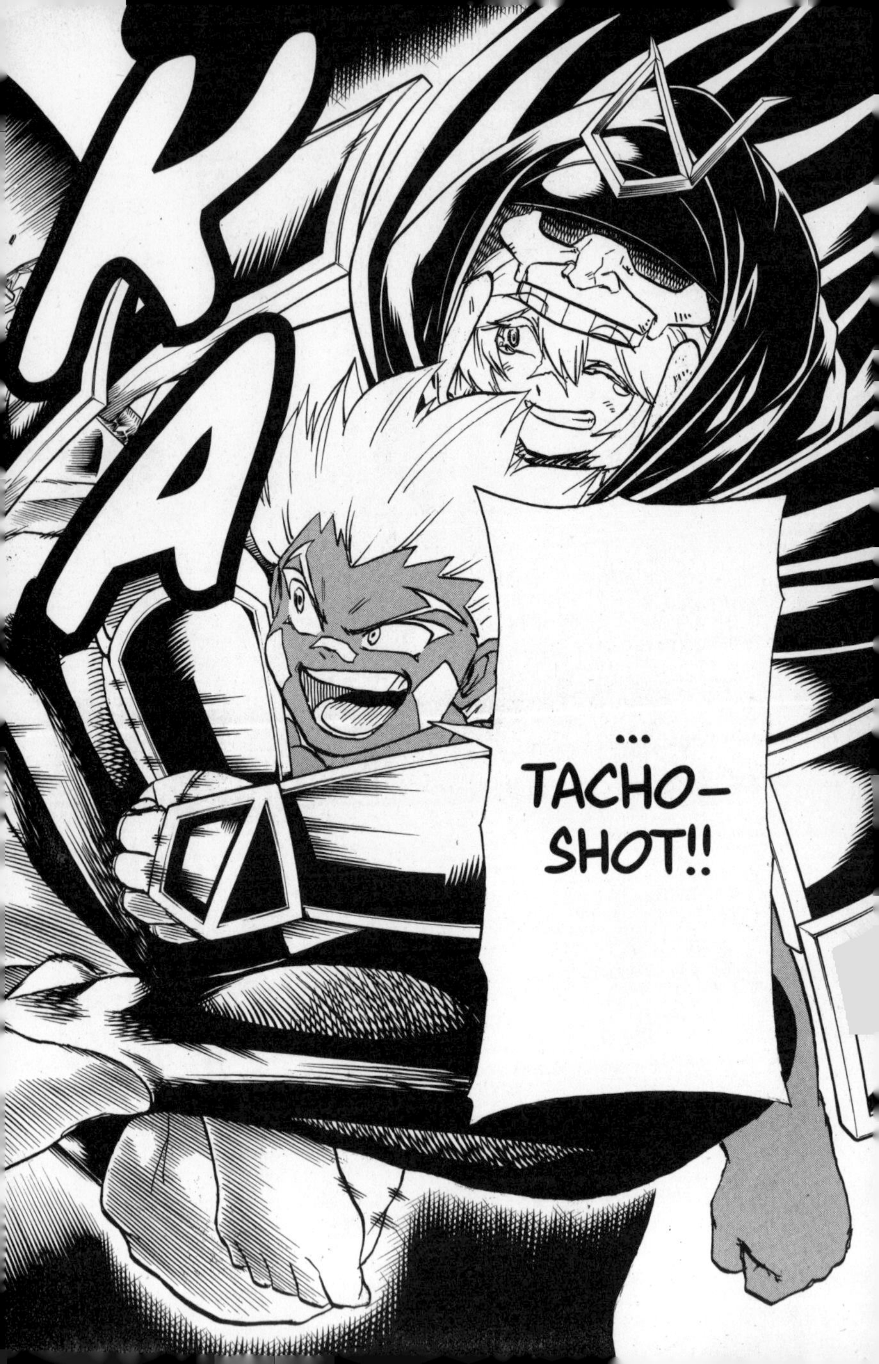
... TACHO-SHOT!!

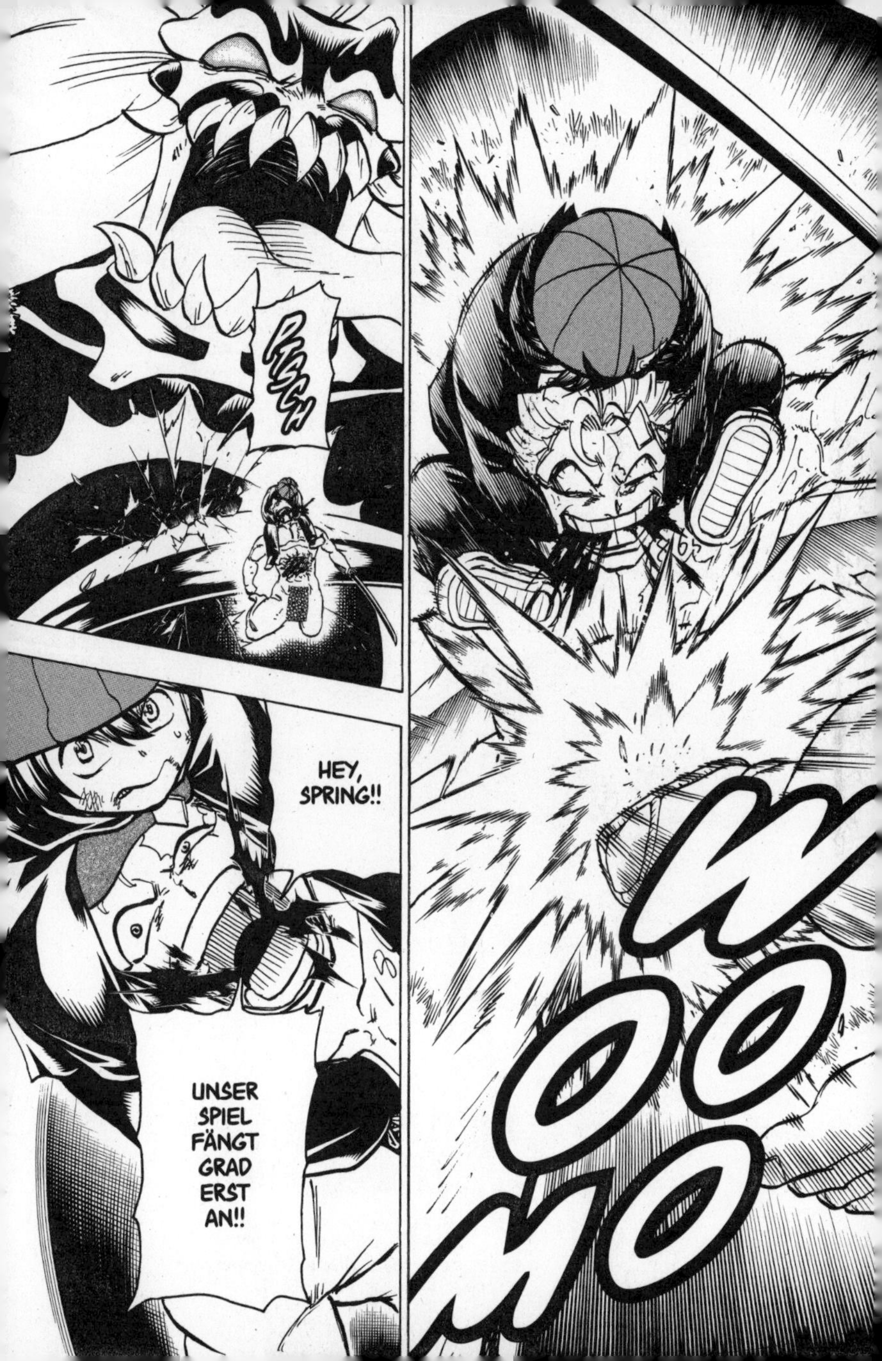
HEY, SPRING!!
UNSER SPIEL FÄNGT GRAD ERST AN!!

AUS DER WEEKLY SHONEN JUMP 2022, AUSGABE 5/6

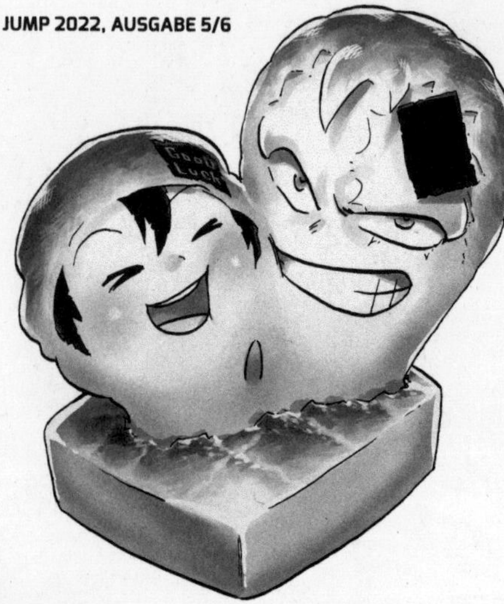

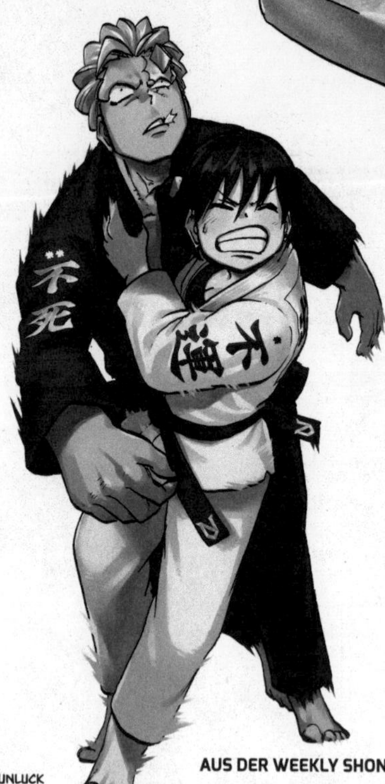

AUS DER WEEKLY SHONEN JUMP 2021, AUSGABE 21/22

* UNLUCK
** UNDEAD

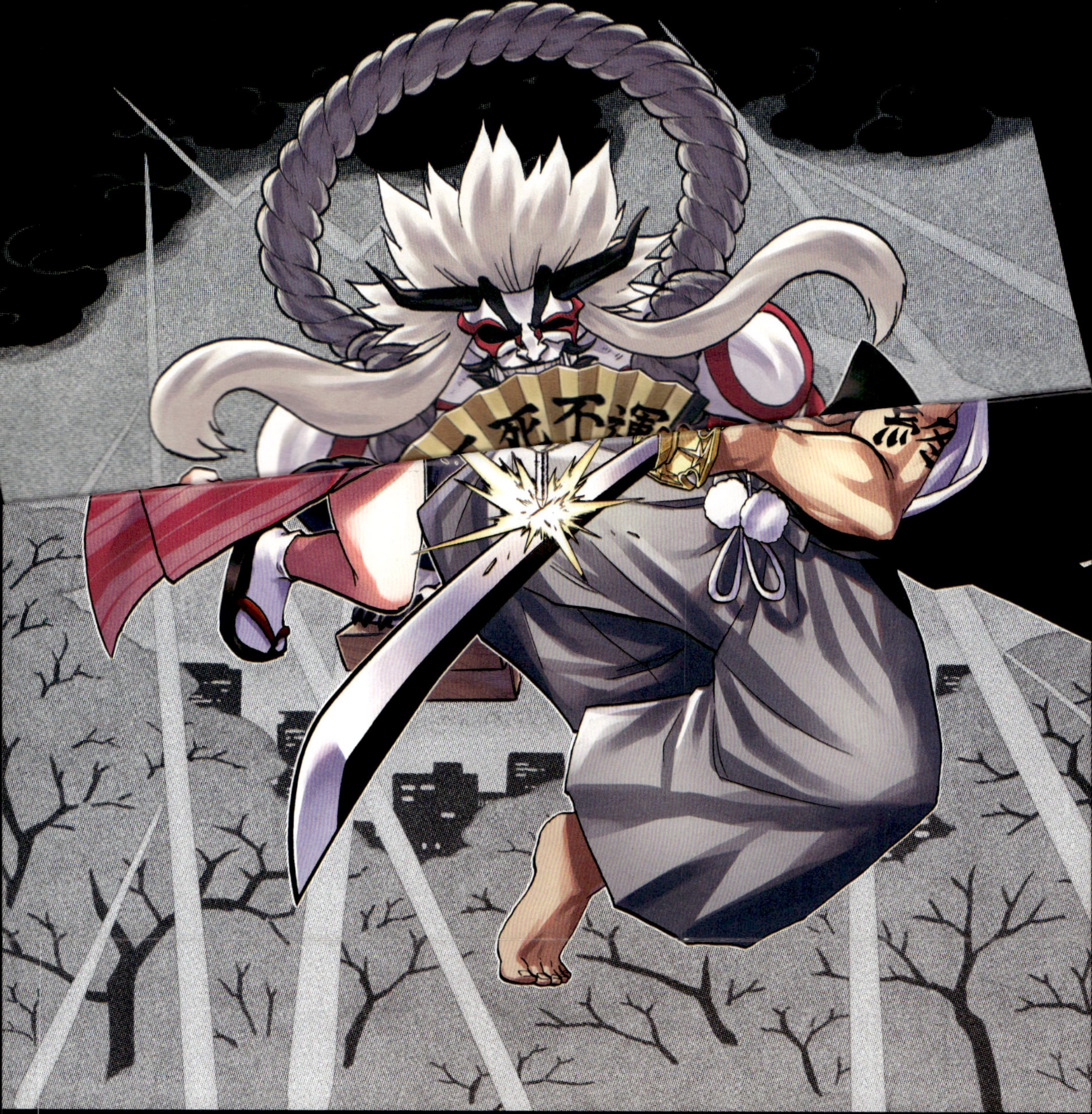

UNDEAD UNLUCK

Yoshifumi Tozuka

NOT FOR SALE

UNDEAD UNLUCK © 2020 by Yoshifumi Tozuka/SHUEIS

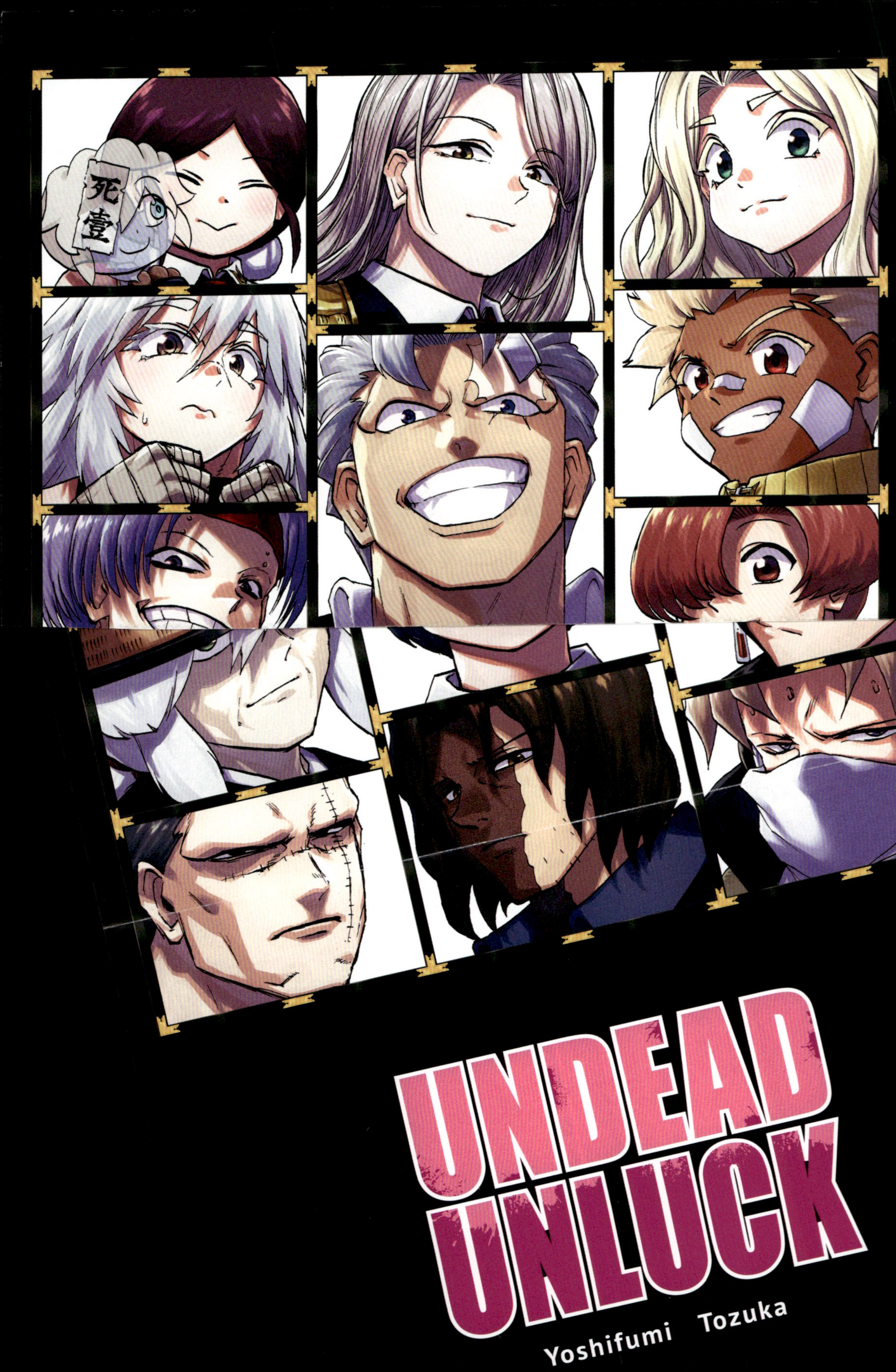
死壹
UNDEAD
UNLUCK
Yoshifumi Tozuka

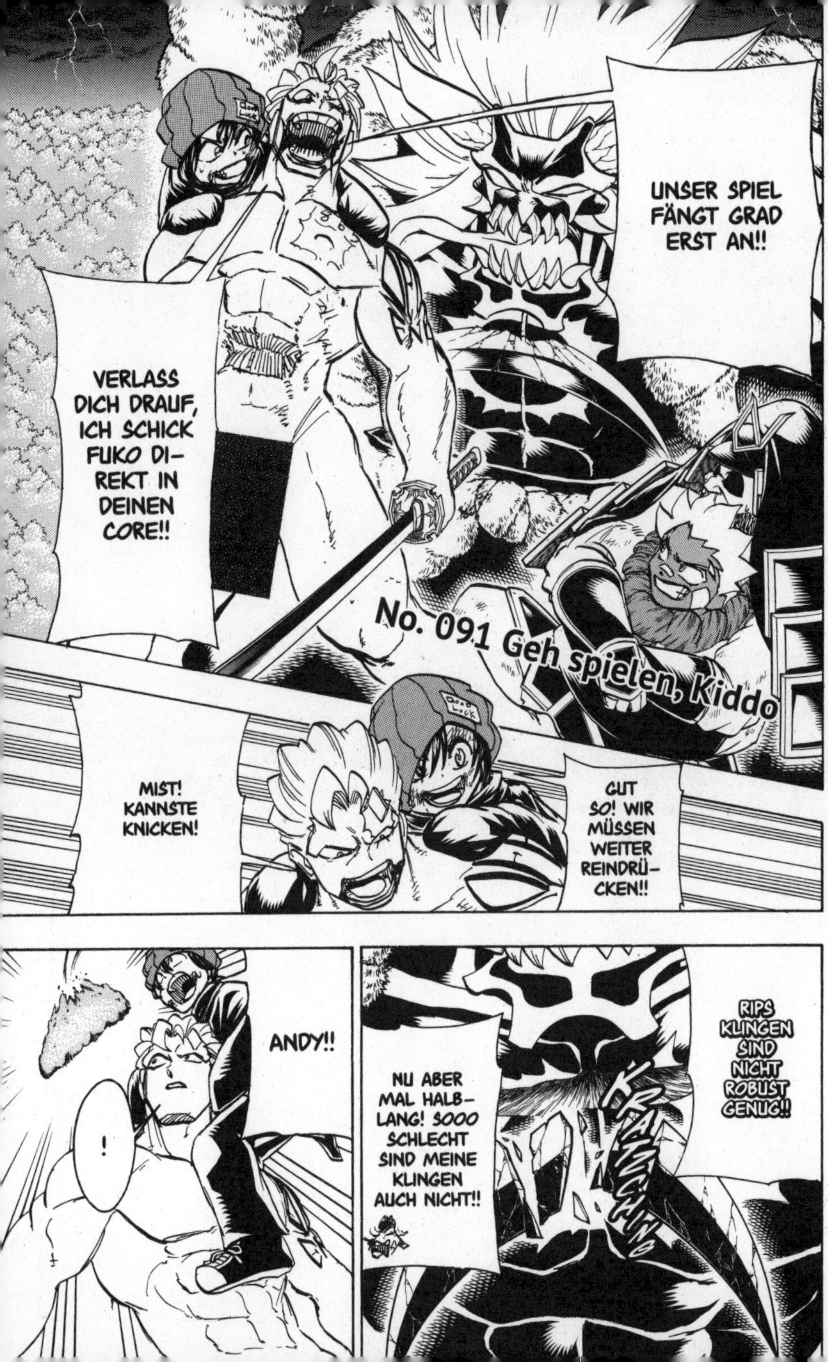
UNSER SPIEL FÄNGT GRAD ERST AN!!
VERLASS DICH DRAUF, ICH SCHICK FUKO DIREKT IN DEINEN CORE!!
No. 091 Geh spielen, Kiddo
GUT SO! WIR MÜSSEN WEITER REINDRÜCKEN!!
MIST! KANNSTE KNICKEN!
RIPS KLINGEN SIND NICHT ROBUST GENUG!!
NU ABER MAL HALBLANG! SOOO SCHLECHT SIND MEINE KLINGEN AUCH NICHT!!
ANDY!!
!

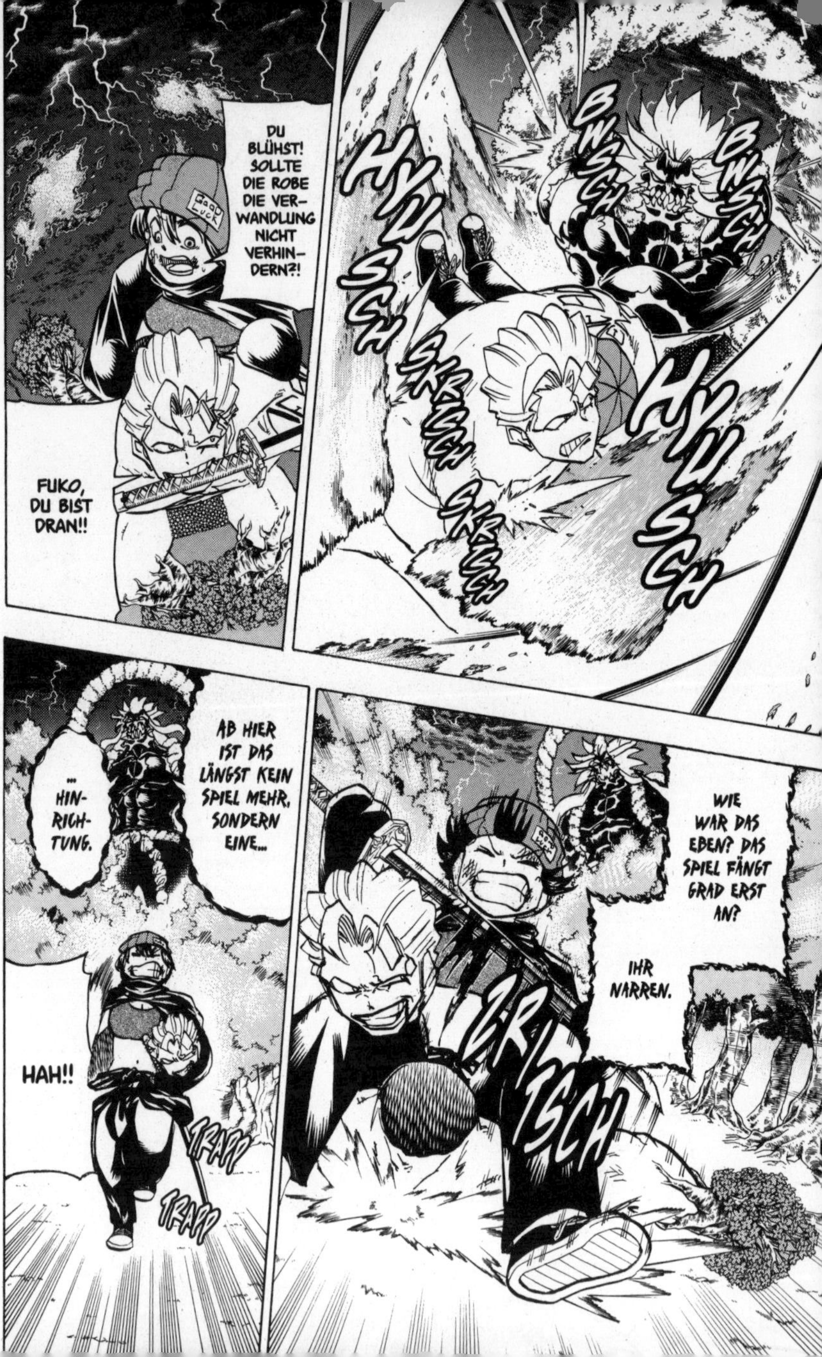

BWSCH
BWSCH
HYUSCH
SKRSCH SKRSCH
HYUSCH
DU BLÜHST! SOLLTE DIE ROBE DIE VERWANDLUNG NICHT VERHINDERN?!
FUKO, DU BIST DRAN!!
WIE WAR DAS EBEN? DAS SPIEL FÄNGT GRAD ERST AN?
IHR NARREN.
ZRRISCH
AB HIER IST DAS LÄNGST KEIN SPIEL MEHR, SONDERN EINE...
... HINRICHTUNG.
HAH!!
TRAPP
TRAPP

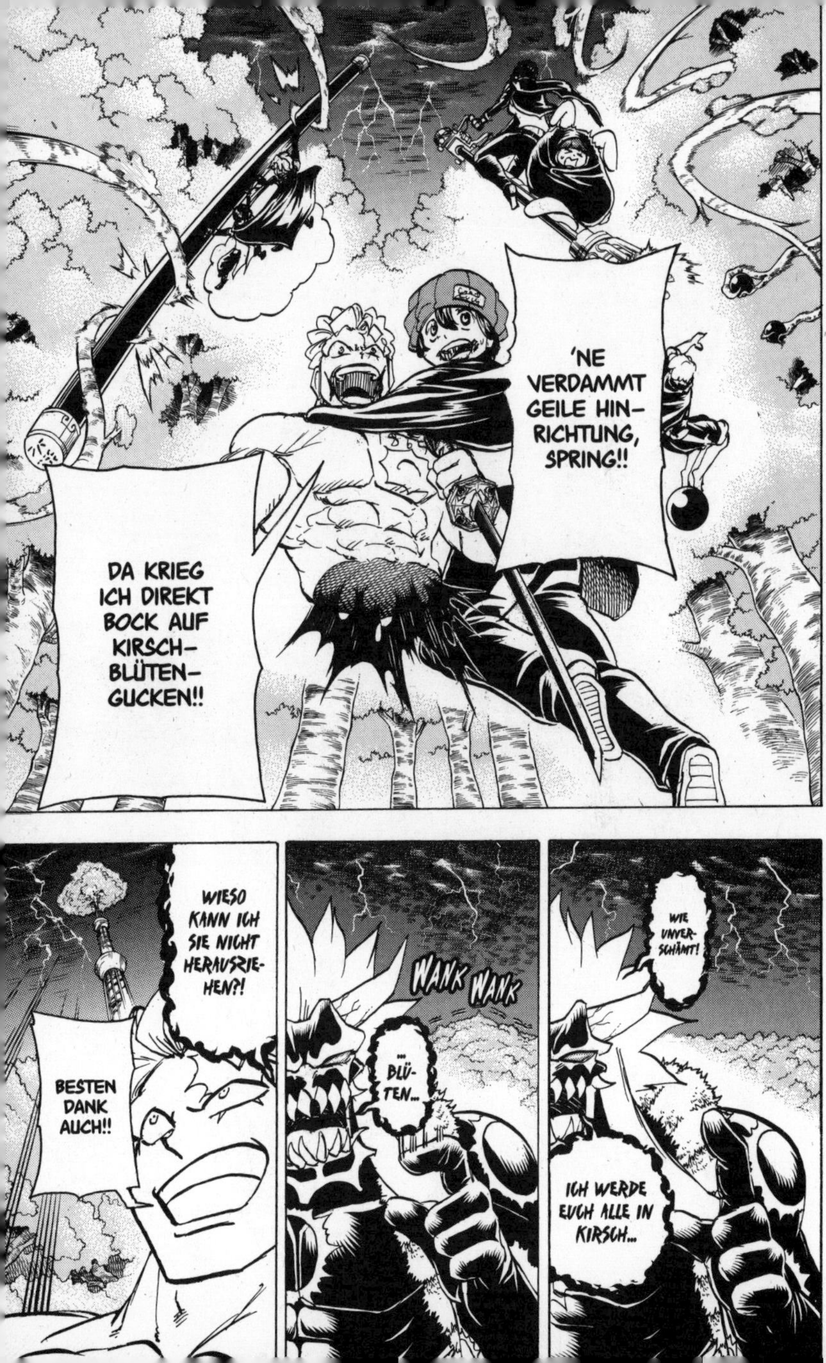
'NE VERDAMMT GEILE HIN-RICHTUNG, SPRING!!
DA KRIEG ICH DIREKT BOCK AUF KIRSCH-BLÜTEN-GUCKEN!!
WIE UNVER-SCHÄMT!
ICH WERDE EUCH ALLE IN KIRSCH...
WANK WANK
... BLÜ-TEN...
WIESO KANN ICH SIE NICHT HERAUSZIE-HEN?!
BESTEN DANK AUCH!!

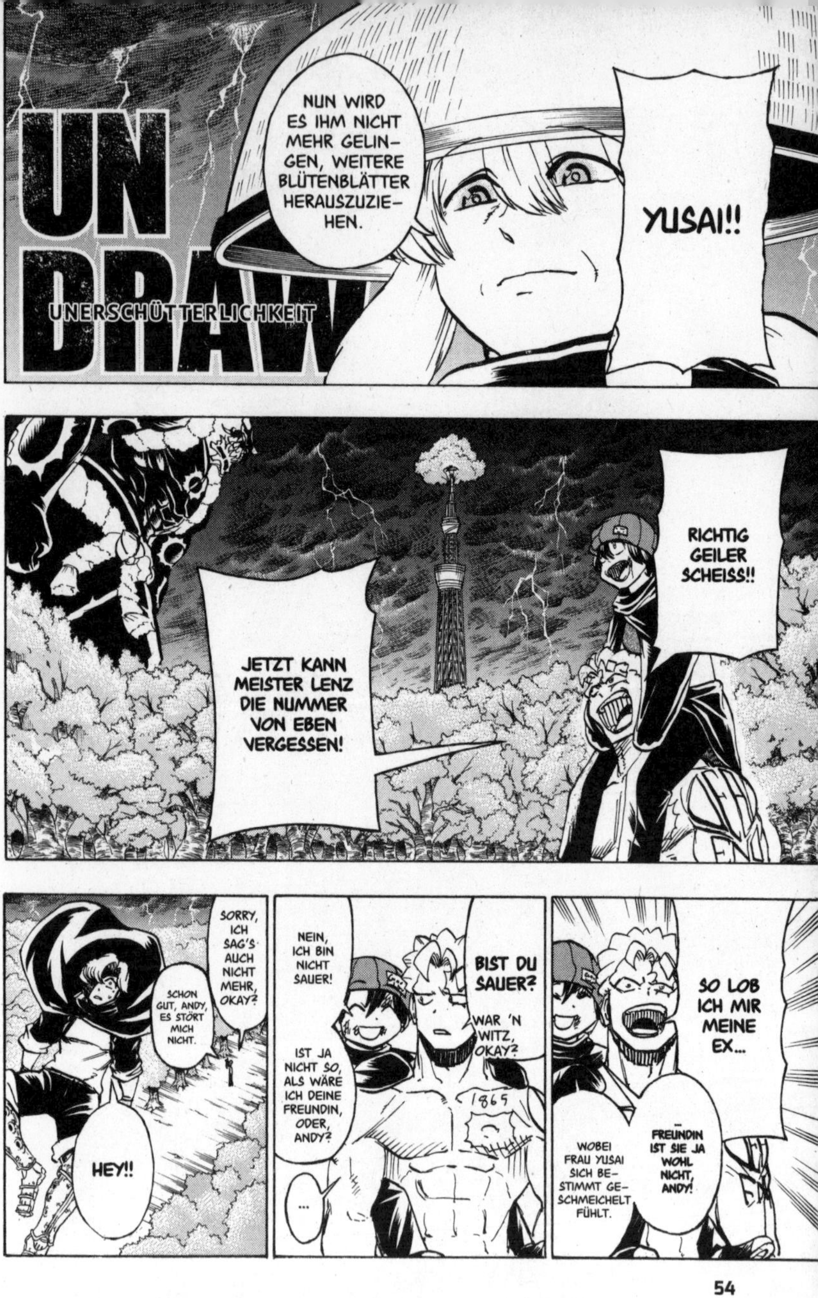
UNDRAW
UNERSCHÜTTERLICHKEIT
YUSAI!!
NUN WIRD ES IHM NICHT MEHR GELINGEN, WEITERE BLÜTENBLÄTTER HERAUSZUZIEHEN.
RICHTIG GEILER SCHEISS!!
JETZT KANN MEISTER LENZ DIE NUMMER VON EBEN VERGESSEN!
SO LOB ICH MIR MEINE EX...
BIST DU SAUER?
WAR 'N WITZ, OKAY?
... FREUNDIN IST SIE JA WOHL NICHT, ANDY!
WOBEI FRAU YUSAI SICH BESTIMMT GESCHMEICHELT FÜHLT.
NEIN, ICH BIN NICHT SAUER!
IST JA NICHT SO, ALS WÄRE ICH DEINE FREUNDIN, ODER, ANDY?
...
1865
SORRY, ICH SAG'S AUCH NICHT MEHR, OKAY?
SCHON GUT, ANDY, ES STÖRT MICH NICHT.
HEY!!

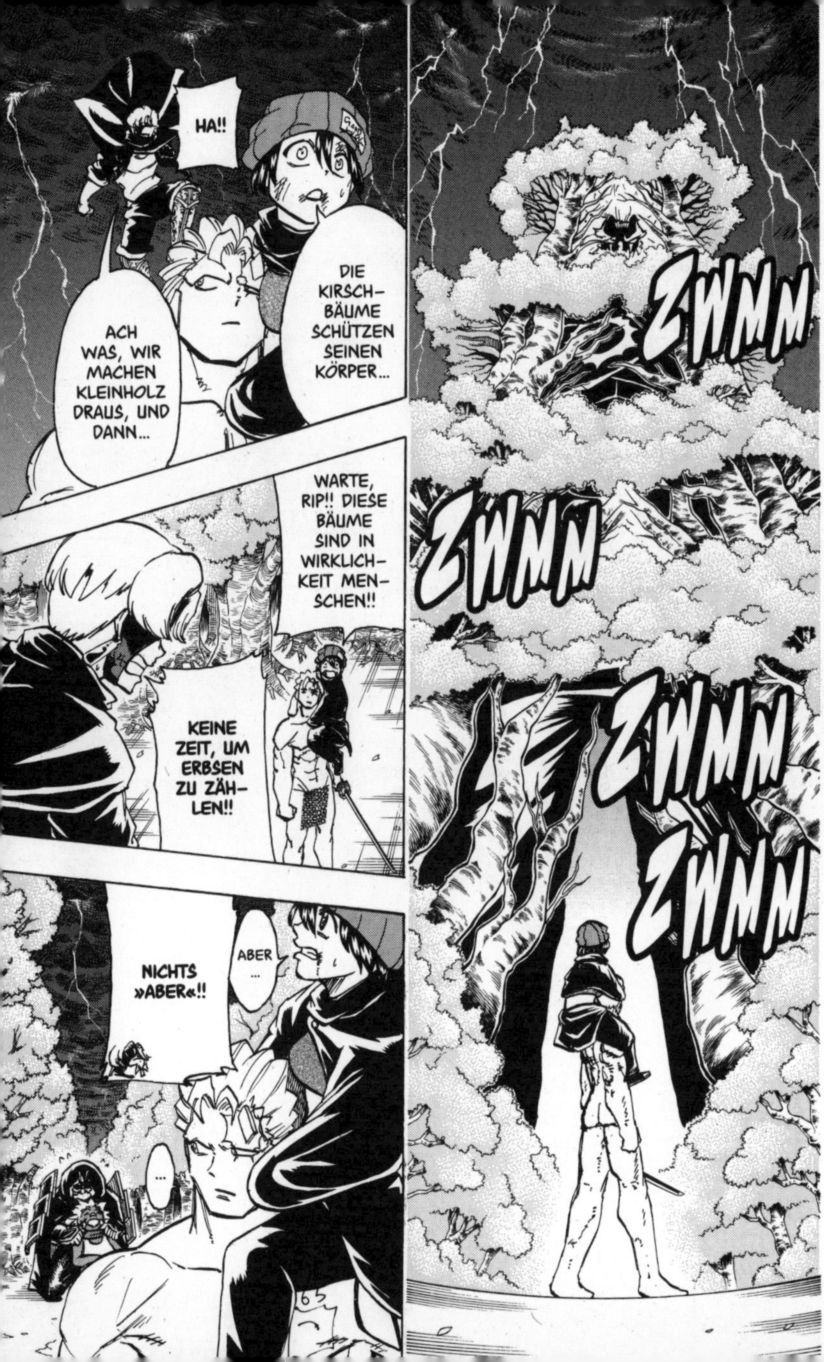
ZWMM
ZWMM
ZWMM
ZWMM
DIE KIRSCH-BÄUME SCHÜTZEN SEINEN KÖRPER...
HA!!
ACH WAS, WIR MACHEN KLEINHOLZ DRAUS, UND DANN...
WARTE, RIP!! DIESE BÄUME SIND IN WIRKLICH-KEIT MEN-SCHEN!!
KEINE ZEIT, UM ERBSEN ZU ZÄH-LEN!!
ABER ...
NICHTS »ABER«!!
...

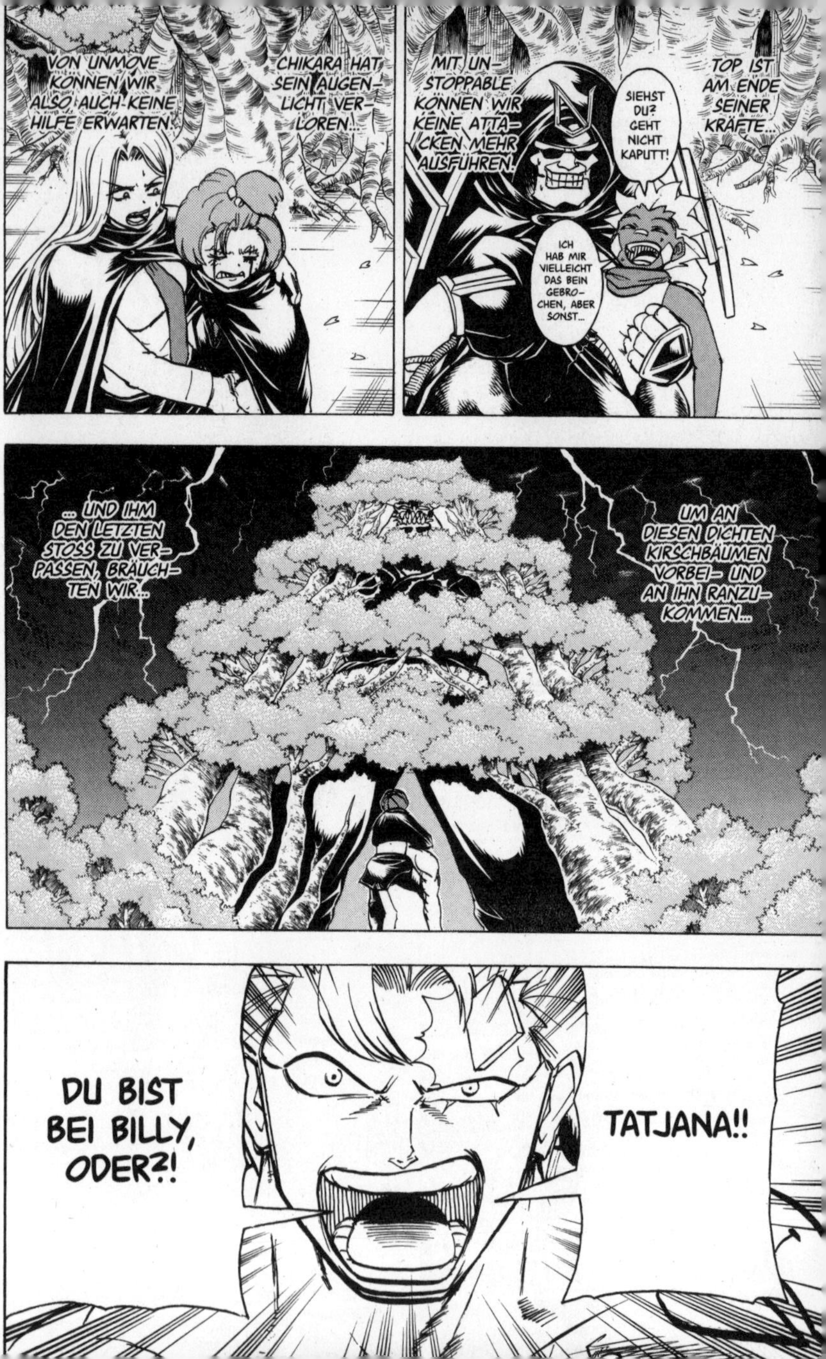
TOP IST AM ENDE SEINER KRÄFTE...
SIEHST DU? GEHT NICHT KAPUTT!
ICH HAB MIR VIELLEICHT DAS BEIN GEBROCHEN, ABER SONST...
MIT UNSTOPPABLE KÖNNEN WIR KEINE ATTACKEN MEHR AUSFÜHREN.
CHIKARA HAT SEIN AUGENLICHT VERLOREN...
VON UNMOVE KÖNNEN WIR ALSO AUCH KEINE HILFE ERWARTEN.
UM AN DIESEN DICHTEN KIRSCHBÄUMEN VORBEI- UND AN IHN RANZUKOMMEN...
... UND IHM DEN LETZTEN STOSS ZU VERPASSEN, BRÄUCHTEN WIR...
TATJANA!!
DU BIST BEI BILLY, ODER?!

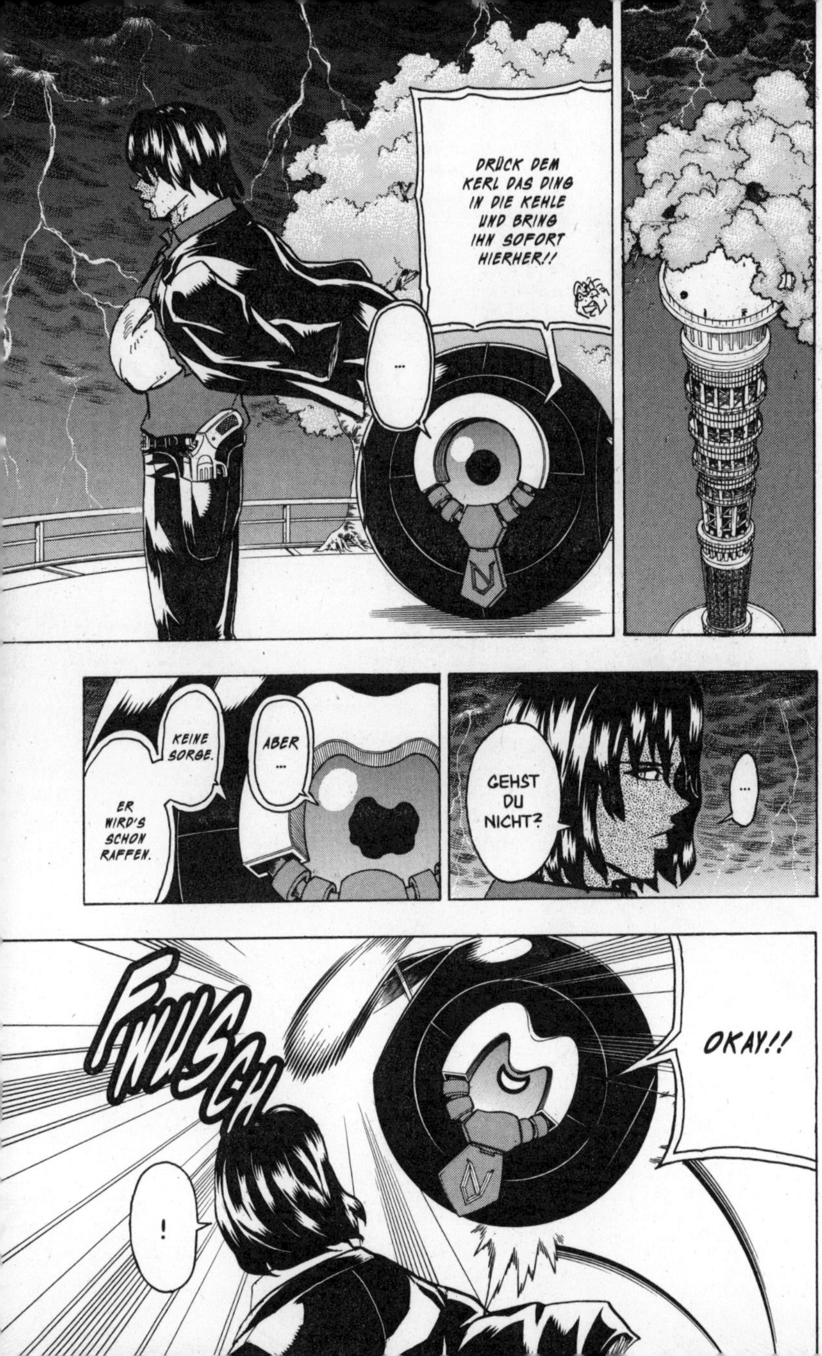
DRÜCK DEM KERL DAS DING IN DIE KEHLE UND BRING IHN SOFORT HIERHER!!
...
GEHST DU NICHT?
...
ABER ...
KEINE SORGE.
ER WIRD'S SCHON RAFFEN.
OKAY!!
FWUSCH
!

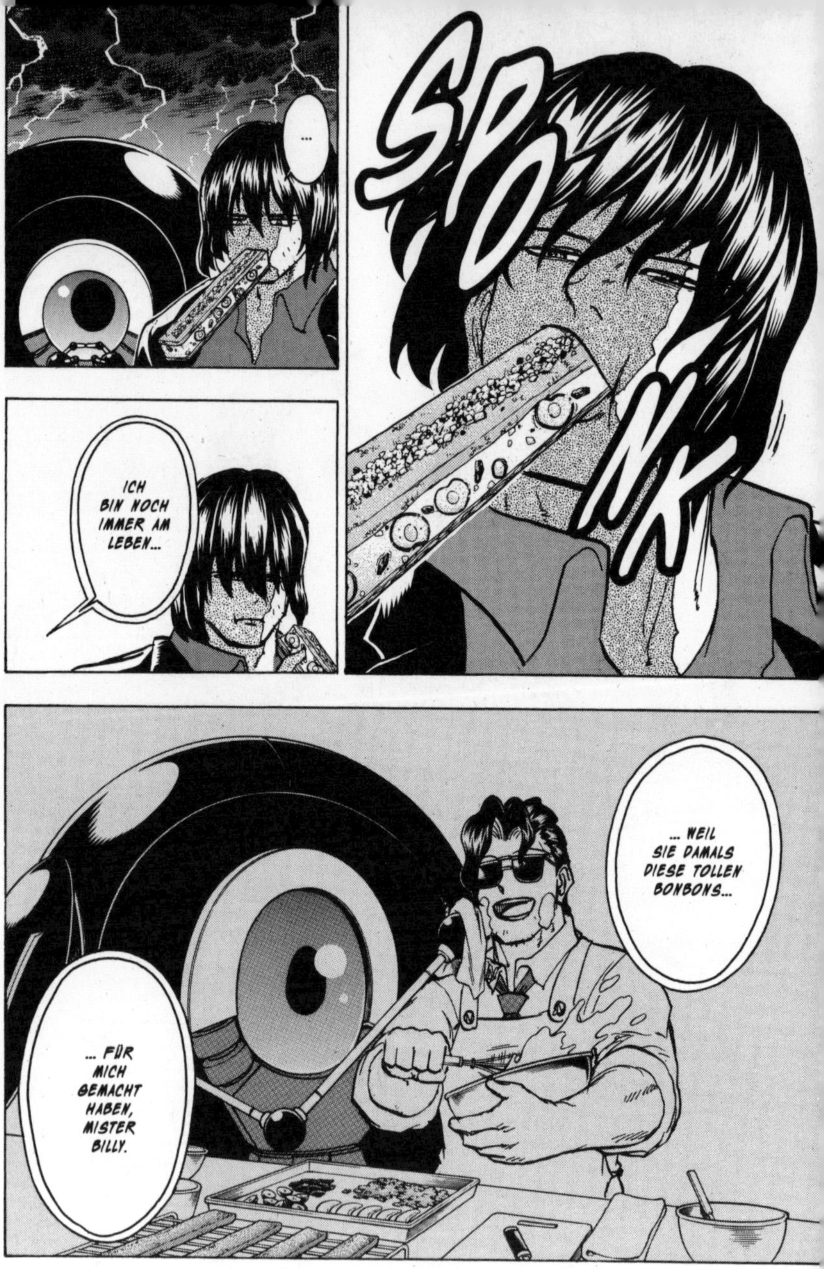
...
SPONK
ICH BIN NOCH IMMER AM LEBEN...
... WEIL SIE DAMALS DIESE TOLLEN BONBONS...
... FÜR MICH GEMACHT HABEN, MISTER BILLY.

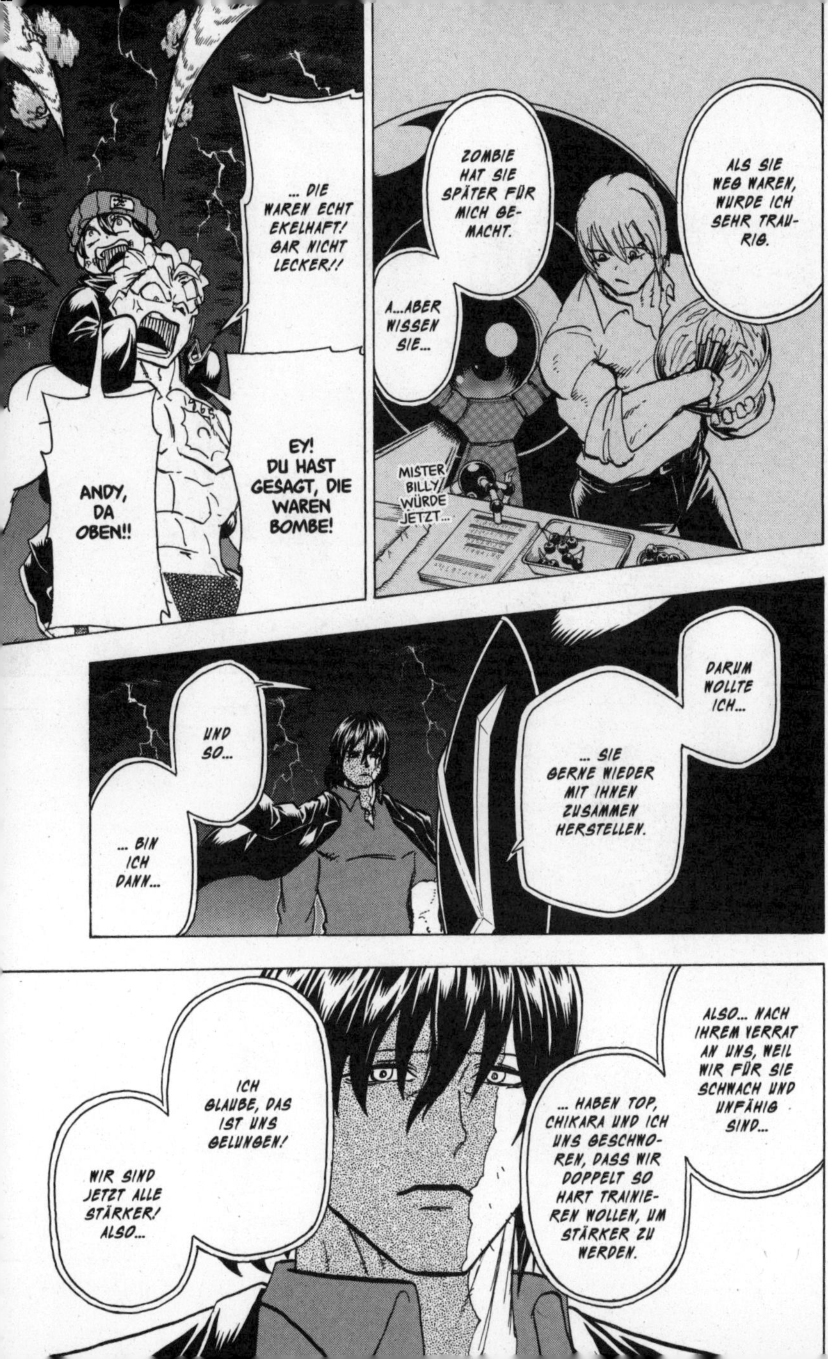
ALS SIE WEG WAREN, WURDE ICH SEHR TRAURIG.
ZOMBIE HAT SIE SPÄTER FÜR MICH GEMACHT.
A...ABER WISSEN SIE...
MISTER BILLY WÜRDE JETZT...
... DIE WAREN ECHT EKELHAFT! GAR NICHT LECKER!!
EY! DU HAST GESAGT, DIE WAREN BOMBE!
ANDY, DA OBEN!!
DARUM WOLLTE ICH...
... SIE GERNE WIEDER MIT IHNEN ZUSAMMEN HERSTELLEN.
UND SO...
... BIN ICH DANN...
ALSO... NACH IHREM VERRAT AN UNS, WEIL WIR FÜR SIE SCHWACH UND UNFÄHIG SIND...
... HABEN TOP, CHIKARA UND ICH UNS GESCHWOREN, DASS WIR DOPPELT SO HART TRAINIEREN WOLLEN, UM STÄRKER ZU WERDEN.
ICH GLAUBE, DAS IST UNS GELUNGEN!
WIR SIND JETZT ALLE STÄRKER! ALSO...

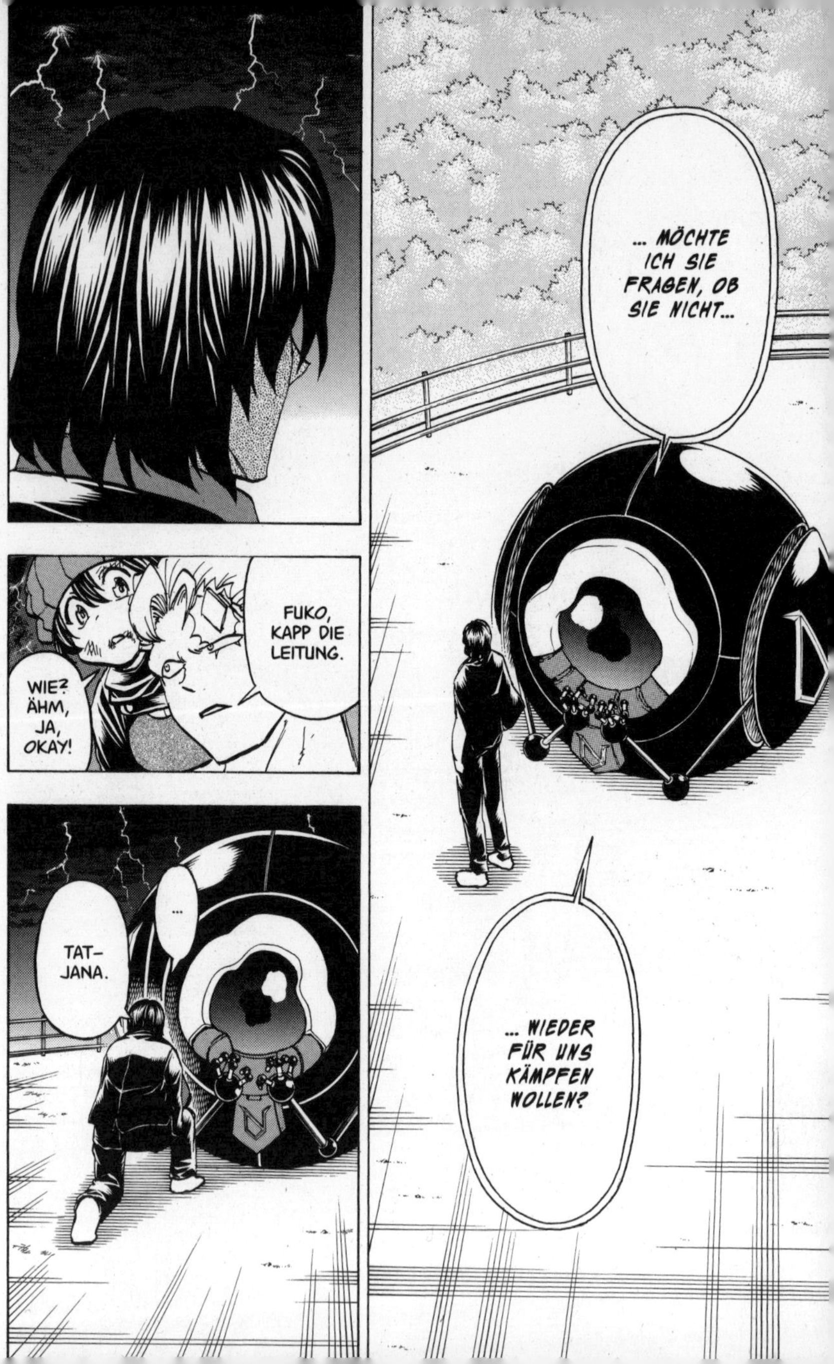
FUKO, KAPP DIE LEITUNG.
WIE? ÄHM, JA, OKAY!
...
TAT-JANA.
... MÖCHTE ICH SIE FRAGEN, OB SIE NICHT...
... WIEDER FÜR UNS KÄMPFEN WOLLEN?

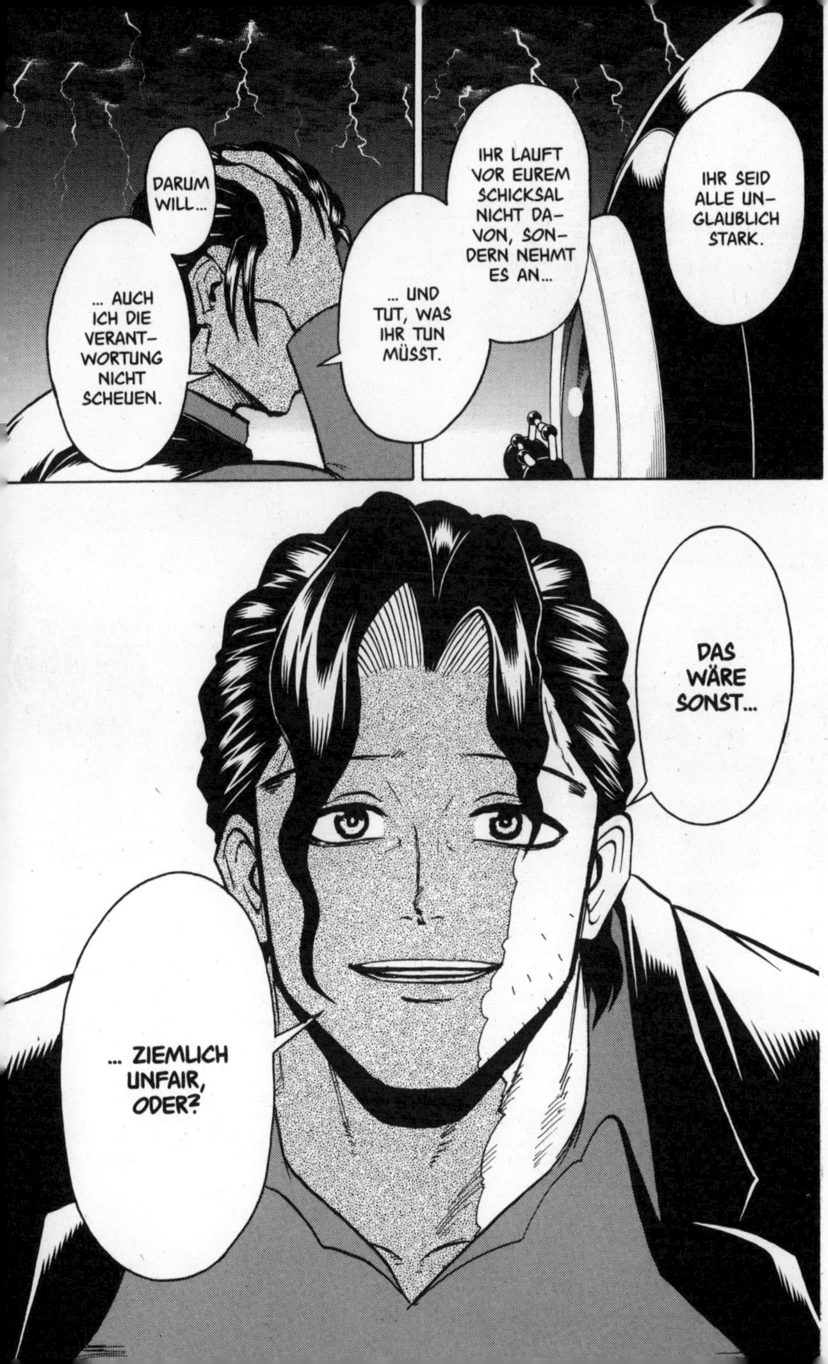
IHR SEID ALLE UNGLAUBLICH STARK.
IHR LAUFT VOR EUREM SCHICKSAL NICHT DAVON, SONDERN NEHMT ES AN...
... UND TUT, WAS IHR TUN MÜSST.
DARUM WILL...
... AUCH ICH DIE VERANTWORTUNG NICHT SCHEUEN.
DAS WÄRE SONST...
... ZIEMLICH UNFAIR, ODER?

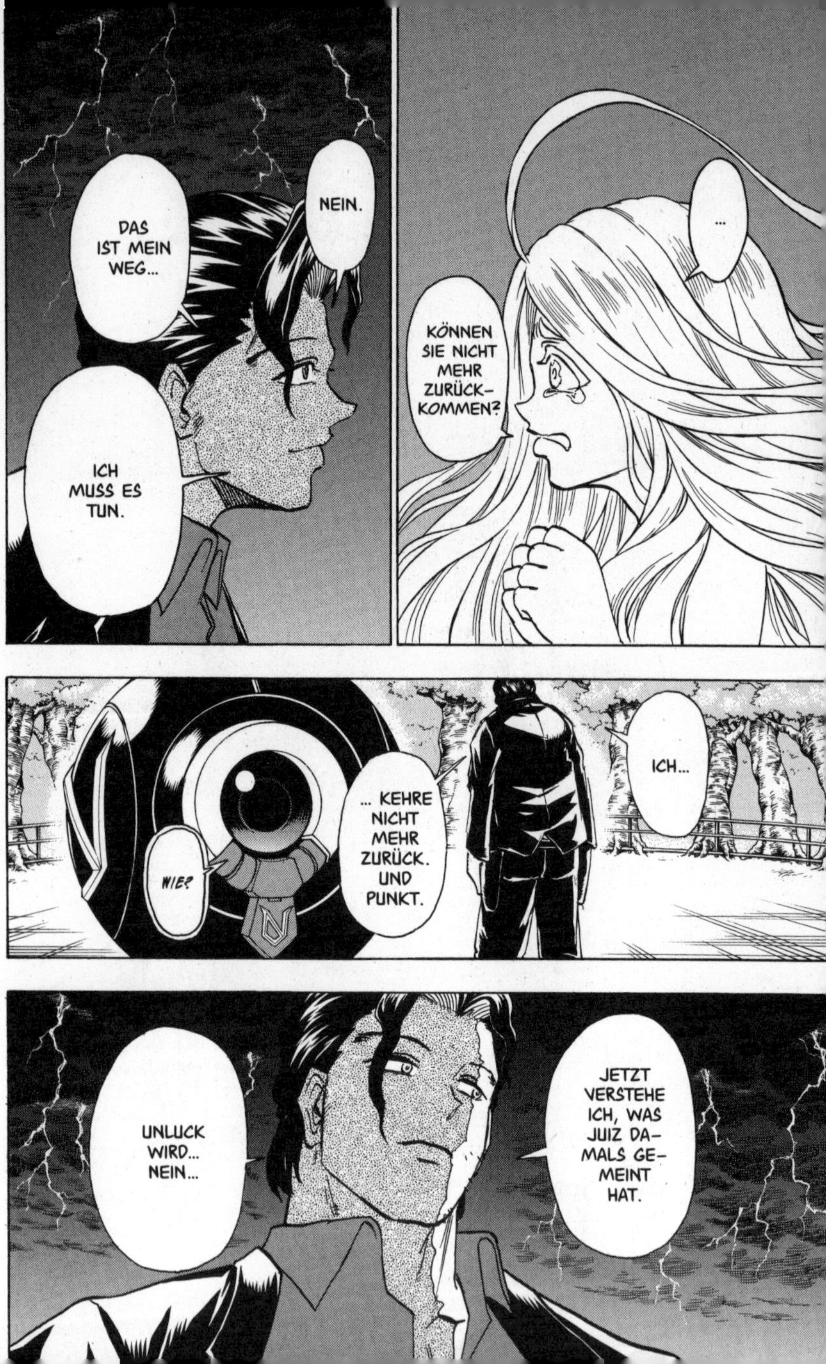
…
KÖNNEN SIE NICHT MEHR ZURÜCK-KOMMEN?
NEIN.
DAS IST MEIN WEG…
ICH MUSS ES TUN.
ICH…
… KEHRE NICHT MEHR ZURÜCK. UND PUNKT.
WIE?
JETZT VERSTEHE ICH, WAS JUIZ DAMALS GEMEINT HAT.
UNLUCK WIRD… NEIN…

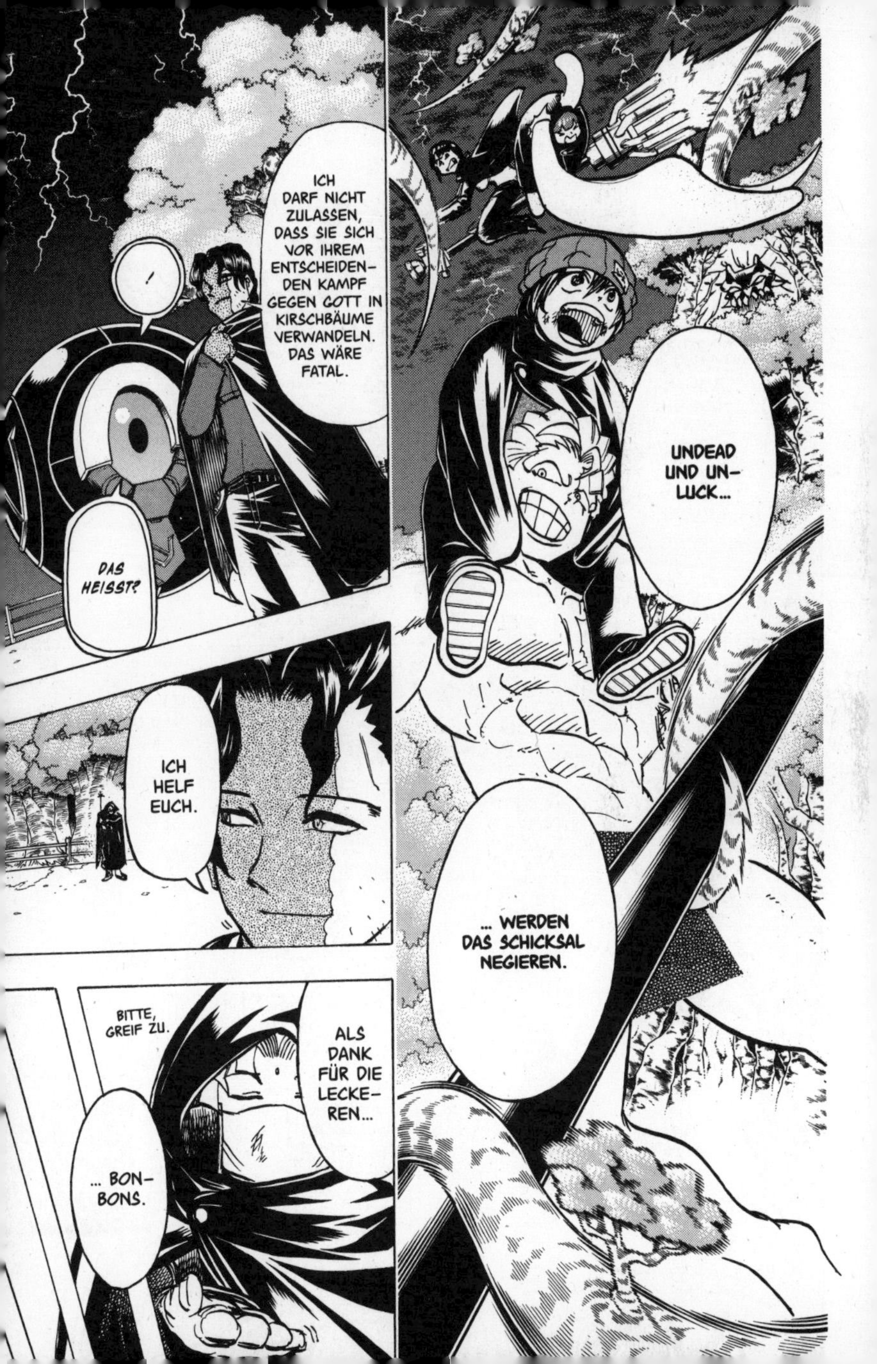
UNDEAD UND UN-LUCK...
... WERDEN DAS SCHICKSAL NEGIEREN.
ICH DARF NICHT ZULASSEN, DASS SIE SICH VOR IHREM ENTSCHEIDEN-DEN KAMPF GEGEN GOTT IN KIRSCHBÄUME VERWANDELN. DAS WÄRE FATAL.
!
DAS HEISST?
ICH HELF EUCH.
ALS DANK FÜR DIE LECKE-REN...
BITTE, GREIF ZU.
... BON-BONS.

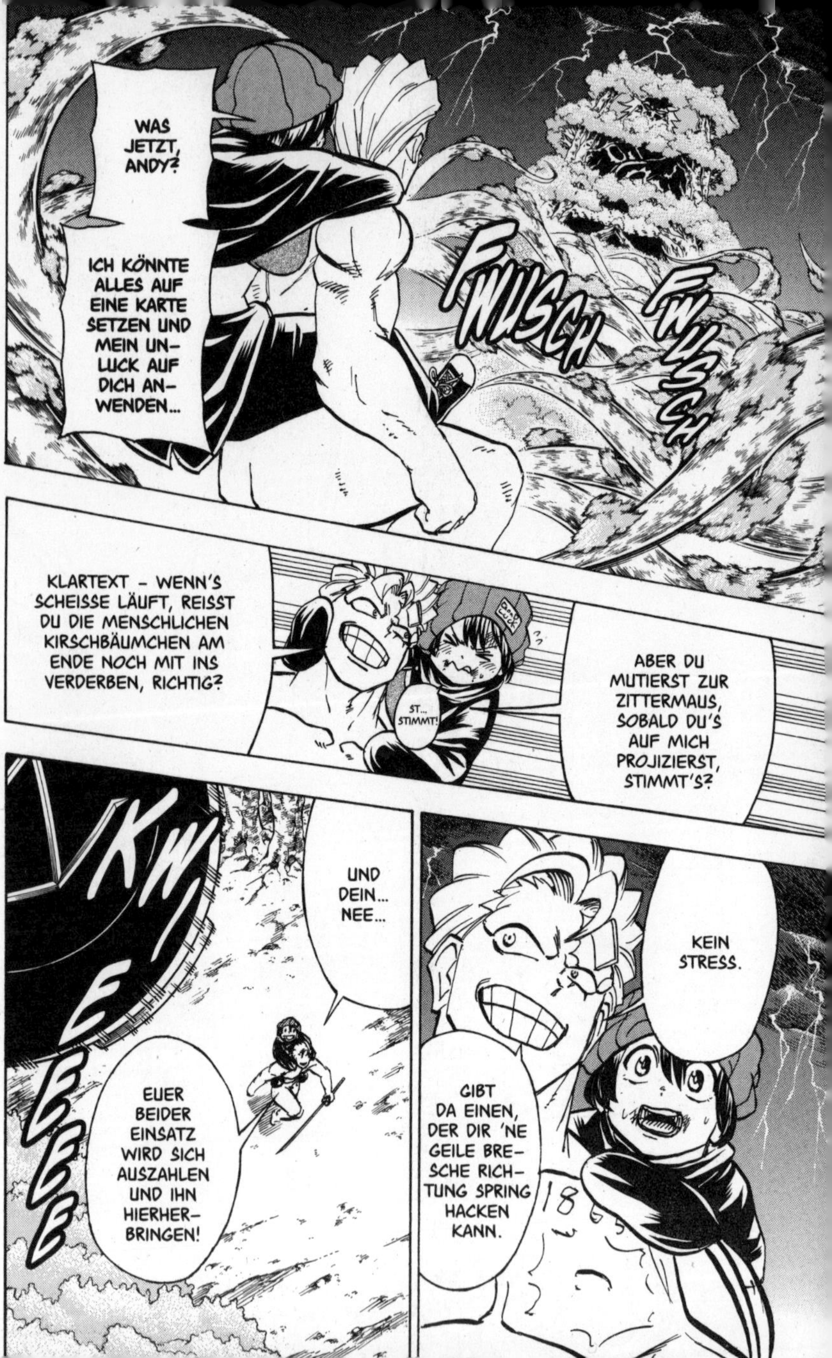
WAS JETZT, ANDY?
ICH KÖNNTE ALLES AUF EINE KARTE SETZEN UND MEIN UN-LUCK AUF DICH AN-WENDEN...
FWUSCH
FWUSCH
ABER DU MUTIERST ZUR ZITTERMAUS, SOBALD DU'S AUF MICH PROJIZIERST, STIMMT'S?
ST... STIMMT!
KLARTEXT – WENN'S SCHEISSE LÄUFT, REISST DU DIE MENSCHLICHEN KIRSCHBÄUMCHEN AM ENDE NOCH MIT INS VERDERBEN, RICHTIG?
KEIN STRESS.
GIBT DA EINEN, DER DIR 'NE GEILE BRE-SCHE RICH-TUNG SPRING HACKEN KANN.
UND DEIN... NEE...
EUER BEIDER EINSATZ WIRD SICH AUSZAHLEN UND IHN HIERHER-BRINGEN!
KWIEEEEE

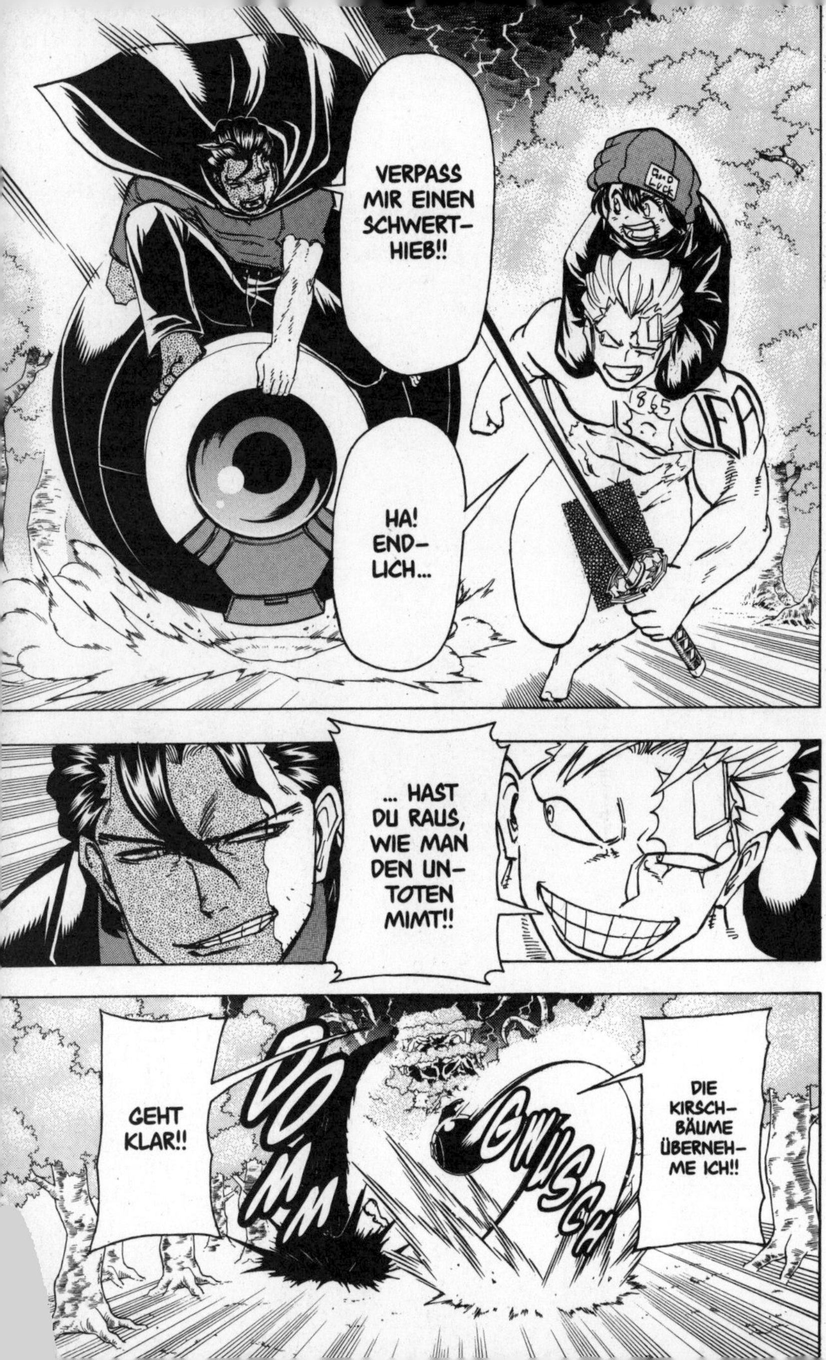
VERPASS MIR EINEN SCHWERT-HIEB!!
HA! END-LICH...
... HAST DU RAUS, WIE MAN DEN UN-TOTEN MIMT!!
DIE KIRSCH-BÄUME ÜBERNEH-ME ICH!!
GWUSCH
GEHT KLAR!!

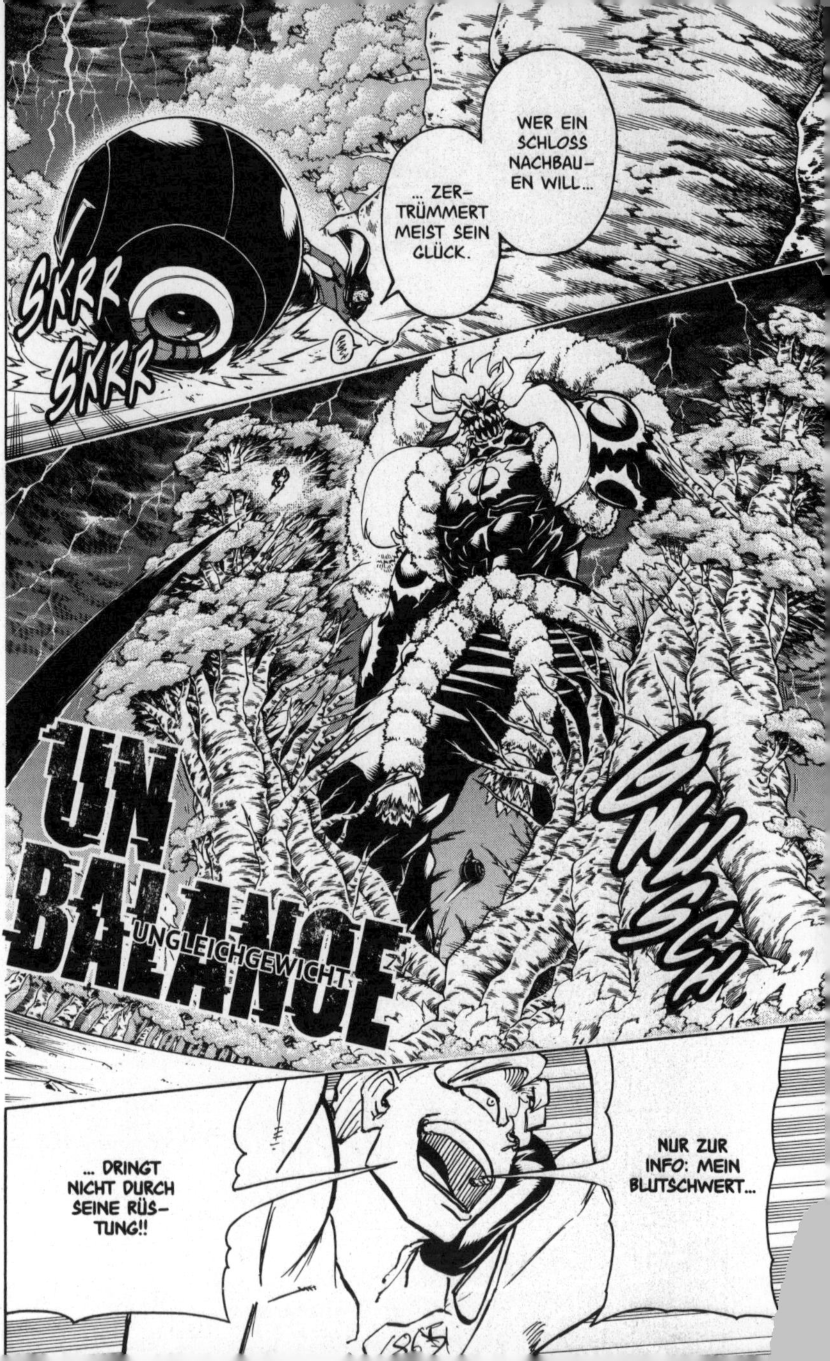
WER EIN SCHLOSS NACHBAU-EN WILL...
... ZER-TRÜMMERT MEIST SEIN GLÜCK.
SKRR SKRR
UNBALANCE
UNGLEICHGEWICHT
NUR ZUR INFO: MEIN BLUTSCHWERT...
... DRINGT NICHT DURCH SEINE RÜS-TUNG!!

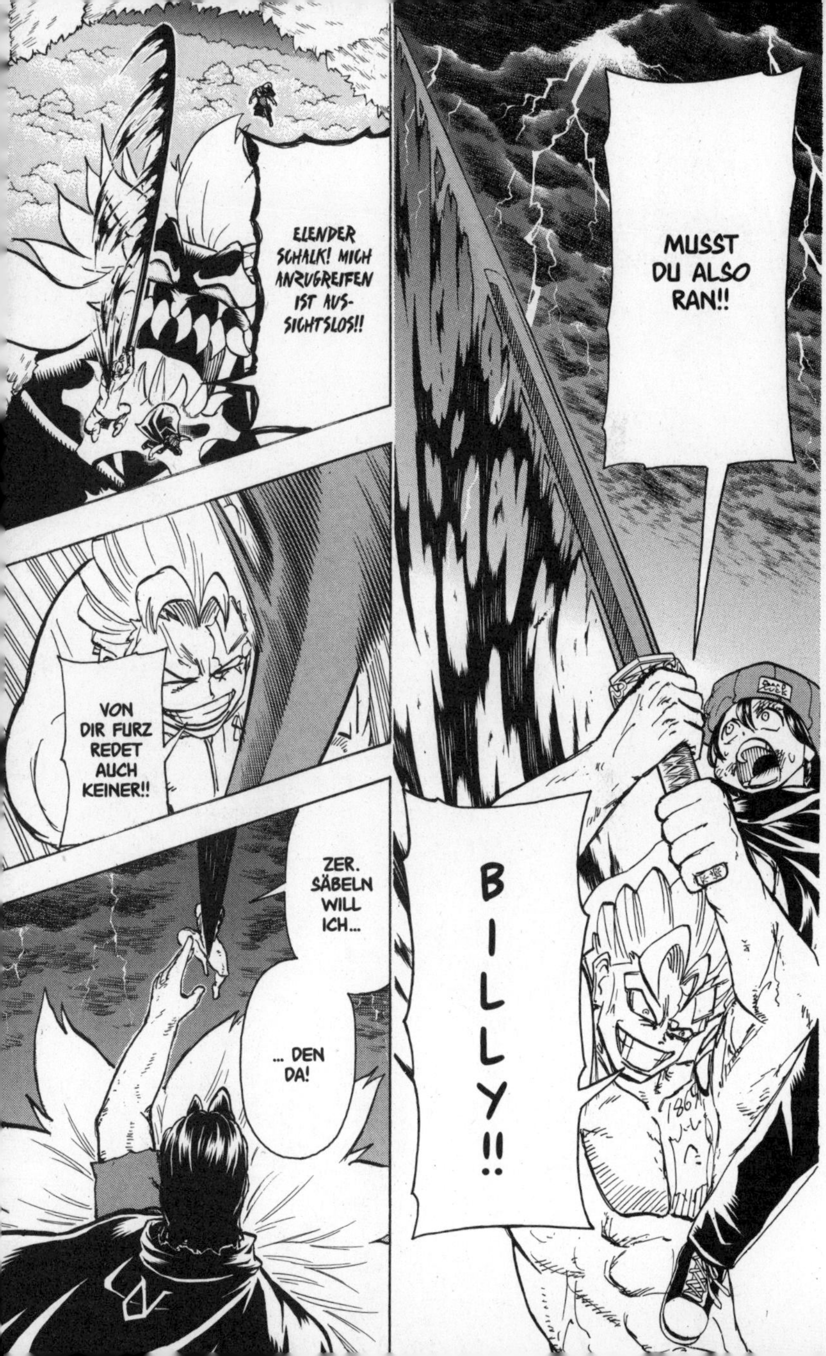
ELENDER SCHALK! MICH ANZUGREIFEN IST AUS-SICHTSLOS!!
VON DIR FURZ REDET AUCH KEINER!!
ZER. SÄBELN WILL ICH...
... DEN DA!
MUSST DU ALSO RAN!!
BILLY!!

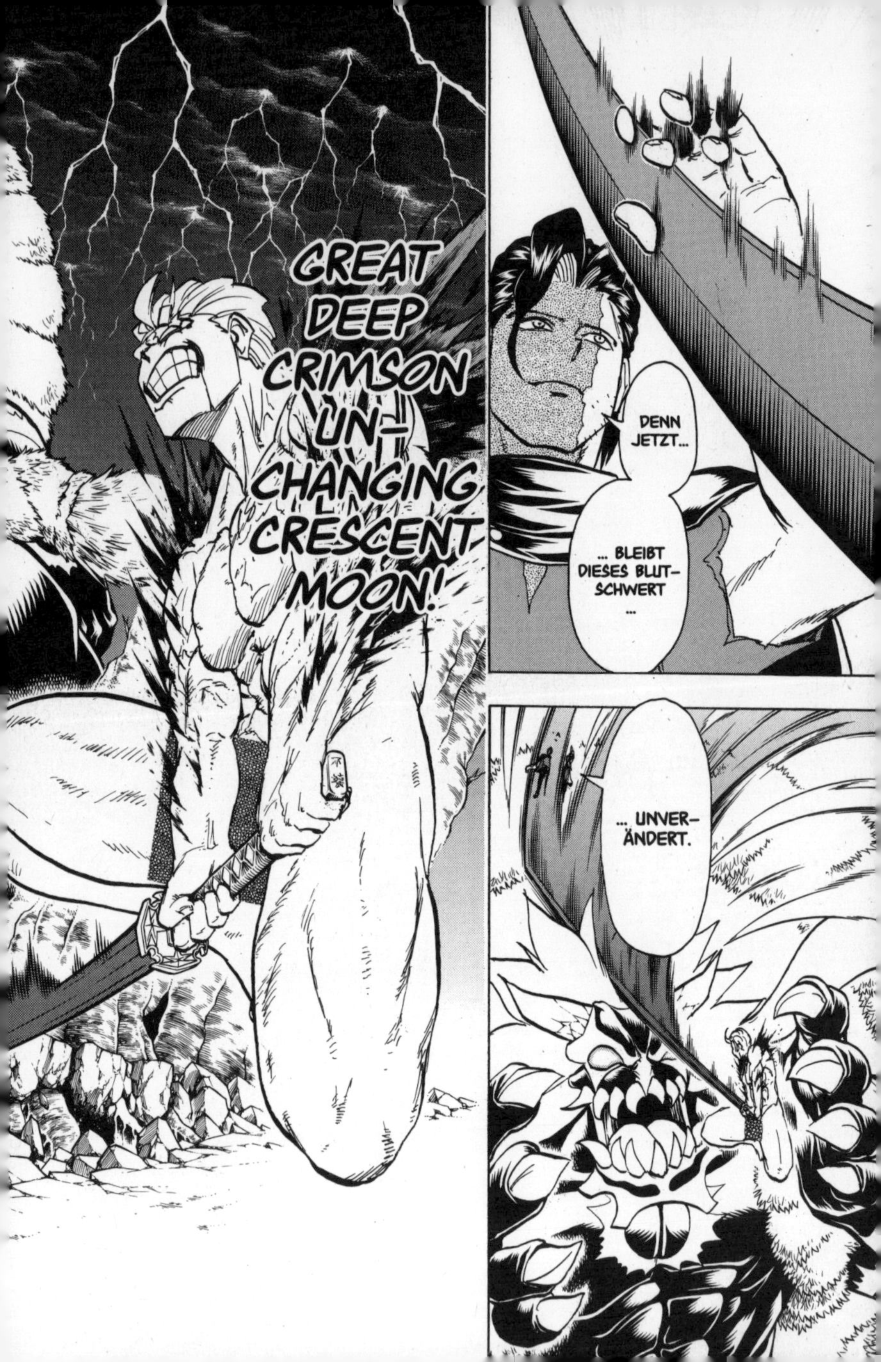
DENN JETZT...
... BLEIBT DIESES BLUT-SCHWERT ...
... UNVER-ÄNDERT.
GREAT DEEP CRIMSON UN-CHANGING CRESCENT MOON!

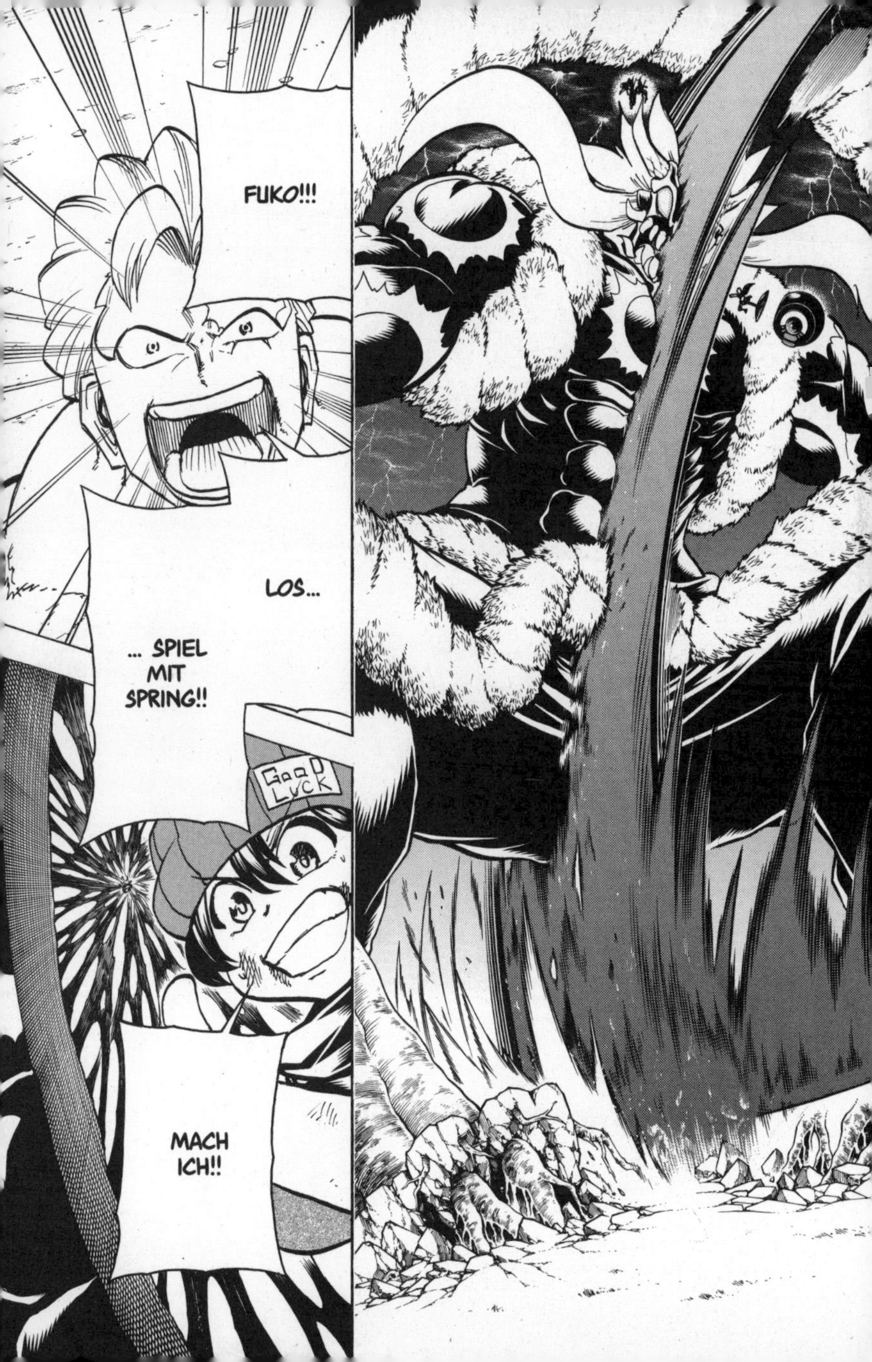
FUKO!!!
LOS...
... SPIEL MIT SPRING!!
GOOD LUCK
MACH ICH!!

Bonus

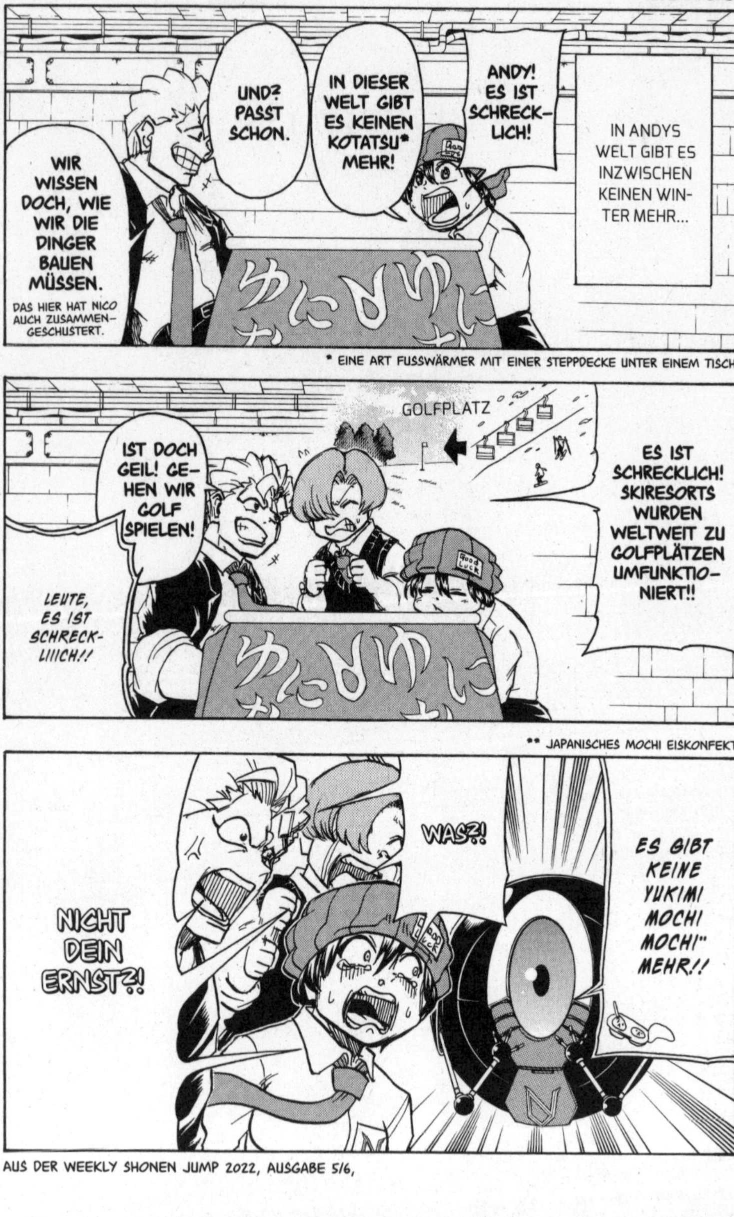

* EINE ART FUSSWÄRMER MIT EINER STEPPDECKE UNTER EINEM TISCH

** JAPANISCHES MOCHI EISKONFEKT

AUS DER WEEKLY SHONEN JUMP 2022, AUSGABE 5/6,

No. 092 Essenz

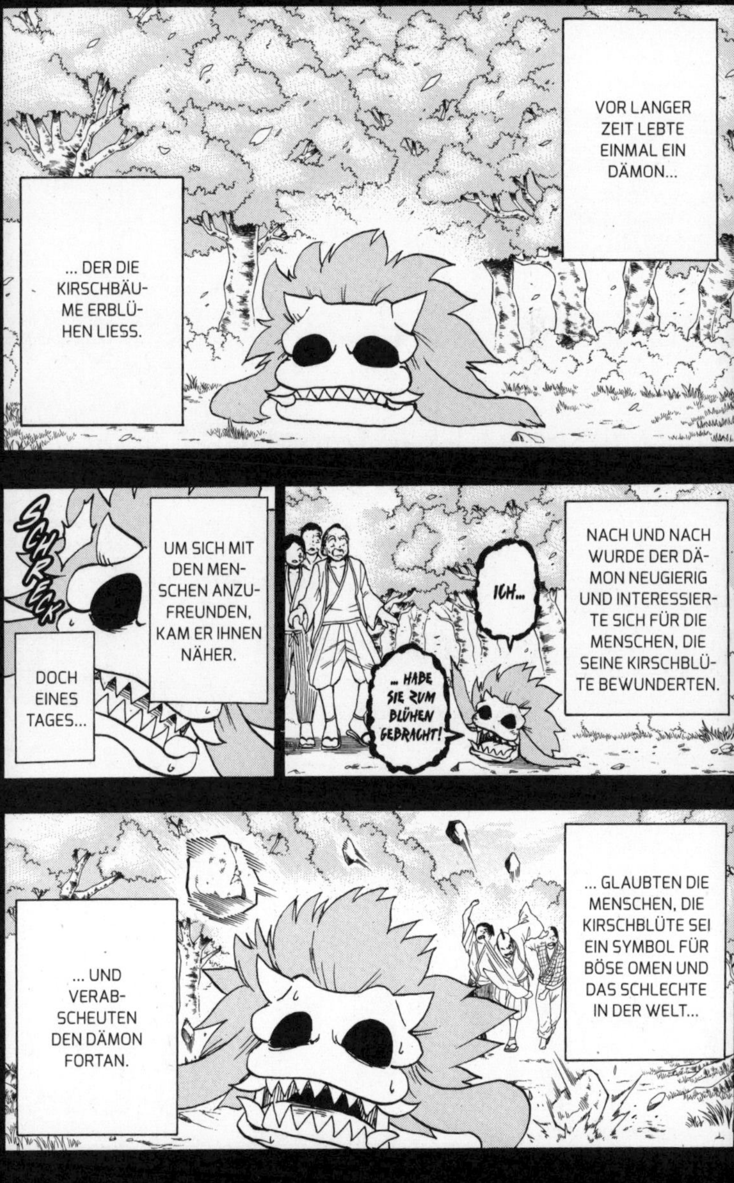

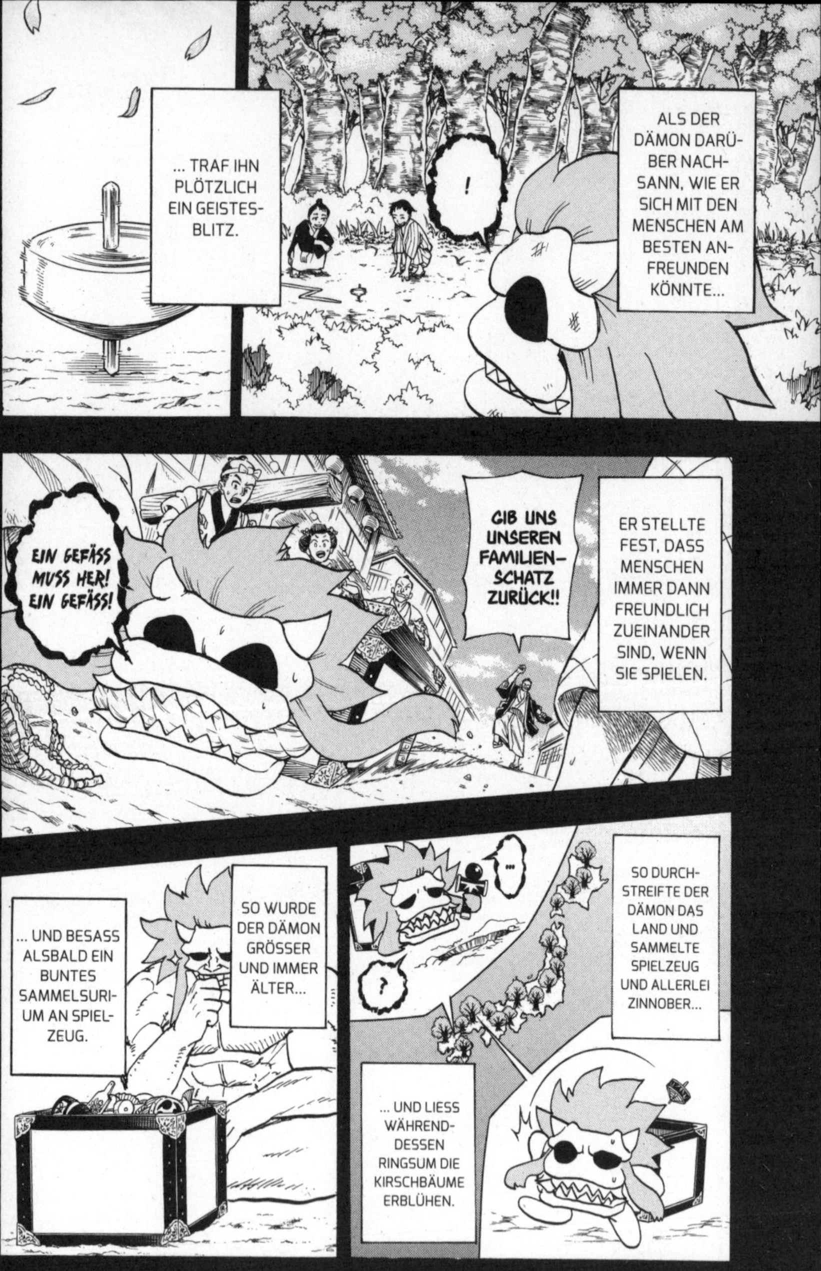
ALS DER DÄMON DARÜBER NACHSANN, WIE ER SICH MIT DEN MENSCHEN AM BESTEN ANFREUNDEN KÖNNTE...
!
... TRAF IHN PLÖTZLICH EIN GEISTESBLITZ.
ER STELLTE FEST, DASS MENSCHEN IMMER DANN FREUNDLICH ZUEINANDER SIND, WENN SIE SPIELEN.
GIB UNS UNSEREN FAMILIENSCHATZ ZURÜCK!!
EIN GEFÄSS MUSS HER! EIN GEFÄSS!
SO DURCHSTREIFTE DER DÄMON DAS LAND UND SAMMELTE SPIELZEUG UND ALLERLEI ZINNOBER...
...
?
... UND LIESS WÄHRENDDESSEN RINGSUM DIE KIRSCHBÄUME ERBLÜHEN.
SO WURDE DER DÄMON GRÖSSER UND IMMER ÄLTER...
... UND BESASS ALSBALD EIN BUNTES SAMMELSURIUM AN SPIELZEUG.

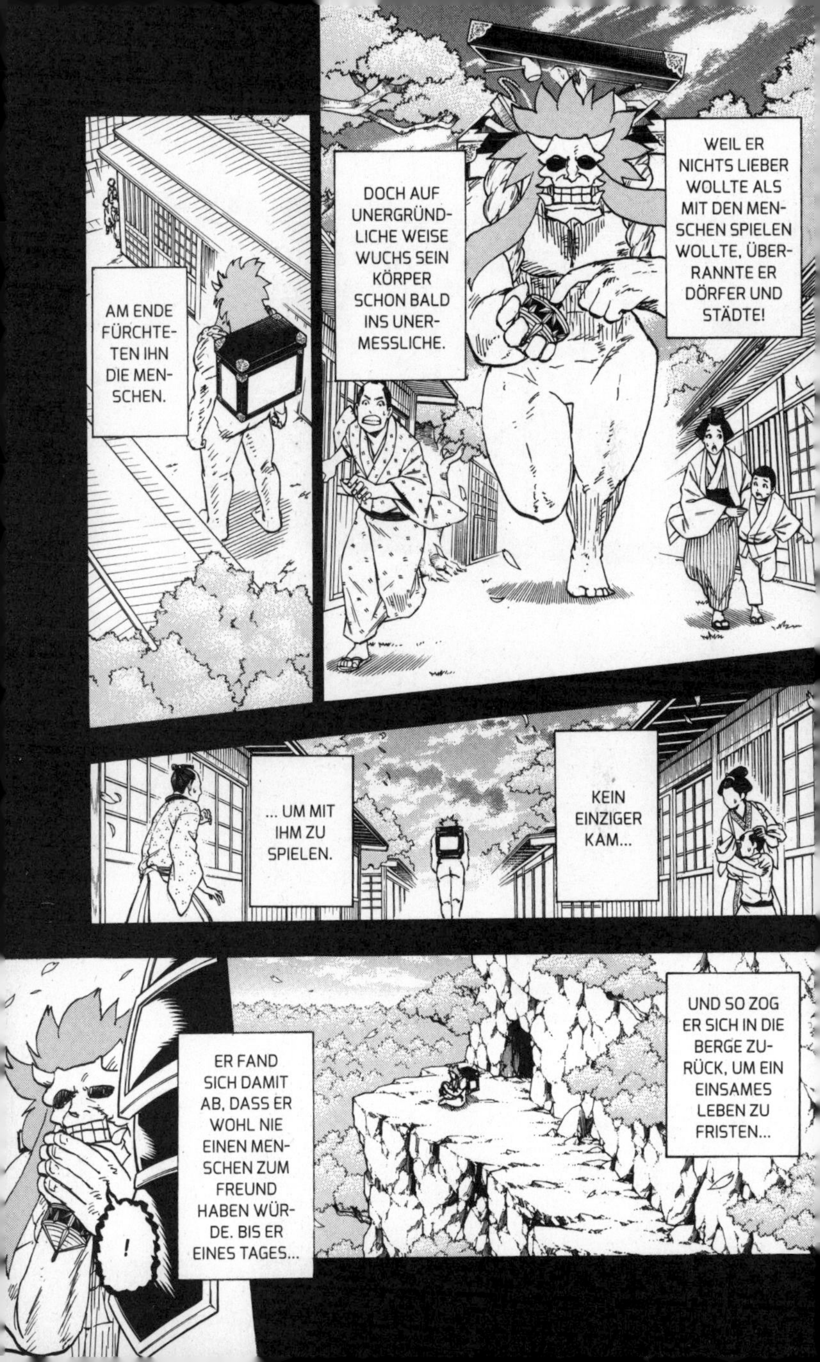
WEIL ER NICHTS LIEBER WOLLTE ALS MIT DEN MENSCHEN SPIELEN WOLLTE, ÜBERRANNTE ER DÖRFER UND STÄDTE!
DOCH AUF UNERGRÜNDLICHE WEISE WUCHS SEIN KÖRPER SCHON BALD INS UNERMESSLICHE.
AM ENDE FÜRCHTETEN IHN DIE MENSCHEN.
KEIN EINZIGER KAM...
... UM MIT IHM ZU SPIELEN.
UND SO ZOG ER SICH IN DIE BERGE ZURÜCK, UM EIN EINSAMES LEBEN ZU FRISTEN...
ER FAND SICH DAMIT AB, DASS ER WOHL NIE EINEN MENSCHEN ZUM FREUND HABEN WÜRDE. BIS ER EINES TAGES...
!

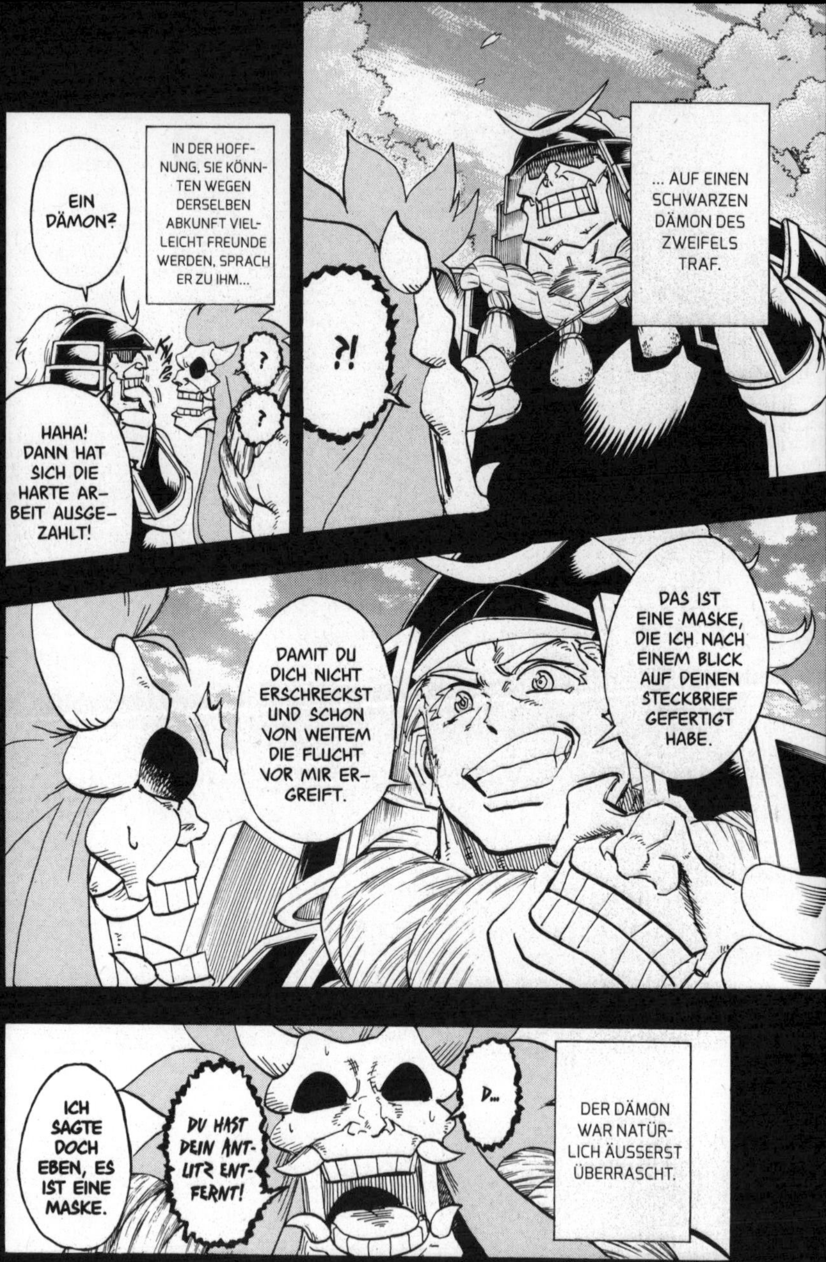
... AUF EINEN SCHWARZEN DÄMON DES ZWEIFELS TRAF.
?!
IN DER HOFFNUNG, SIE KÖNNTEN WEGEN DERSELBEN ABKUNFT VIELLEICHT FREUNDE WERDEN, SPRACH ER ZU IHM...
EIN DÄMON?
?
?
HAHA! DANN HAT SICH DIE HARTE ARBEIT AUSGEZAHLT!
DAS IST EINE MASKE, DIE ICH NACH EINEM BLICK AUF DEINEN STECKBRIEF GEFERTIGT HABE.
DAMIT DU DICH NICHT ERSCHRECKST UND SCHON VON WEITEM DIE FLUCHT VOR MIR ERGREIFT.
DER DÄMON WAR NATÜRLICH ÄUSSERST ÜBERRASCHT.
D...
DU HAST DEIN ANTLITZ ENTFERNT!
ICH SAGTE DOCH EBEN, ES IST EINE MASKE.

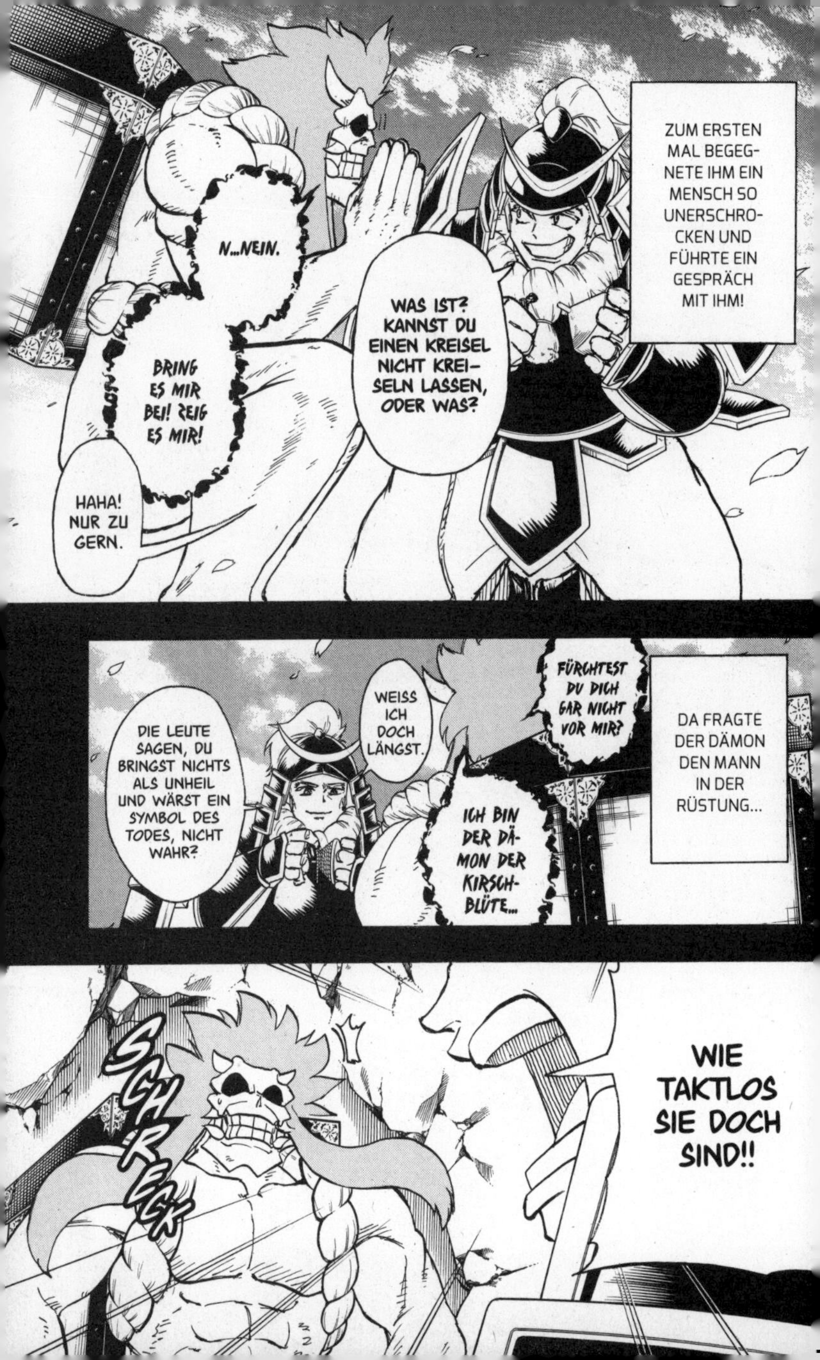
ZUM ERSTEN MAL BEGEGNETE IHM EIN MENSCH SO UNERSCHROCKEN UND FÜHRTE EIN GESPRÄCH MIT IHM!
N...NEIN.
WAS IST? KANNST DU EINEN KREISEL NICHT KREISELN LASSEN, ODER WAS?
BRING ES MIR BEI! ZEIG ES MIR!
HAHA! NUR ZU GERN.
DA FRAGTE DER DÄMON DEN MANN IN DER RÜSTUNG...
FÜRCHTEST DU DICH GAR NICHT VOR MIR?
ICH BIN DER DÄMON DER KIRSCHBLÜTE...
WEISS ICH DOCH LÄNGST.
DIE LEUTE SAGEN, DU BRINGST NICHTS ALS UNHEIL UND WÄRST EIN SYMBOL DES TODES, NICHT WAHR?
WIE TAKTLOS SIE DOCH SIND!!
SCHRECK

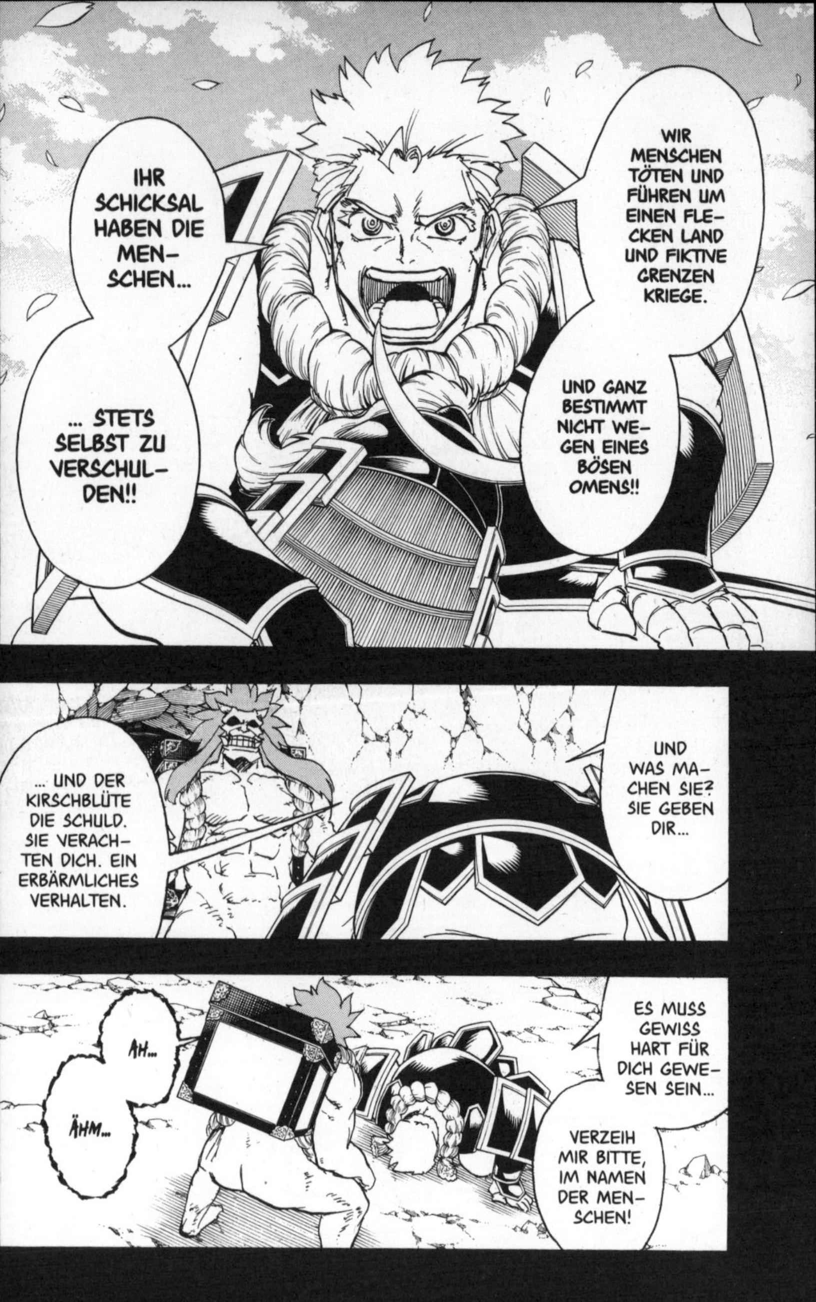
WIR MENSCHEN TÖTEN UND FÜHREN UM EINEN FLECKEN LAND UND FIKTIVE GRENZEN KRIEGE.
UND GANZ BESTIMMT NICHT WEGEN EINES BÖSEN OMENS!!
IHR SCHICKSAL HABEN DIE MENSCHEN...
... STETS SELBST ZU VERSCHULDEN!!
UND WAS MACHEN SIE? SIE GEBEN DIR...
... UND DER KIRSCHBLÜTE DIE SCHULD. SIE VERACHTEN DICH. EIN ERBÄRMLICHES VERHALTEN.
ES MUSS GEWISS HART FÜR DICH GEWESEN SEIN...
VERZEIH MIR BITTE, IM NAMEN DER MENSCHEN!
AH...
ÄHM...

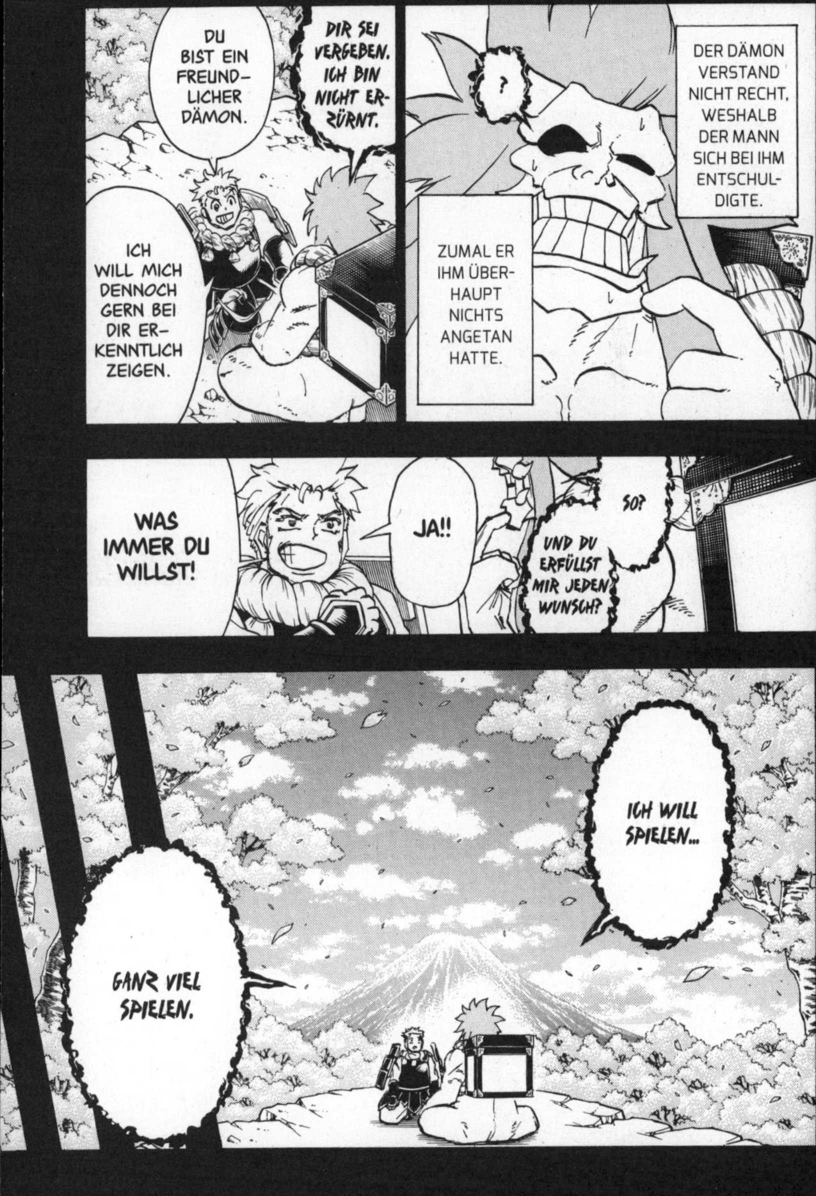
?
DER DÄMON VERSTAND NICHT RECHT, WESHALB DER MANN SICH BEI IHM ENTSCHULDIGTE.
ZUMAL ER IHM ÜBERHAUPT NICHTS ANGETAN HATTE.
DIR SEI VERGEBEN. ICH BIN NICHT ERZÜRNT.
DU BIST EIN FREUNDLICHER DÄMON.
ICH WILL MICH DENNOCH GERN BEI DIR ERKENNTLICH ZEIGEN.
SO?
UND DU ERFÜLLST MIR JEDEN WUNSCH?
JA!!
WAS IMMER DU WILLST!
ICH WILL SPIELEN…
GANZ VIEL SPIELEN.

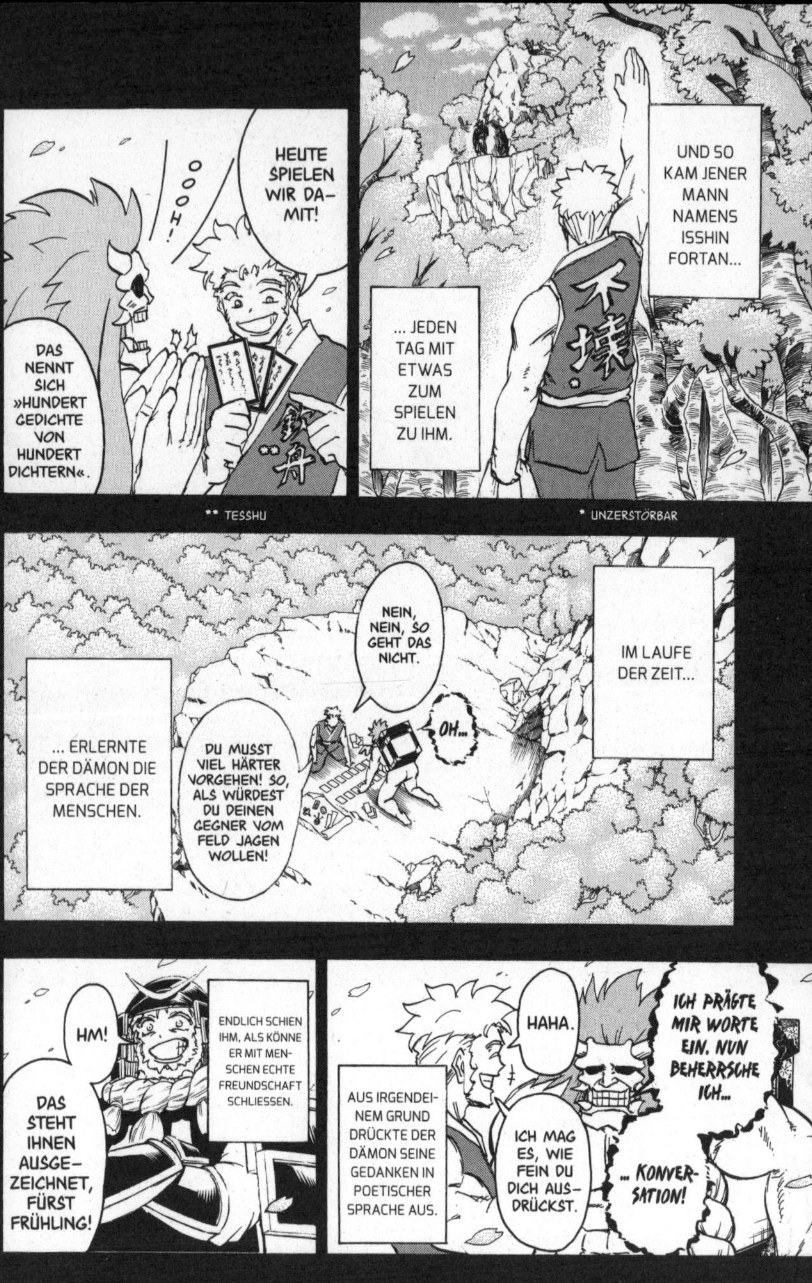
UND SO KAM JENER MANN NAMENS ISSHIN FORTAN...
... JEDEN TAG MIT ETWAS ZUM SPIELEN ZU IHM.
HEUTE SPIELEN WIR DAMIT!
OOOOH!
DAS NENNT SICH »HUNDERT GEDICHTE VON HUNDERT DICHTERN«.
** TESSHU
* UNZERSTÖRBAR
IM LAUFE DER ZEIT...
NEIN, NEIN, SO GEHT DAS NICHT.
OH...
DU MUSST VIEL HÄRTER VORGEHEN! SO, ALS WÜRDEST DU DEINEN GEGNER VOM FELD JAGEN WOLLEN!
... ERLERNTE DER DÄMON DIE SPRACHE DER MENSCHEN.
ICH PRÄGTE MIR WORTE EIN. NUN BEHERRSCHE ICH...
HAHA.
... KONVERSATION!
ICH MAG ES, WIE FEIN DU DICH AUSDRÜCKST.
AUS IRGENDEINEM GRUND DRÜCKTE DER DÄMON SEINE GEDANKEN IN POETISCHER SPRACHE AUS.
ENDLICH SCHIEN IHM, ALS KÖNNE ER MIT MENSCHEN ECHTE FREUNDSCHAFT SCHLIESSEN.
HM!
DAS STEHT IHNEN AUSGEZEICHNET, FÜRST FRÜHLING!

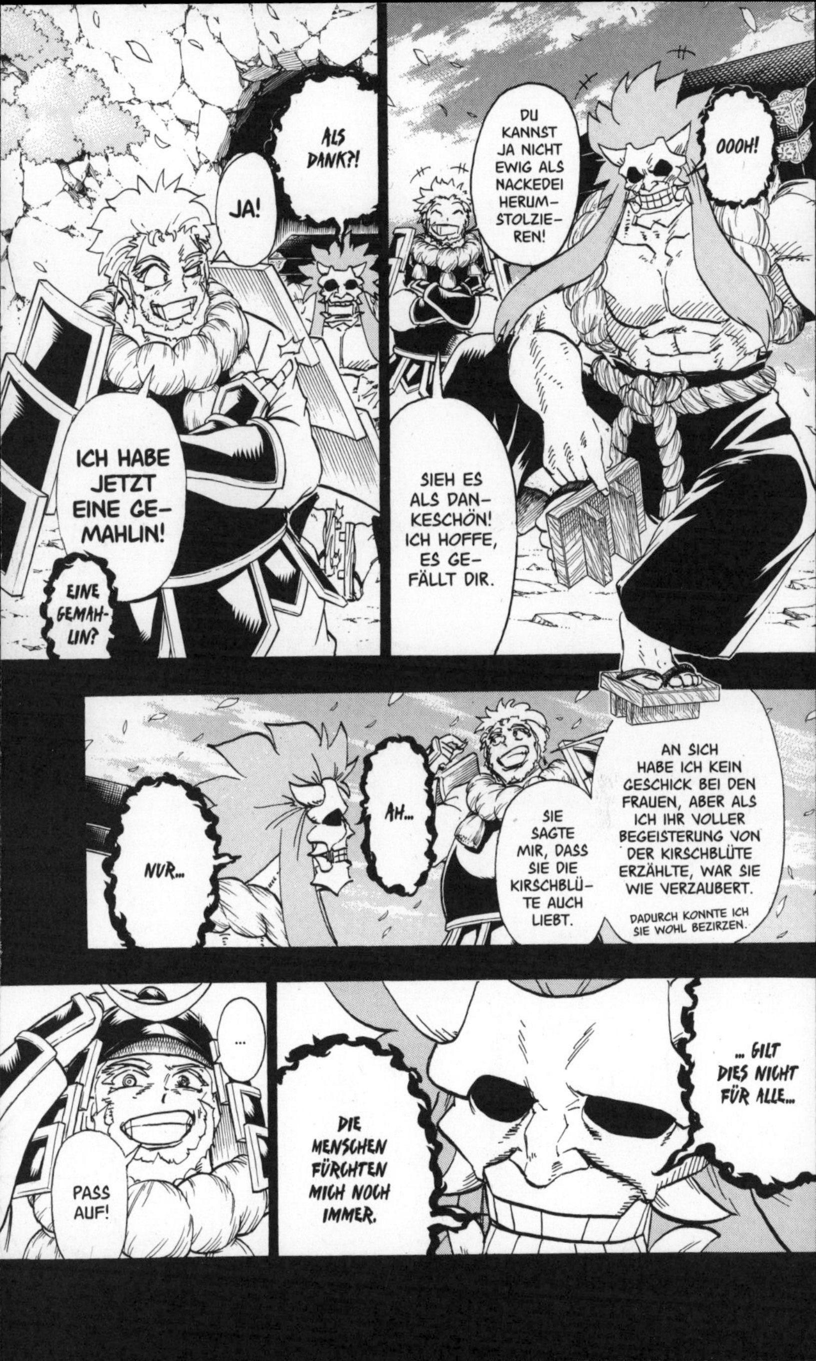

OOOH!
DU KANNST JA NICHT EWIG ALS NACKEDEI HERUMSTOLZIEREN!
SIEH ES ALS DANKESCHÖN! ICH HOFFE, ES GEFÄLLT DIR.
ALS DANK?!
JA!
ICH HABE JETZT EINE GEMAHLIN!
EINE GEMAHLIN?
AN SICH HABE ICH KEIN GESCHICK BEI DEN FRAUEN, ABER ALS ICH IHR VOLLER BEGEISTERUNG VON DER KIRSCHBLÜTE ERZÄHLTE, WAR SIE WIE VERZAUBERT.
DADURCH KONNTE ICH SIE WOHL BEZIRZEN.
SIE SAGTE MIR, DASS SIE DIE KIRSCHBLÜTE AUCH LIEBT.
AH...
NUR...
... GILT DIES NICHT FÜR ALLE...
DIE MENSCHEN FÜRCHTEN MICH NOCH IMMER.
...
PASS AUF!

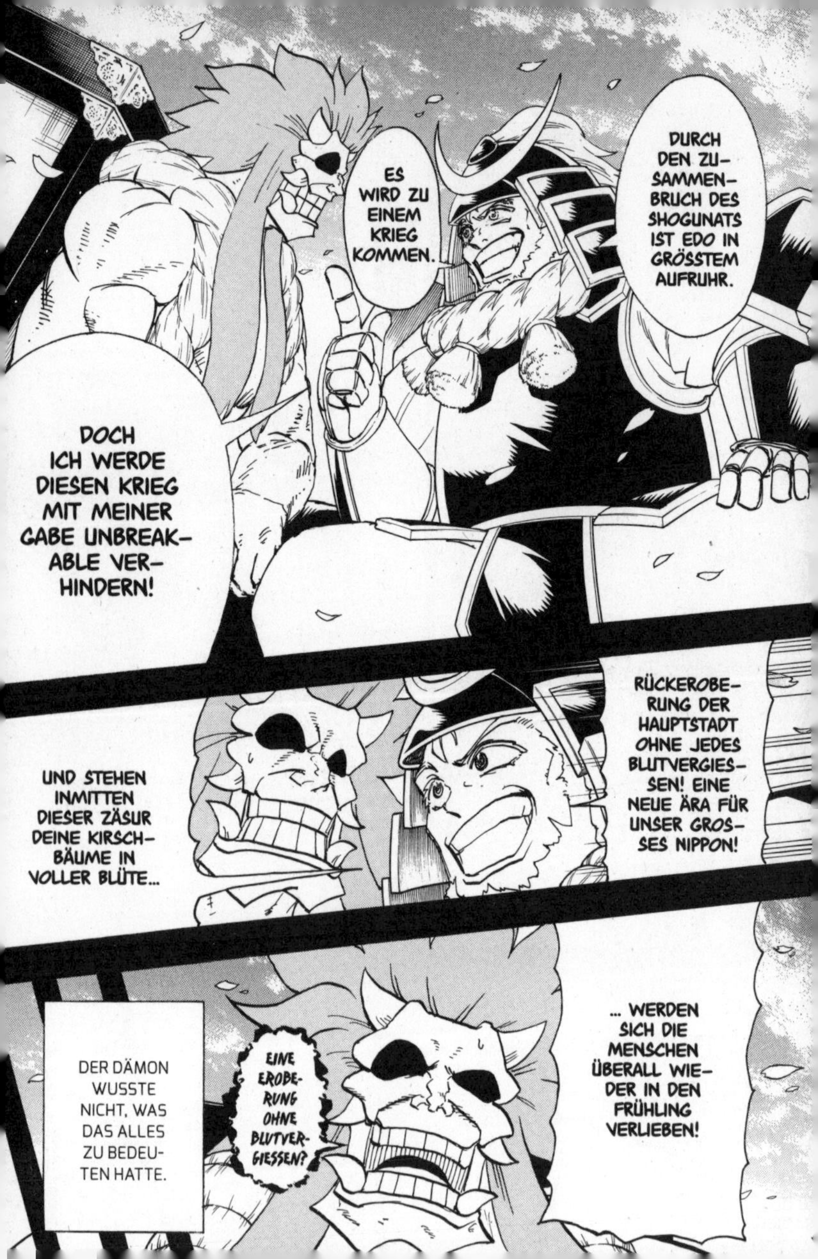
DURCH DEN ZUSAMMENBRUCH DES SHOGUNATS IST EDO IN GRÖSSTEM AUFRUHR.
ES WIRD ZU EINEM KRIEG KOMMEN.
DOCH ICH WERDE DIESEN KRIEG MIT MEINER GABE UNBREAKABLE VERHINDERN!
RÜCKEROBERUNG DER HAUPTSTADT OHNE JEDES BLUTVERGIESSEN! EINE NEUE ÄRA FÜR UNSER GROSSES NIPPON!
UND STEHEN INMITTEN DIESER ZÄSUR DEINE KIRSCHBÄUME IN VOLLER BLÜTE...
... WERDEN SICH DIE MENSCHEN ÜBERALL WIEDER IN DEN FRÜHLING VERLIEBEN!
EINE EROBERUNG OHNE BLUTVERGIESSEN?
DER DÄMON WUSSTE NICHT, WAS DAS ALLES ZU BEDEUTEN HATTE.

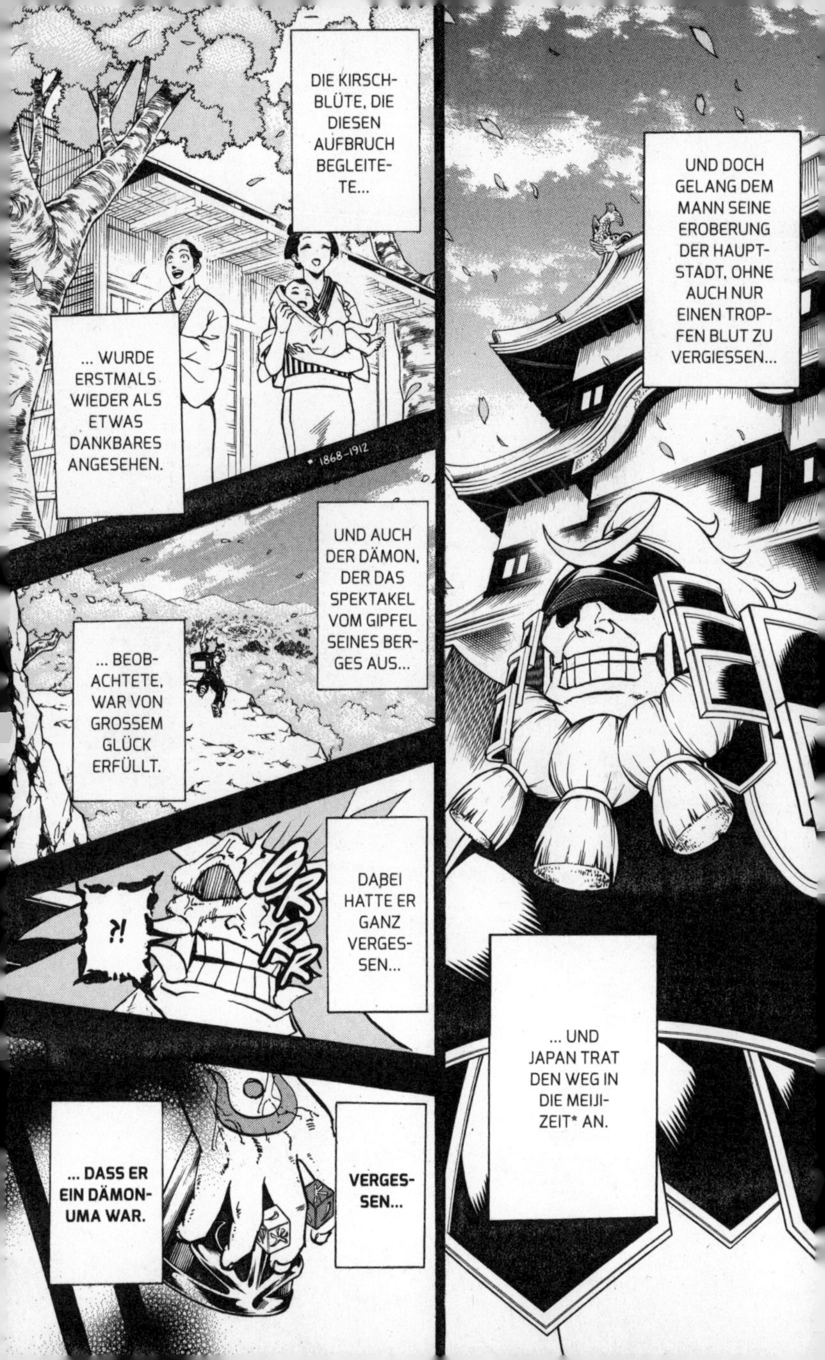

UND DOCH GELANG DEM MANN SEINE EROBERUNG DER HAUPTSTADT, OHNE AUCH NUR EINEN TROPFEN BLUT ZU VERGIESSEN...
... UND JAPAN TRAT DEN WEG IN DIE MEIJI-ZEIT* AN.
DIE KIRSCHBLÜTE, DIE DIESEN AUFBRUCH BEGLEITETE...
... WURDE ERSTMALS WIEDER ALS ETWAS DANKBARES ANGESEHEN.
* 1868-1912
UND AUCH DER DÄMON, DER DAS SPEKTAKEL VOM GIPFEL SEINES BERGES AUS...
... BEOBACHTETE, WAR VON GROSSEM GLÜCK ERFÜLLT.
DABEI HATTE ER GANZ VERGESSEN...
GRRR
?!
VERGESSEN...
... DASS ER EIN DÄMONUMA WAR.

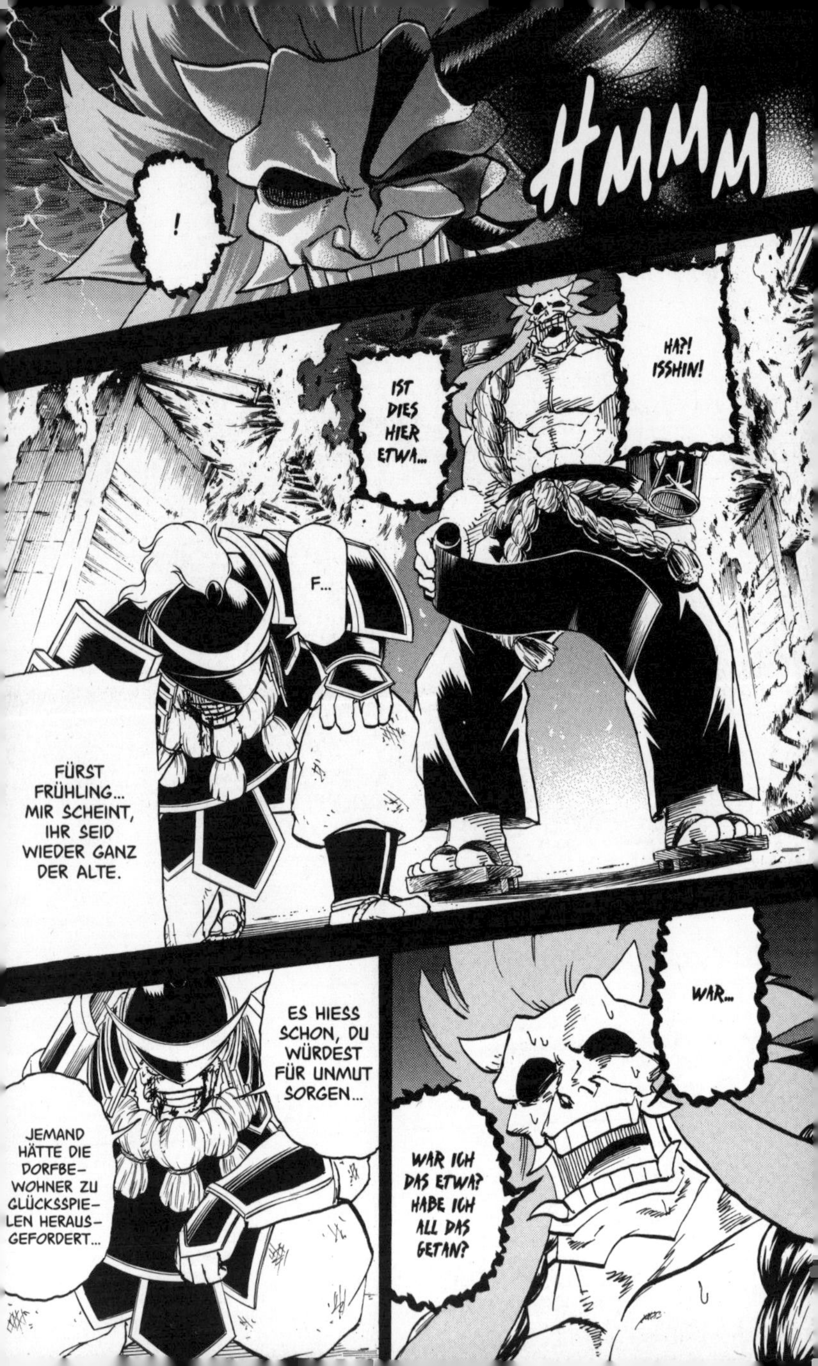
HMMM
!
HA?! ISSHIN!
IST DIES HIER ETWA...
F...
FÜRST FRÜHLING... MIR SCHEINT, IHR SEID WIEDER GANZ DER ALTE.
WAR...
WAR ICH DAS ETWA? HABE ICH ALL DAS GETAN?
ES HIESS SCHON, DU WÜRDEST FÜR UNMUT SORGEN...
JEMAND HÄTTE DIE DORFBE-WOHNER ZU GLÜCKSSPIE-LEN HERAUS-GEFORDERT...

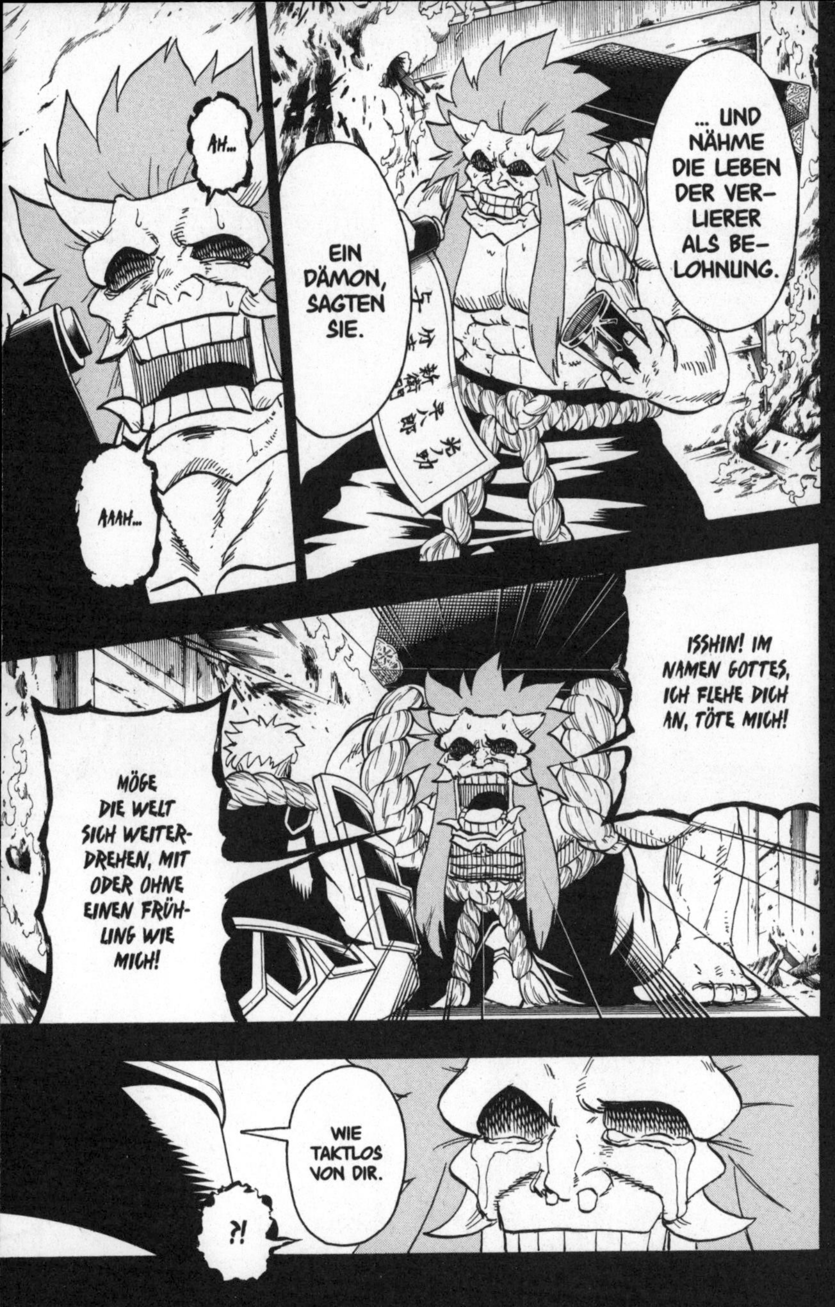

... UND NÄHME DIE LEBEN DER VER-LIERER ALS BE-LOHNUNG.
EIN DÄMON, SAGTEN SIE.
AH...
AAAH...
ISSHIN! IM NAMEN GOTTES, ICH FLEHE DICH AN, TÖTE MICH!
MÖGE DIE WELT SICH WEITER-DREHEN, MIT ODER OHNE EINEN FRÜH-LING WIE MICH!
WIE TAKTLOS VON DIR.
?!

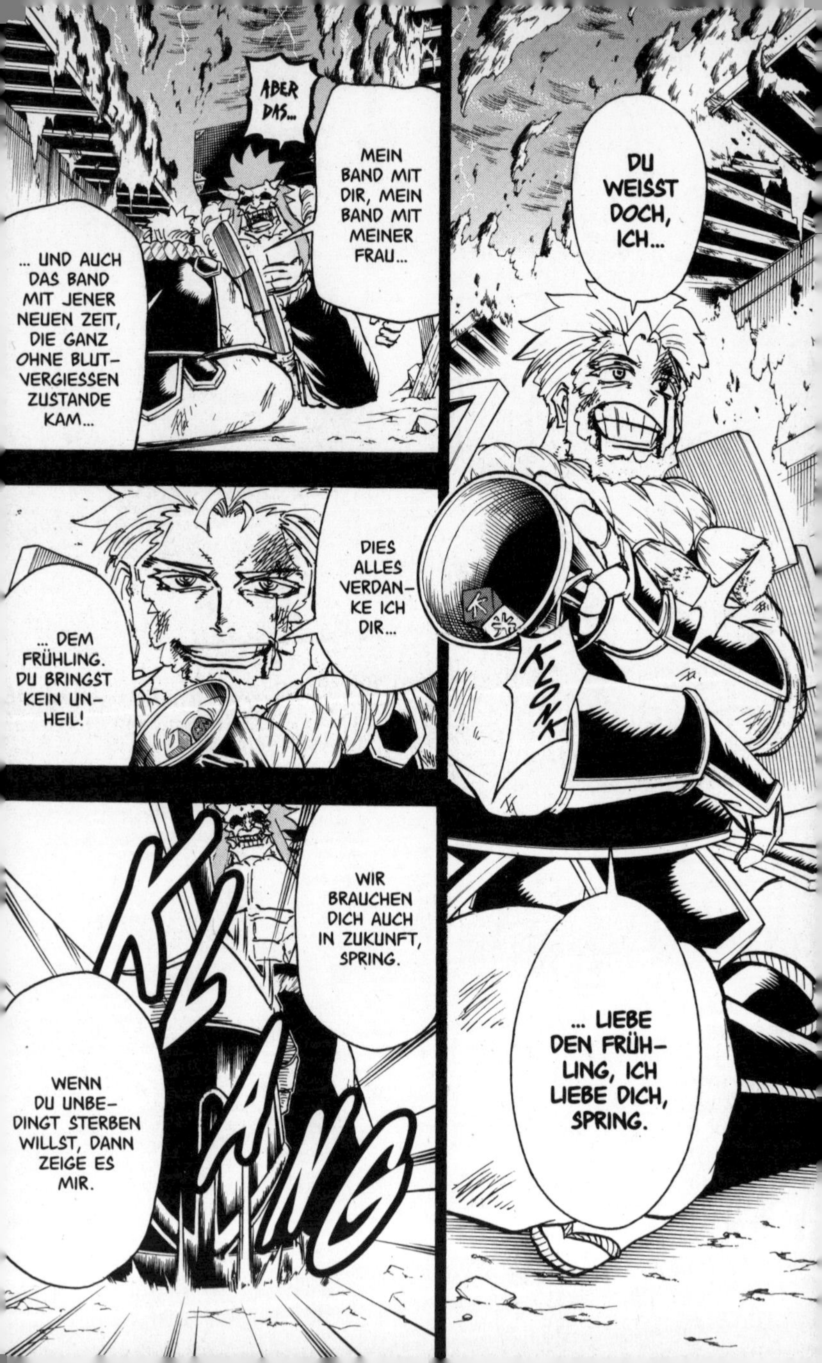
DU WEISST DOCH, ICH...
KLONK
... LIEBE DEN FRÜHLING, ICH LIEBE DICH, SPRING.
ABER DAS...
MEIN BAND MIT DIR, MEIN BAND MIT MEINER FRAU...
... UND AUCH DAS BAND MIT JENER NEUEN ZEIT, DIE GANZ OHNE BLUTVERGIESSEN ZUSTANDE KAM...
DIES ALLES VERDANKE ICH DIR...
... DEM FRÜHLING. DU BRINGST KEIN UNHEIL!
WIR BRAUCHEN DICH AUCH IN ZUKUNFT, SPRING.
KLANG
WENN DU UNBEDINGT STERBEN WILLST, DANN ZEIGE ES MIR.

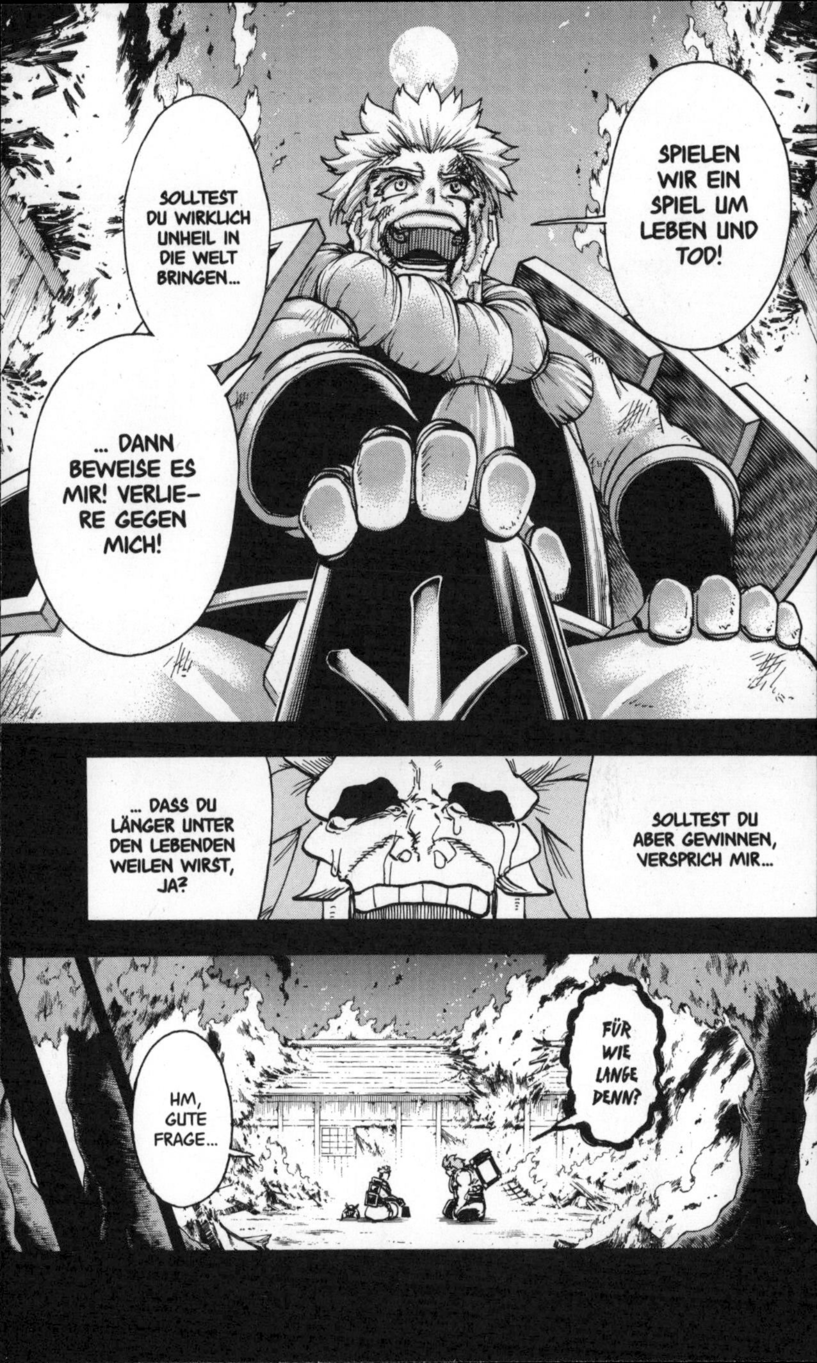
SPIELEN WIR EIN SPIEL UM LEBEN UND TOD!
SOLLTEST DU WIRKLICH UNHEIL IN DIE WELT BRINGEN...
... DANN BEWEISE ES MIR! VERLIE-RE GEGEN MICH!
SOLLTEST DU ABER GEWINNEN, VERSPRICH MIR...
... DASS DU LÄNGER UNTER DEN LEBENDEN WEILEN WIRST, JA?
FÜR WIE LANGE DENN?
HM, GUTE FRAGE...

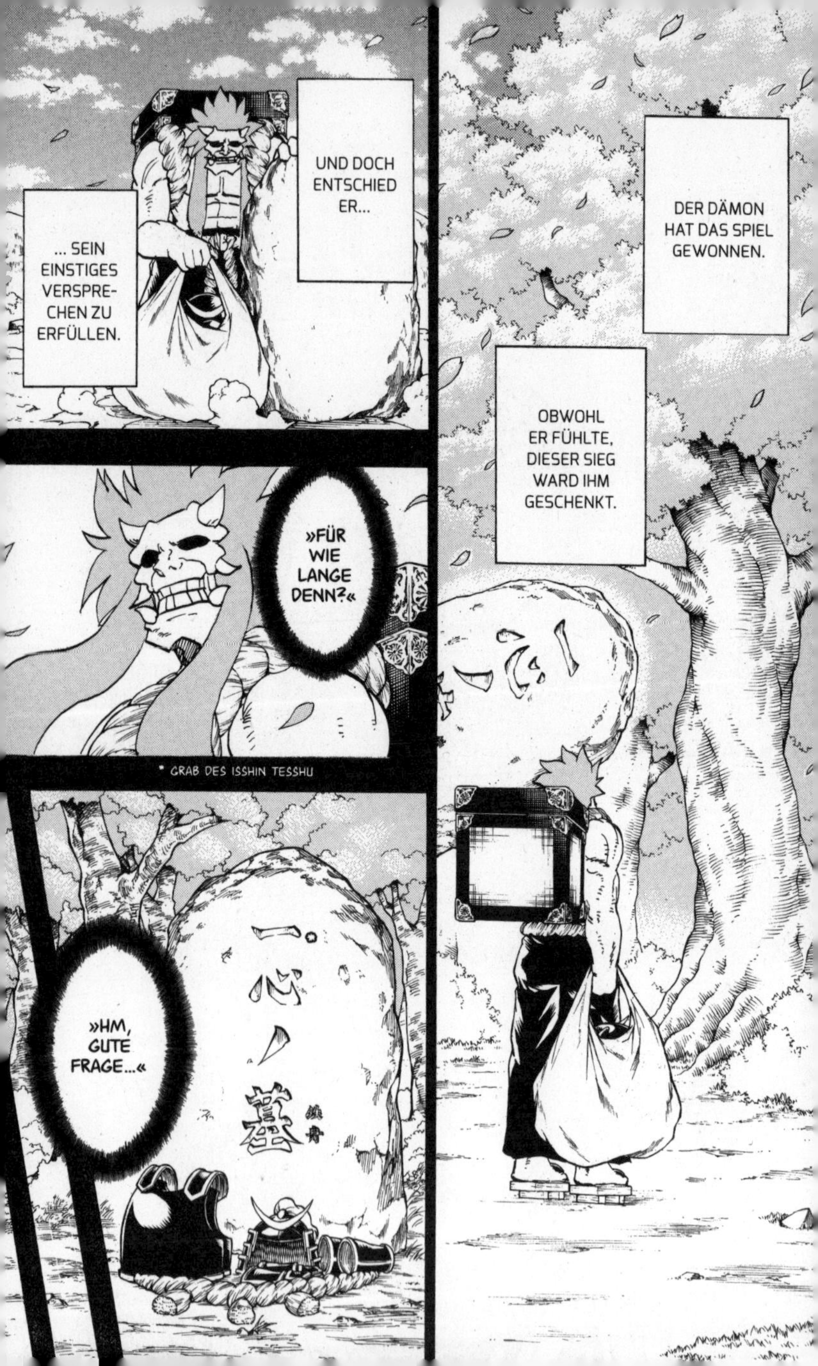
DER DÄMON HAT DAS SPIEL GEWONNEN.
OBWOHL ER FÜHLTE, DIESER SIEG WARD IHM GESCHENKT.
UND DOCH ENTSCHIED ER...
... SEIN EINSTIGES VERSPRECHEN ZU ERFÜLLEN.
»FÜR WIE LANGE DENN?«
* GRAB DES ISSHIN TESSHU
»HM, GUTE FRAGE...«

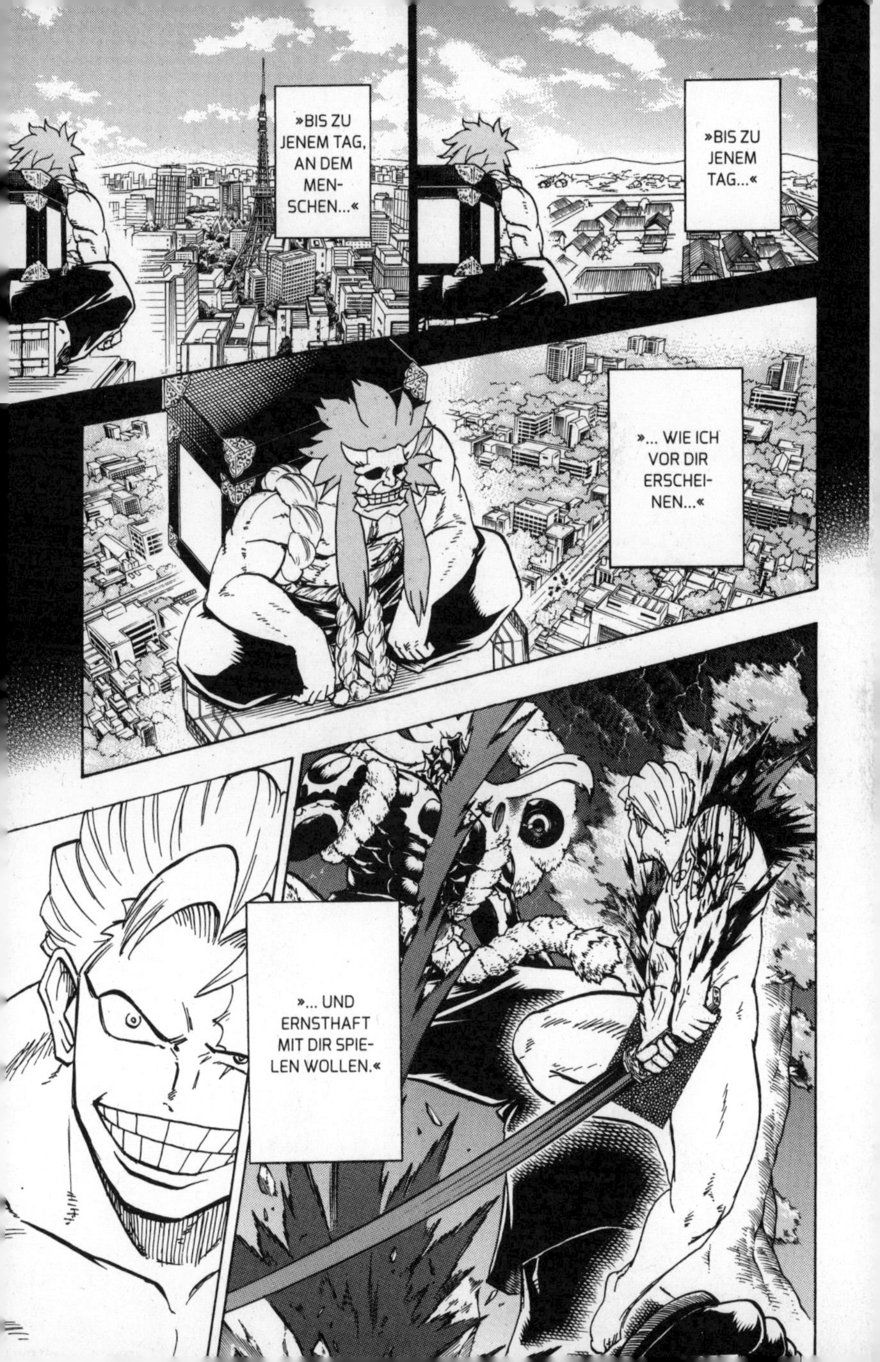
»BIS ZU JENEM TAG...«
»BIS ZU JENEM TAG, AN DEM MEN-SCHEN...«
»... WIE ICH VOR DIR ERSCHEI-NEN...«
»... UND ERNSTHAFT MIT DIR SPIE-LEN WOLLEN.«

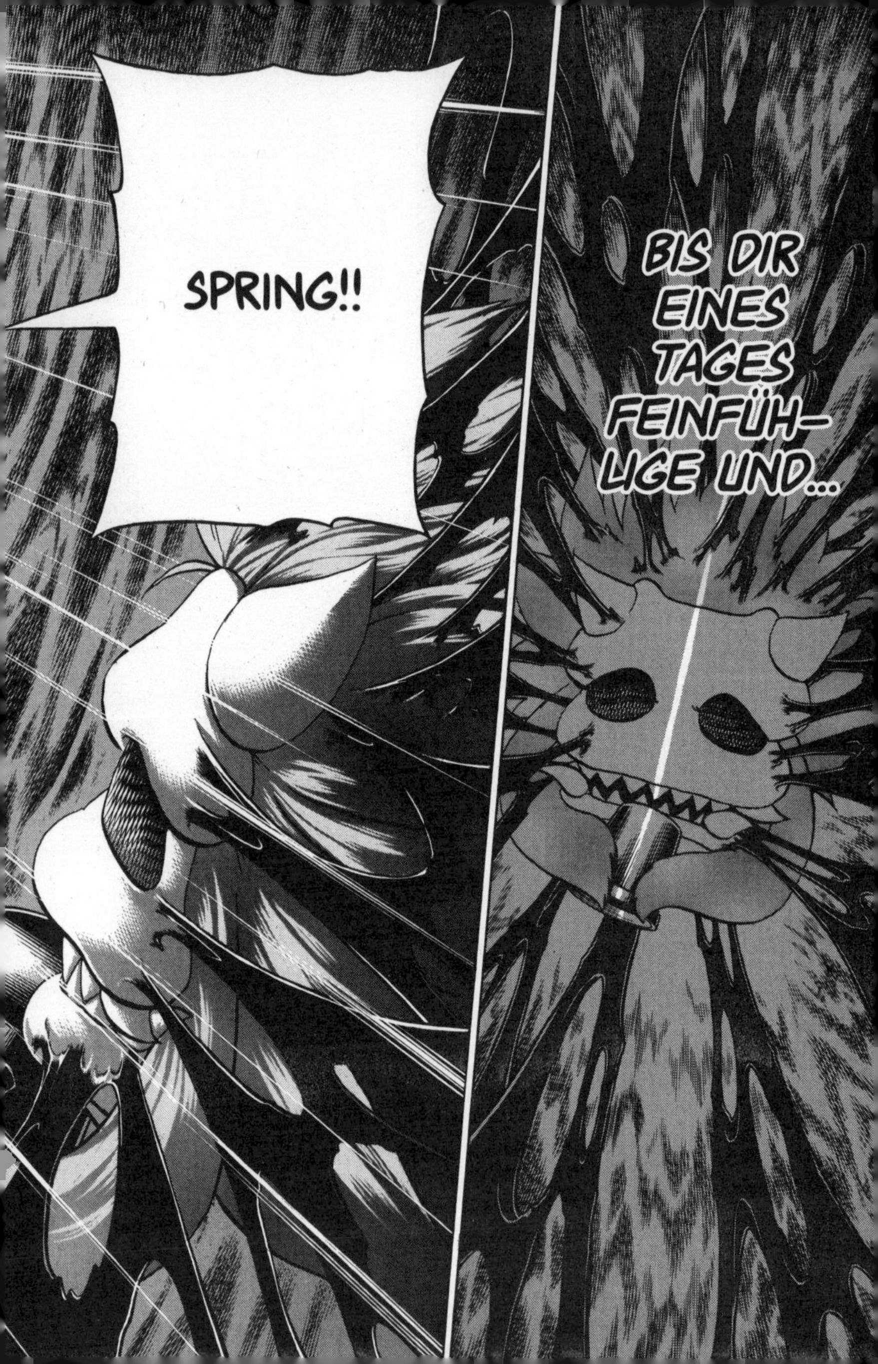
BIS DIR EINES TAGES FEINFÜH-LIGE UND...
SPRING!!

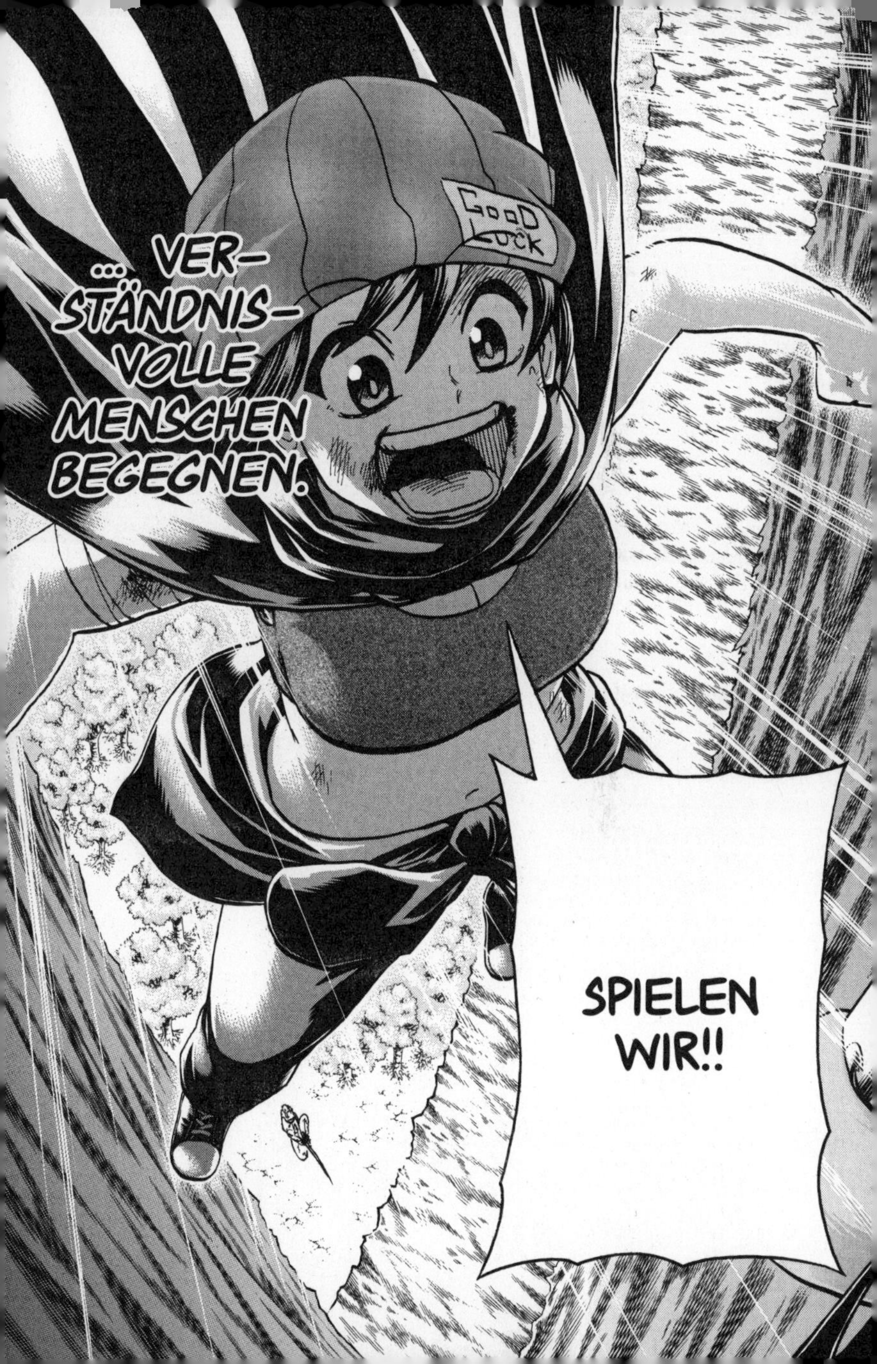
GOOD LUCK
... VER-
STÄNDNIS-
VOLLE
MENSCHEN
BEGEGNEN.
SPIELEN
WIR!!

DER ISSHIN DER 1. GENERATION
TESSHU YAMAOKA

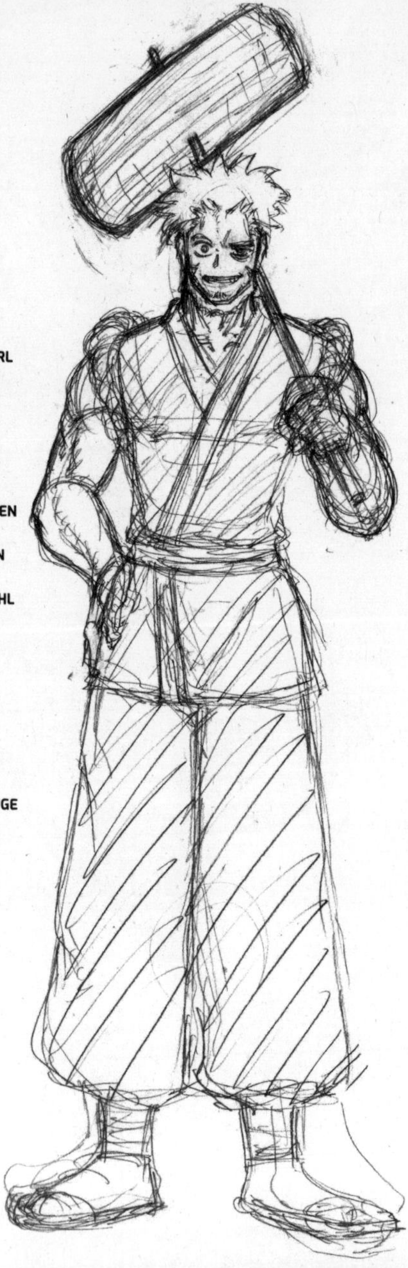

ALTER:	30
GRÖSSE:	7 SHAKU (IN ETWA 2,15 METER)
GEWICHT:	ALS WENN EIN ECHTER KERL SICH EINEN DRECK DARUM SCHEREN WÜRDE
HOBBYS:	JAPANISCHE PFEIFEN SAMMELN
BESONDERE FÄHIGKEIT:	GLÜCKSSPIEL
WAS ER MAG:	ANKOROMOCHI (REISKUCHEN MIT BOHNENMUS IM KIRSCHBLATT) UND YOKAN (SÜSSIGKEIT AUS BOHNENMUS, ZUCKER, MEHL UND AGAR-AGAR)
WEN ER MAG:	SEINE FRAU UND SEINEN SOHN
LIEBSTE JAHRESZEIT:	FRÜHLING
GABE:	UNBREAKABLE

GEHÖRT ZUM TYPUS DER WAHLWEISEN ZIELAKTIVIERUNG;
BESITZT DIE GLEICHEN FÄHIGKEITEN WIE DIE HEUTIGE ISSHIN, MIT DEM EINZIGEN UNTERSCHIED, DASS TESSHU ISSHIN AUCH RÜSTUNGEN ZUM SCHUTZ ANDERER HERSTELLEN KONNTE

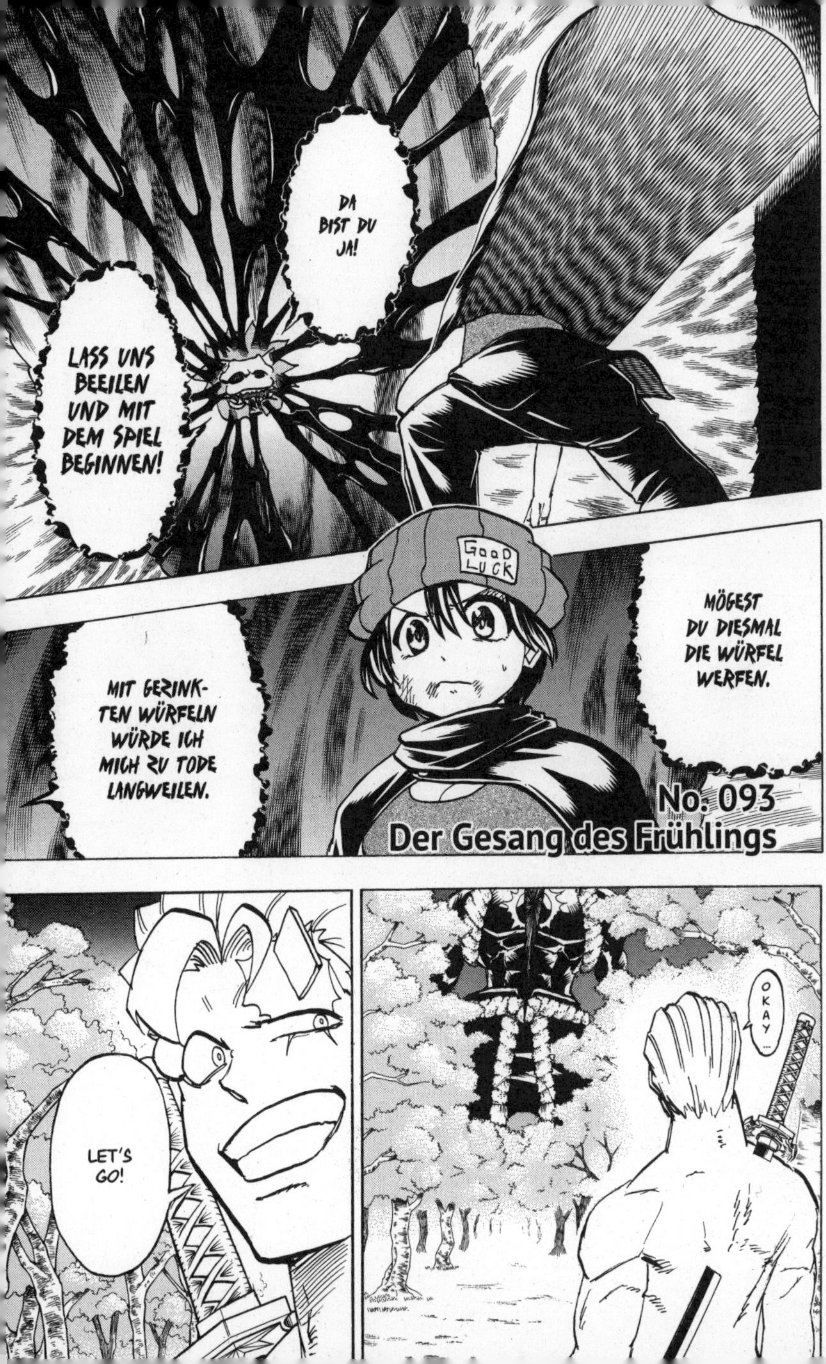
DA BIST DU JA!
LASS UNS BEEILEN UND MIT DEM SPIEL BEGINNEN!
MÖGEST DU DIESMAL DIE WÜRFEL WERFEN.
MIT GEZINKTEN WÜRFELN WÜRDE ICH MICH ZU TODE LANGWEILEN.
No. 093
Der Gesang des Frühlings
OKAY...
LET'S GO!

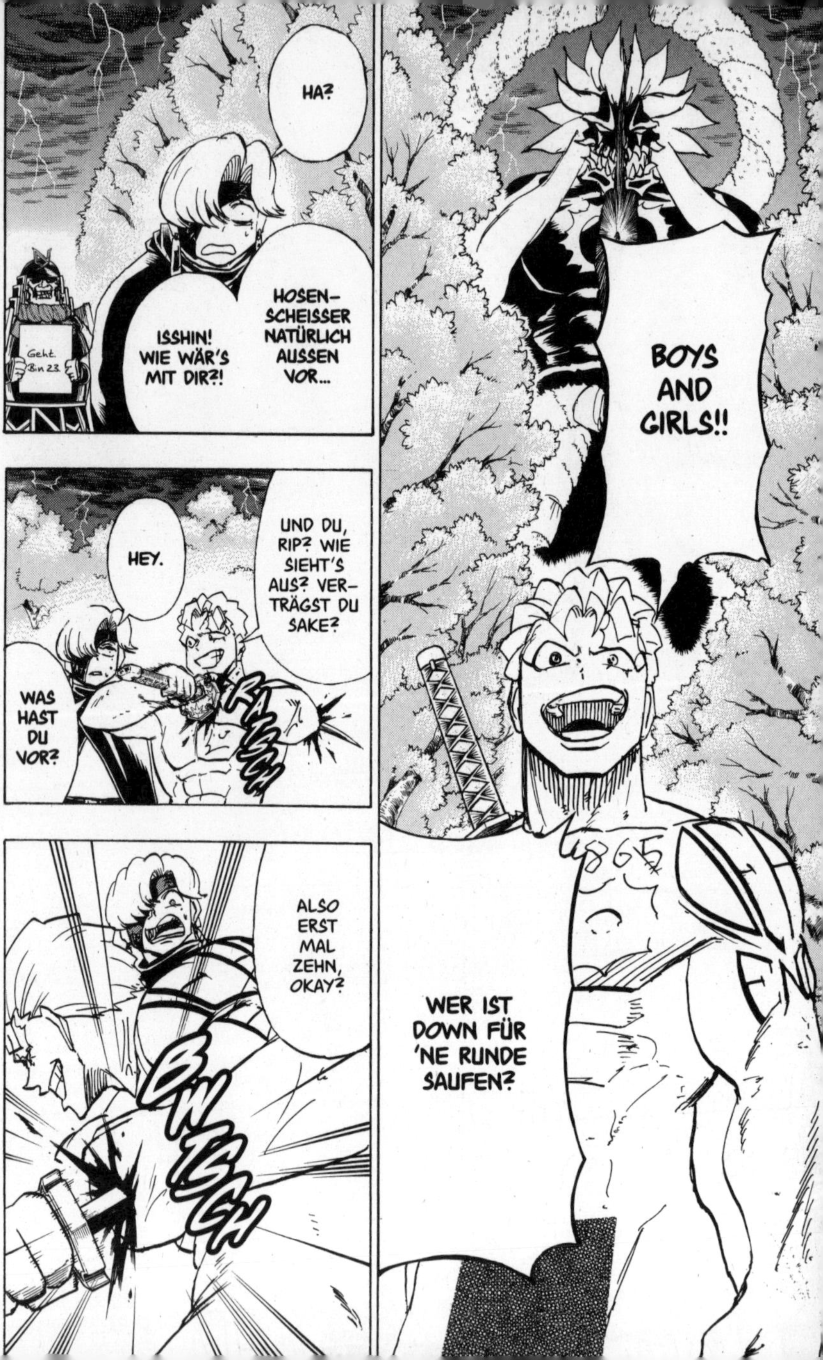
BOYS AND GIRLS!!
WER IST DOWN FÜR 'NE RUNDE SAUFEN?
HA?
HOSEN-SCHEISSER NATÜRLICH AUSSEN VOR...
ISSHIN! WIE WÄR'S MIT DIR?!
Geht. Bin 23.
UND DU, RIP? WIE SIEHT'S AUS? VERTRÄGST DU SAKE?
HEY.
KAWSCH
WAS HAST DU VOR?
ALSO ERST MAL ZEHN, OKAY?
BWISCH
865

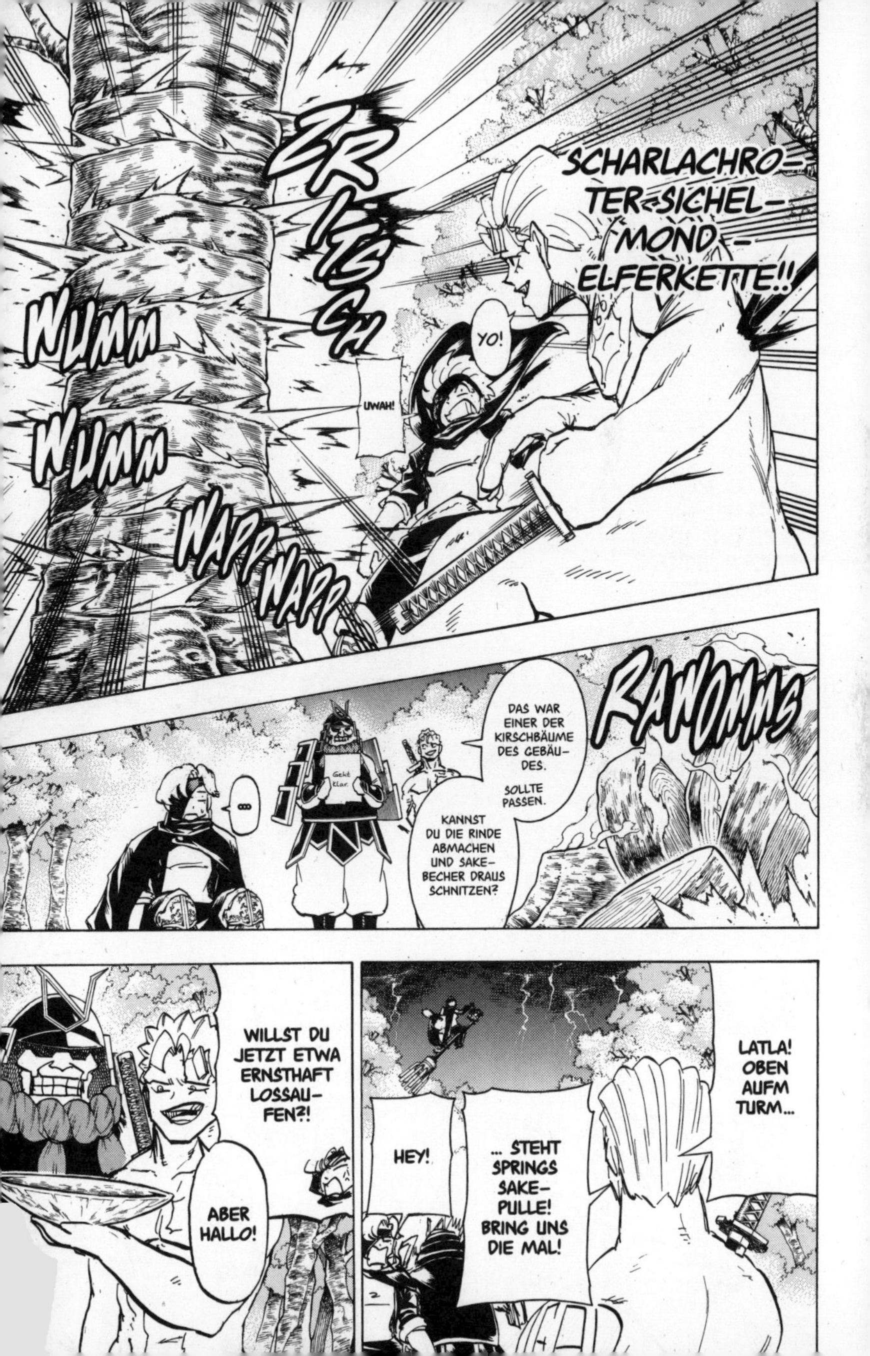

ZRITSCH
SCHARLACHROTER-SICHELMOND-ELFERKETTE!!
YO!
UWAH!
WUMM
WUMM
WAPP WAPP
RAWUMMS
DAS WAR EINER DER KIRSCHBÄUME DES GEBÄUDES.
SOLLTE PASSEN.
KANNST DU DIE RINDE ABMACHEN UND SAKEBECHER DRAUS SCHNITZEN?
Geht klar.
...
LATLA! OBEN AUFM TURM...
... STEHT SPRINGS SAKEPULLE! BRING UNS DIE MAL!
HEY!
WILLST DU JETZT ETWA ERNSTHAFT LOSSAUFEN?!
ABER HALLO!

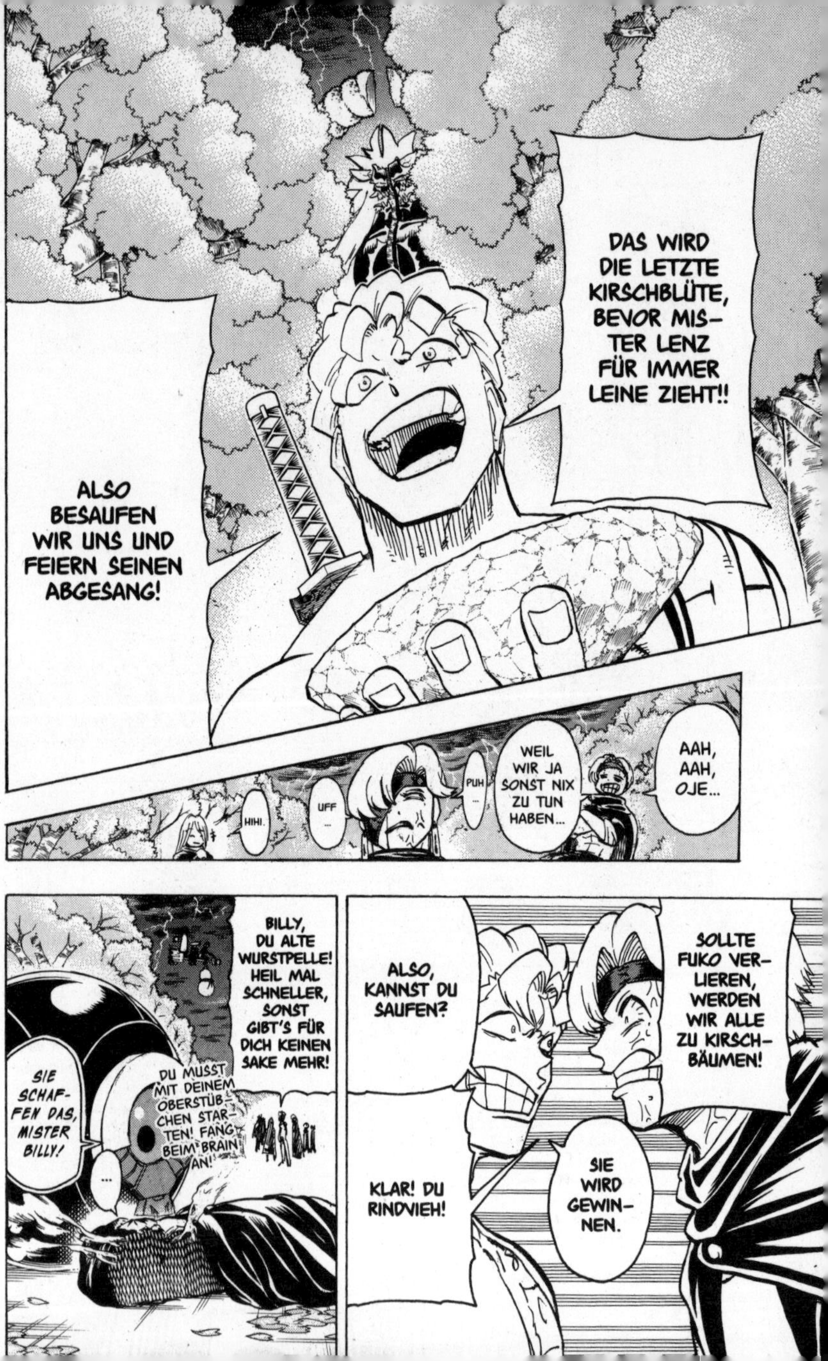
DAS WIRD DIE LETZTE KIRSCHBLÜTE, BEVOR MISTER LENZ FÜR IMMER LEINE ZIEHT!!
ALSO BESAUFEN WIR UNS UND FEIERN SEINEN ABGESANG!
AAH, AAH, OJE...
WEIL WIR JA SONST NIX ZU TUN HABEN...
PUH ...
UFF ...
HIHI.
SOLLTE FUKO VERLIEREN, WERDEN WIR ALLE ZU KIRSCHBÄUMEN!
ALSO, KANNST DU SAUFEN?
SIE WIRD GEWINNEN.
KLAR! DU RINDVIEH!
BILLY, DU ALTE WURSTPELLE! HEIL MAL SCHNELLER, SONST GIBT'S FÜR DICH KEINEN SAKE MEHR!
DU MUSST MIT DEINEM OBERSTÜBCHEN STARTEN! FANG BEIM BRAIN AN!
SIE SCHAFFEN DAS, MISTER BILLY!
...

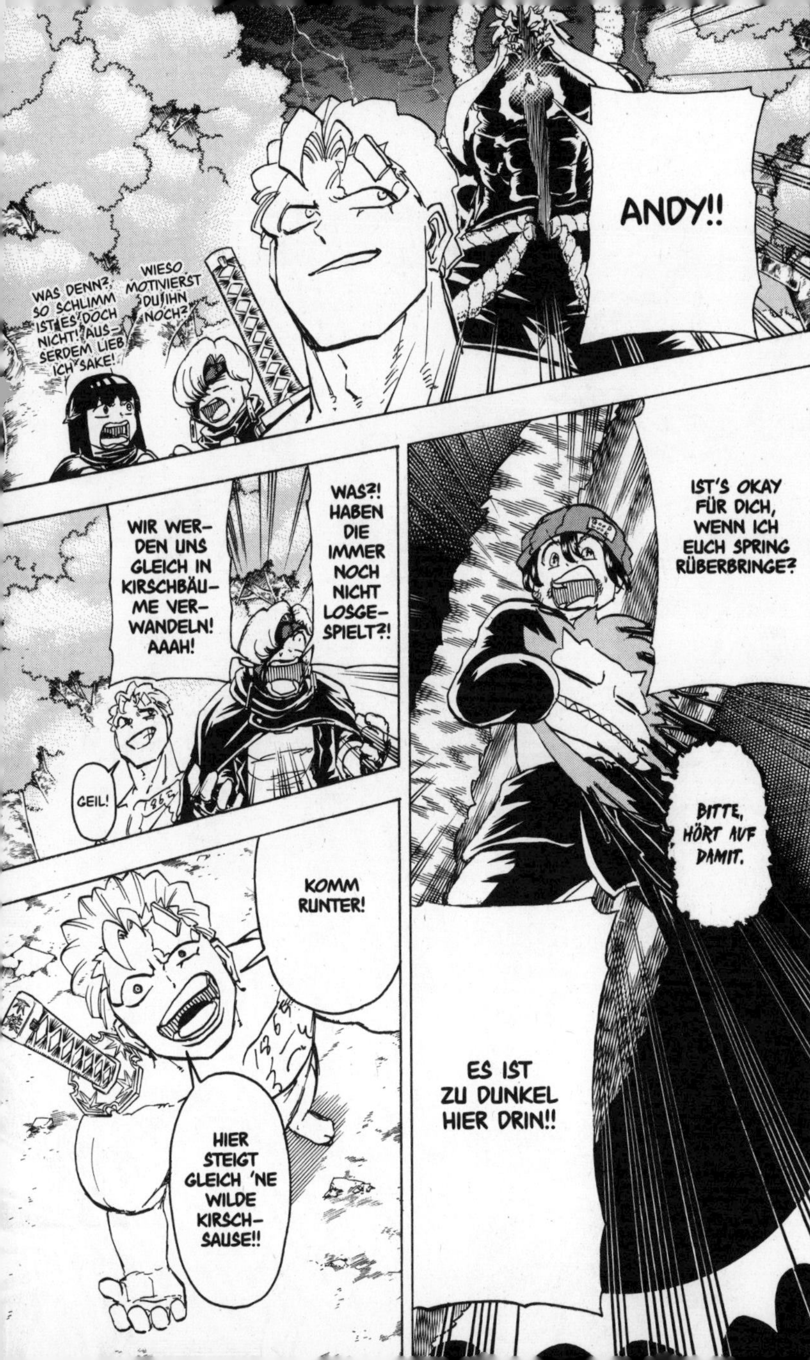
ANDY!!
WIESO MOTIVIERST DU IHN NOCH?
WAS DENN? SO SCHLIMM IST ES DOCH NICHT! AUSSERDEM LIEB ICH SAKE!
IST'S OKAY FÜR DICH, WENN ICH EUCH SPRING RÜBERBRINGE?
BITTE, HÖRT AUF DAMIT.
WAS?! HABEN DIE IMMER NOCH NICHT LOSGESPIELT?!
WIR WERDEN UNS GLEICH IN KIRSCHBÄUME VERWANDELN! AAAH!
GEIL!
ES IST ZU DUNKEL HIER DRIN!!
KOMM RUNTER!
HIER STEIGT GLEICH 'NE WILDE KIRSCHSAUSE!!

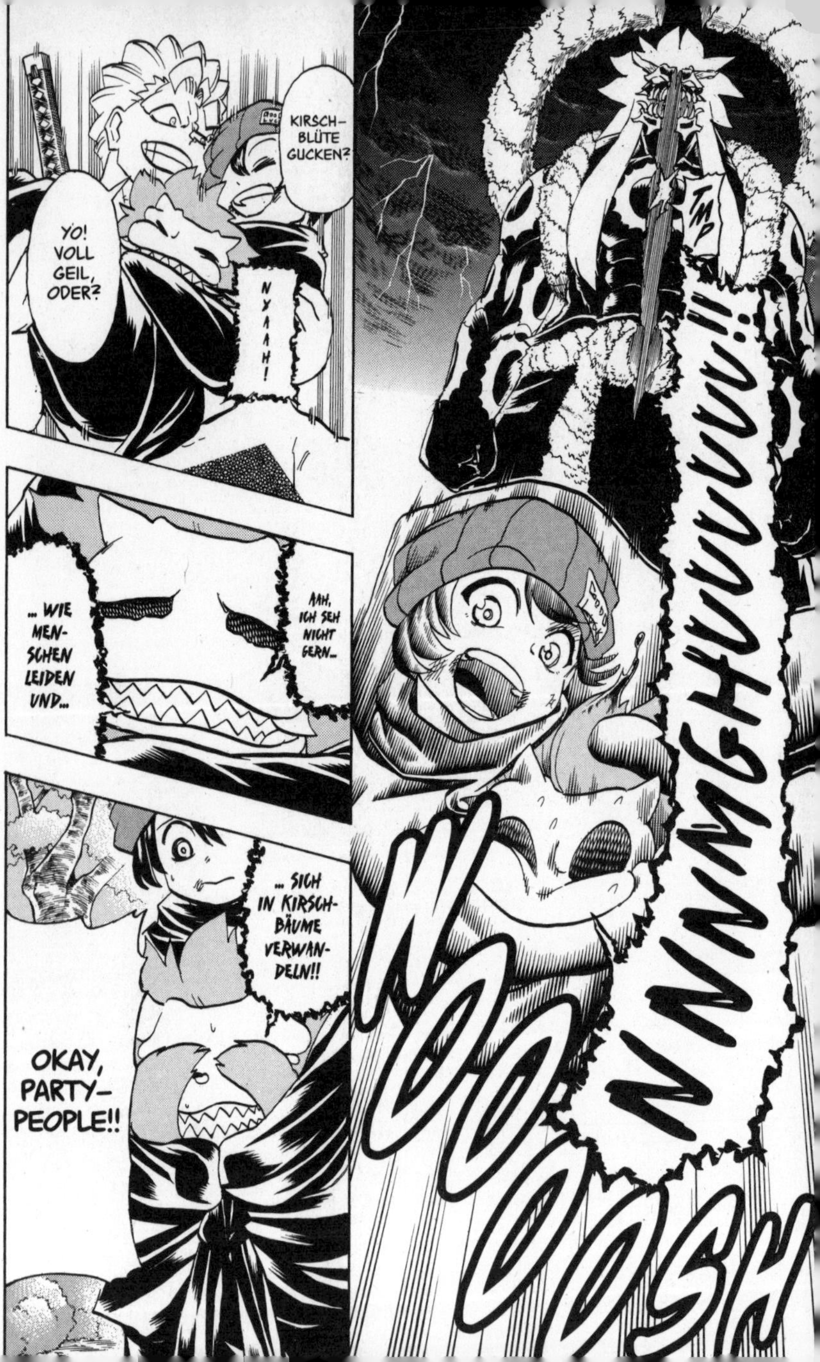KIRSCH-
BLÜTE
GUCKEN?
YO!
VOLL
GEIL,
ODER?
NYAAAH!
TMP
NNNNGHHUUUUU!!
AAH,
ICH SEH
NICHT
GERN...
... WIE
MEN-
SCHEN
LEIDEN
UND...
... SICH
IN KIRSCH-
BÄUME
VERWAN-
DELN!!
OKAY,
PARTY-
PEOPLE!!
WOOOOOSH

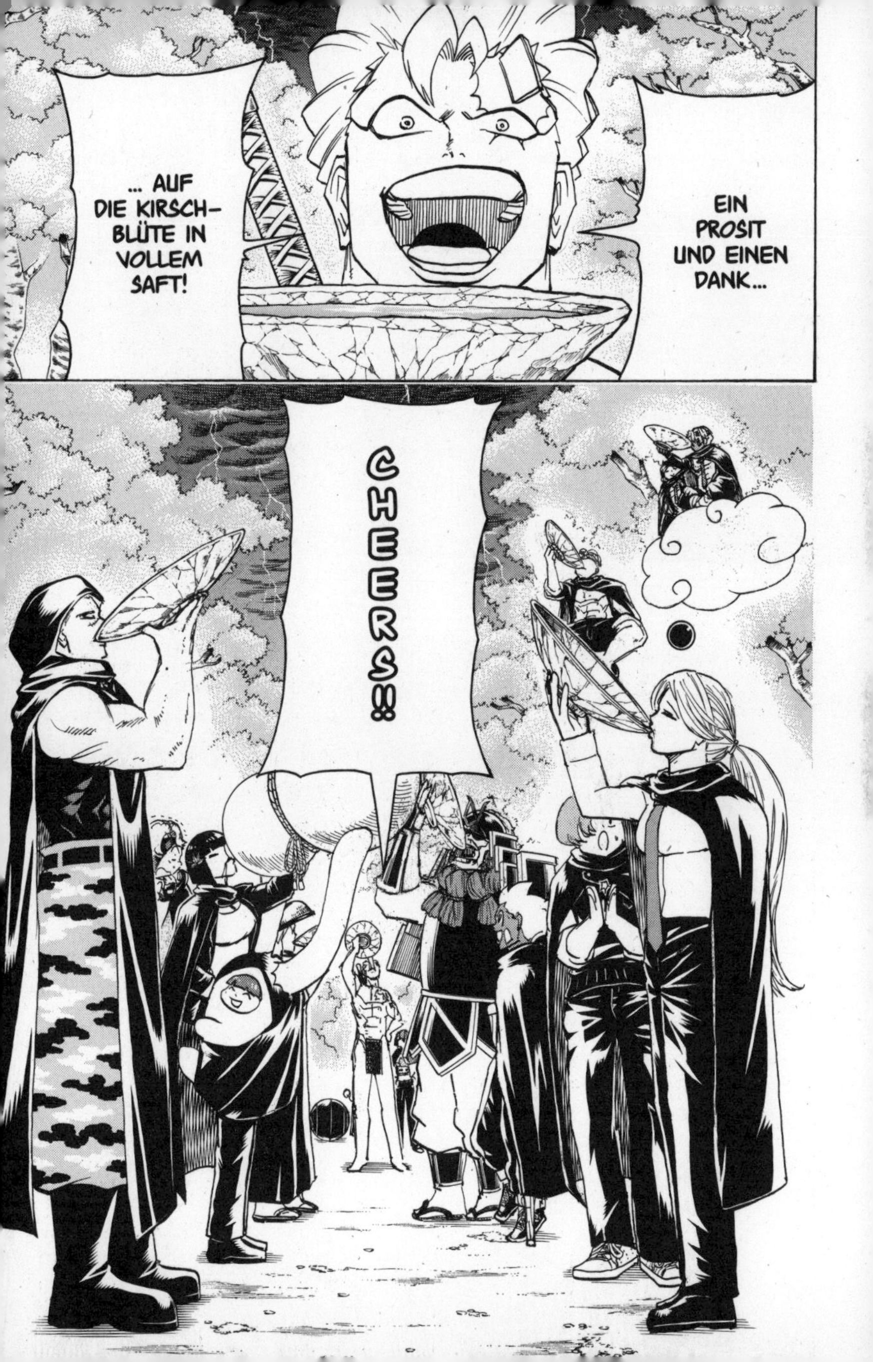
EIN PROSIT UND EINEN DANK...
... AUF DIE KIRSCH-BLÜTE IN VOLLEM SAFT!
CHEERS!!

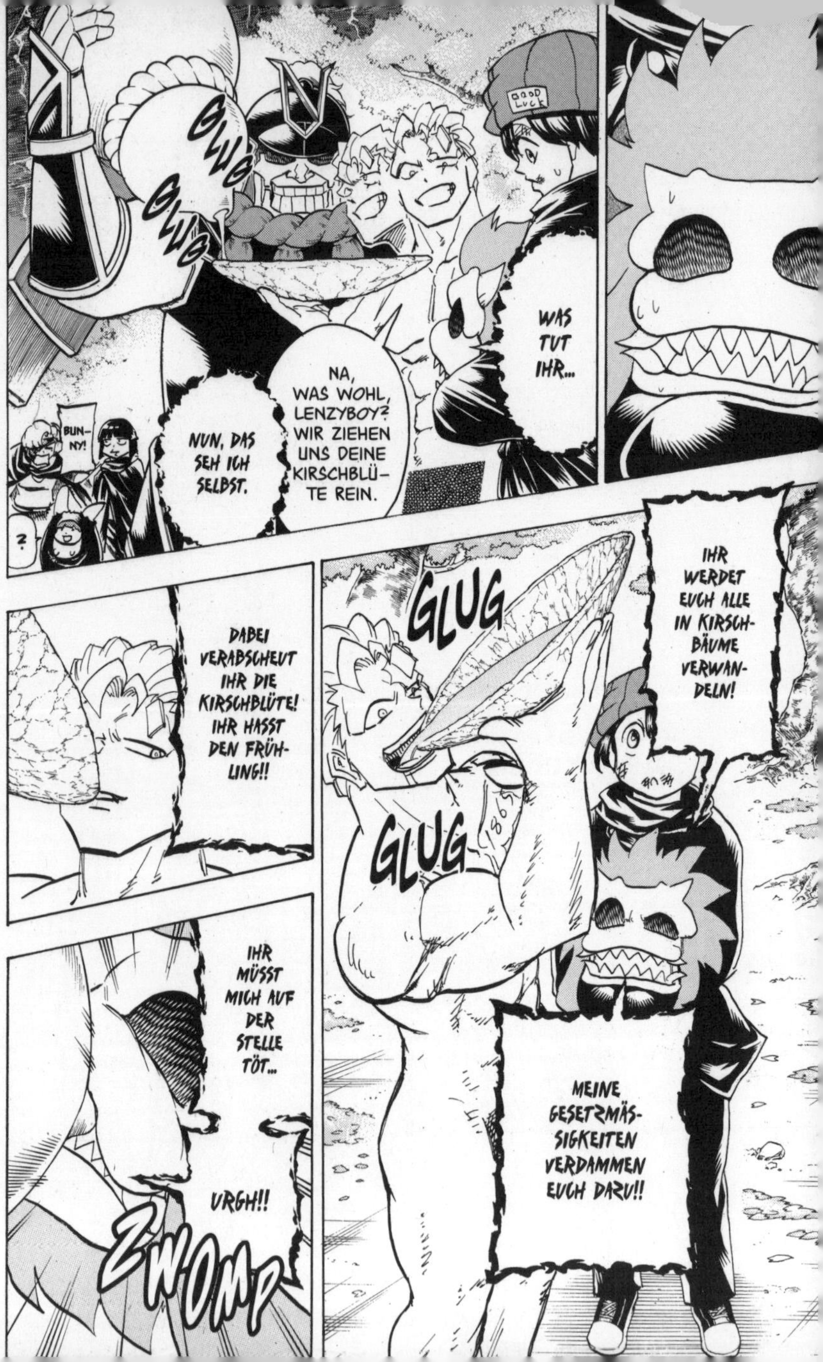
GOOD LUCK
WAS TUT IHR...
GLUG GLUG GLUG
NA, WAS WOHL, LENZYBOY? WIR ZIEHEN UNS DEINE KIRSCHBLÜTE REIN.
NUN, DAS SEH ICH SELBST.
BUNNY!
?
IHR WERDET EUCH ALLE IN KIRSCHBÄUME VERWANDELN!
GLUG
GLUG
MEINE GESETZMÄSSIGKEITEN VERDAMMEN EUCH DAZU!!
DABEI VERABSCHEUT IHR DIE KIRSCHBLÜTE! IHR HASST DEN FRÜHLING!!
IHR MÜSST MICH AUF DER STELLE TÖT...
URGH!!
ZWOMP

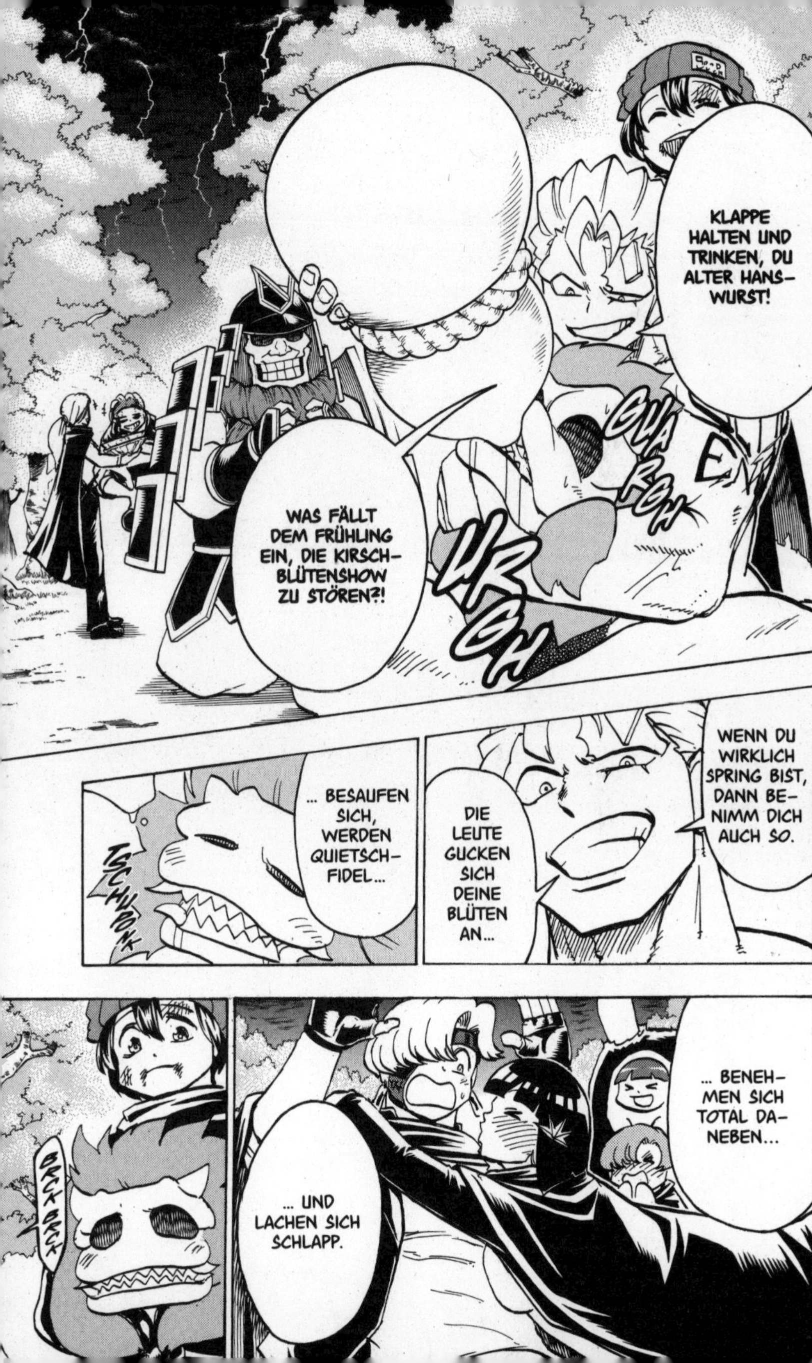
KLAPPE HALTEN UND TRINKEN, DU ALTER HANSWURST!
GUAROH
WAS FÄLLT DEM FRÜHLING EIN, DIE KIRSCH-BLÜTENSHOW ZU STÖREN?!
UROH
WENN DU WIRKLICH SPRING BIST, DANN BE-NIMM DICH AUCH SO.
DIE LEUTE GUCKEN SICH DEINE BLÜTEN AN...
... BESAUFEN SICH, WERDEN QUIETSCH-FIDEL...
... BENEH-MEN SICH TOTAL DA-NEBEN...
... UND LACHEN SICH SCHLAPP.
BRCK BRCK

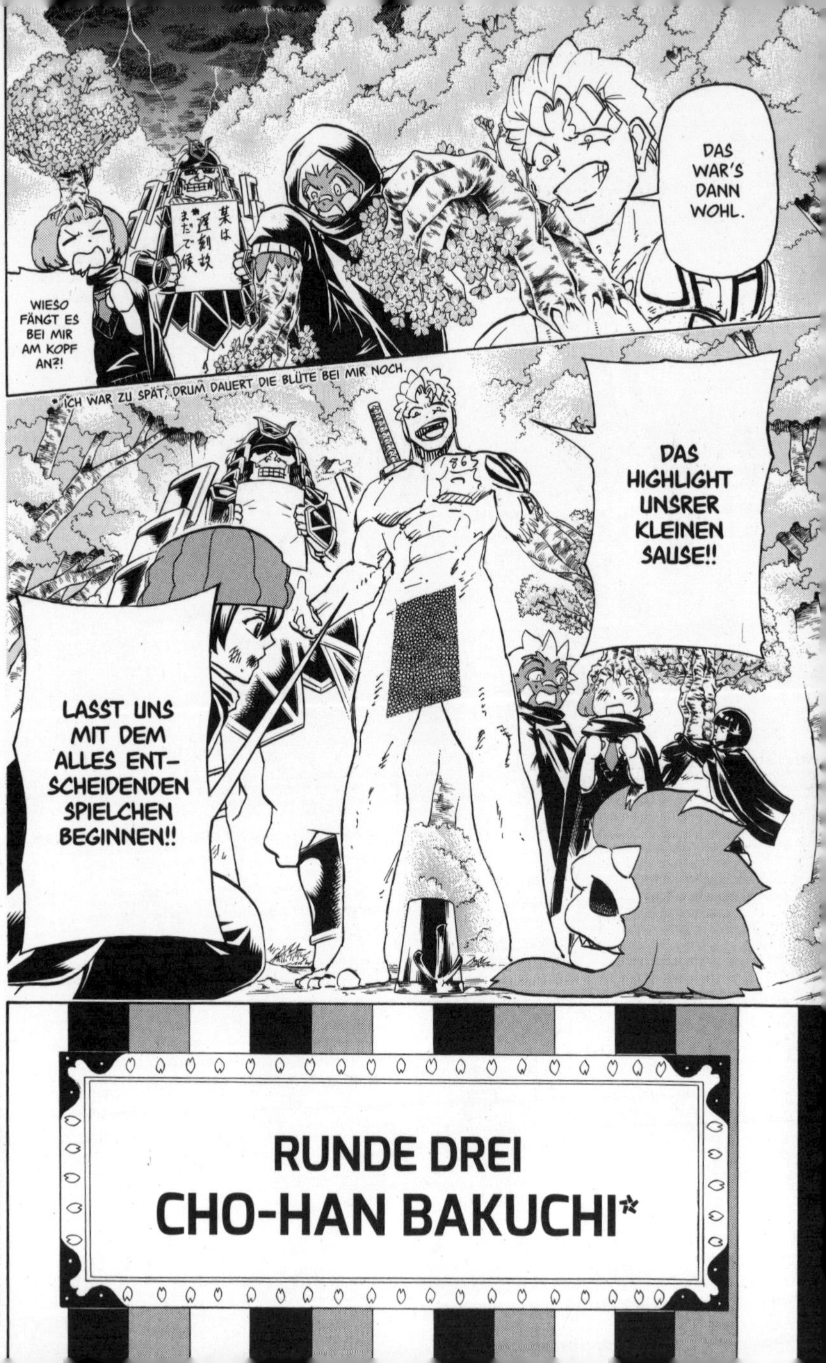

* TRADITIONELLES GLÜCKSSPIEL, BEI DEM DIE GERADEN BZW. UNGERADEN WÜRFEL GEWINNEN

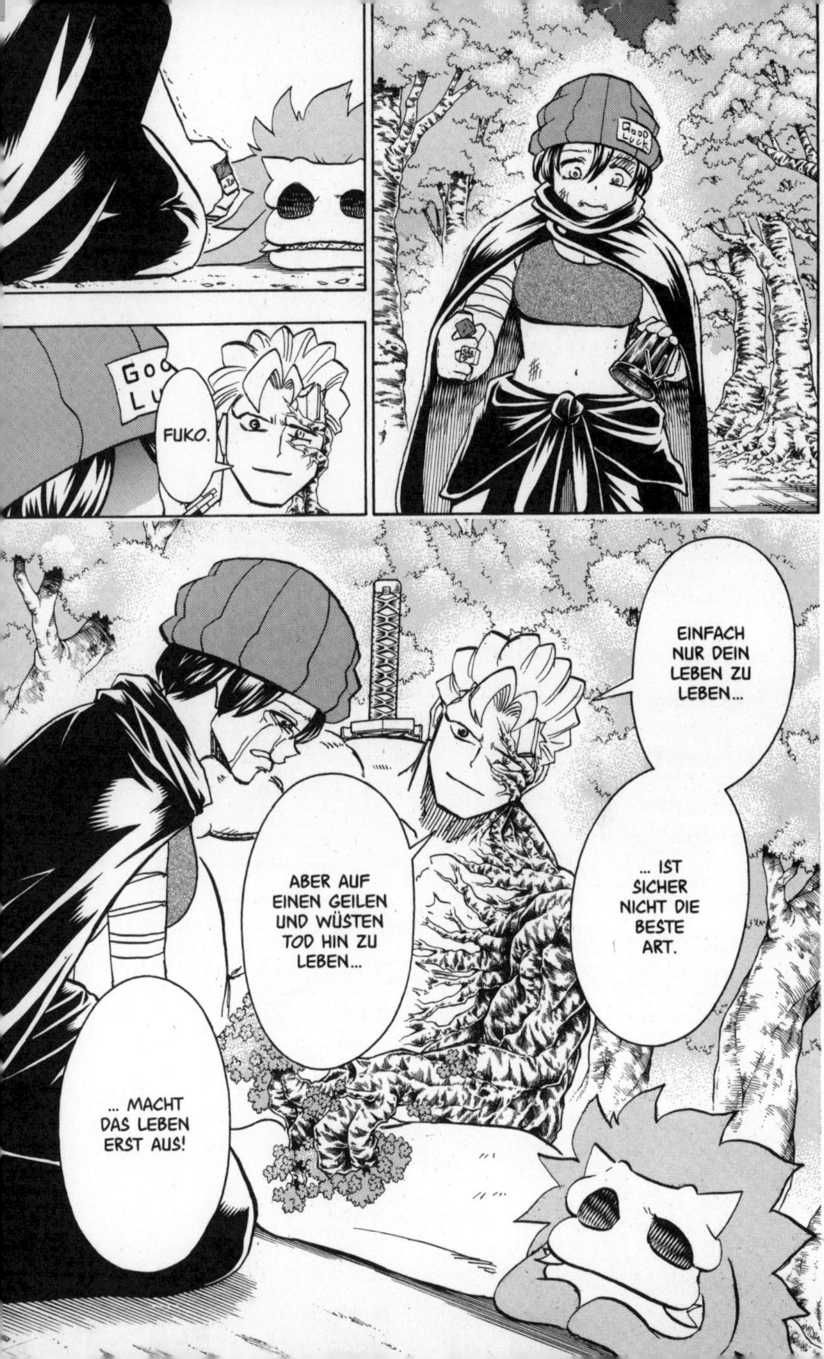
GOOD LUCK
FUKO.
EINFACH NUR DEIN LEBEN ZU LEBEN...
... IST SICHER NICHT DIE BESTE ART.
ABER AUF EINEN GEILEN UND WÜSTEN TOD HIN ZU LEBEN...
... MACHT DAS LEBEN ERST AUS!

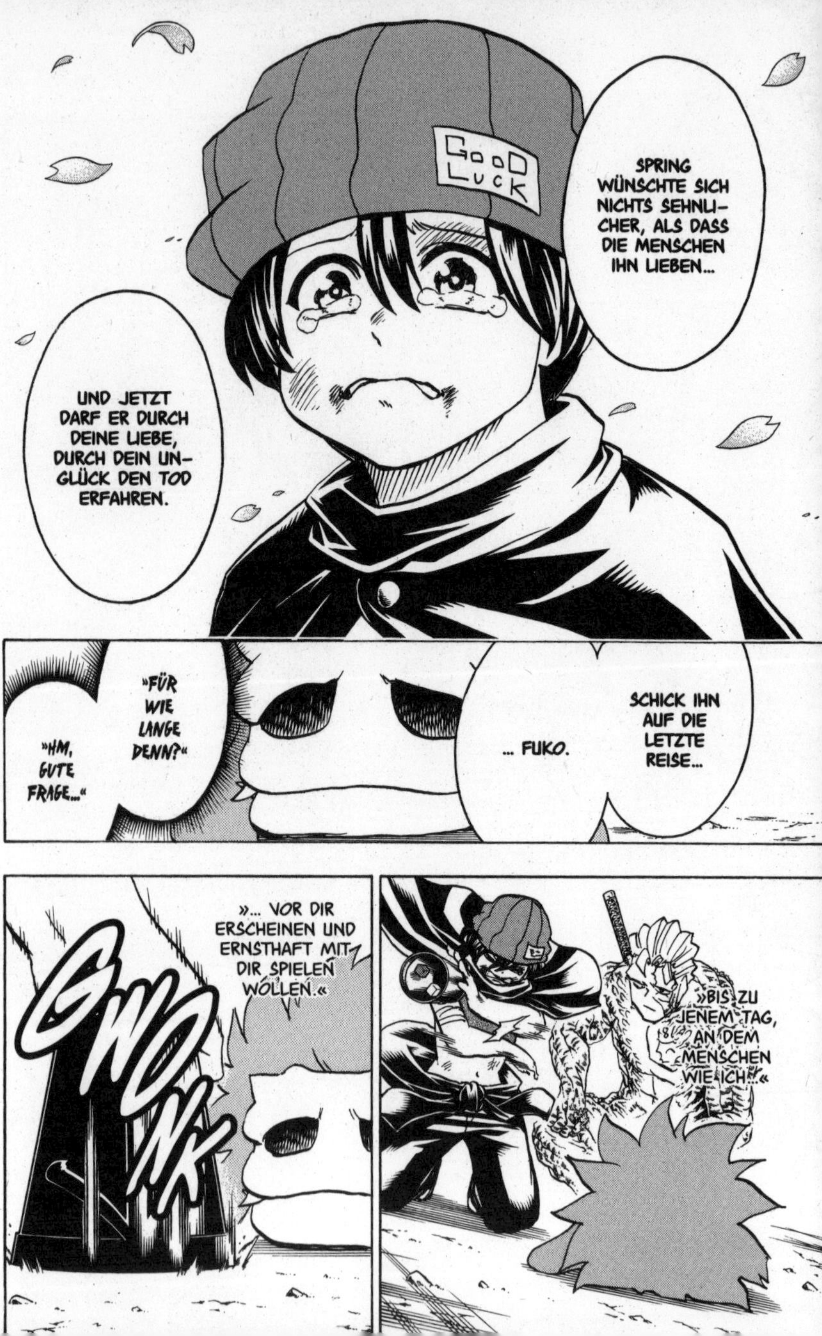
SPRING WÜNSCHTE SICH NICHTS SEHNLICHER, ALS DASS DIE MENSCHEN IHN LIEBEN...
UND JETZT DARF ER DURCH DEINE LIEBE, DURCH DEIN UNGLÜCK DEN TOD ERFAHREN.
SCHICK IHN AUF DIE LETZTE REISE...
... FUKO.
»FÜR WIE LANGE DENN?«
»HM, GUTE FRAGE...«
»BIS ZU JENEM TAG, AN DEM MENSCHEN WIE ICH...«
»... VOR DIR ERSCHEINEN UND ERNSTHAFT MIT DIR SPIELEN WOLLEN.«
GWONK

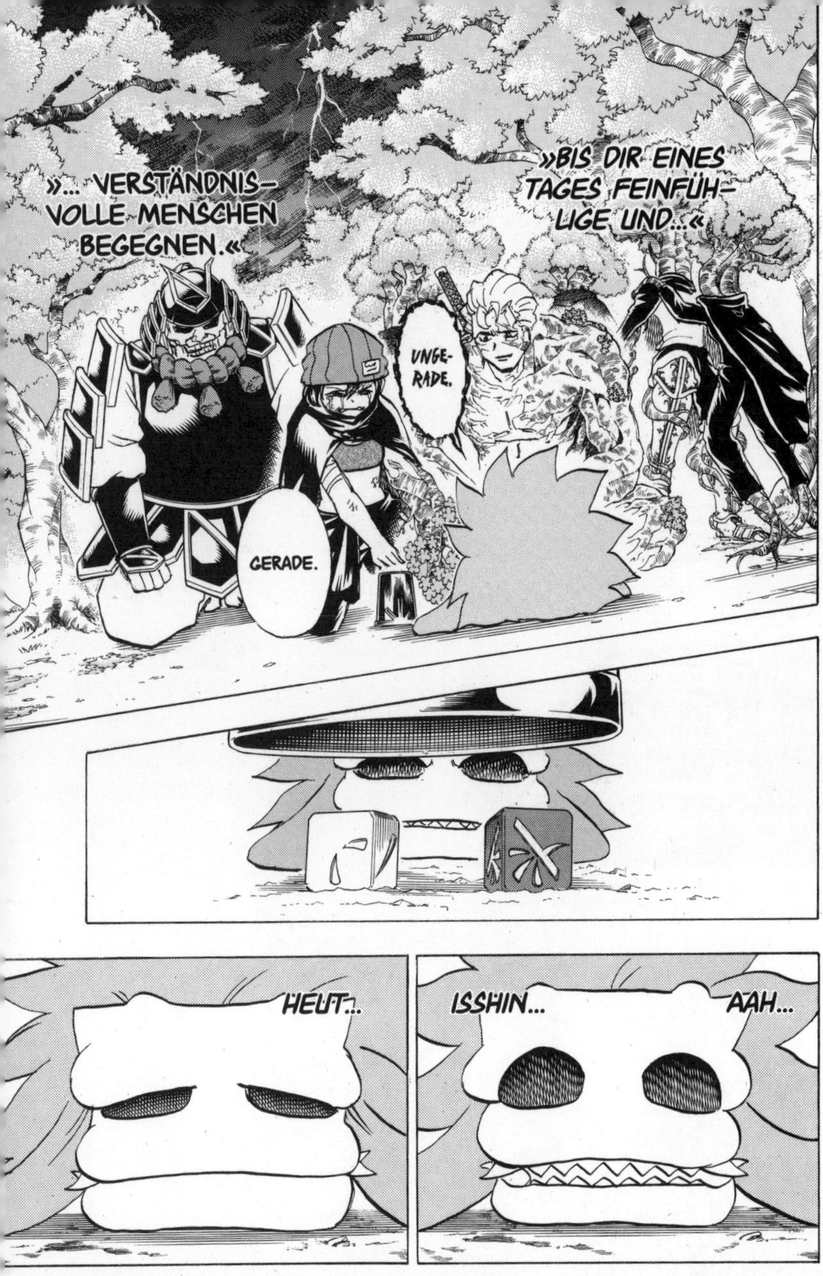
»BIS DIR EINES TAGES FEINFÜH-LIGE UND...«
»... VERSTÄNDNIS-VOLLE MENSCHEN BEGEGNEN.«
UNGE-RADE.
GERADE.
AAH...
ISSHIN...
HEUT...

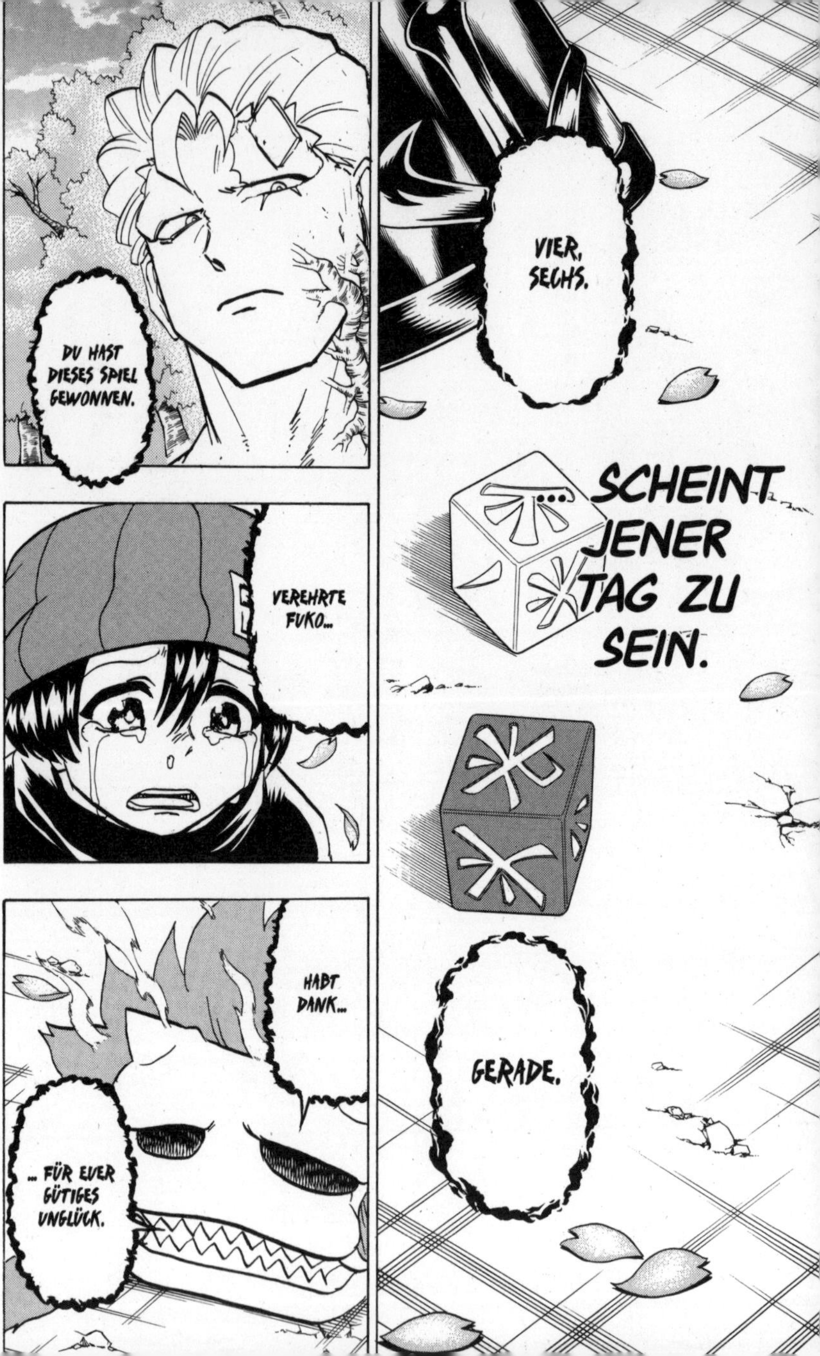
VIER, SECHS.
SCHEINT JENER TAG ZU SEIN.
GERADE.
DU HAST DIESES SPIEL GEWONNEN.
VEREHRTE FUKO...
HABT DANK...
... FÜR EUER GÜTIGES UNGLÜCK.

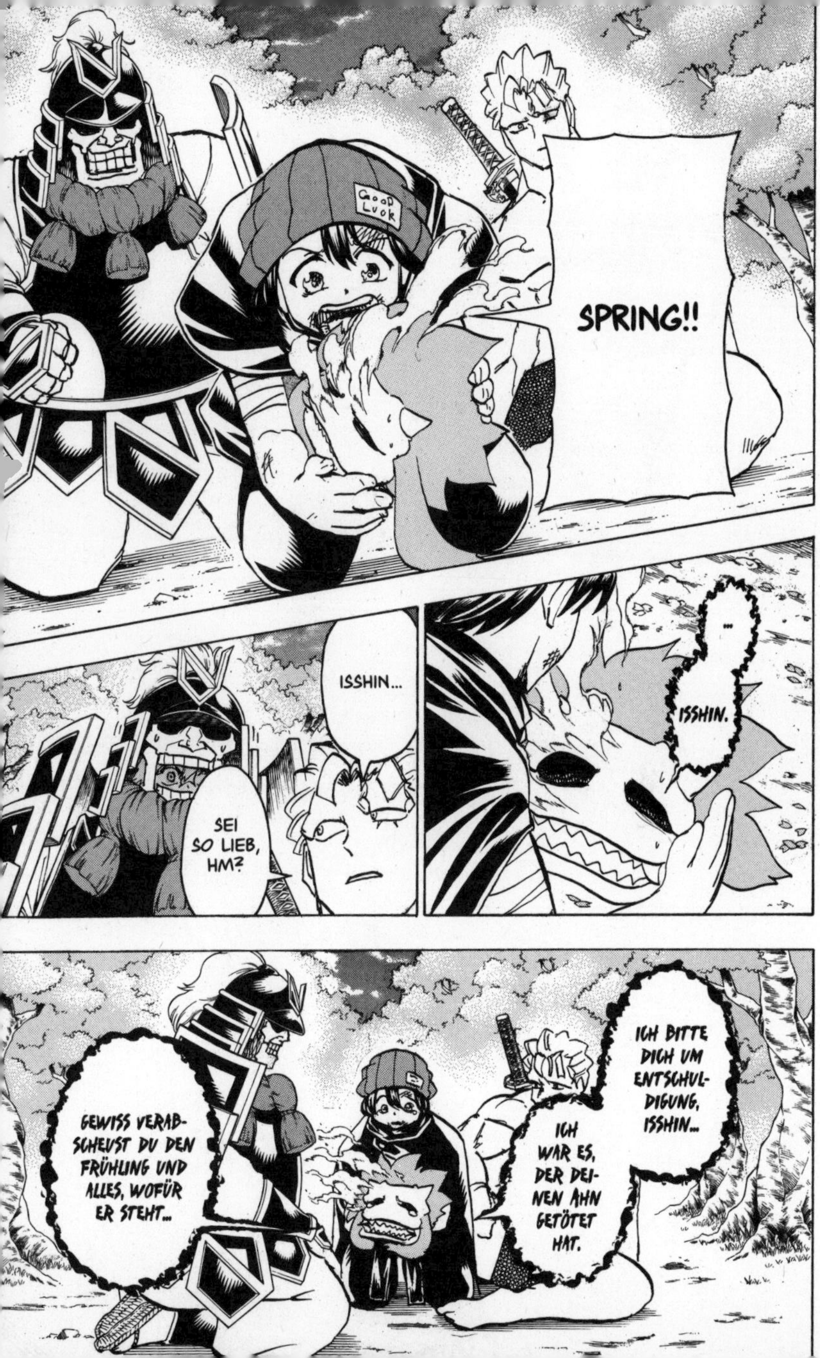
SPRING!!
...
ISSHIN.
ISSHIN...
SEI SO LIEB, HM?
ICH BITTE DICH UM ENTSCHULDIGUNG, ISSHIN...
ICH WAR ES, DER DEINEN AHN GETÖTET HAT.
GEWISS VERABSCHEUST DU DEN FRÜHLING UND ALLES, WOFÜR ER STEHT...

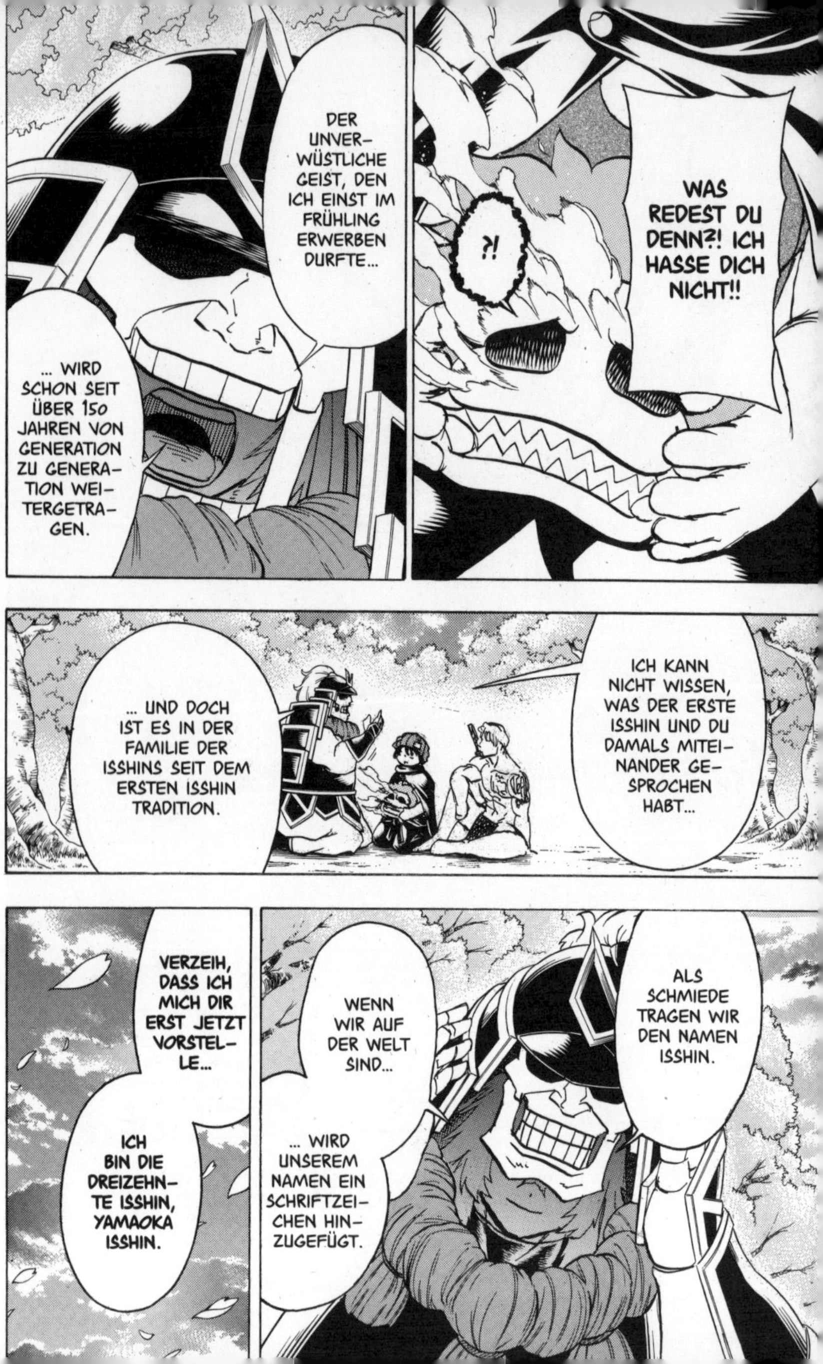
?!
WAS REDEST DU DENN?! ICH HASSE DICH NICHT!!
DER UNVERWÜSTLICHE GEIST, DEN ICH EINST IM FRÜHLING ERWERBEN DURFTE...
... WIRD SCHON SEIT ÜBER 150 JAHREN VON GENERATION ZU GENERATION WEITERGETRAGEN.
ICH KANN NICHT WISSEN, WAS DER ERSTE ISSHIN UND DU DAMALS MITEINANDER GESPROCHEN HABT...
... UND DOCH IST ES IN DER FAMILIE DER ISSHINS SEIT DEM ERSTEN ISSHIN TRADITION.
ALS SCHMIEDE TRAGEN WIR DEN NAMEN ISSHIN.
WENN WIR AUF DER WELT SIND...
... WIRD UNSEREM NAMEN EIN SCHRIFTZEICHEN HINZUGEFÜGT.
VERZEIH, DASS ICH MICH DIR ERST JETZT VORSTELLE...
ICH BIN DIE DREIZEHNTE ISSHIN, YAMAOKA ISSHIN.

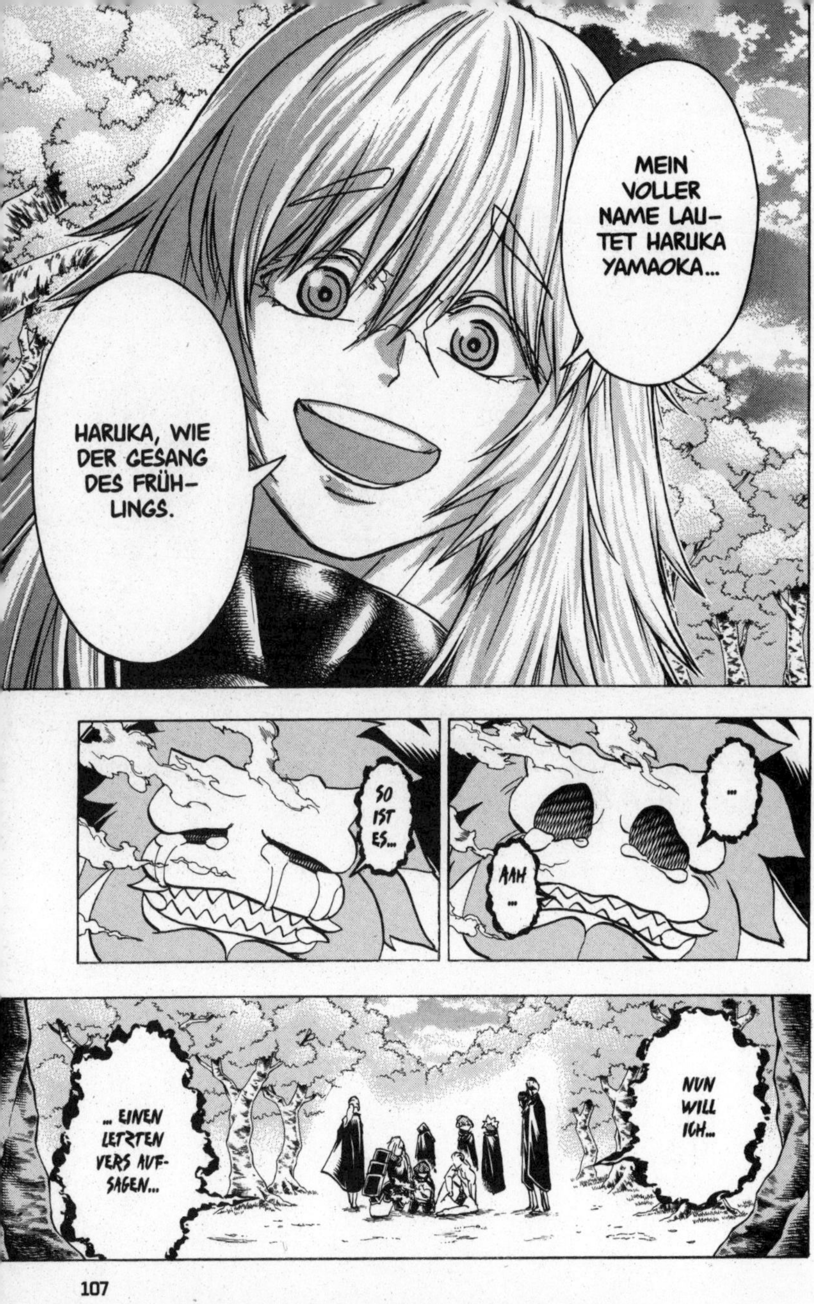
MEIN VOLLER NAME LAU-TET HARUKA YAMAOKA...
HARUKA, WIE DER GESANG DES FRÜH-LINGS.
...
AAH ...
SO IST ES...
NUN WILL ICH...
... EINEN LETZTEN VERS AUF-SAGEN...

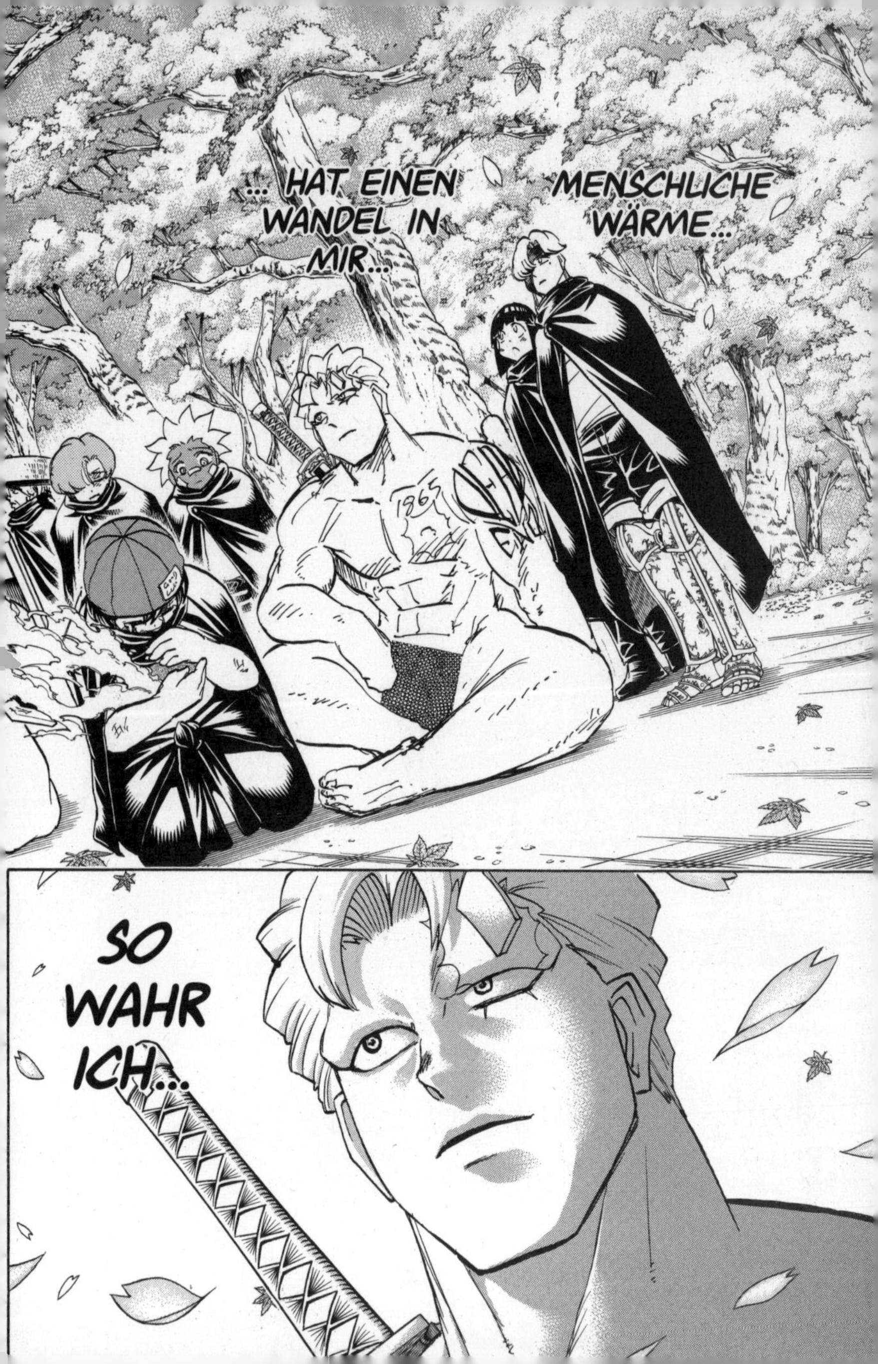
MENSCHLICHE WÄRME...
... HAT EINEN WANDEL IN MIR...
SO WAHR ICH...

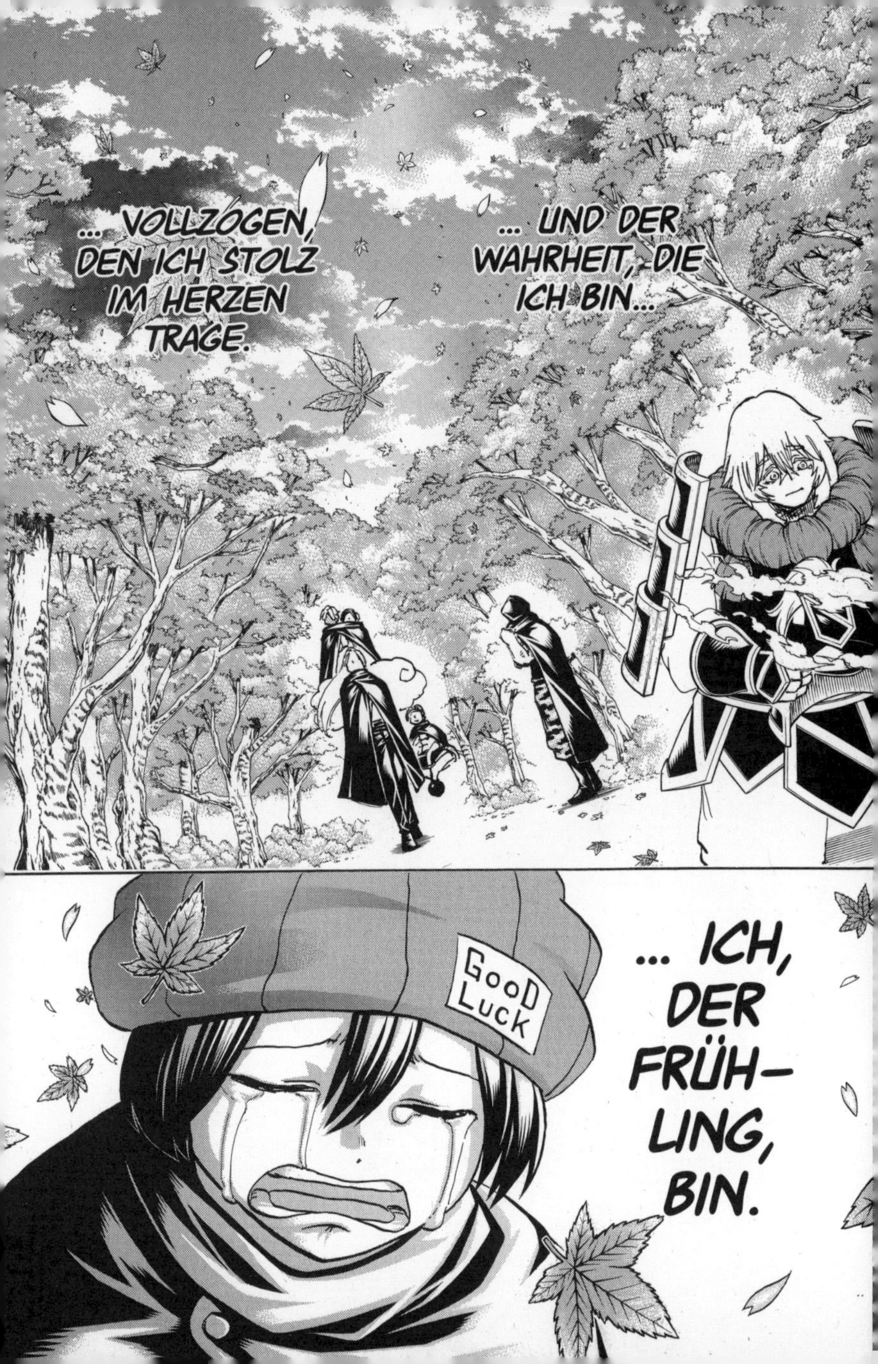

... UND DER WAHRHEIT, DIE ICH BIN...
... VOLLZOGEN, DEN ICH STOLZ IM HERZEN TRAGE.
GOOD LUCK
... ICH, DER FRÜH-LING, BIN.

UMA SPRING

ALTER:	WEISS NICHT
GRÖSSE:	DAS SCHEINT LUSTIG ZU WERDEN
GEWICHT:	MAN WIRD FETT
HOBBYS:	SAMMELT EIFRIG ARTEFAKTE, DIE WIE SPIELZEUG ANMUTEN; SPIELT GERN MIT MENSCHEN; LIEBT ES, DIE KÜNSTE UND TALENTE DER MENSCHEN KENNENZULERNEN
BESONDERE FÄHIGKEIT:	SPRICHT POETISCH
WAS ER MAG:	SAKE UND ANKOROMOCHI IM KIRSCHBLATT
LIEBLINGSMENSCHEN:	MENSCHEN, DIE MIT IHM SPIELEN

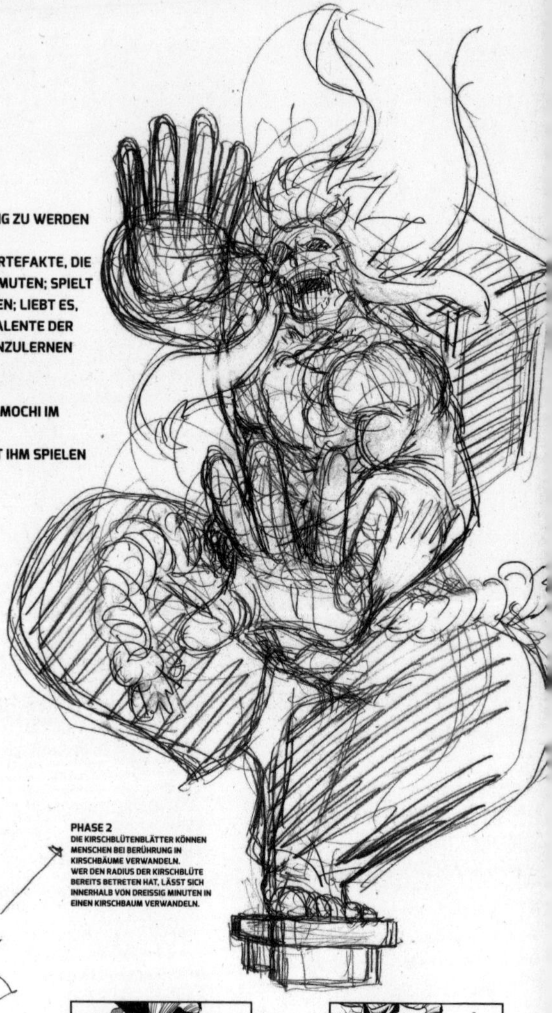

PHASE 2
DIE KIRSCHBLÜTENBLÄTTER KÖNNEN MENSCHEN BEI BERÜHRUNG IN KIRSCHBÄUME VERWANDELN.
WER DEN RADIUS DER KIRSCHBLÜTE BEREITS BETRETEN HAT, LÄSST SICH INNERHALB VON DREISSIG MINUTEN IN EINEN KIRSCHBAUM VERWANDELN.

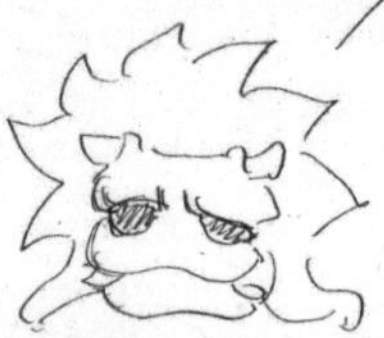

KERN-FORM
VERWANDLUNG DER UMLIEGENDEN BÄUME IN KIRSCHBÄUME.
DIES IST NUR BEGRENZT MÖGLICH.

PHASE 1
BISHER UNBESTÄTIGT

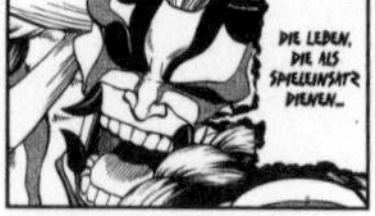

PHASE 2
KABUKI-FORM
ZUSÄTZLICH ZU DEN FÄHIGKEITEN VON PHASE 1 KANN SPRING NUN FRÜHLINGSGEWITTER UND FRÜHLINGSWINDE MANIPULIEREN. ER IST IMSTANDE, GLÜCKSSPIELE VORZUSCHLAGEN UND SICH UND SEINEM GEGNER BESONDERE BEDINGUNGEN AUFZUERLEGEN. IM PRINZIP SIND SOMIT EINGRIFFE VON AUSSEN UNMÖGLICH.

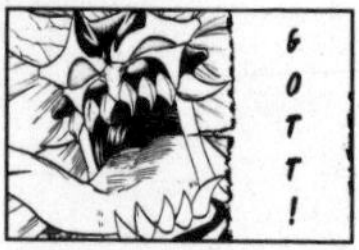

PHASE 3
ZUSÄTZLICH ZU PHASE 2 IST ES NUN MÖGLICH, DINGE, KIRSCHBÄUME UND BLÜTENBLÄTTER IN EINEM BESTIMMTEN RADIUS ZU MANIPULIEREN, SODASS PERSONEN, DIE DAMIT IN BERÜHRUNG KOMMEN, SICH BLITZARTIG IN KIRSCHBÄUME VERWANDELN.

No. 094 Die vier Jahreszeiten des Todes

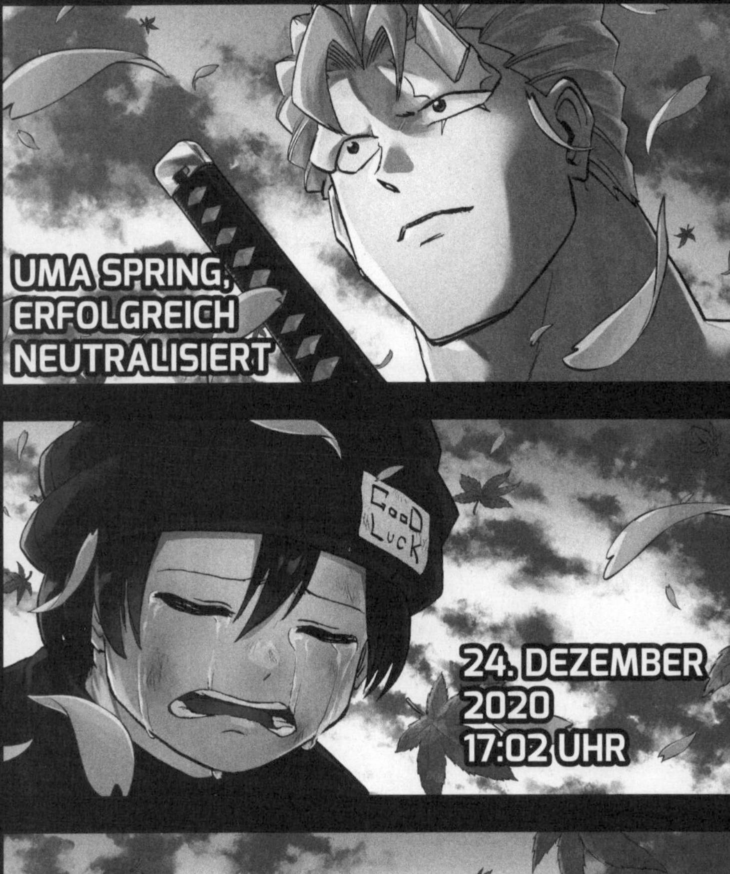

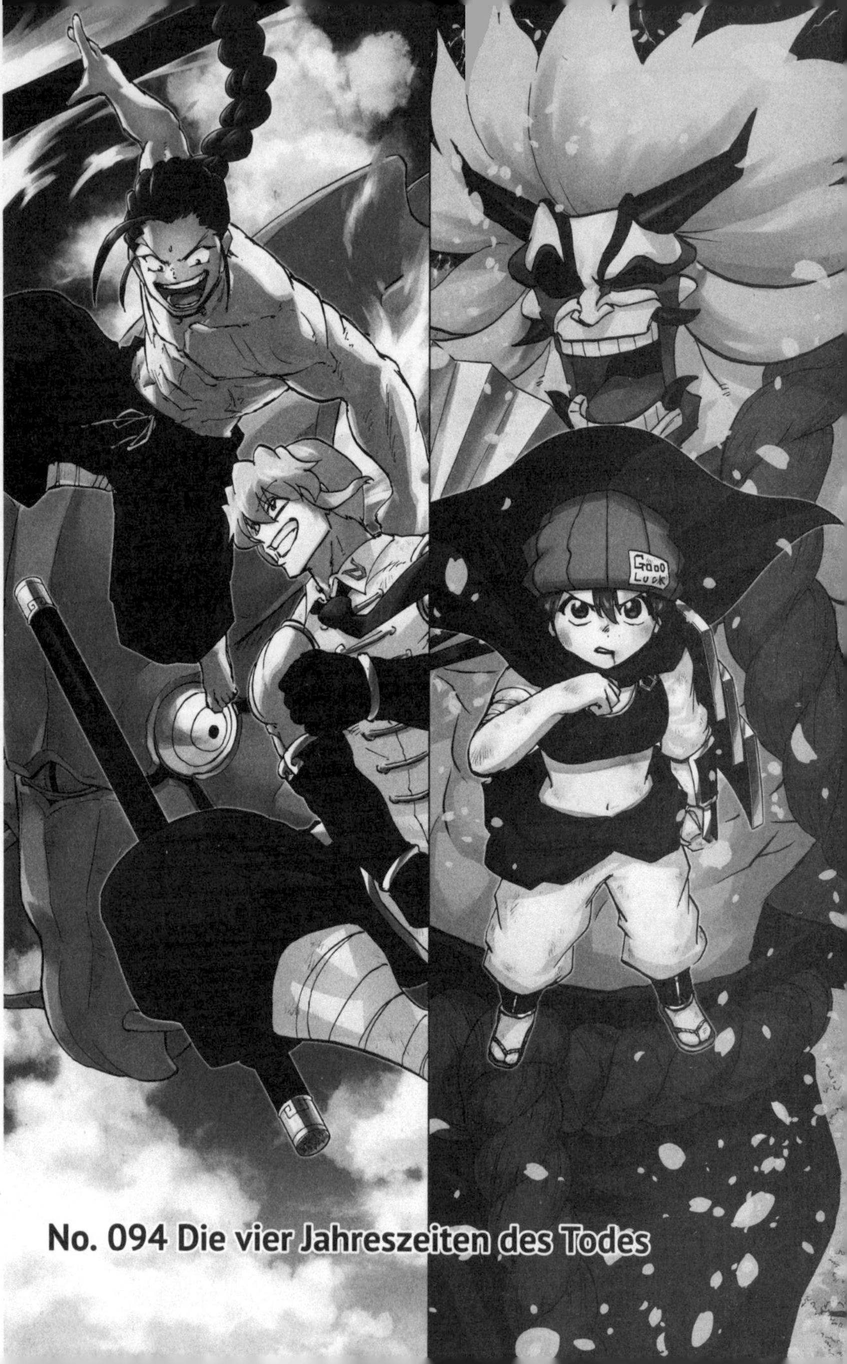

No. 094 Die vier Jahreszeiten des Todes

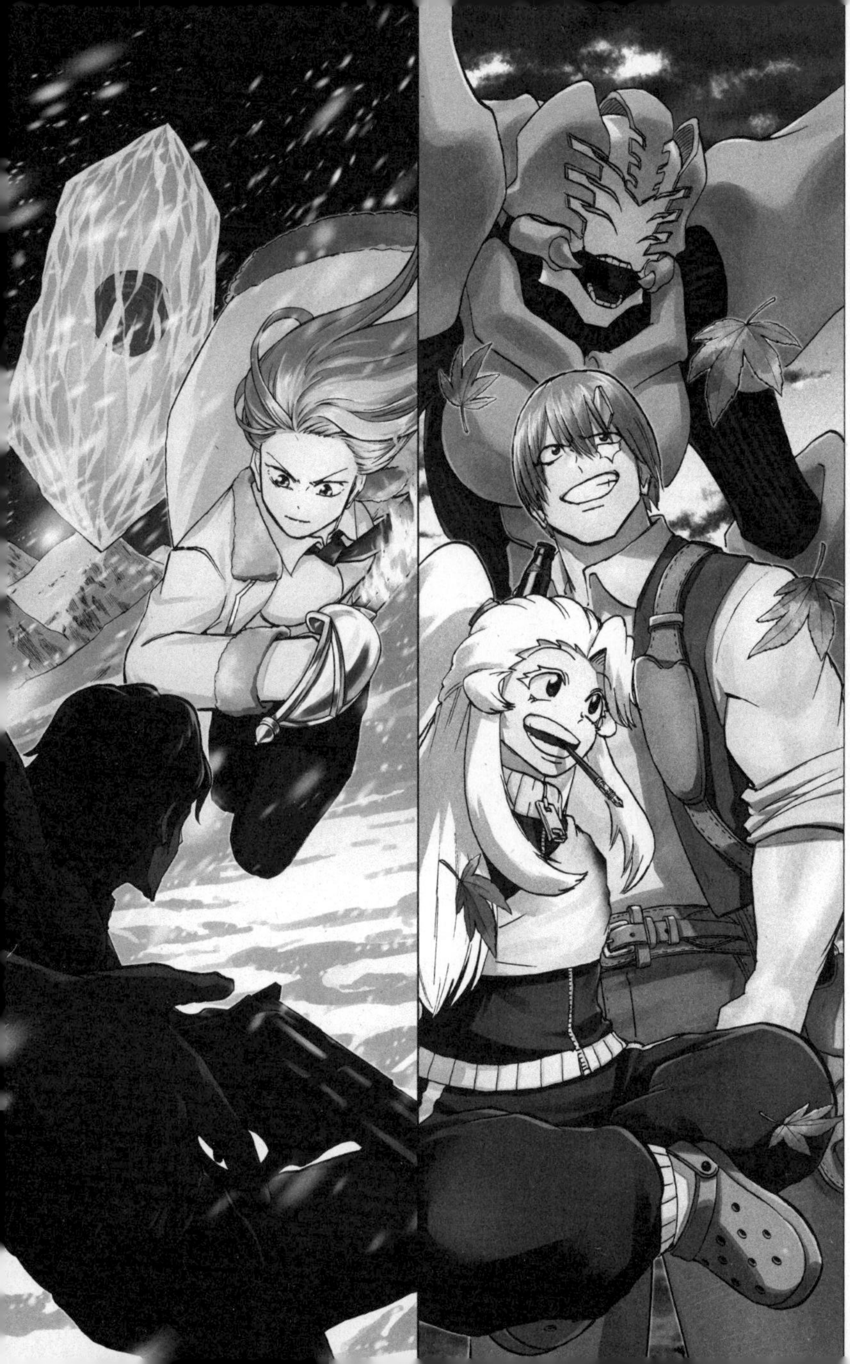

AUS DER WEEKLY SHONEN JUMP 2022, AUSGABE 7,
ILLUSTRATION ZUR FEIER DES ZWEIJÄHRIGEN JUBILÄUMS

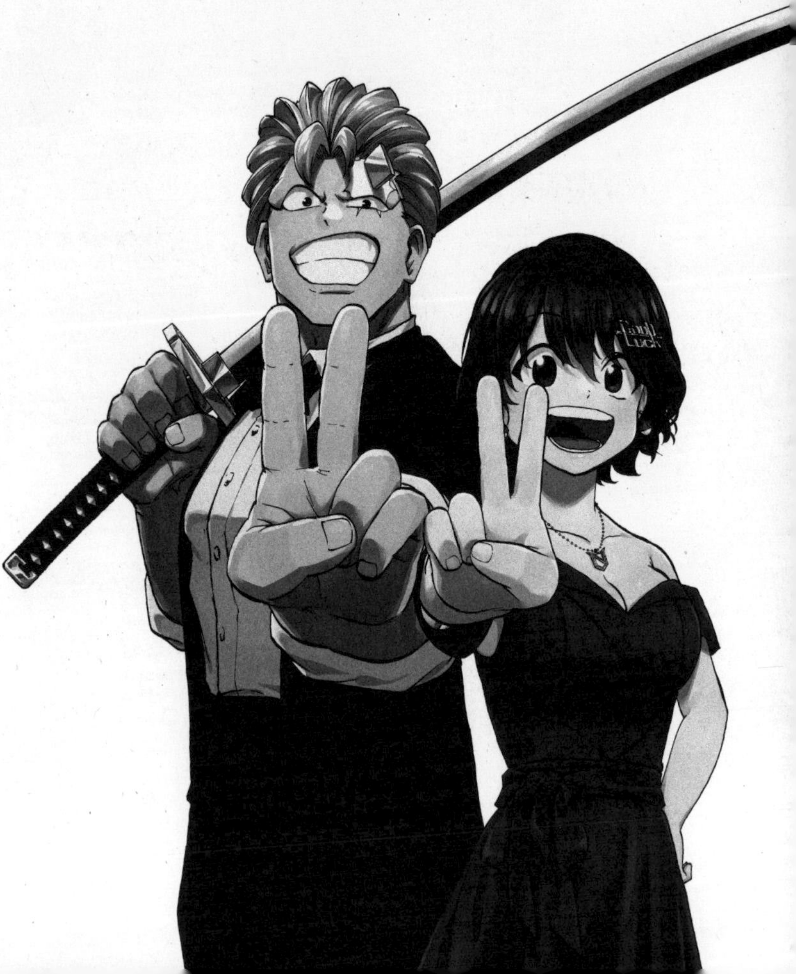

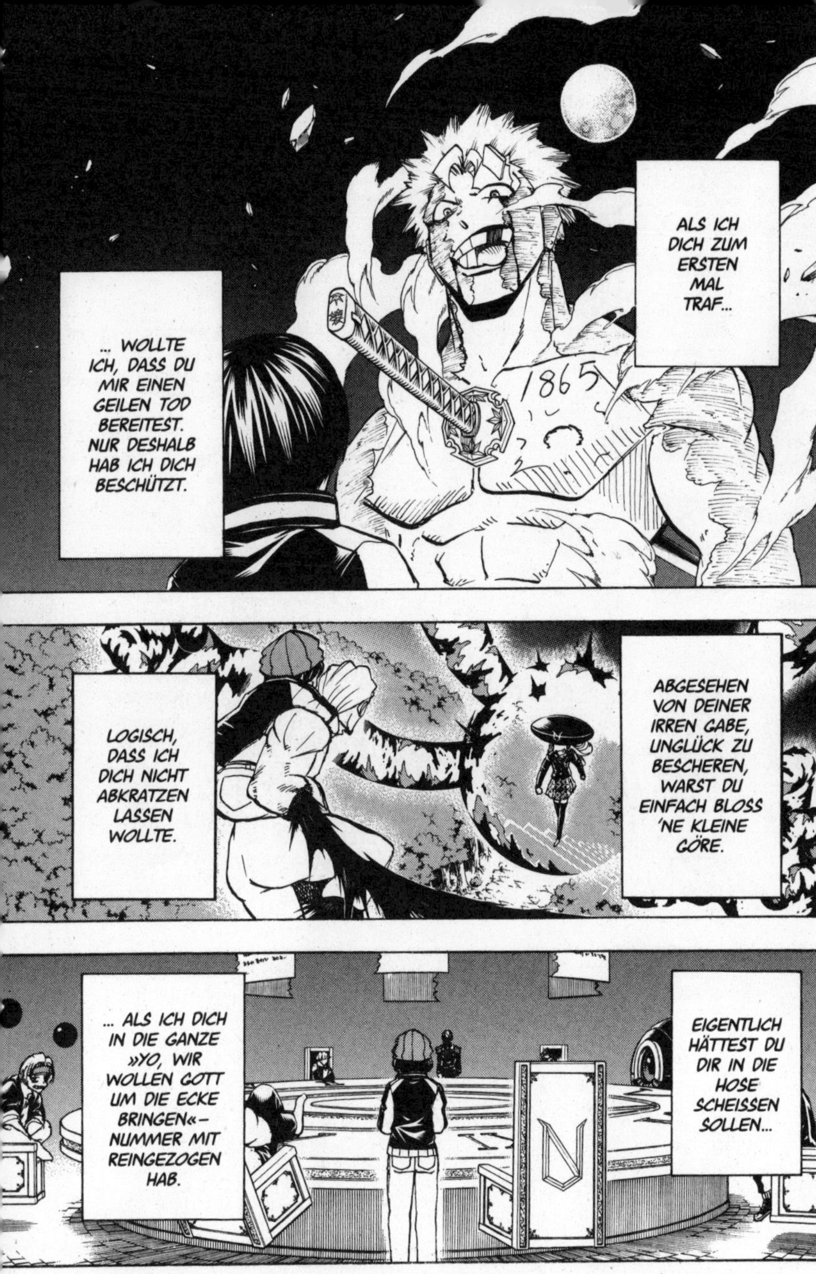
ALS ICH DICH ZUM ERSTEN MAL TRAF...
1865
... WOLLTE ICH, DASS DU MIR EINEN GEILEN TOD BEREITEST. NUR DESHALB HAB ICH DICH BESCHÜTZT.
ABGESEHEN VON DEINER IRREN GABE, UNGLÜCK ZU BESCHEREN, WARST DU EINFACH BLOSS 'NE KLEINE GÖRE.
LOGISCH, DASS ICH DICH NICHT ABKRATZEN LASSEN WOLLTE.
EIGENTLICH HÄTTEST DU DIR IN DIE HOSE SCHEISSEN SOLLEN...
... ALS ICH DICH IN DIE GANZE »YO, WIR WOLLEN GOTT UM DIE ECKE BRINGEN«-NUMMER MIT REINGEZOGEN HAB.

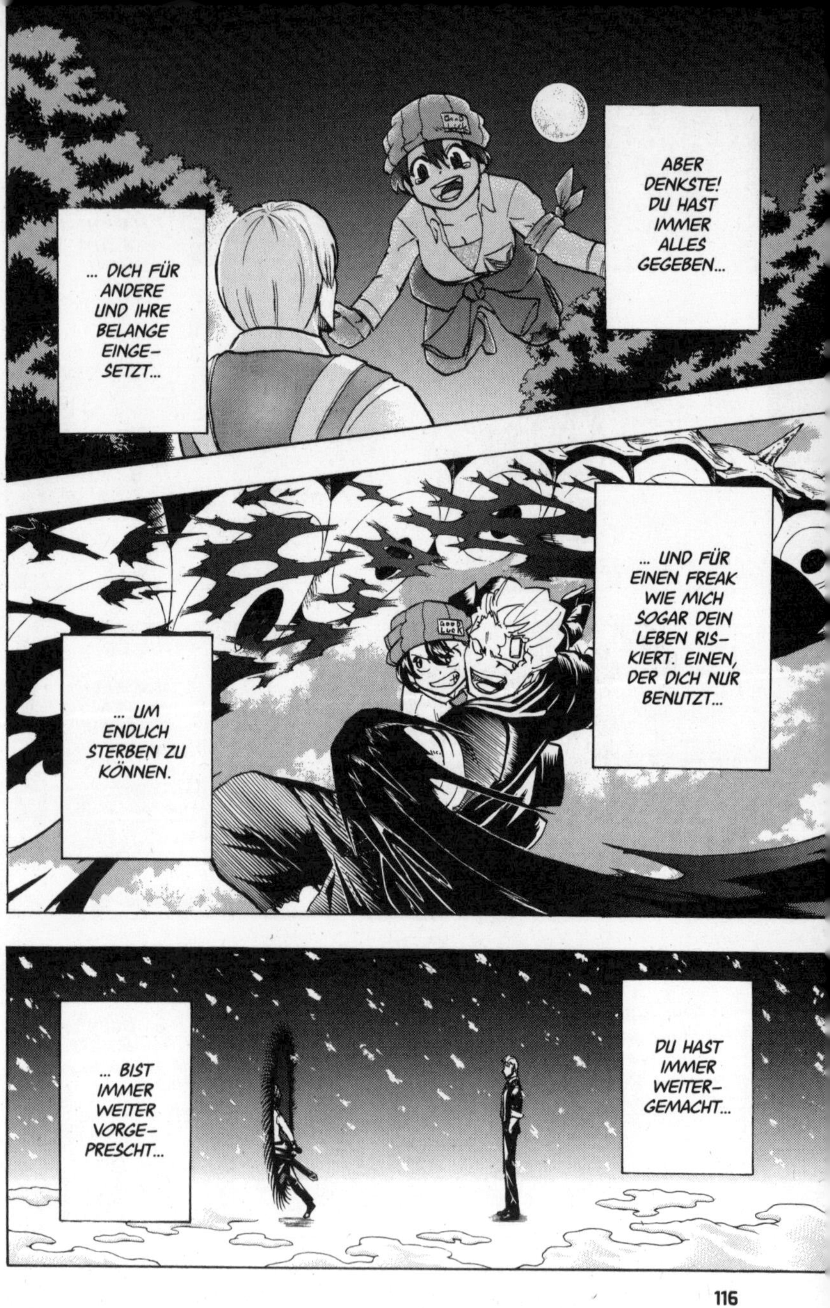
ABER DENKSTE! DU HAST IMMER ALLES GEGEBEN...
... DICH FÜR ANDERE UND IHRE BELANGE EINGE-SETZT...
... UND FÜR EINEN FREAK WIE MICH SOGAR DEIN LEBEN RIS-KIERT. EINEN, DER DICH NUR BENUTZT...
... UM ENDLICH STERBEN ZU KÖNNEN.
DU HAST IMMER WEITER-GEMACHT...
... BIST IMMER WEITER VORGE-PRESCHT...

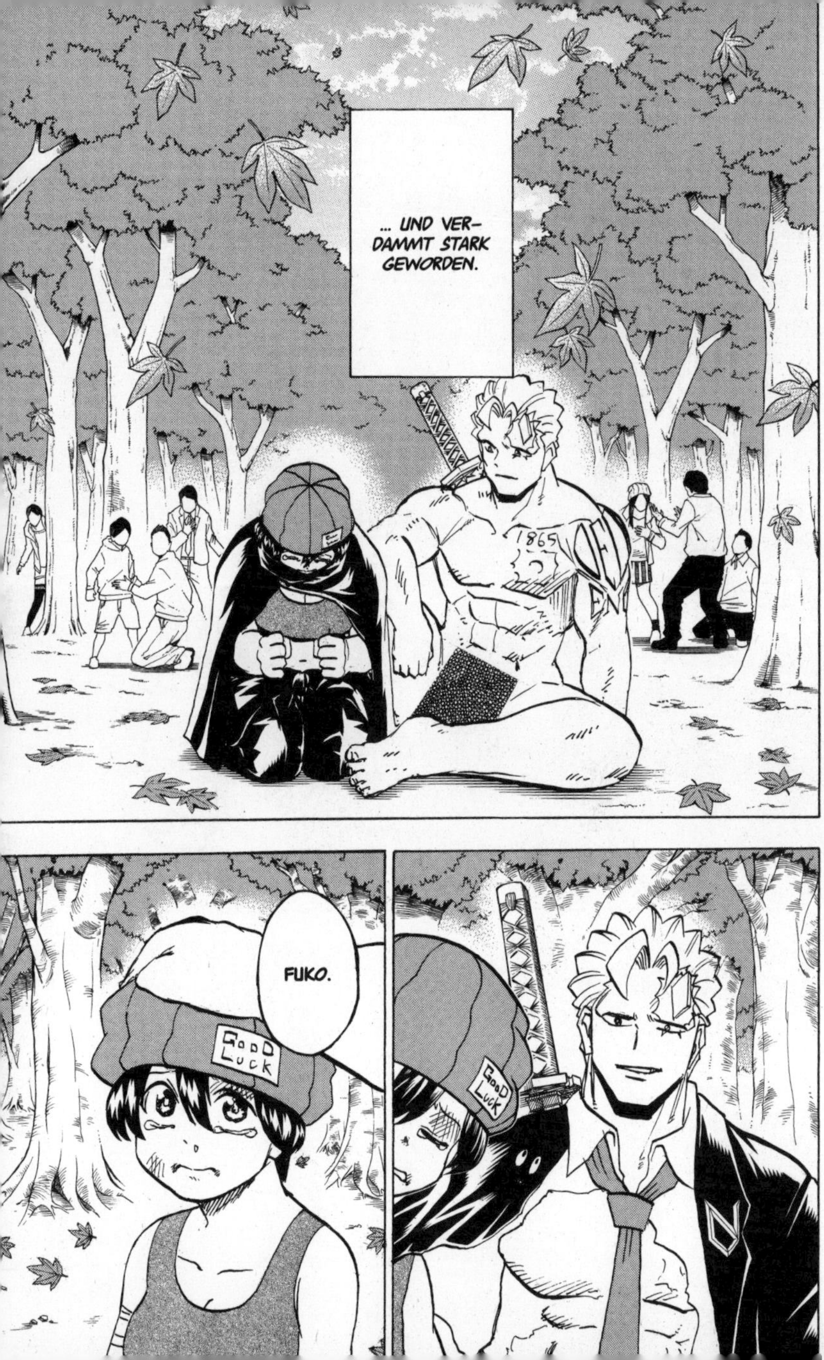
... UND VER-
DAMMT STARK
GEWORDEN.
1865
FUKO.
GOOD LUCK
GOOD LUCK

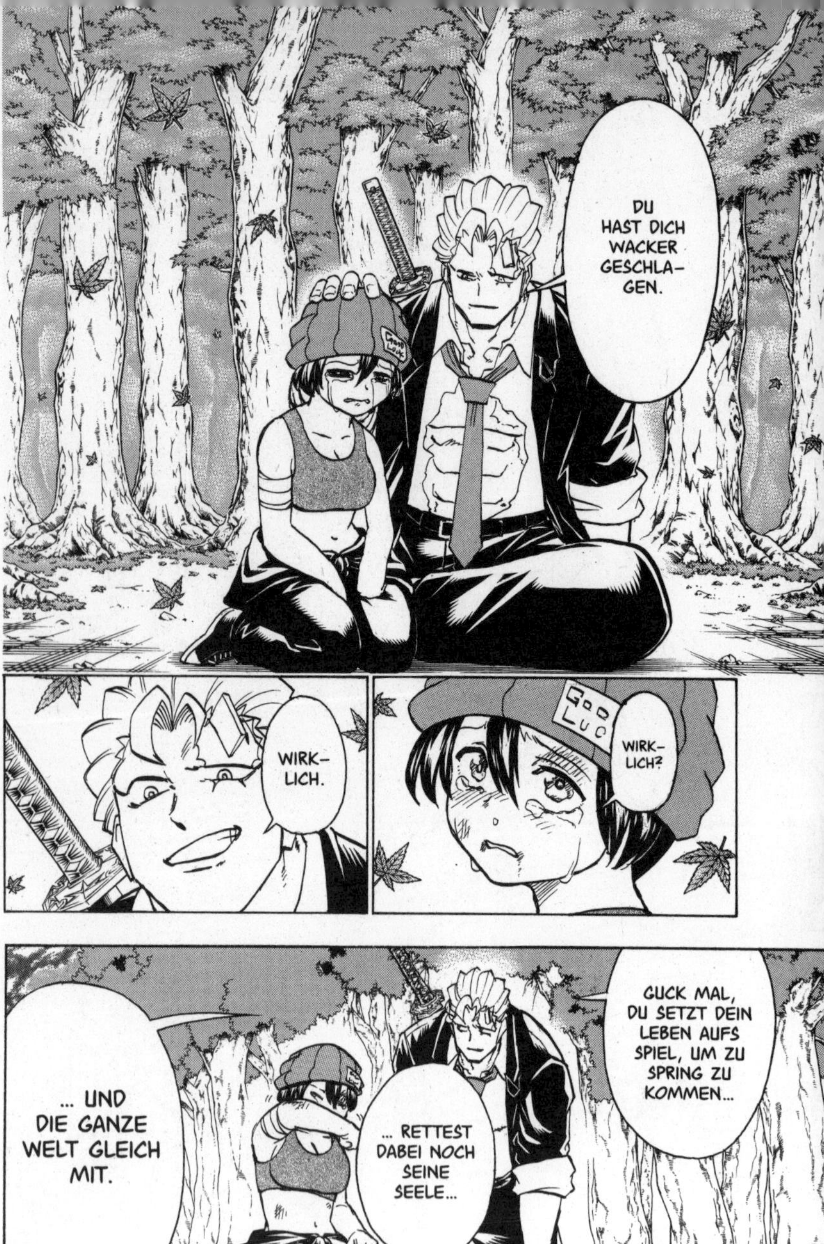

DU HAST DICH WACKER GESCHLA-GEN.
WIRK-LICH?
WIRK-LICH.
GUCK MAL, DU SETZT DEIN LEBEN AUFS SPIEL, UM ZU SPRING ZU KOMMEN...
... RETTEST DABEI NOCH SEINE SEELE...
... UND DIE GANZE WELT GLEICH MIT.

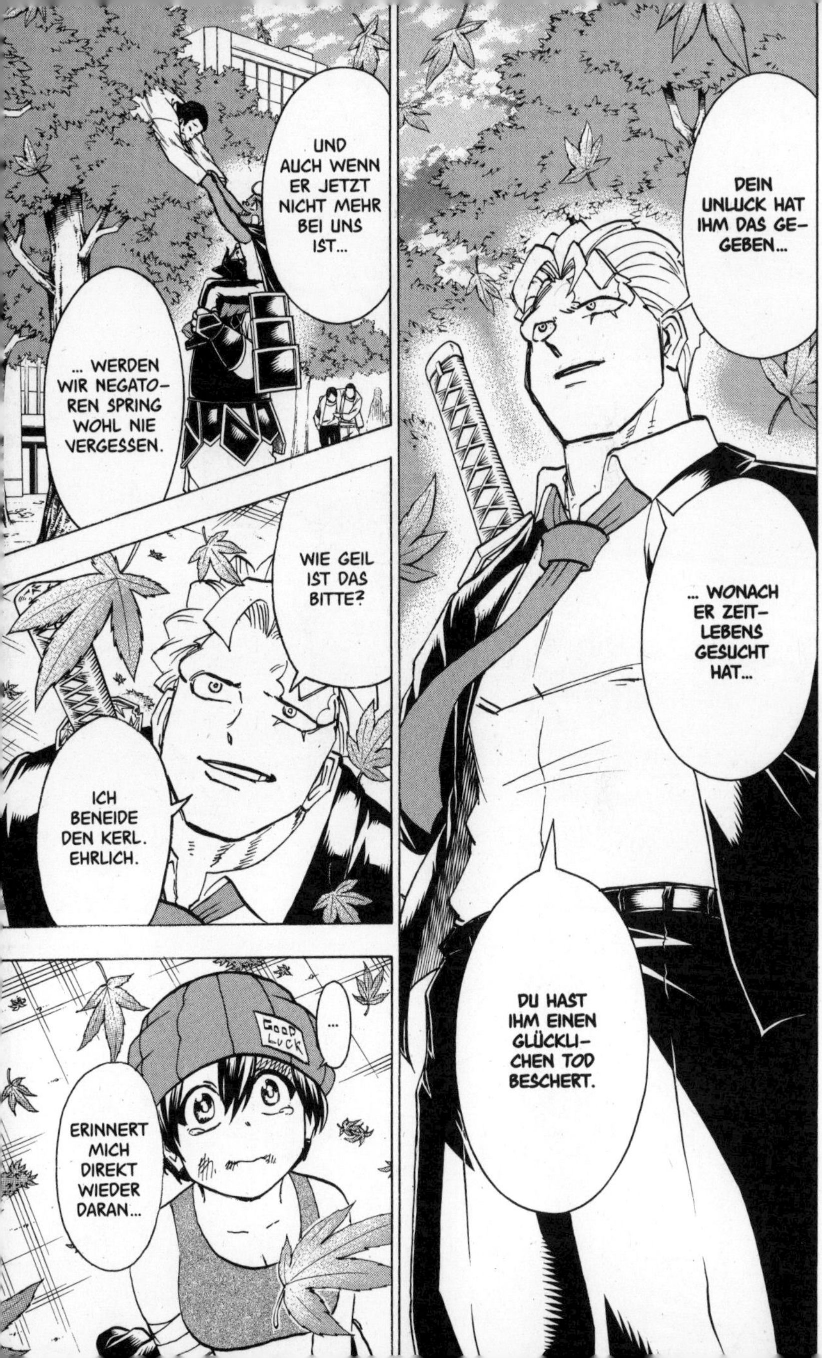
DEIN UNLUCK HAT IHM DAS GE-GEBEN...
... WONACH ER ZEIT-LEBENS GESUCHT HAT...
DU HAST IHM EINEN GLÜCKLI-CHEN TOD BESCHERT.
UND AUCH WENN ER JETZT NICHT MEHR BEI UNS IST...
... WERDEN WIR NEGATO-REN SPRING WOHL NIE VERGESSEN.
WIE GEIL IST DAS BITTE?
ICH BENEIDE DEN KERL. EHRLICH.
GOOD LUCK
...
ERINNERT MICH DIREKT WIEDER DARAN...

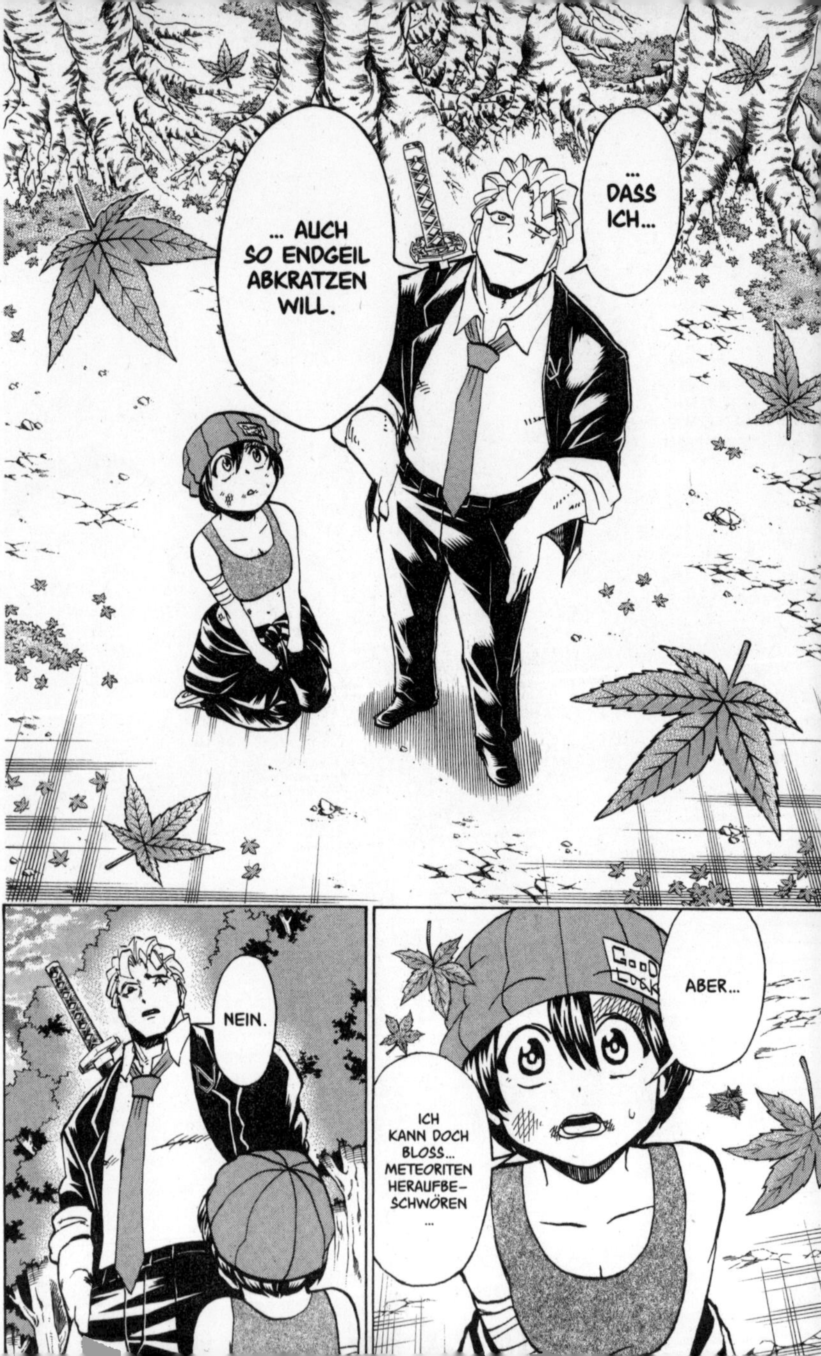
... DASS ICH...
... AUCH SO ENDGEIL ABKRATZEN WILL.
ABER...
ICH KANN DOCH BLOSS... METEORITEN HERAUFBE-SCHWÖREN ...
NEIN.

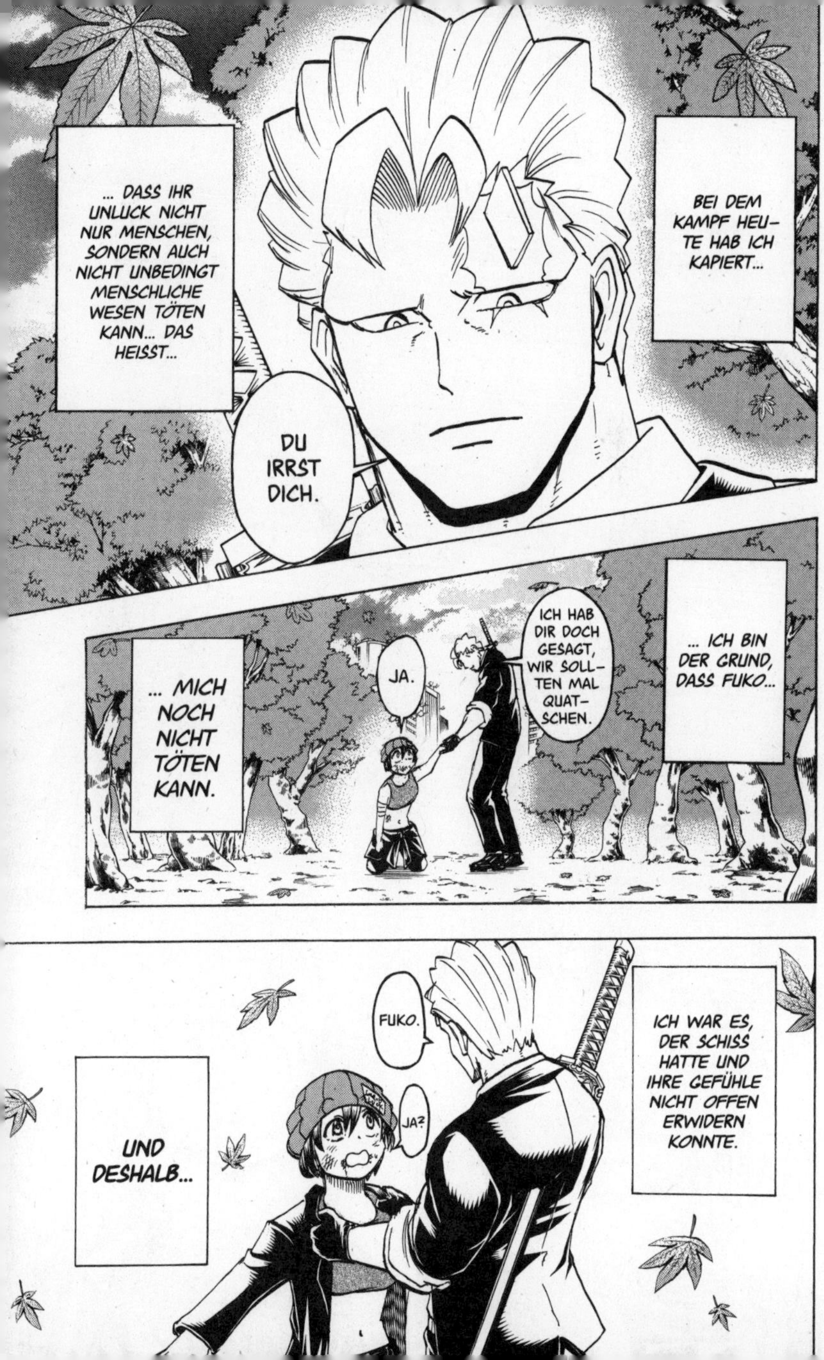
BEI DEM KAMPF HEUTE HAB ICH KAPIERT…
… DASS IHR UNLUCK NICHT NUR MENSCHEN, SONDERN AUCH NICHT UNBEDINGT MENSCHLICHE WESEN TÖTEN KANN… DAS HEISST…
DU IRRST DICH.
… ICH BIN DER GRUND, DASS FUKO…
ICH HAB DIR DOCH GESAGT, WIR SOLLTEN MAL QUATSCHEN.
JA.
… MICH NOCH NICHT TÖTEN KANN.
ICH WAR ES, DER SCHISS HATTE UND IHRE GEFÜHLE NICHT OFFEN ERWIDERN KONNTE.
FUKO.
JA?
UND DESHALB…

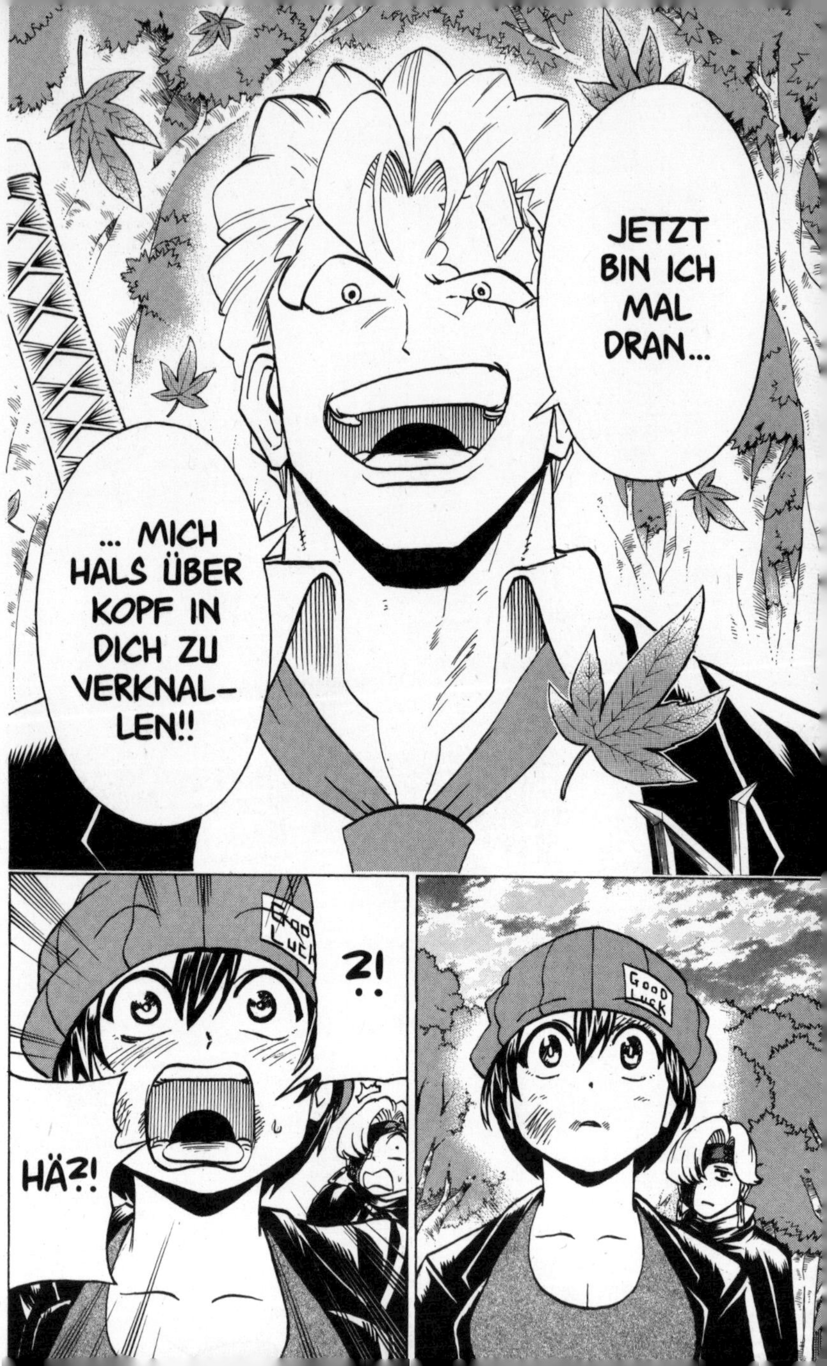
JETZT BIN ICH MAL DRAN...
... MICH HALS ÜBER KOPF IN DICH ZU VERKNAL-LEN!!
Z!
HÄ?!

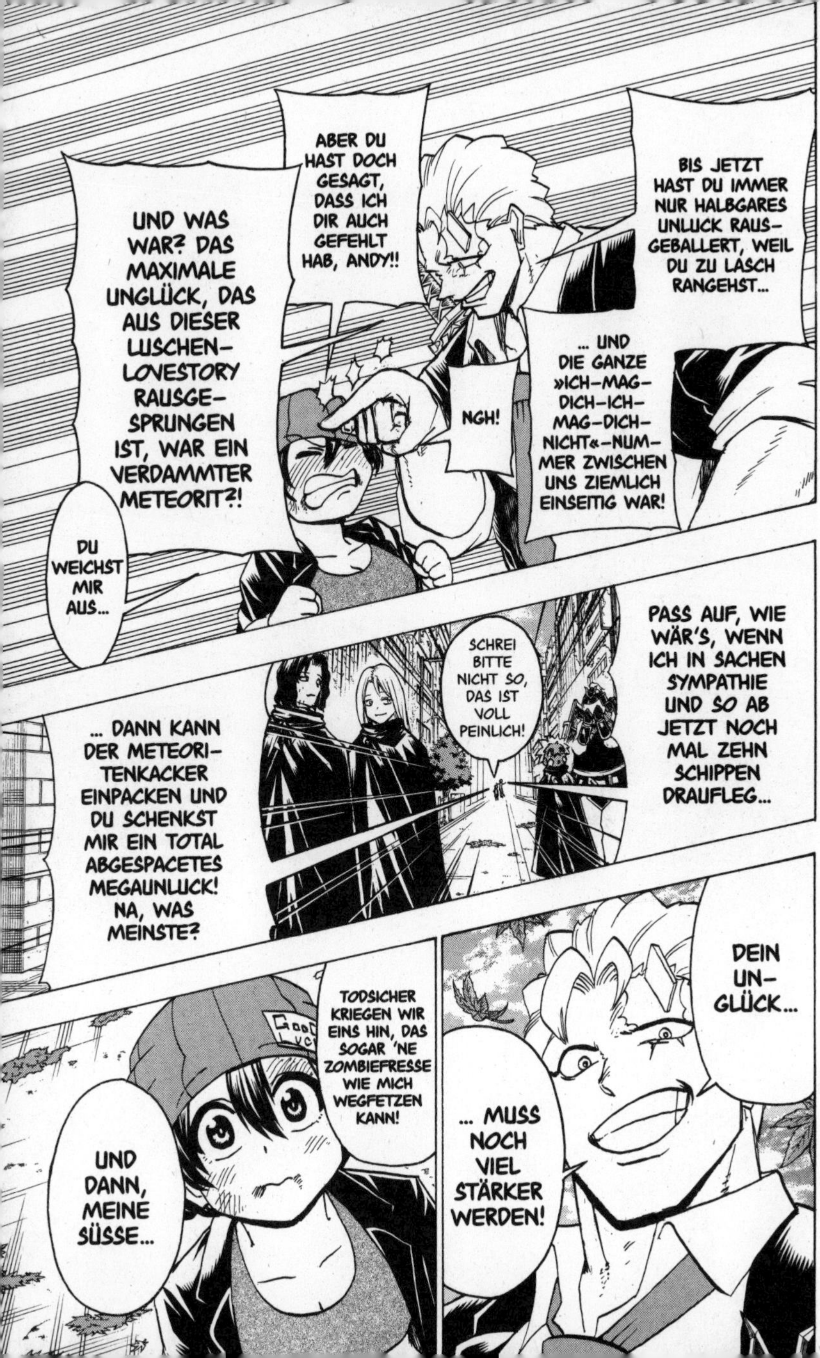
BIS JETZT HAST DU IMMER NUR HALBGARES UNLUCK RAUS-GEBALLERT, WEIL DU ZU LASCH RANGEHST...
... UND DIE GANZE »ICH-MAG-DICH-ICH-MAG-DICH-NICHT«-NUM-MER ZWISCHEN UNS ZIEMLICH EINSEITIG WAR!
NGH!
ABER DU HAST DOCH GESAGT, DASS ICH DIR AUCH GEFEHLT HAB, ANDY!!
UND WAS WAR? DAS MAXIMALE UNGLÜCK, DAS AUS DIESER LUSCHEN-LOVESTORY RAUSGE-SPRUNGEN IST, WAR EIN VERDAMMTER METEORIT?!
DU WEICHST MIR AUS...
PASS AUF, WIE WÄR'S, WENN ICH IN SACHEN SYMPATHIE UND SO AB JETZT NOCH MAL ZEHN SCHIPPEN DRAUFLEG...
SCHREI BITTE NICHT SO, DAS IST VOLL PEINLICH!
... DANN KANN DER METEORI-TENKACKER EINPACKEN UND DU SCHENKST MIR EIN TOTAL ABGESPACETES MEGAUNLUCK! NA, WAS MEINSTE?
DEIN UN-GLÜCK...
... MUSS NOCH VIEL STÄRKER WERDEN!
TODSICHER KRIEGEN WIR EINS HIN, DAS SOGAR 'NE ZOMBIEFRESSE WIE MICH WEGFETZEN KANN!
UND DANN, MEINE SÜSSE...

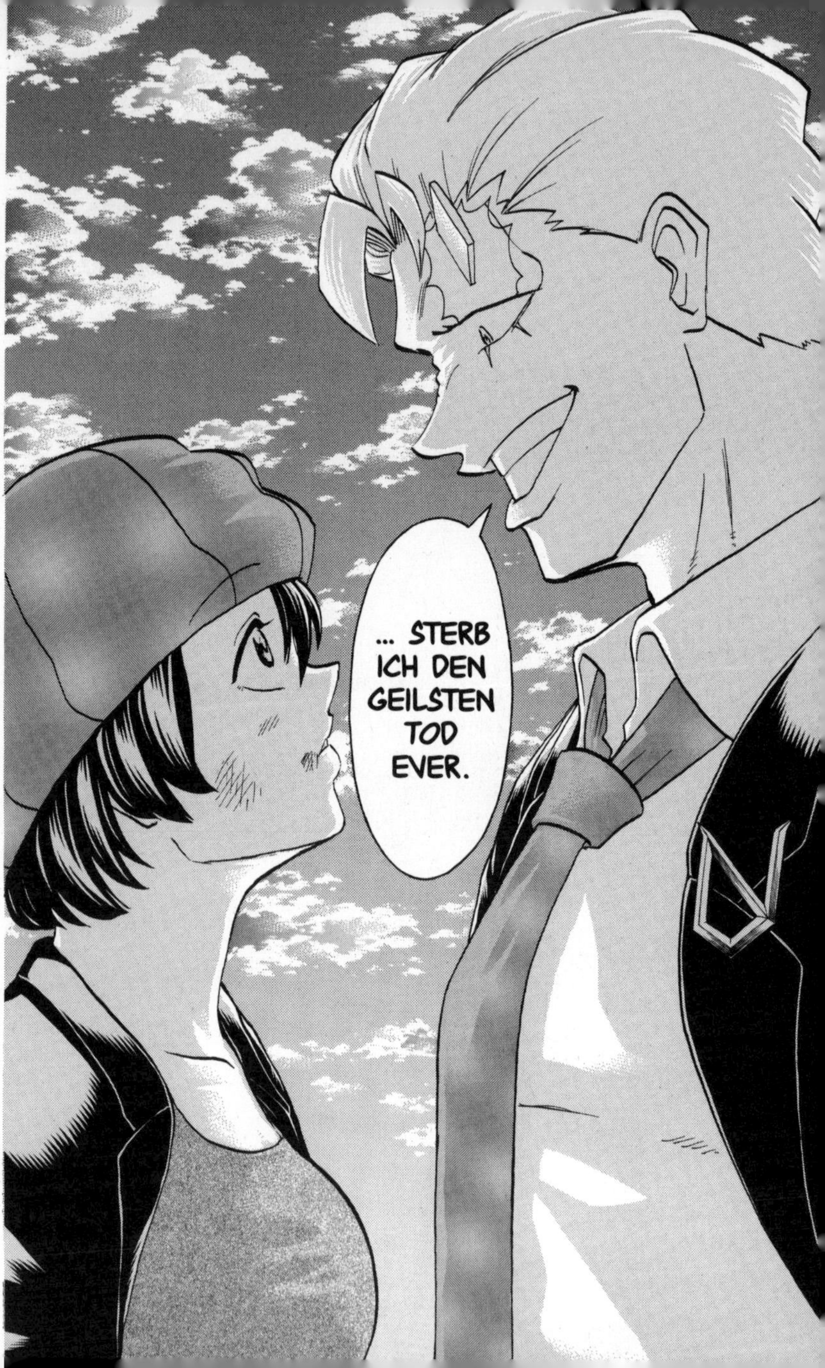
... STERB ICH DEN GEILSTEN TOD EVER.

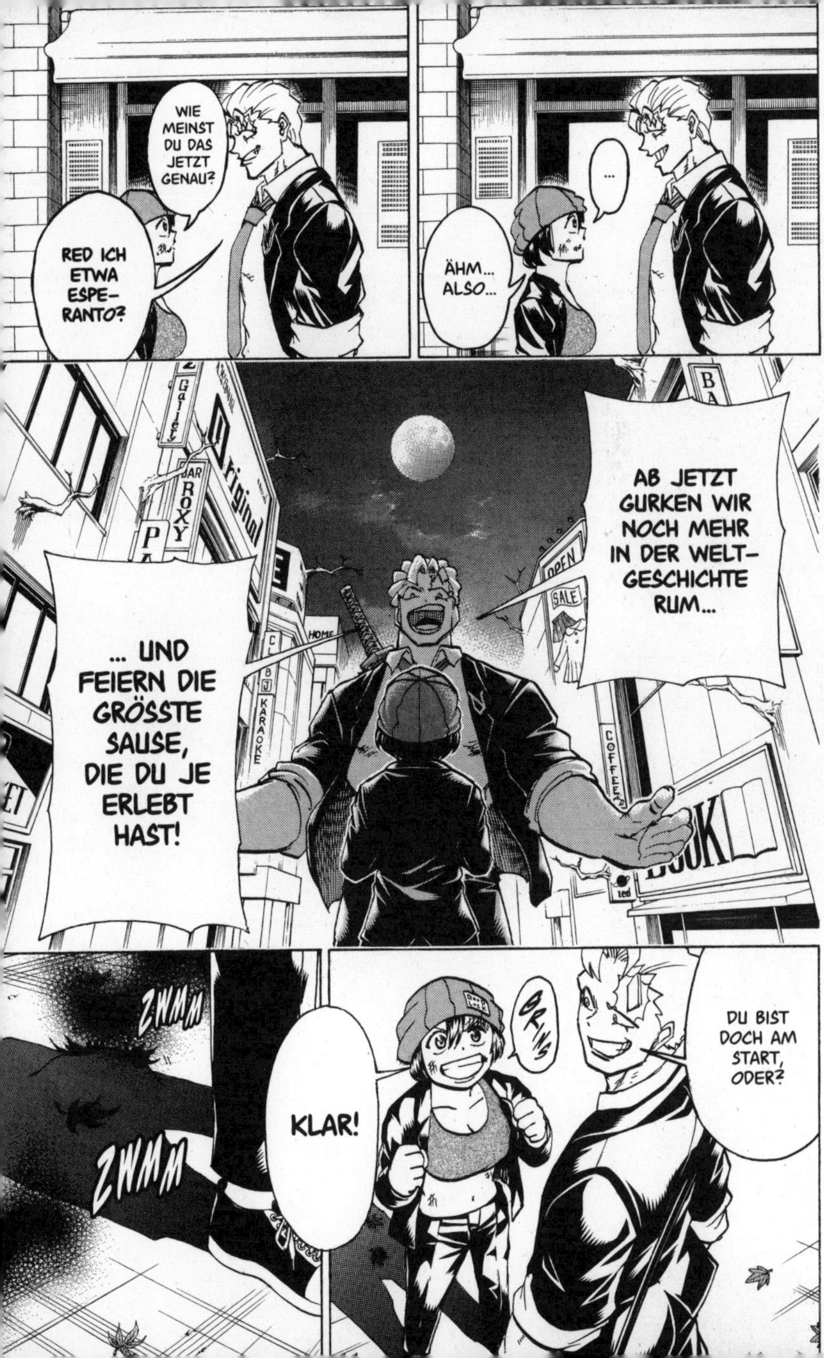
...
ÄHM... ALSO...
WIE MEINST DU DAS JETZT GENAU?
RED ICH ETWA ESPERANTO?
AB JETZT GURKEN WIR NOCH MEHR IN DER WELT-GESCHICHTE RUM...
... UND FEIERN DIE GRÖSSTE SAUSE, DIE DU JE ERLEBT HAST!
BAR ROXY
OPEN
SALE
HOME
KARAOKE
COFFEE
BOOK
DU BIST DOCH AM START, ODER?
GRINS
KLAR!
ZWMM
ZWMM

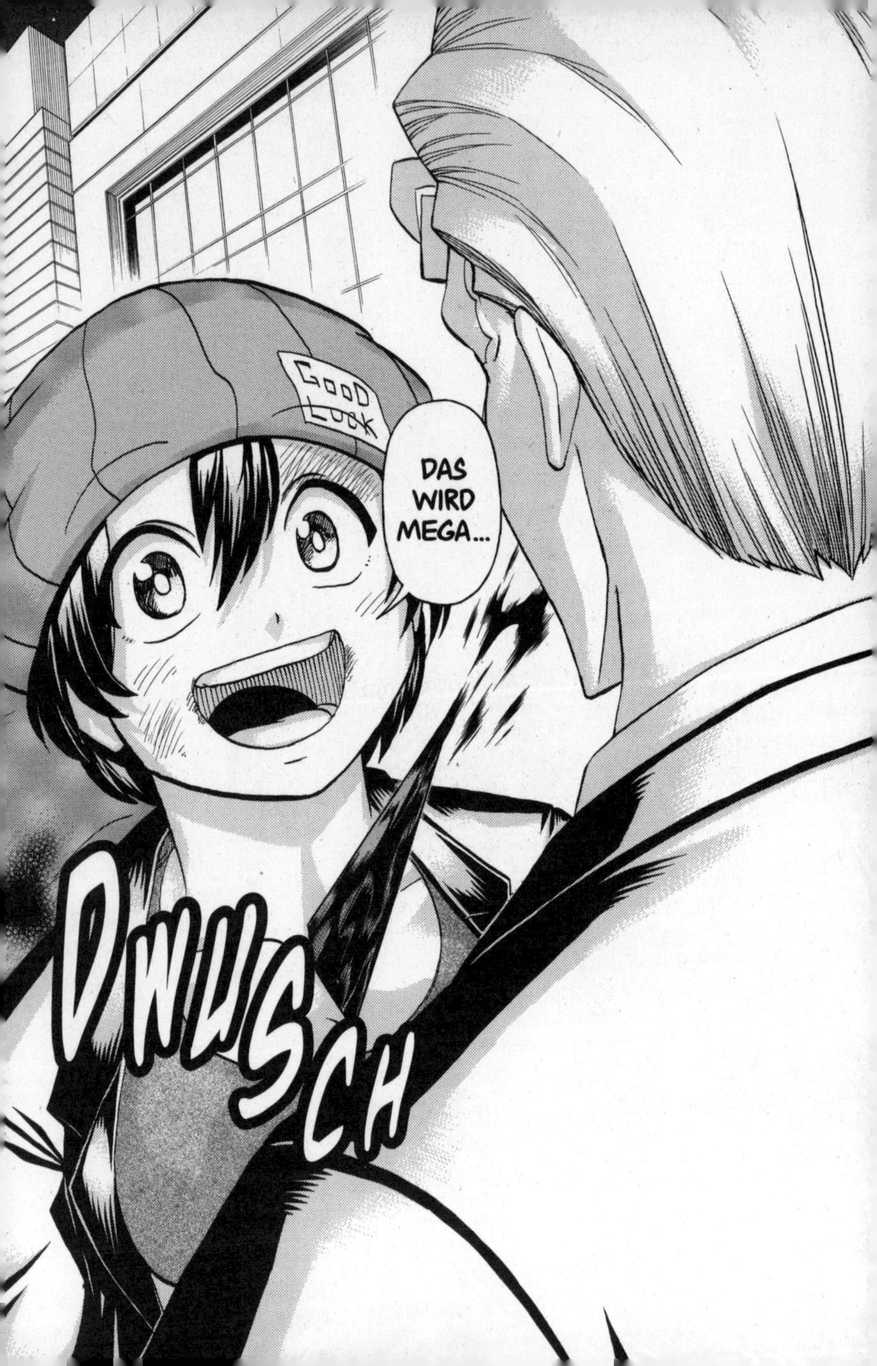
GOOD LUCK
DAS WIRD MEGA...
DWUSCH

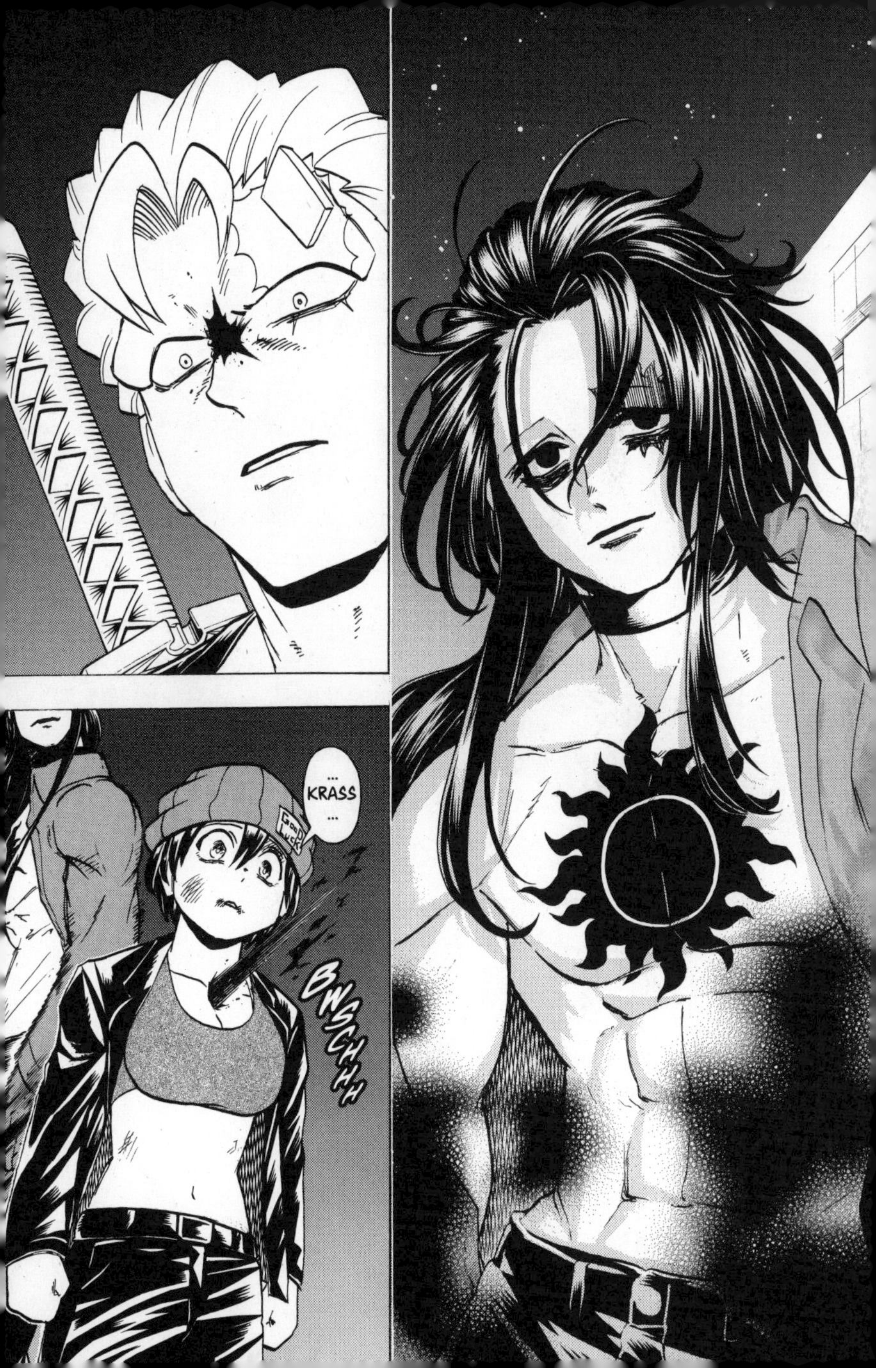
... KRASS ...
GOOD LUCK
BWSCHHH

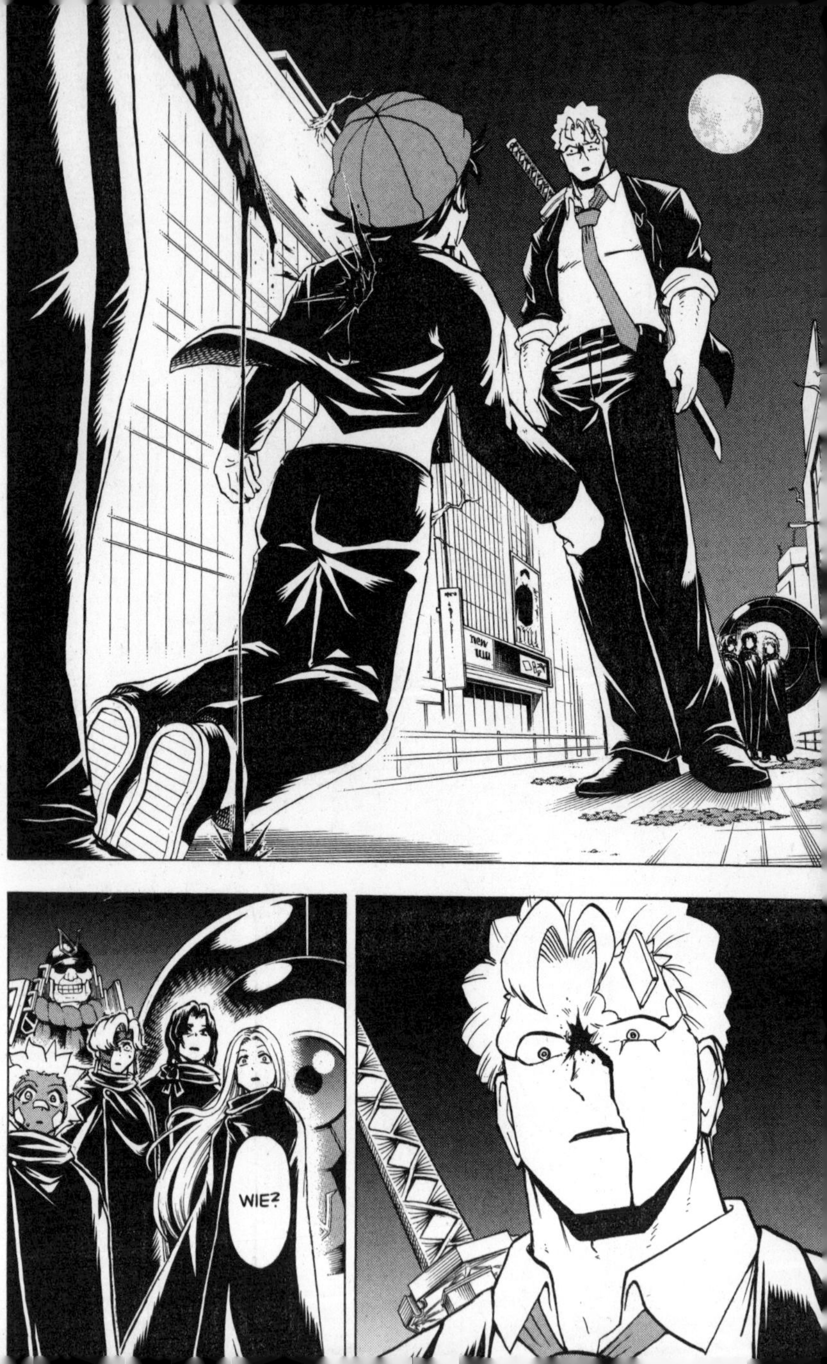
WIE?

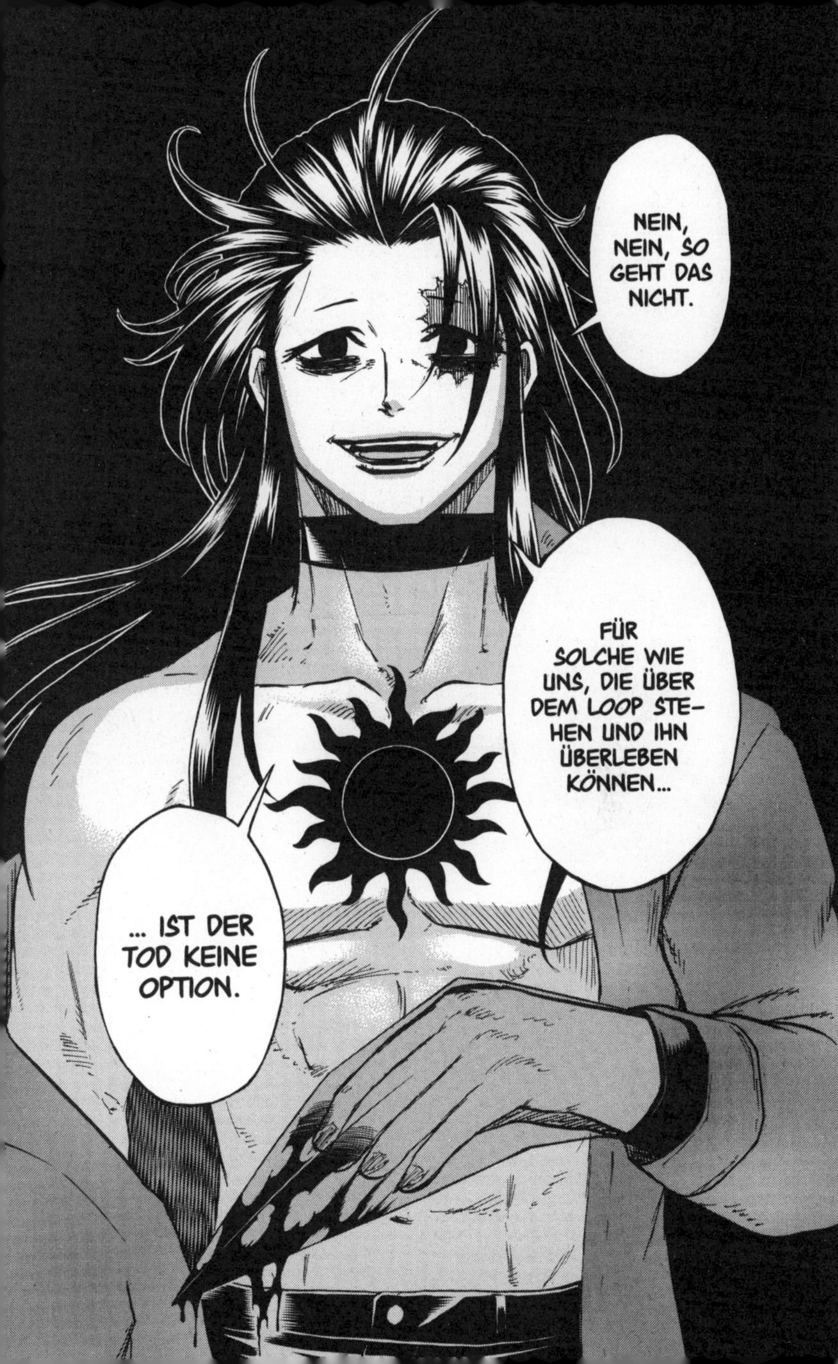
NEIN, NEIN, SO GEHT DAS NICHT.
FÜR SOLCHE WIE UNS, DIE ÜBER DEM LOOP STE-HEN UND IHN ÜBERLEBEN KÖNNEN...
... IST DER TOD KEINE OPTION.

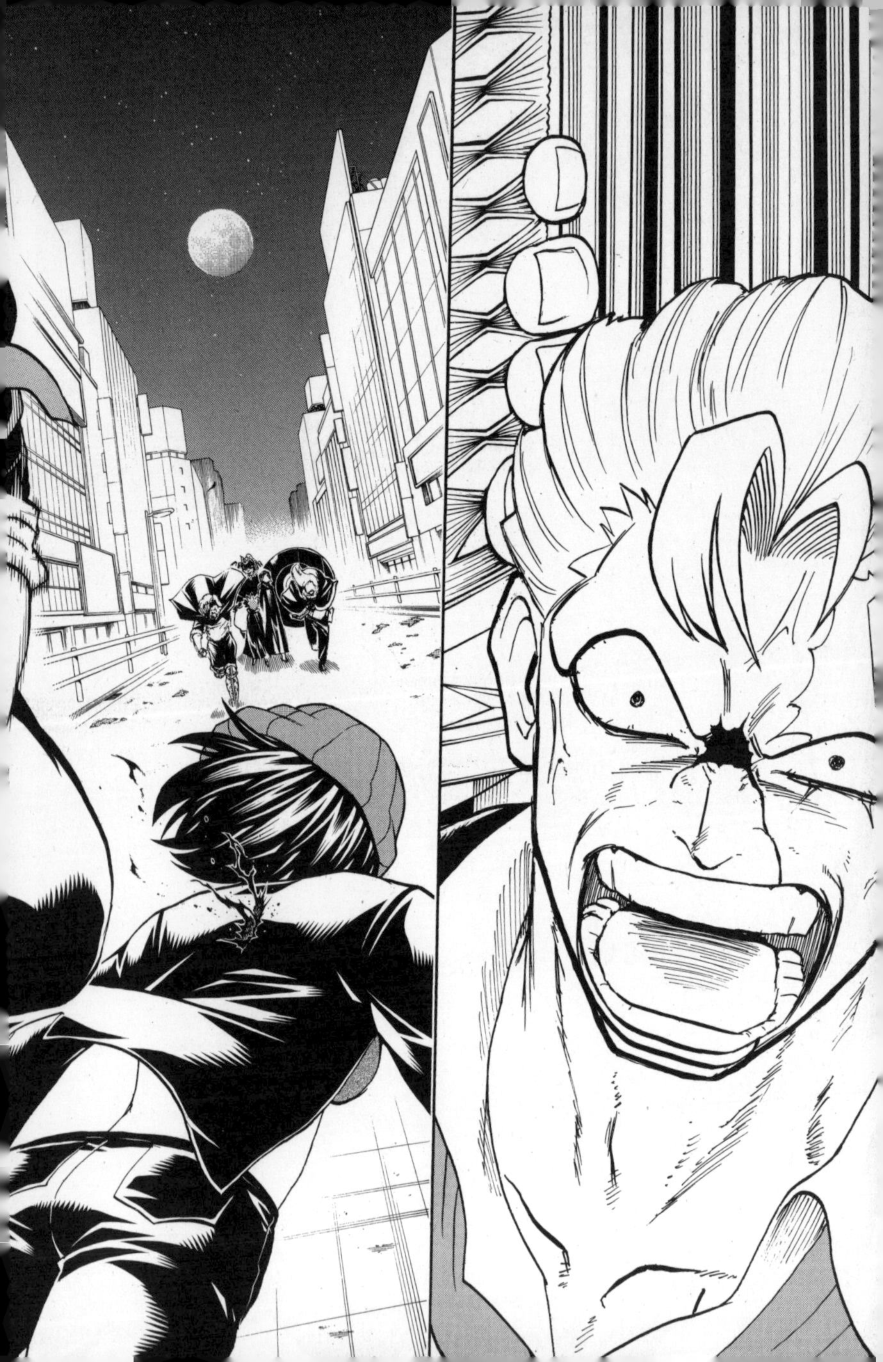

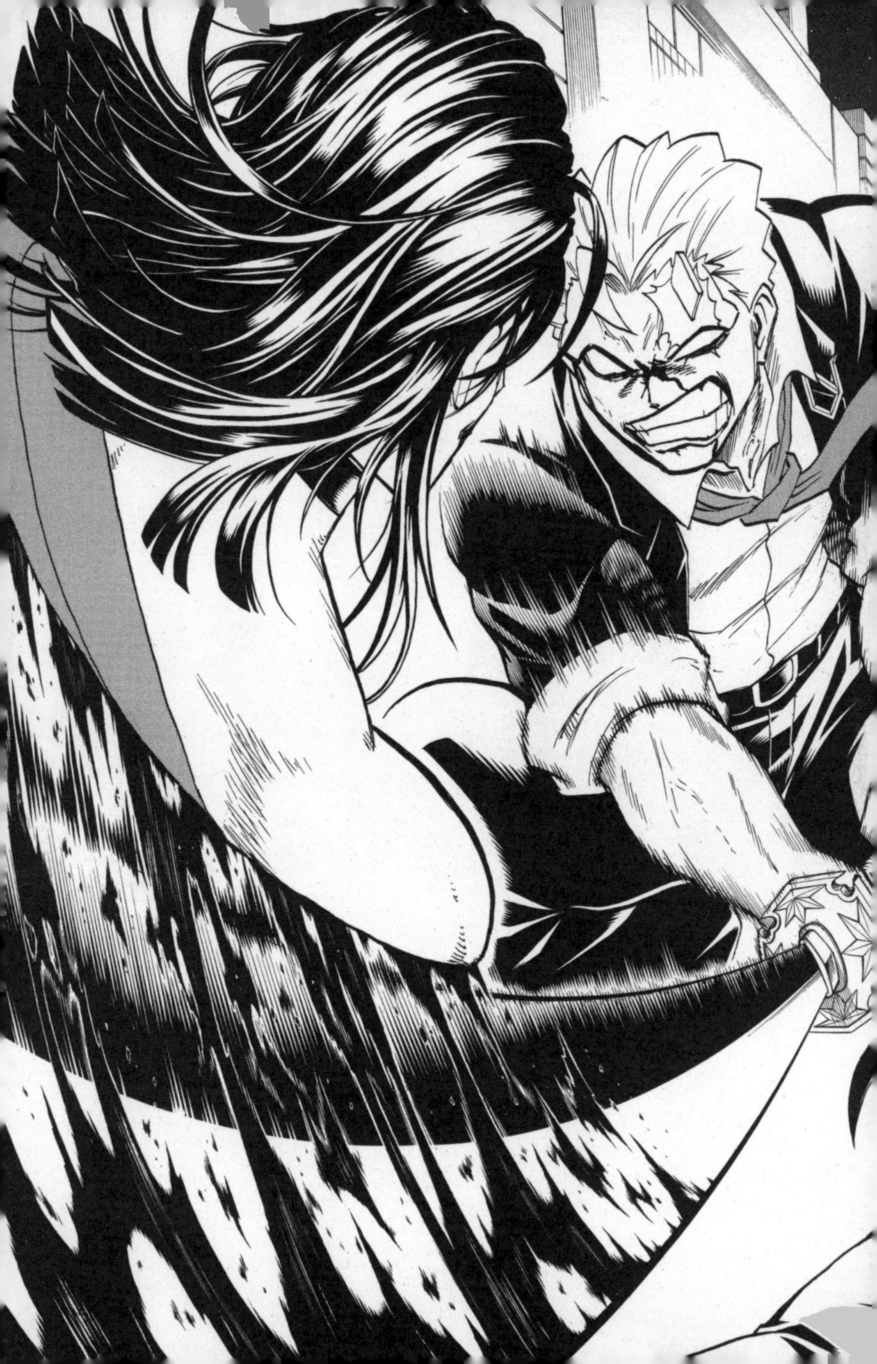

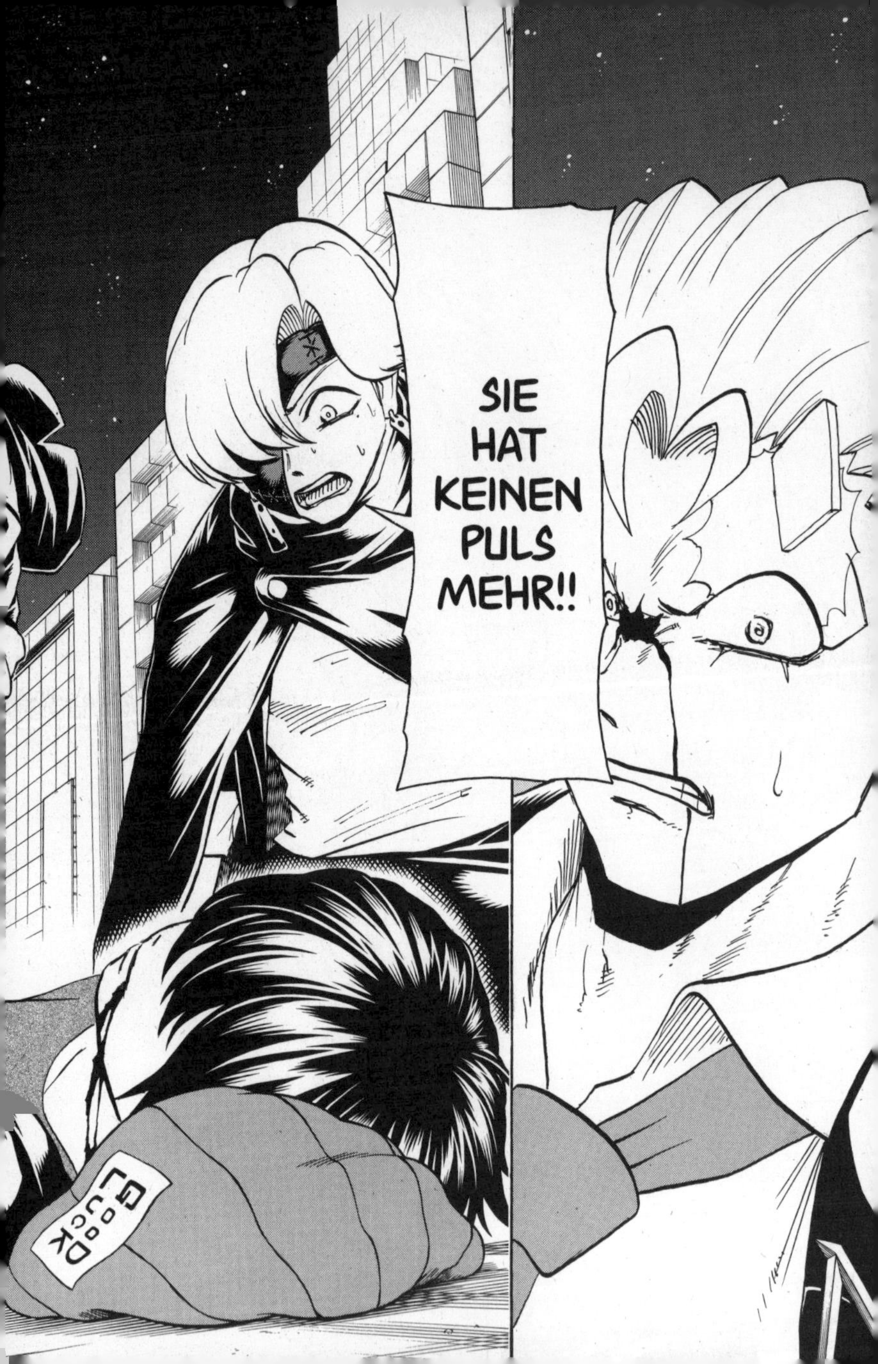
SIE HAT KEINEN PULS MEHR!!
GooD LUcK

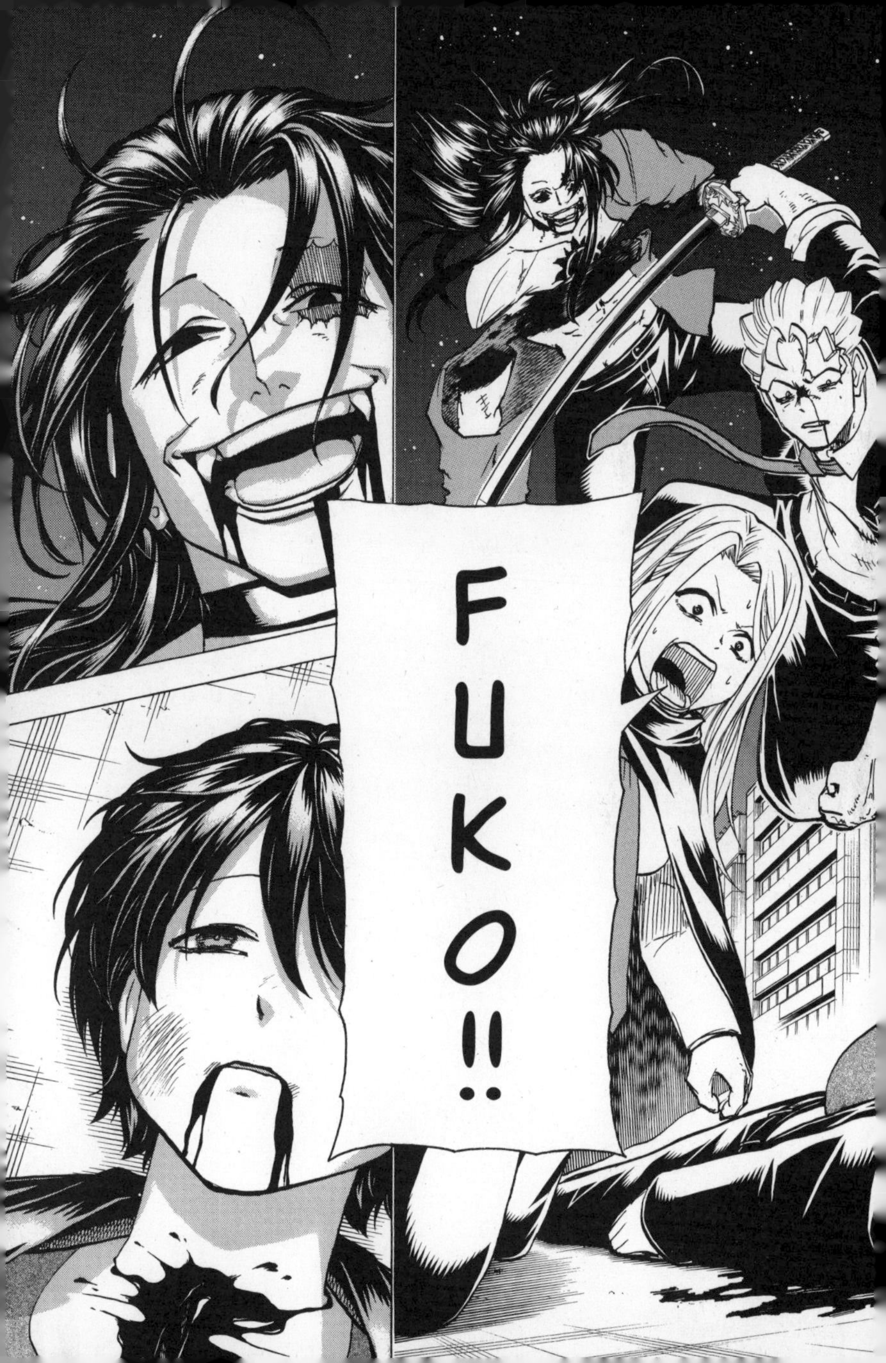
FUKO!!

UNDEAD
UNLUCK

No. 095
Raum und Zeit überwinden

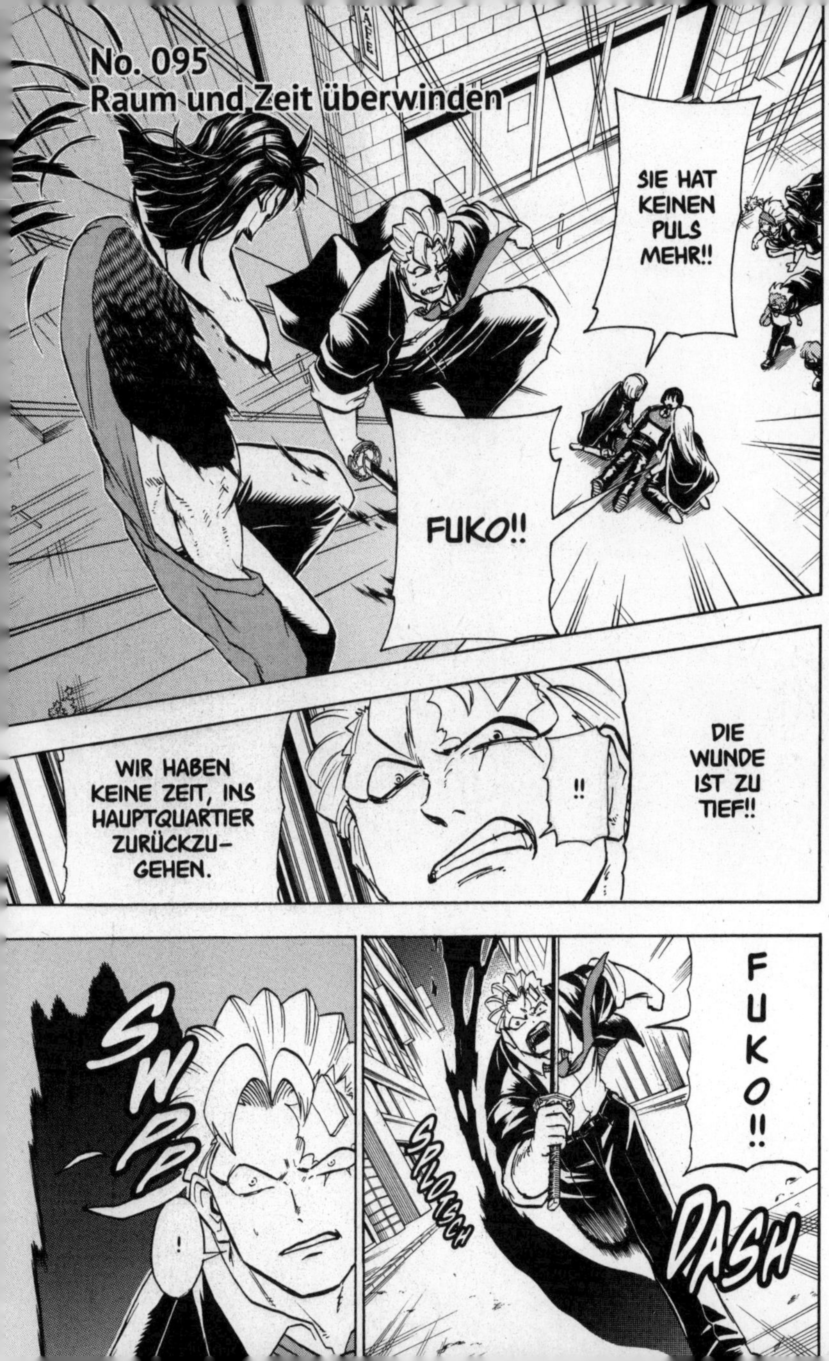

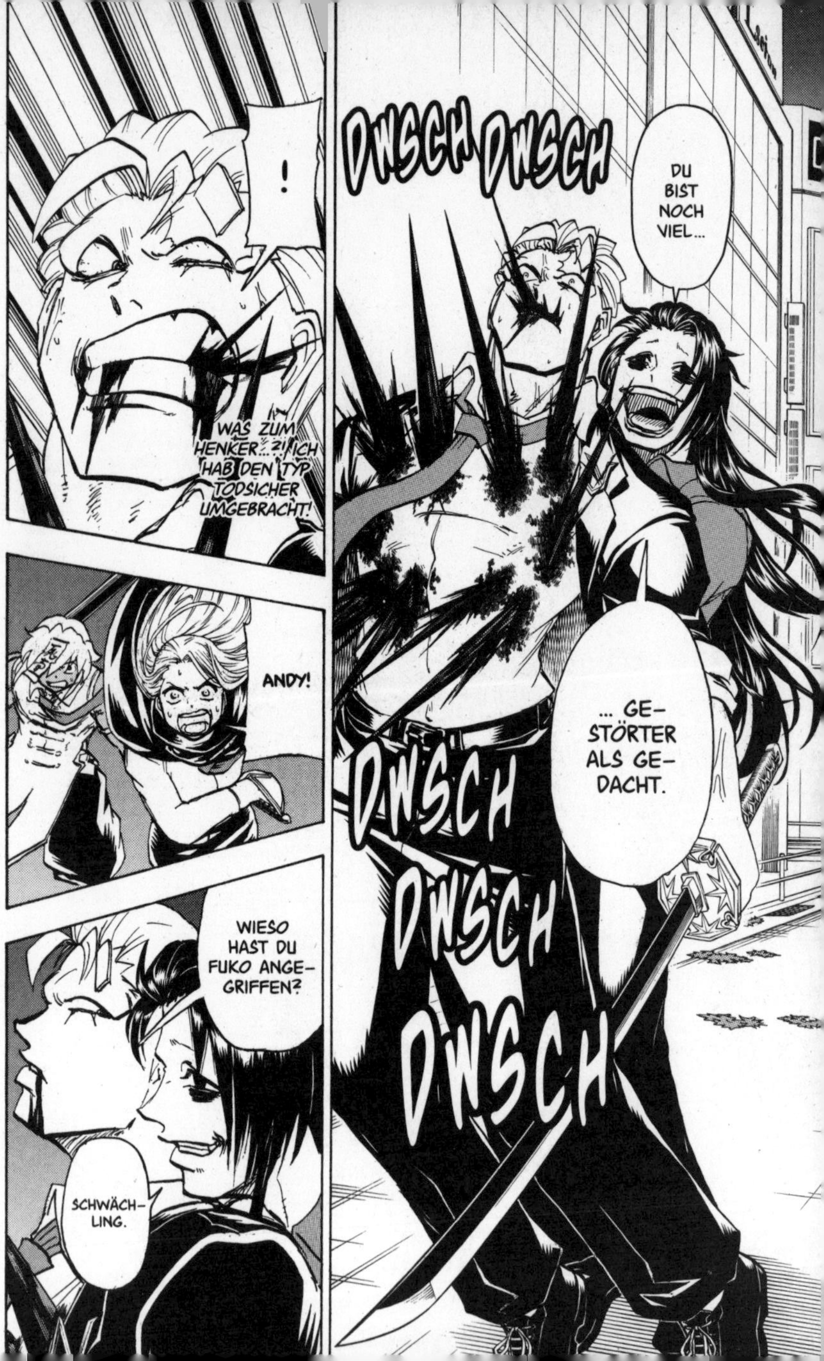
DWSCH DWSCH
DU BIST NOCH VIEL...
... GESTÖRTER ALS GEDACHT.
DWSCH
DWSCH
DWSCH
!
WAS ZUM HENKER...?! ICH HAB DEN TYP TODSICHER UMGEBRACHT!
ANDY!
WIESO HAST DU FUKO ANGEGRIFFEN?
SCHWÄCHLING.

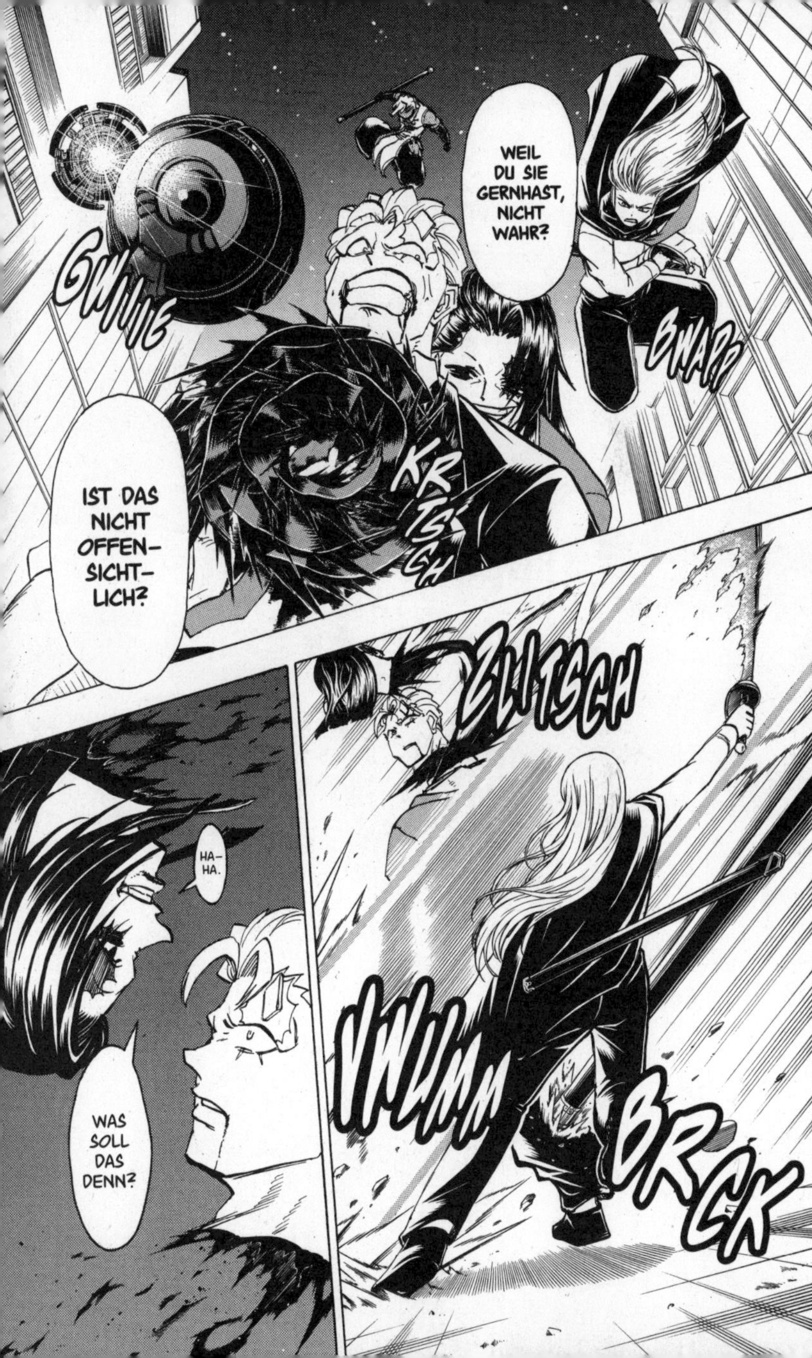
WEIL DU SIE GERNHAST, NICHT WAHR?
GWIIIE
BWAPP
KRTSCH
IST DAS NICHT OFFEN-SICHT-LICH?
ZLITSCH
HA-HA.
WUMM
BRCK
WAS SOLL DAS DENN?

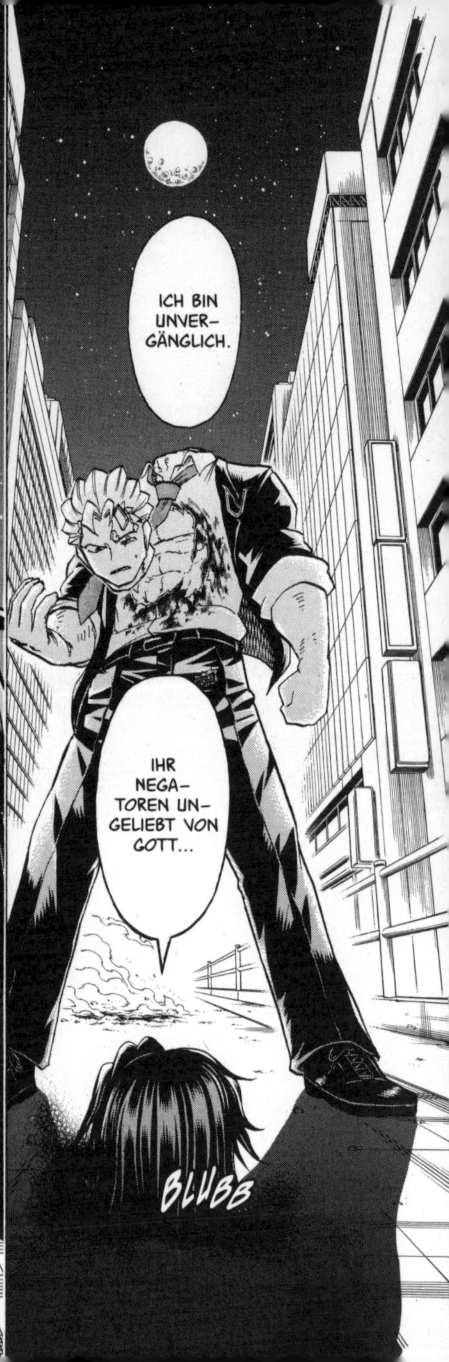
ICH BIN UNVERGÄNGLICH.
IHR NEGATOREN UNGELIEBT VON GOTT…
BLUBB

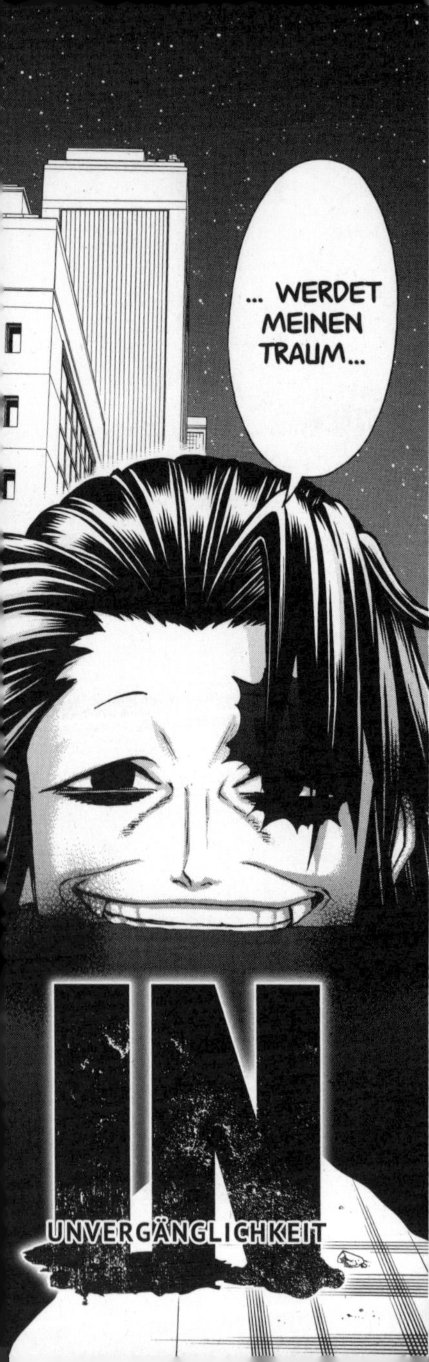
… WERDET MEINEN TRAUM…
IN
UNVERGÄNGLICHKEIT

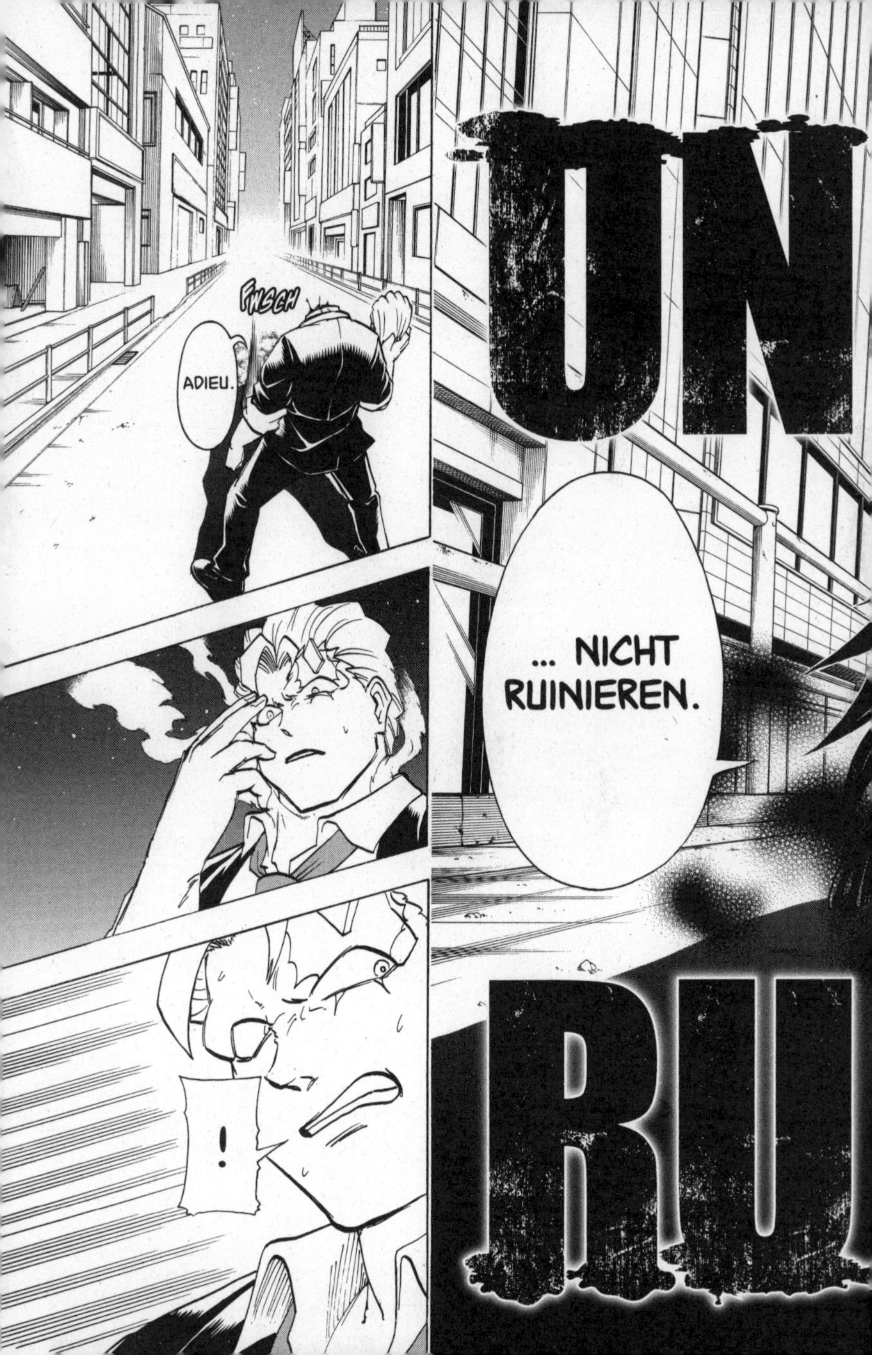
UN
... NICHT RUINIEREN.
RU
FWSCH
ADIEU.
!

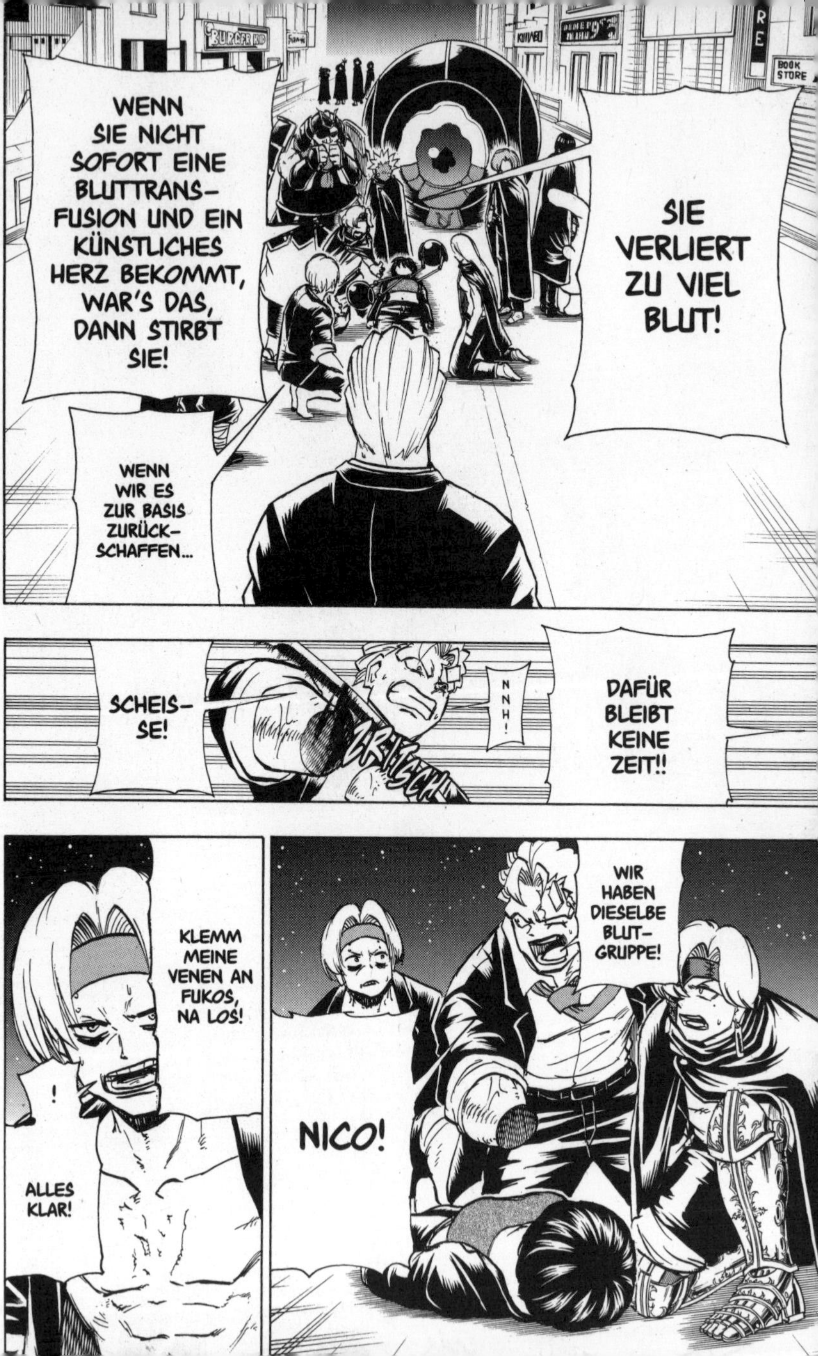
BURGER KID
BOOK STORE
WENN SIE NICHT SOFORT EINE BLUTTRANS-FUSION UND EIN KÜNSTLICHES HERZ BEKOMMT, WAR'S DAS, DANN STIRBT SIE!
SIE VERLIERT ZU VIEL BLUT!
WENN WIR ES ZUR BASIS ZURÜCK-SCHAFFEN...
SCHEIS-SE!
NNH!
ZRITSCH
DAFÜR BLEIBT KEINE ZEIT!!
KLEMM MEINE VENEN AN FUKOS, NA LOS!
!
ALLES KLAR!
NICO!
WIR HABEN DIESELBE BLUT-GRUPPE!

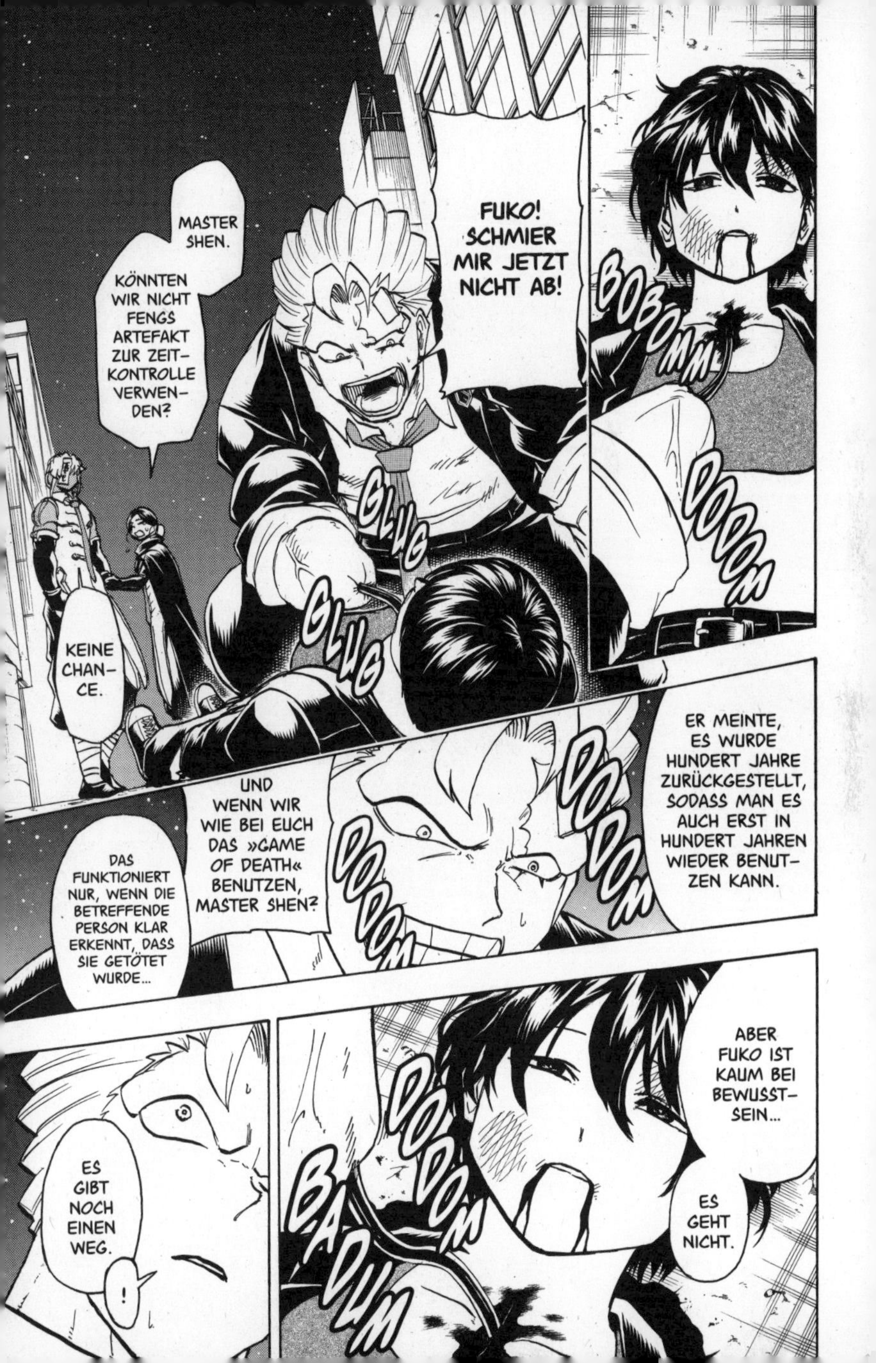
BOBOMM
DODOM
FUKO! SCHMIER MIR JETZT NICHT AB!
GLUG
GLUG
MASTER SHEN.
KÖNNTEN WIR NICHT FENGS ARTEFAKT ZUR ZEIT-KONTROLLE VERWEN-DEN?
KEINE CHAN-CE.
ER MEINTE, ES WURDE HUNDERT JAHRE ZURÜCKGESTELLT, SODASS MAN ES AUCH ERST IN HUNDERT JAHREN WIEDER BENUT-ZEN KANN.
DODOM
DODOM
UND WENN WIR WIE BEI EUCH DAS »GAME OF DEATH« BENUTZEN, MASTER SHEN?
DAS FUNKTIONIERT NUR, WENN DIE BETREFFENDE PERSON KLAR ERKENNT, DASS SIE GETÖTET WURDE...
ABER FUKO IST KAUM BEI BEWUSST-SEIN...
ES GEHT NICHT.
DODOM
BADUM
ES GIBT NOCH EINEN WEG.
!

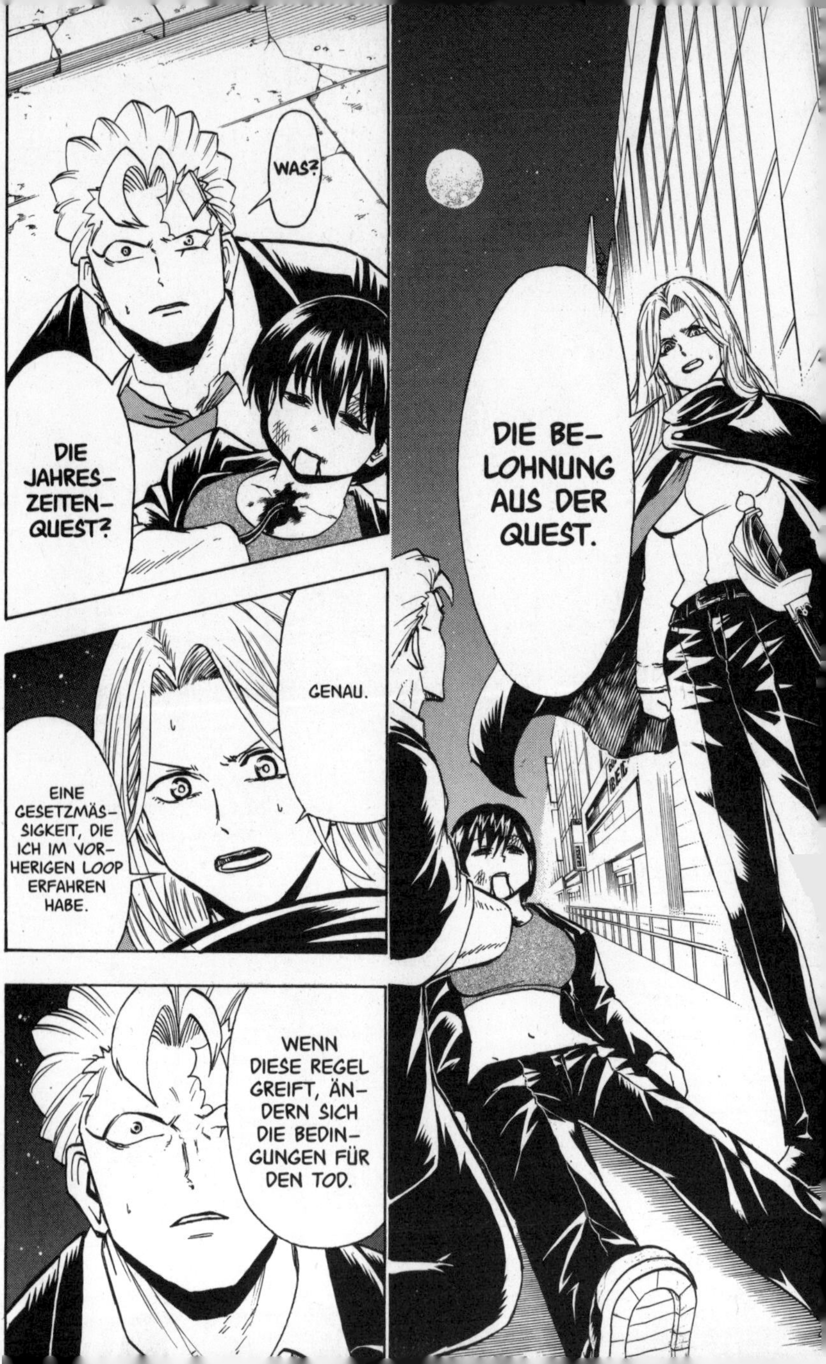
DIE BE-
LOHNUNG
AUS DER
QUEST.
WAS?
DIE JAHRES-ZEITEN-QUEST?
GENAU.
EINE GESETZMÄS-SIGKEIT, DIE ICH IM VOR-HERIGEN LOOP ERFAHREN HABE.
WENN DIESE REGEL GREIFT, ÄN-DERN SICH DIE BEDIN-GUNGEN FÜR DEN TOD.

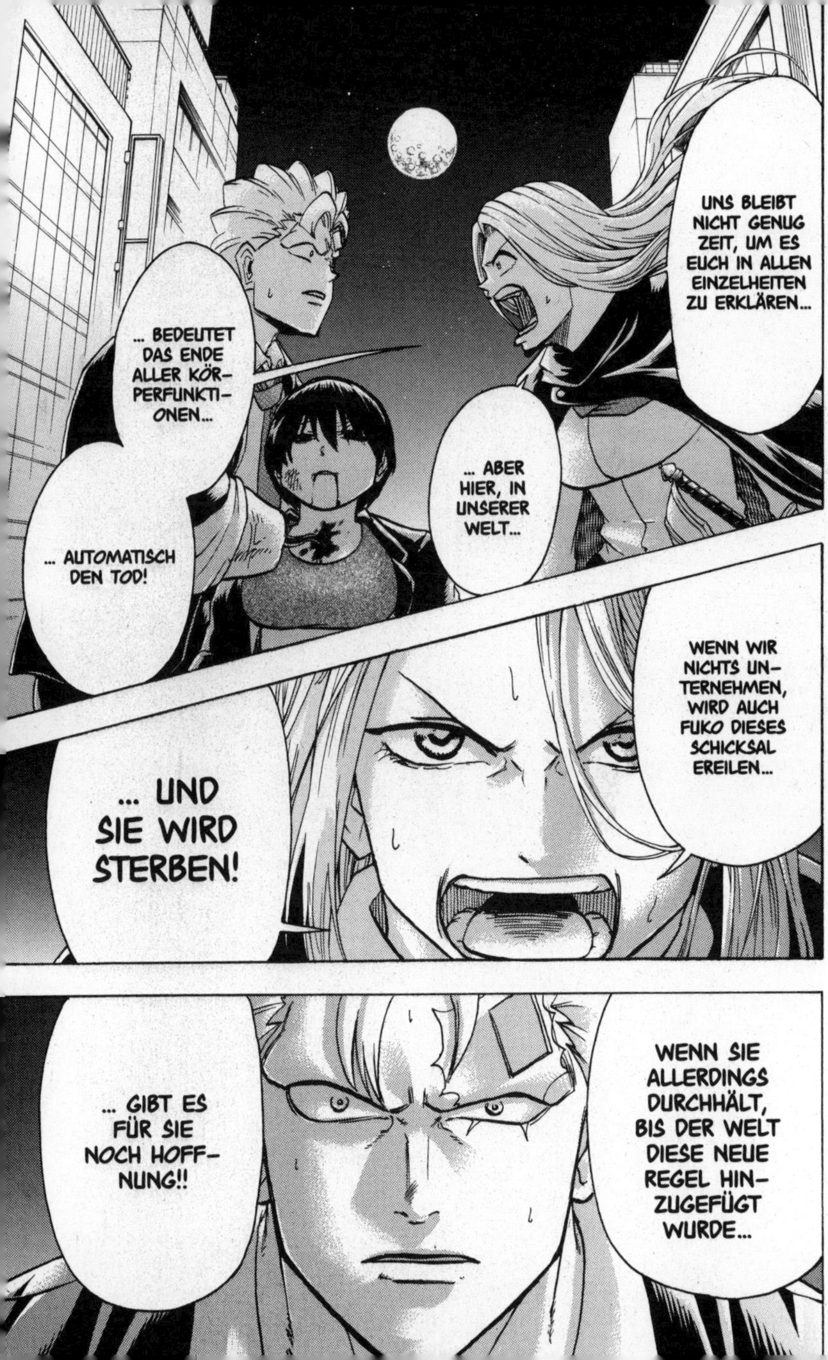
UNS BLEIBT NICHT GENUG ZEIT, UM ES EUCH IN ALLEN EINZELHEITEN ZU ERKLÄREN...
... ABER HIER, IN UNSERER WELT...
... BEDEUTET DAS ENDE ALLER KÖRPERFUNKTIONEN...
... AUTOMATISCH DEN TOD!
WENN WIR NICHTS UNTERNEHMEN, WIRD AUCH FUKO DIESES SCHICKSAL EREILEN...
... UND SIE WIRD STERBEN!
WENN SIE ALLERDINGS DURCHHÄLT, BIS DER WELT DIESE NEUE REGEL HINZUGEFÜGT WURDE...
... GIBT ES FÜR SIE NOCH HOFFNUNG!!

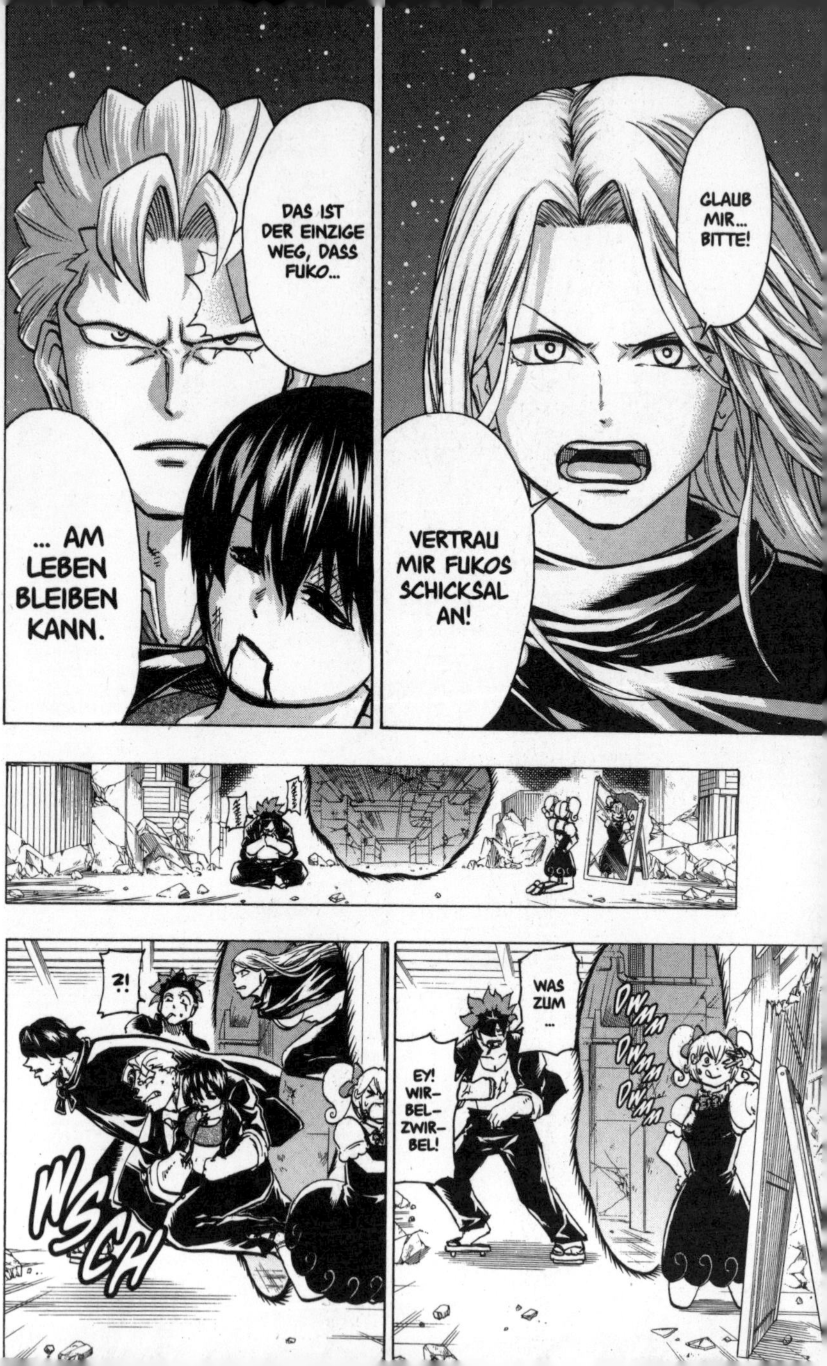
GLAUB MIR... BITTE!
VERTRAU MIR FUKOS SCHICKSAL AN!
DAS IST DER EINZIGE WEG, DASS FUKO...
... AM LEBEN BLEIBEN KANN.
WAS ZUM ...
EY! WIRBEL-ZWIRBEL!
DWMM DWMM DWMM
Z!
WSCH

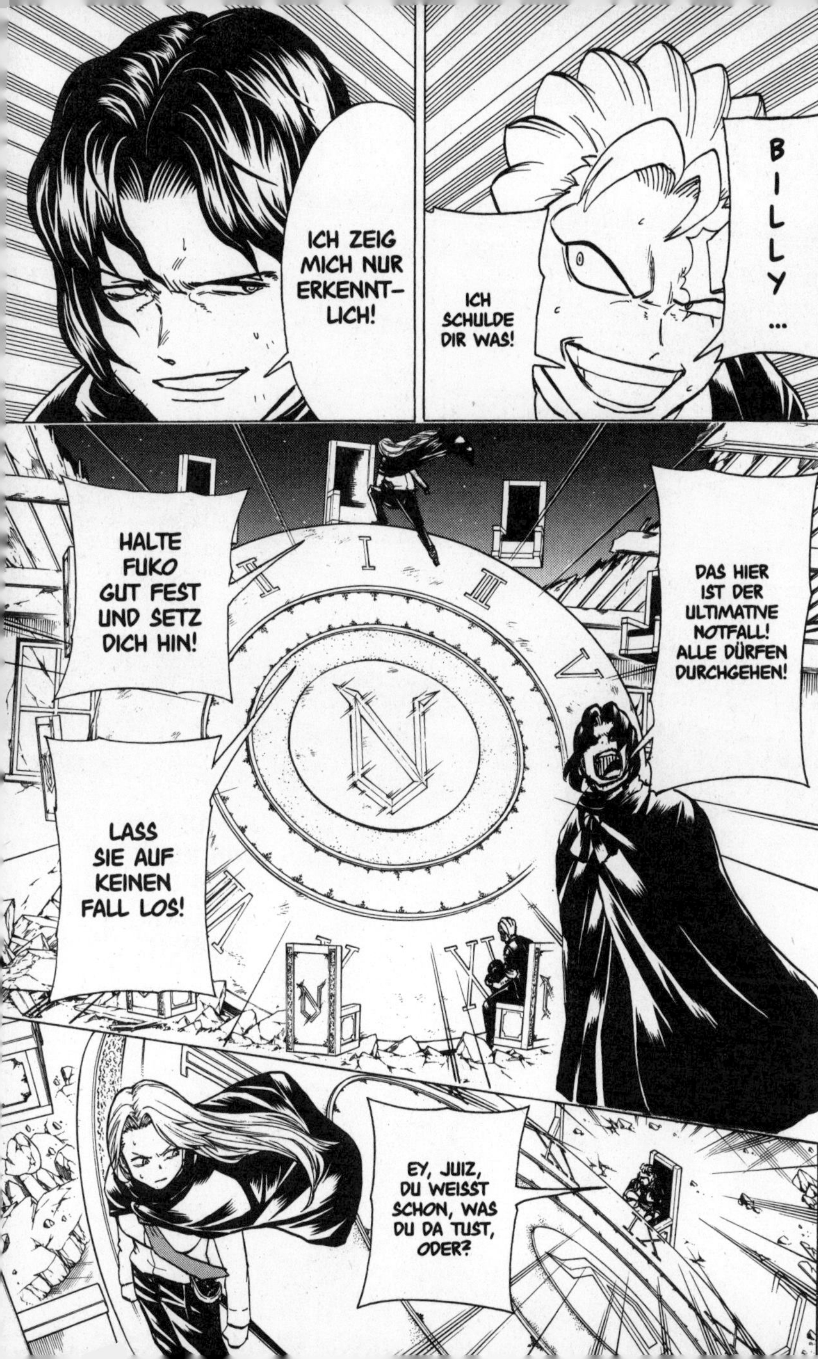
BILLY ...
ICH SCHULDE DIR WAS!
ICH ZEIG MICH NUR ERKENNT-LICH!
DAS HIER IST DER ULTIMATIVE NOTFALL! ALLE DÜRFEN DURCHGEHEN!
HALTE FUKO GUT FEST UND SETZ DICH HIN!
LASS SIE AUF KEINEN FALL LOS!
EY, JUIZ, DU WEISST SCHON, WAS DU DA TUST, ODER?

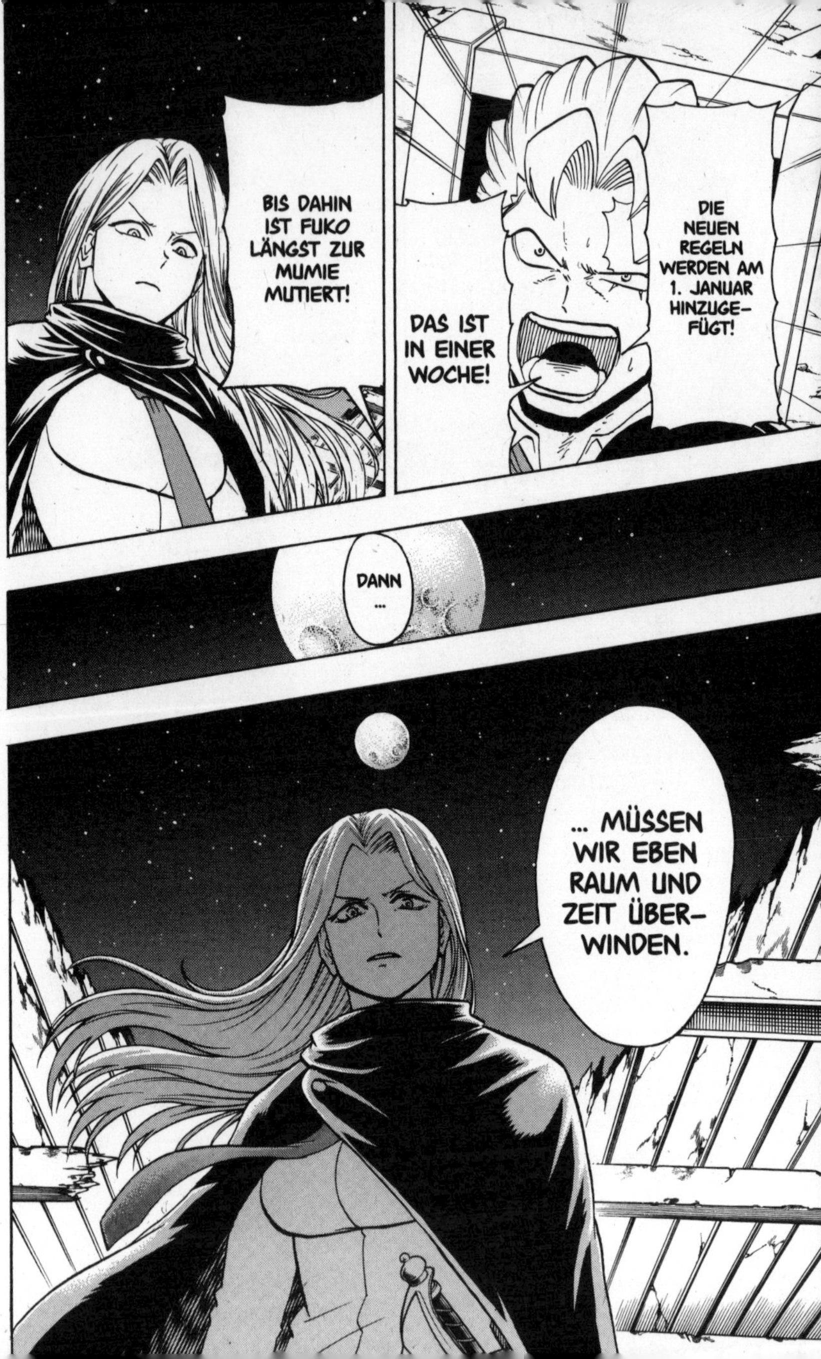
DIE NEUEN REGELN WERDEN AM 1. JANUAR HINZUGE-FÜGT!
DAS IST IN EINER WOCHE!
BIS DAHIN IST FUKO LÄNGST ZUR MUMIE MUTIERT!
DANN ...
... MÜSSEN WIR EBEN RAUM UND ZEIT ÜBER-WINDEN.

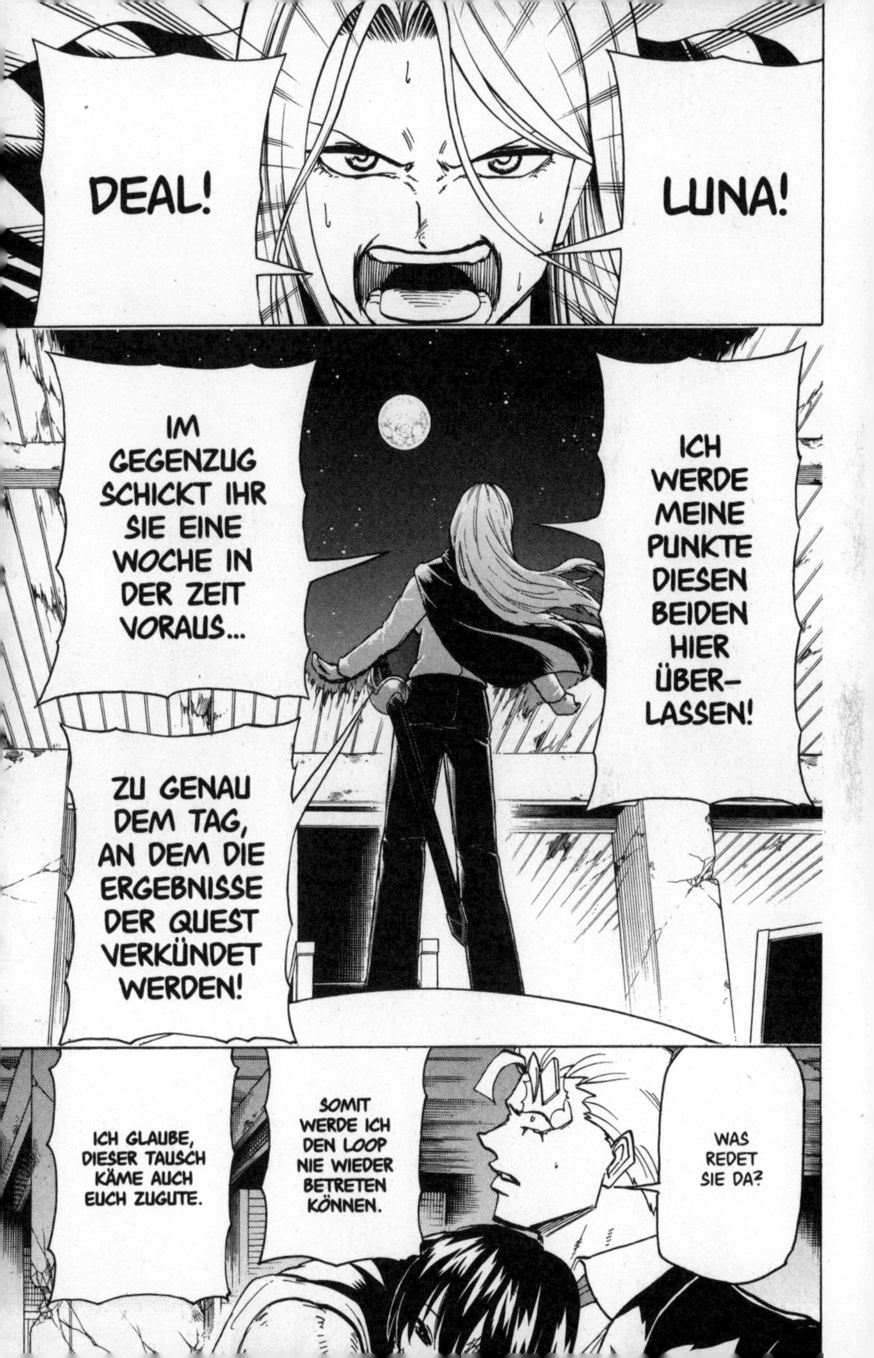
LUNA!
DEAL!
ICH WERDE MEINE PUNKTE DIESEN BEIDEN HIER ÜBERLASSEN!
IM GEGENZUG SCHICKT IHR SIE EINE WOCHE IN DER ZEIT VORAUS...
ZU GENAU DEM TAG, AN DEM DIE ERGEBNISSE DER QUEST VERKÜNDET WERDEN!
WAS REDET SIE DA?
SOMIT WERDE ICH DEN LOOP NIE WIEDER BETRETEN KÖNNEN.
ICH GLAUBE, DIESER TAUSCH KÄME AUCH EUCH ZUGUTE.

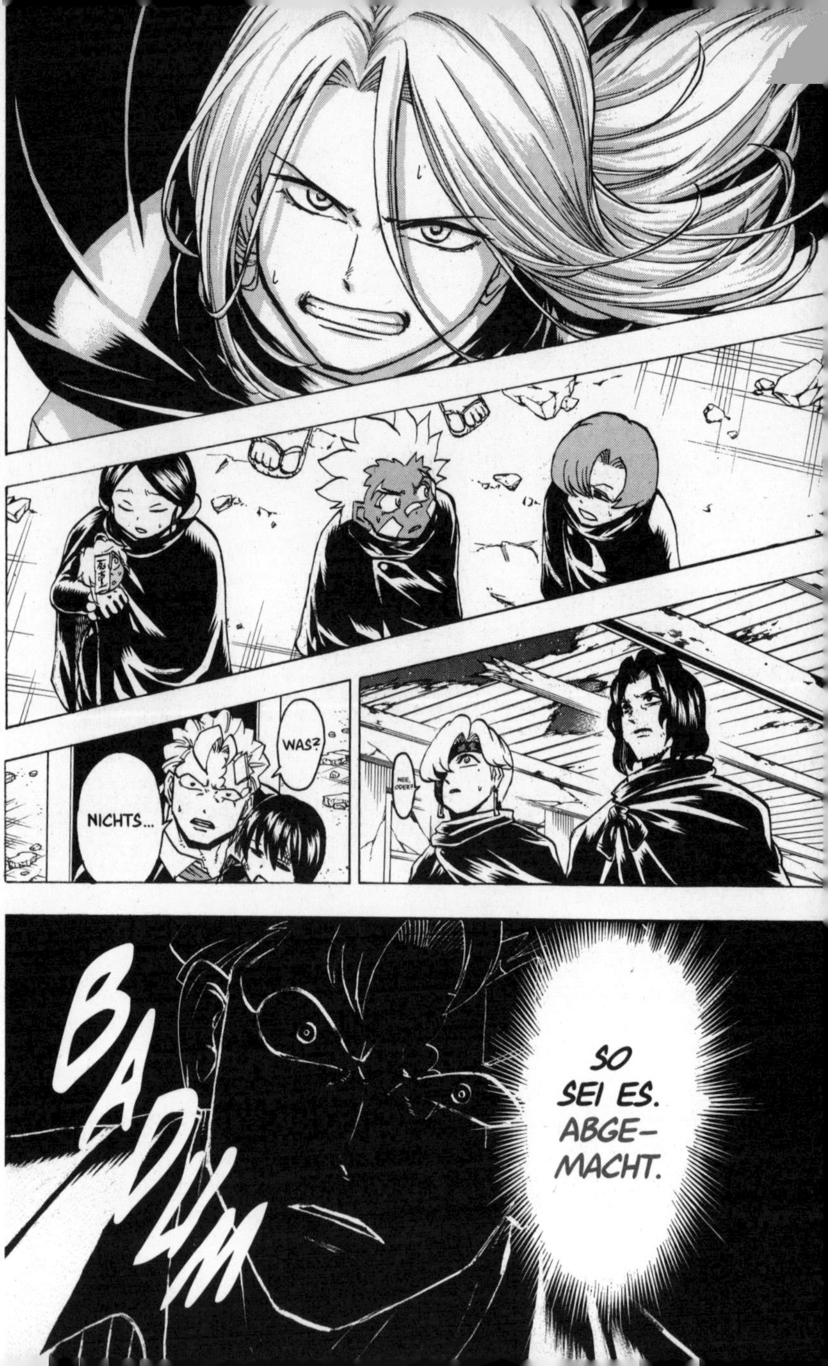
NEE, ODER?
WAS?
NICHTS...
SO SEI ES. ABGE-MACHT.
BADUM

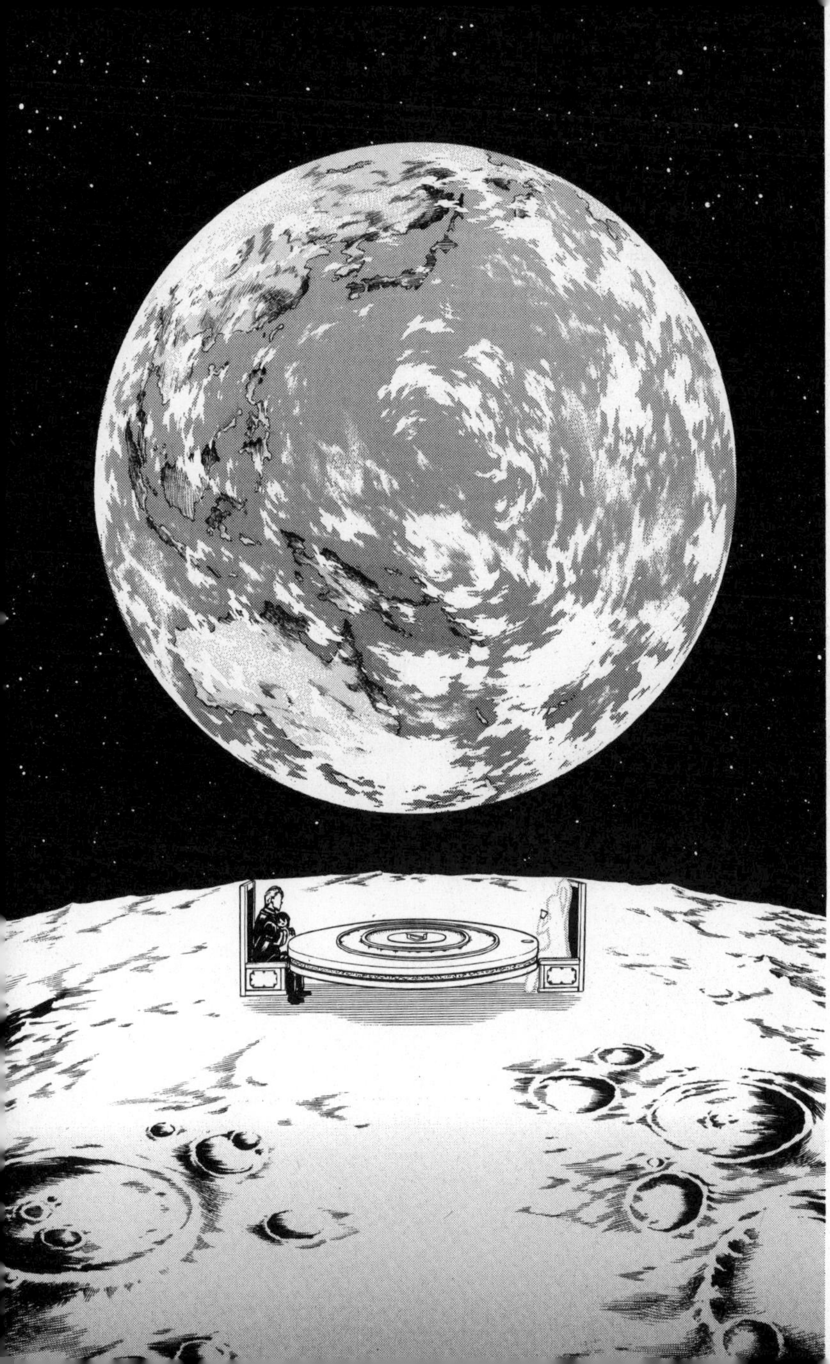

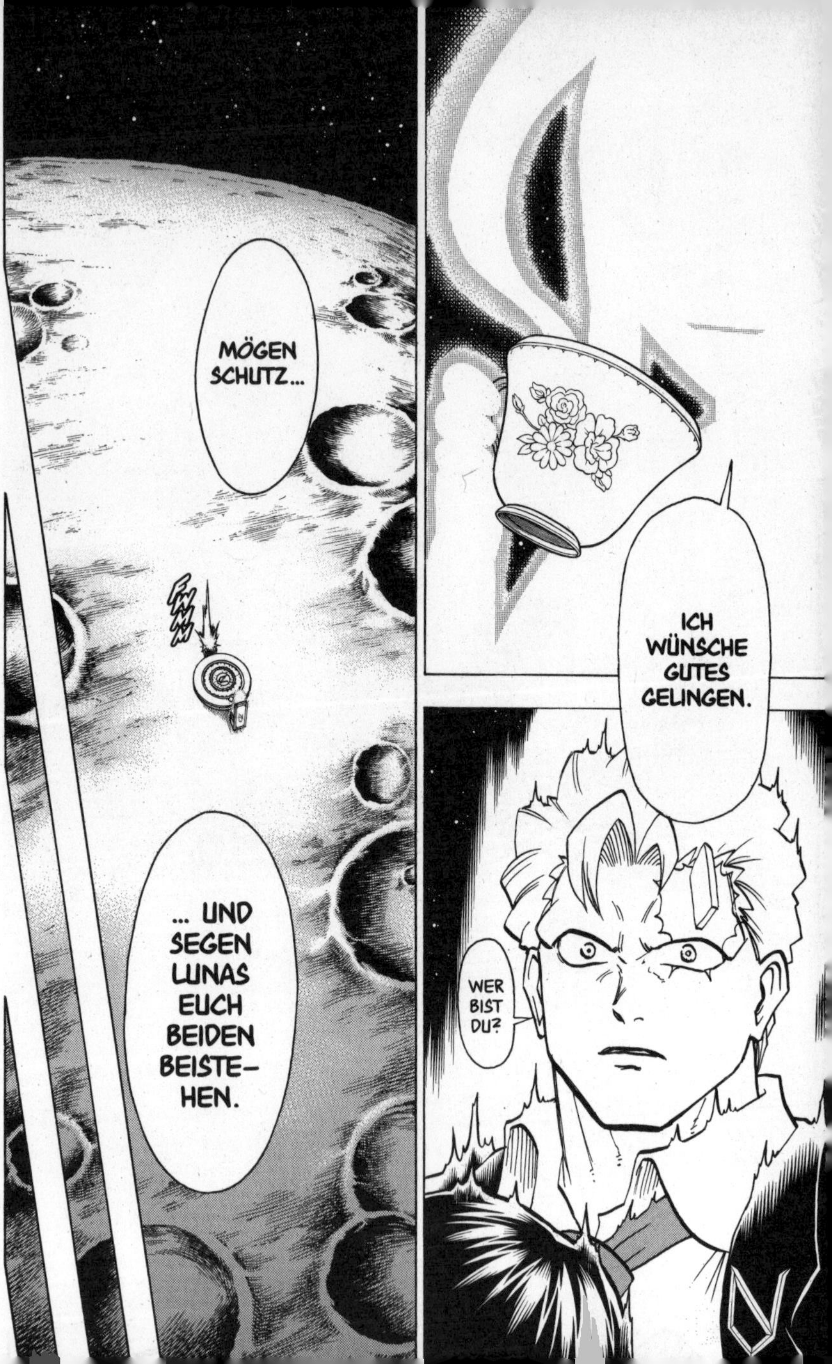
MÖGEN SCHUTZ...
... UND SEGEN LUNAS EUCH BEIDEN BEISTEHEN.
ICH WÜNSCHE GUTES GELINGEN.
WER BIST DU?

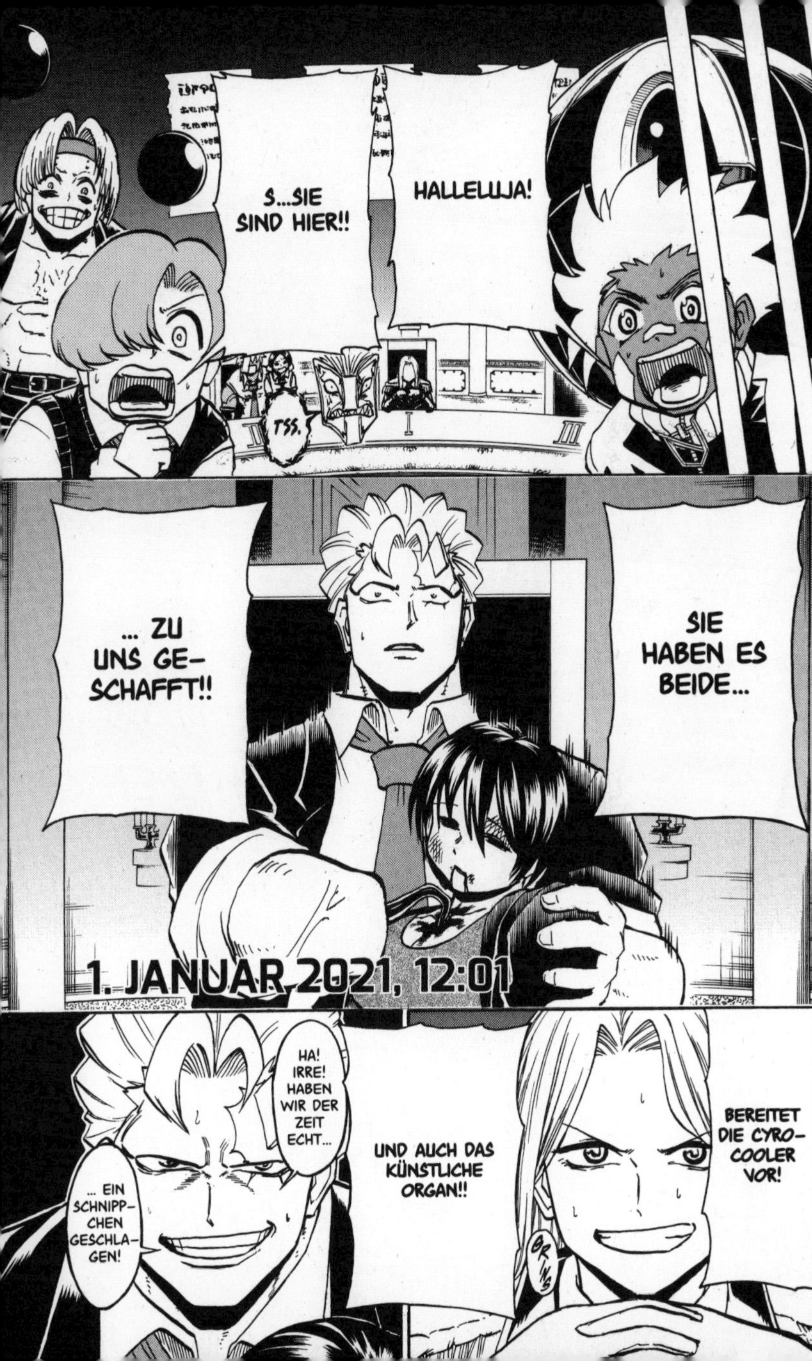
HALLELUJA!
S...SIE SIND HIER!!
TSS.
SIE HABEN ES BEIDE...
... ZU UNS GE-SCHAFFT!!
1. JANUAR 2021, 12:01
BEREITET DIE CYRO-COOLER VOR!
GRINS
UND AUCH DAS KÜNSTLICHE ORGAN!!
HA! IRRE! HABEN WIR DER ZEIT ECHT...
... EIN SCHNIPP-CHEN GESCHLA-GEN!

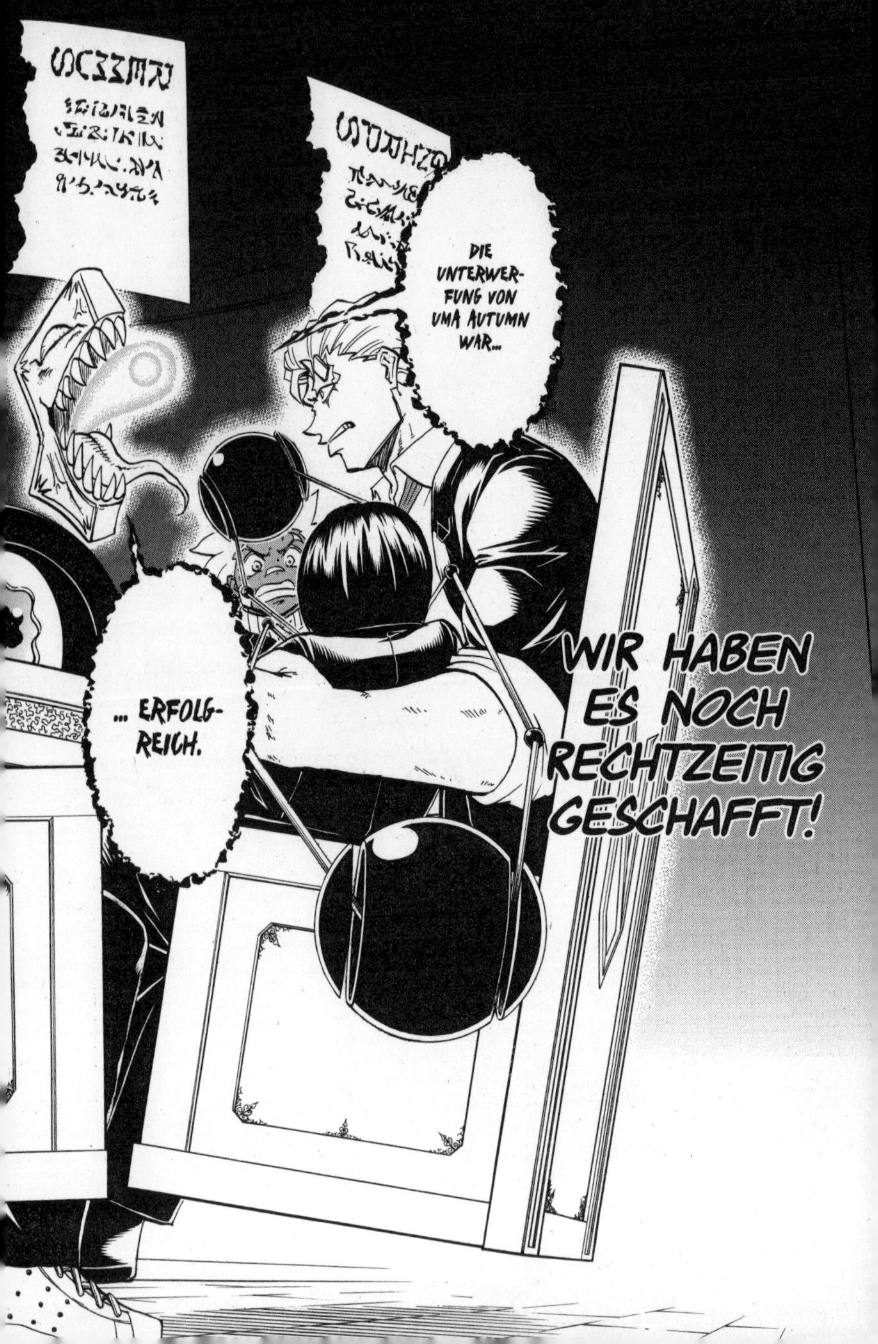
WIR HABEN ES NOCH RECHTZEITIG GESCHAFFT!
DIE UNTERWERFUNG VON UMA AUTUMN WAR...
... ERFOLGREICH.

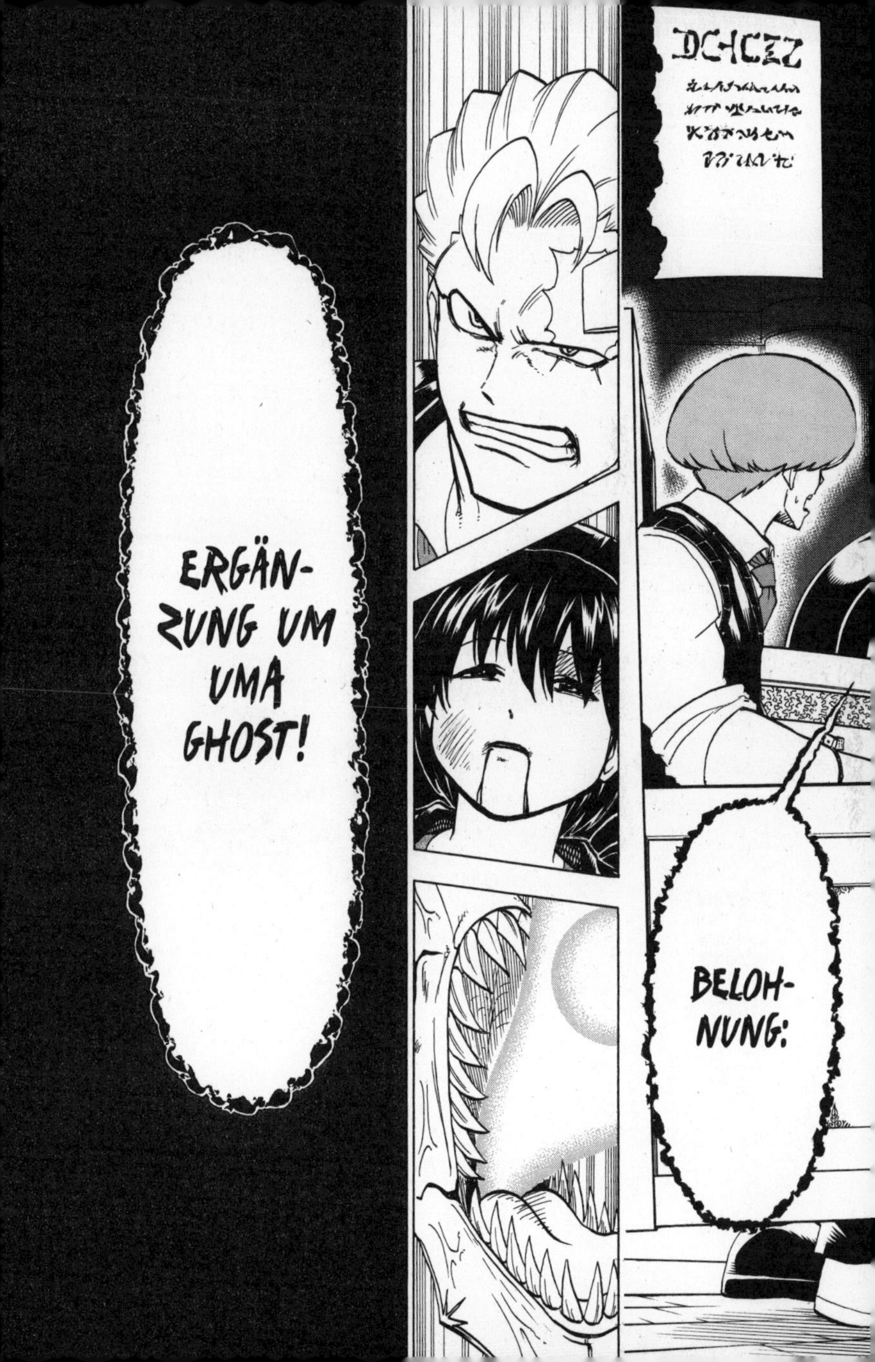
BELOHNUNG:
ERGÄNZUNG UM UMA GHOST!

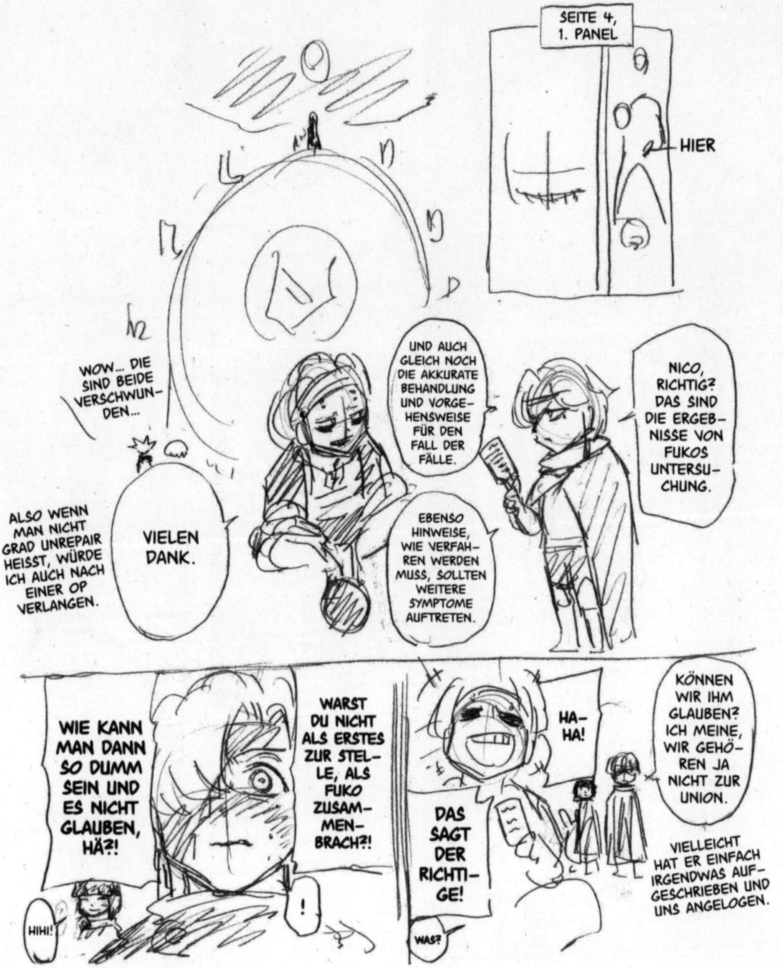

AUFLÖSUNG DER ZENSIERTEN STELLEN TWITTER NO. 095

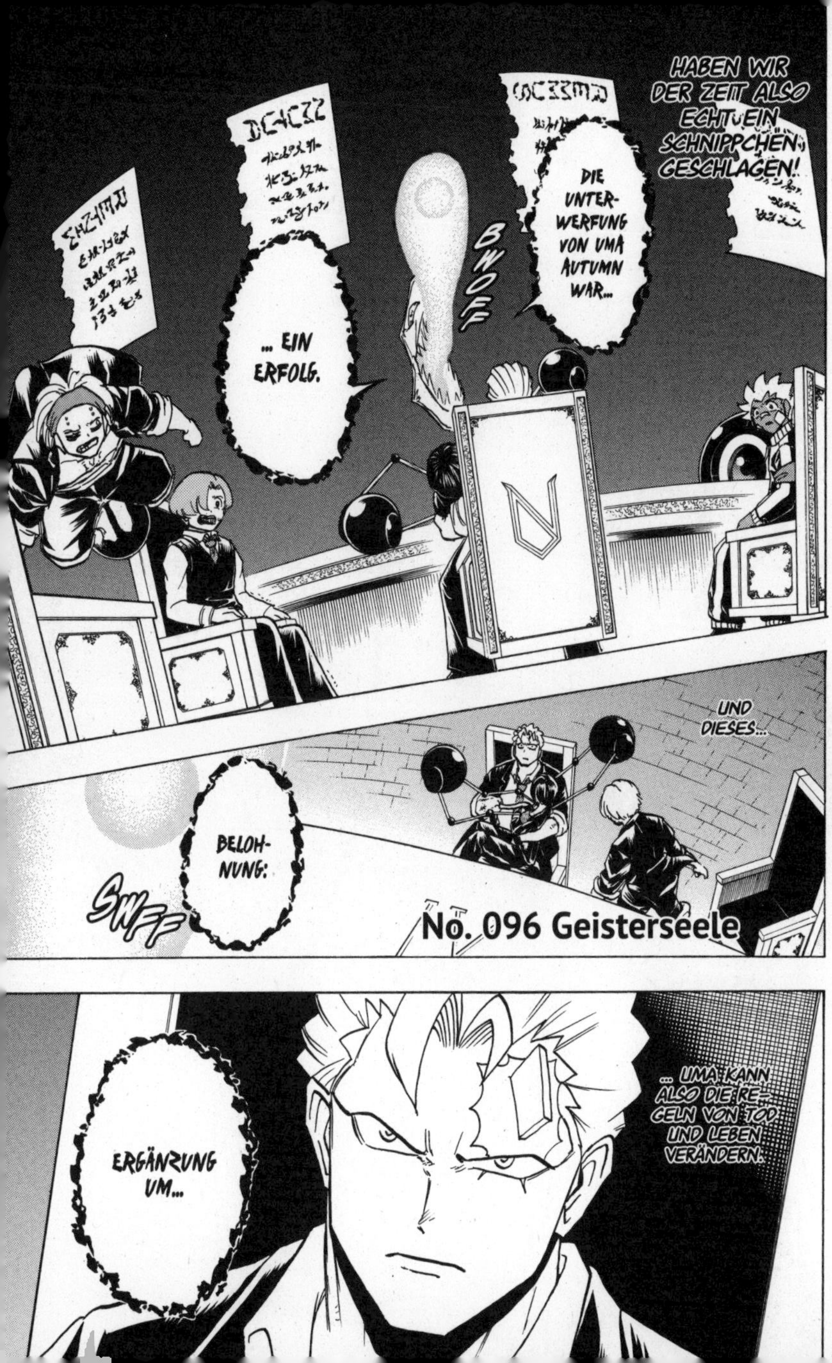
HABEN WIR DER ZEIT ALSO ECHT EIN SCHNIPPCHEN GESCHLAGEN!
DIE UNTERWERFUNG VON UMA AUTUMN WAR...
BWOFF
... EIN ERFOLG.
UND DIESES...
BELOHNUNG:
SWFF
No. 096 Geisterseele
... UMA KANN ALSO DIE REGELN VON TOD UND LEBEN VERÄNDERN.
ERGÄNZUNG UM...

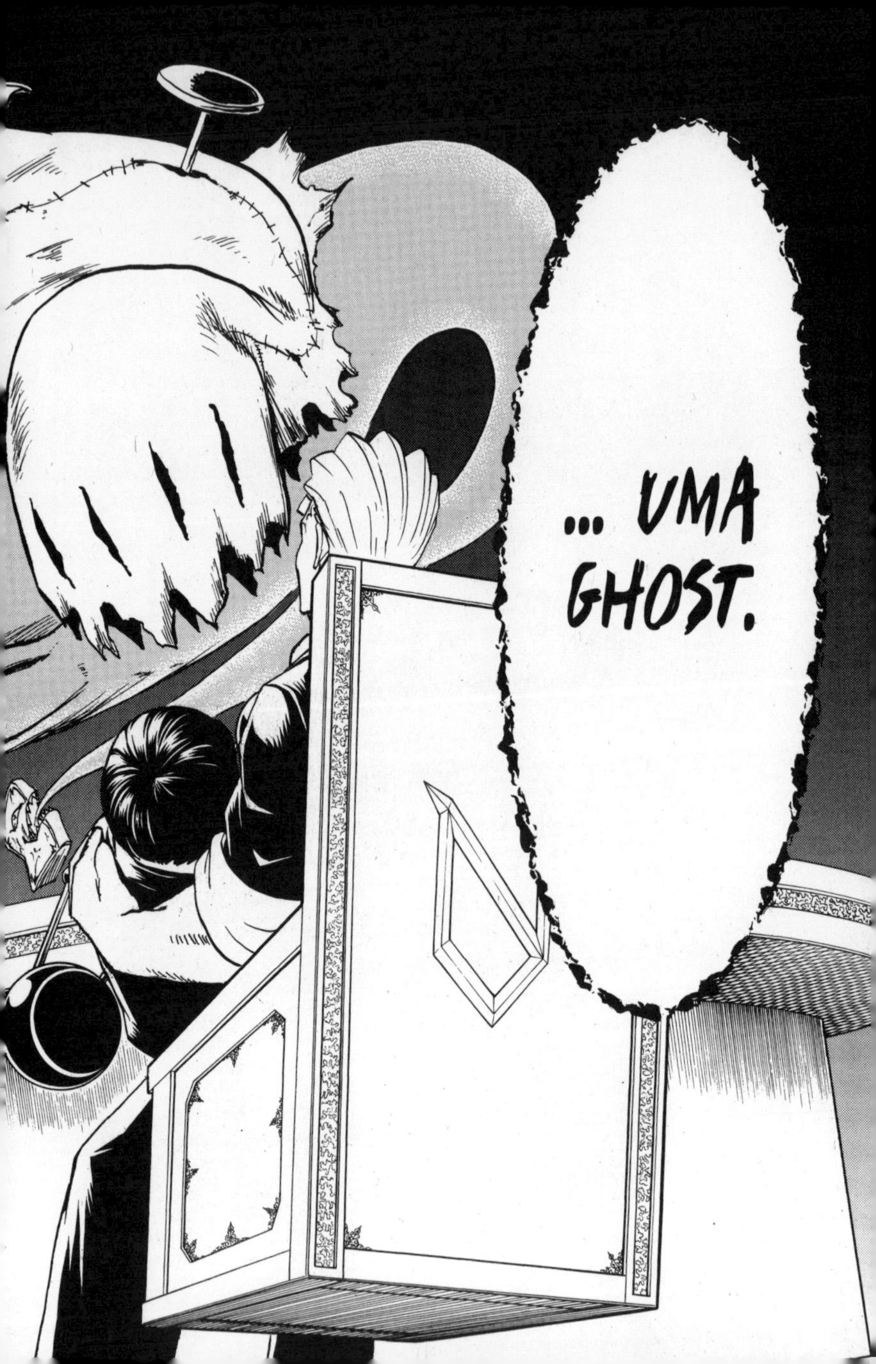
... UMA GHOST.

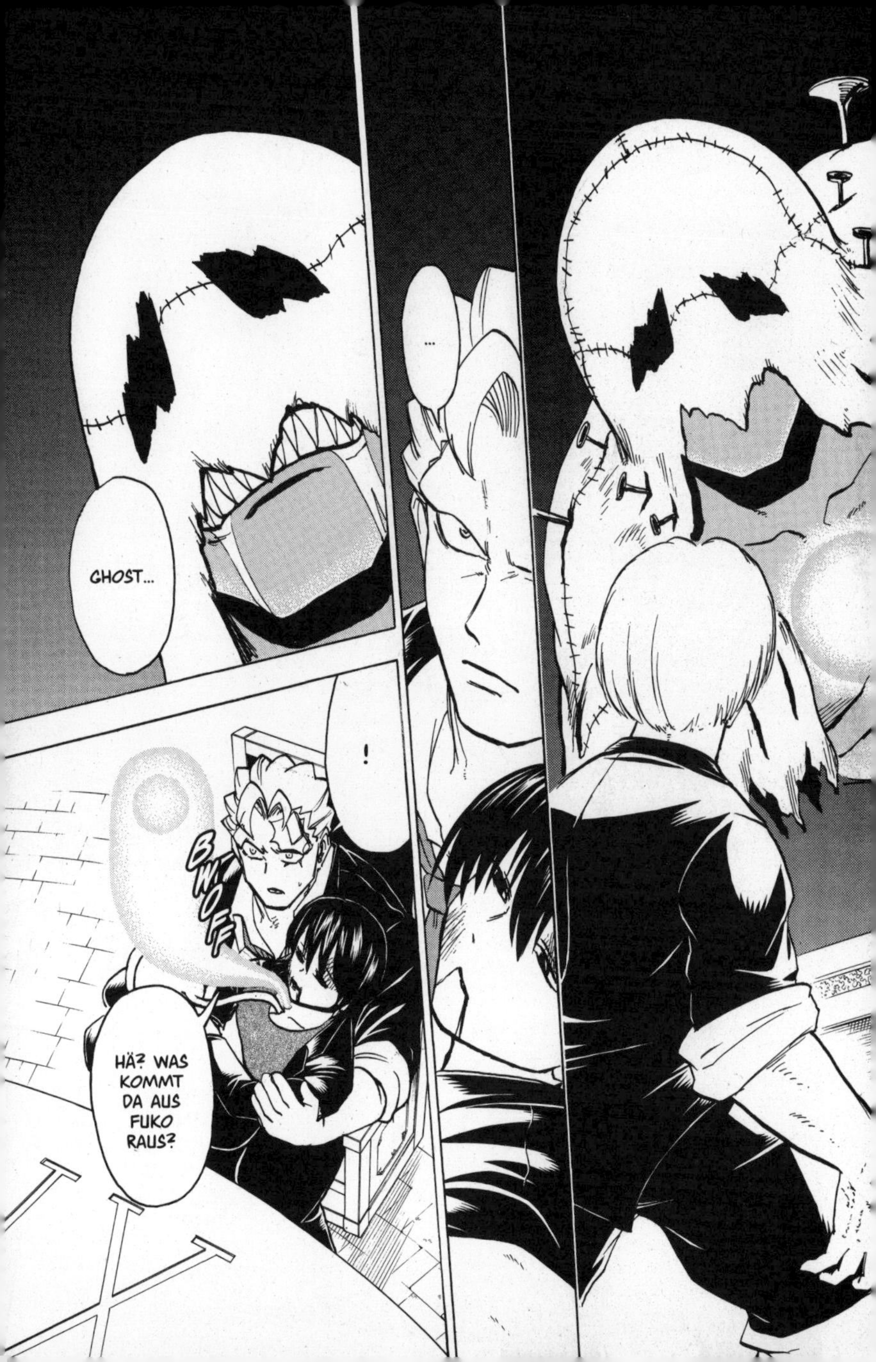
...
GHOST...
!
BWOFF
HÄ? WAS KOMMT DA AUS FUKO RAUS?

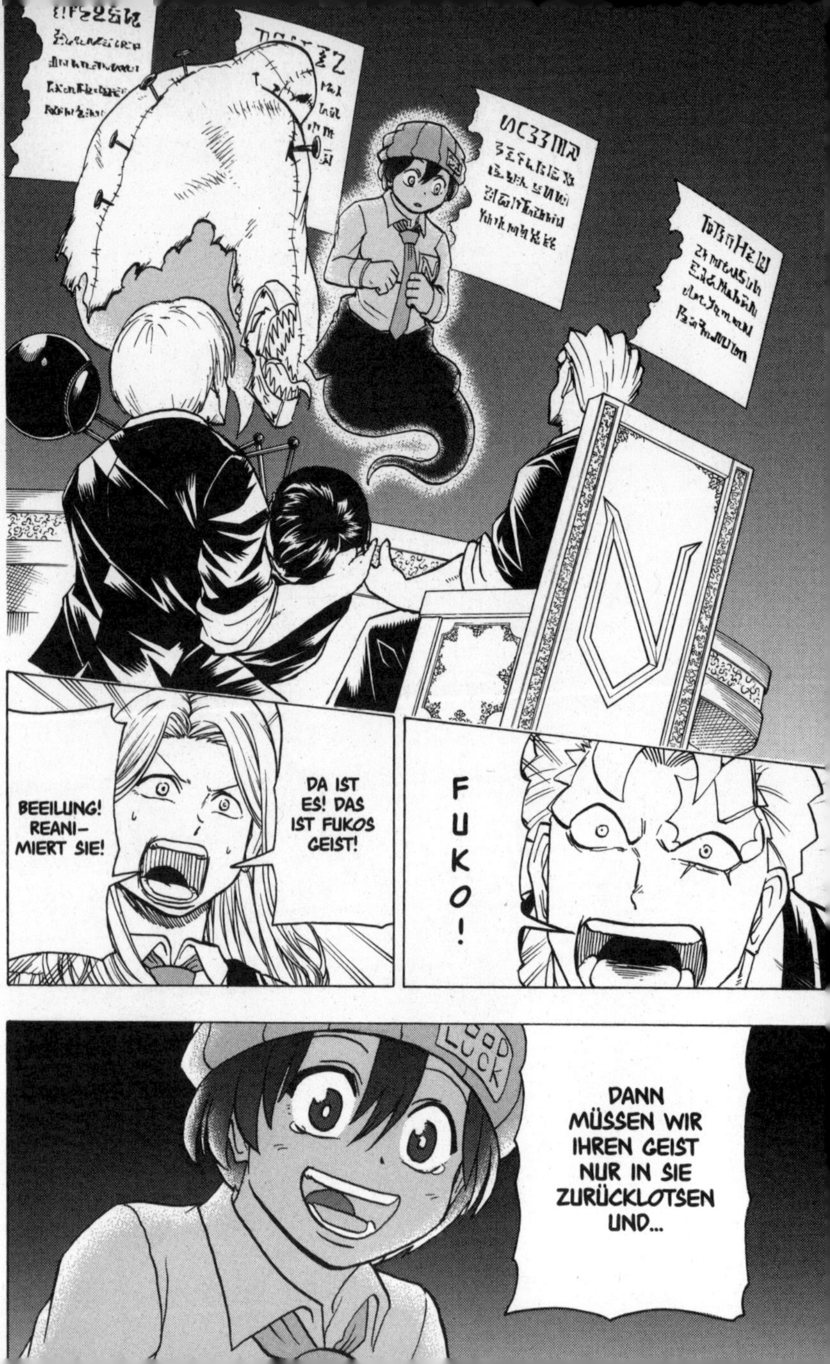
DA IST ES! DAS IST FUKOS GEIST!
BEEILUNG! REANI-MIERT SIE!
FUKO!
DANN MÜSSEN WIR IHREN GEIST NUR IN SIE ZURÜCKLOTSEN UND...

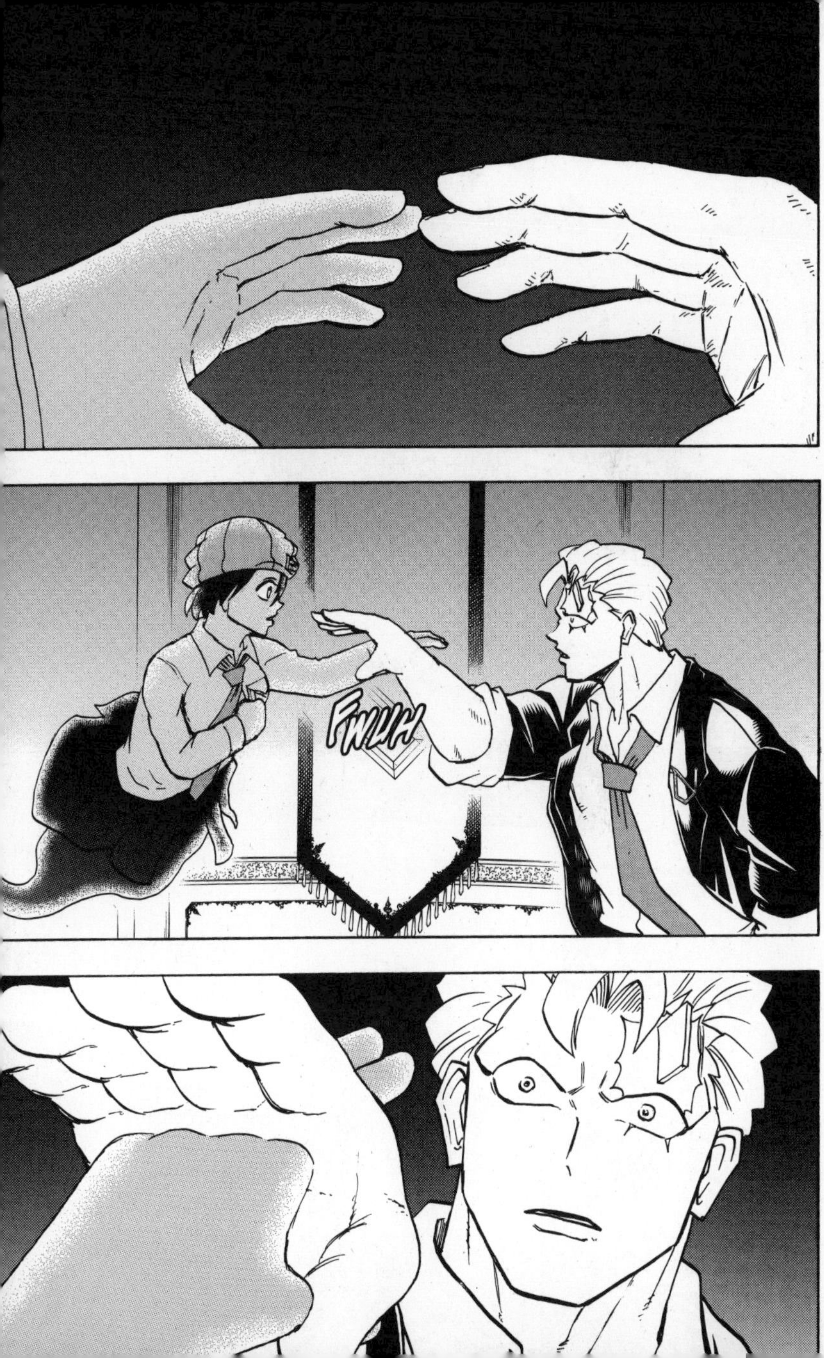
FWUH

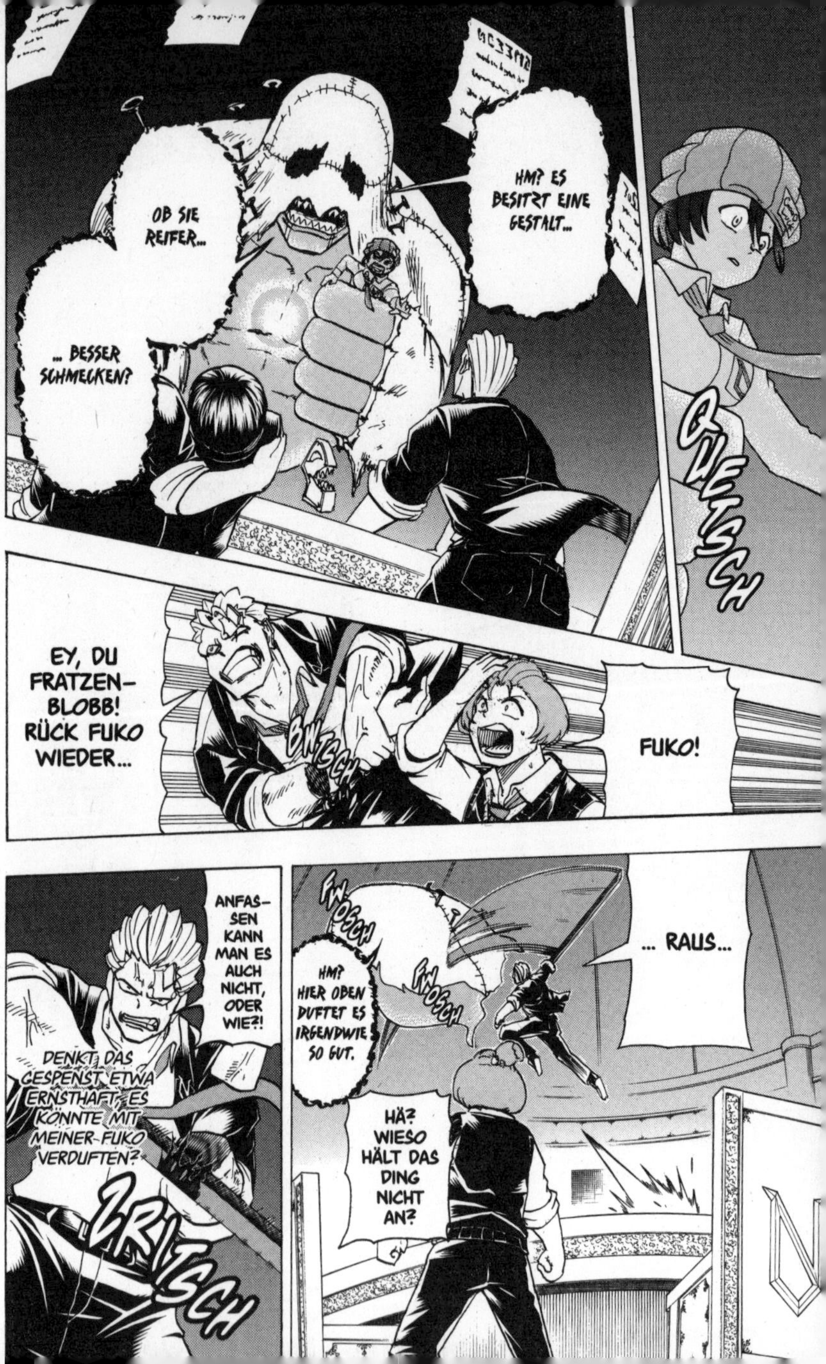
HM? ES BESITZT EINE GESTALT...
OB SIE REIFER...
... BESSER SCHMECKEN?
QUETSCH
FUKO!
EY, DU FRATZEN-BLOBB! RÜCK FUKO WIEDER...
BWISCH
... RAUS...
FWOSCH
HM? HIER OBEN DUFTET ES IRGENDWIE SO GUT.
FWOSCH
ANFAS-SEN KANN MAN ES AUCH NICHT, ODER WIE?!
DENKT DAS GESPENST ETWA ERNSTHAFT, ES KÖNNTE MIT MEINER FUKO VERDUFTEN?
ZRITSCH
HÄ? WIESO HÄLT DAS DING NICHT AN?

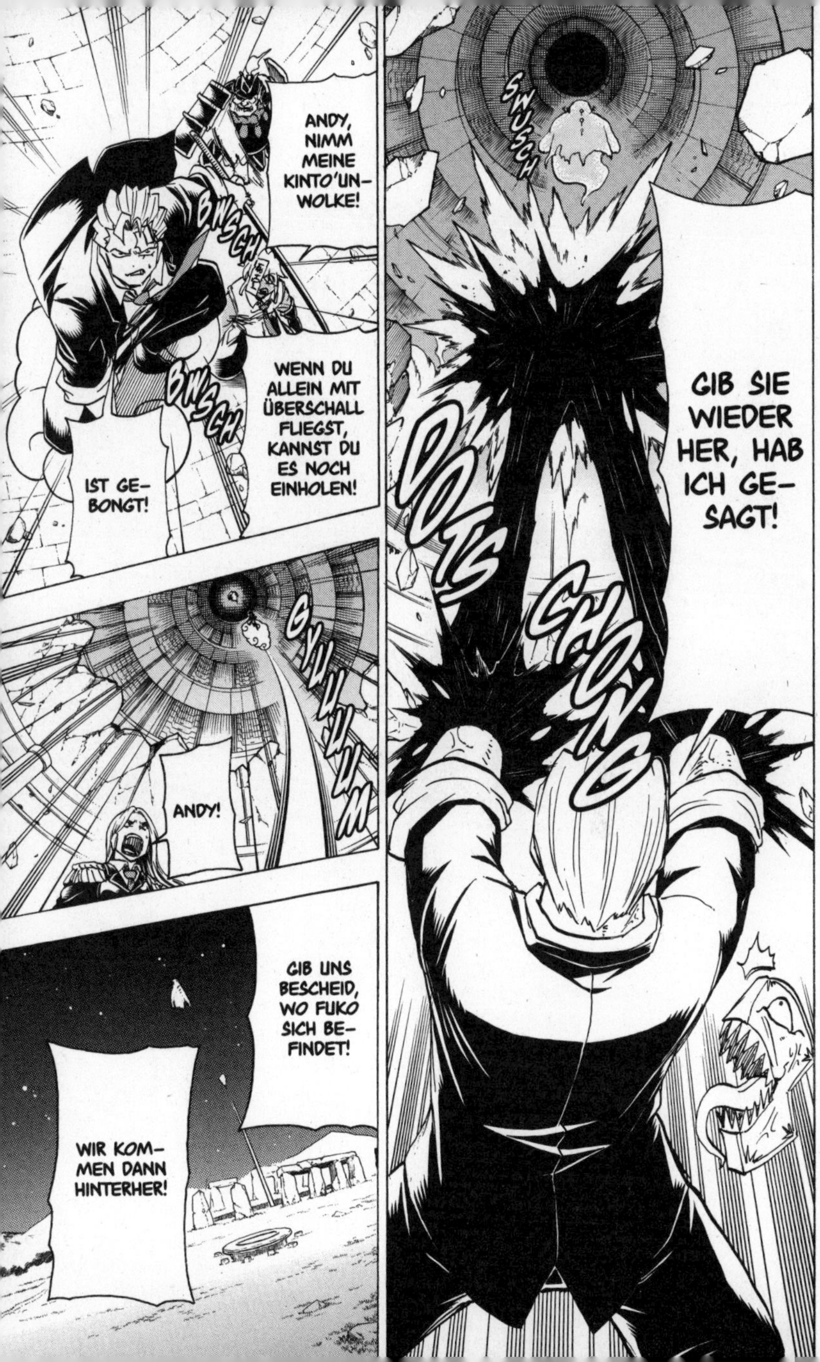
GIB SIE WIEDER HER, HAB ICH GE-SAGT!
SWUSCH
DONG
CHONG
ANDY, NIMM MEINE KINTO'UN-WOLKE!
BWSCH
WENN DU ALLEIN MIT ÜBERSCHALL FLIEGST, KANNST DU ES NOCH EINHOLEN!
BWSCH
IST GE-BONGT!
GYUUUUM
ANDY!
GIB UNS BESCHEID, WO FUKO SICH BE-FINDET!
WIR KOM-MEN DANN HINTERHER!

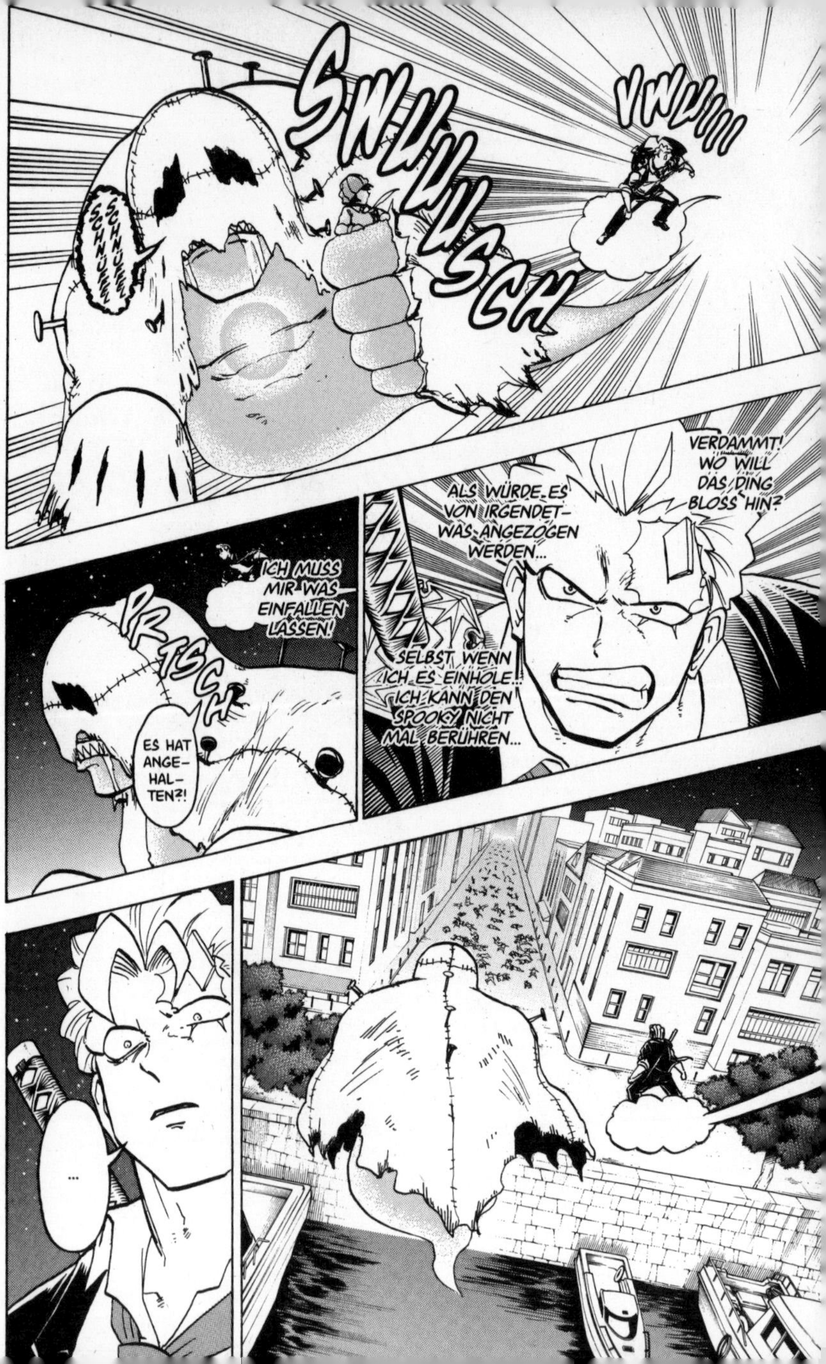
VWUIII
SWUUUSCH
SCHNÜFF SCHNÜFF
VERDAMMT! WO WILL DAS DING BLOSS HIN?
ALS WÜRDE ES VON IRGENDET-WAS ANGEZOGEN WERDEN...
SELBST WENN ICH ES EINHOLE... ICH KANN DEN SPOOKY NICHT MAL BERÜHREN...
ICH MUSS MIR WAS EINFALLEN LASSEN!
PRTSCH
ES HAT ANGE-HAL-TEN?!
...

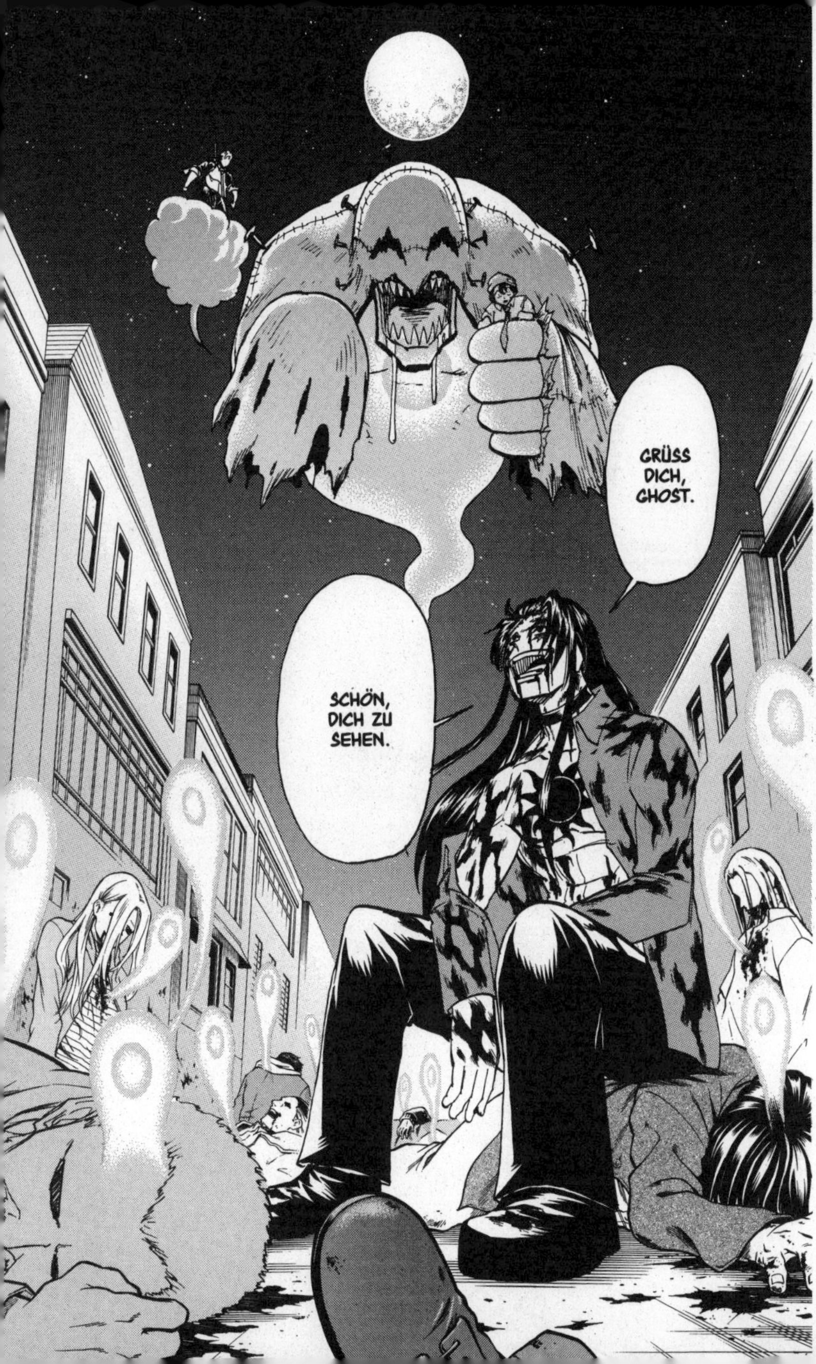
GRÜSS DICH, GHOST.
SCHÖN, DICH ZU SEHEN.

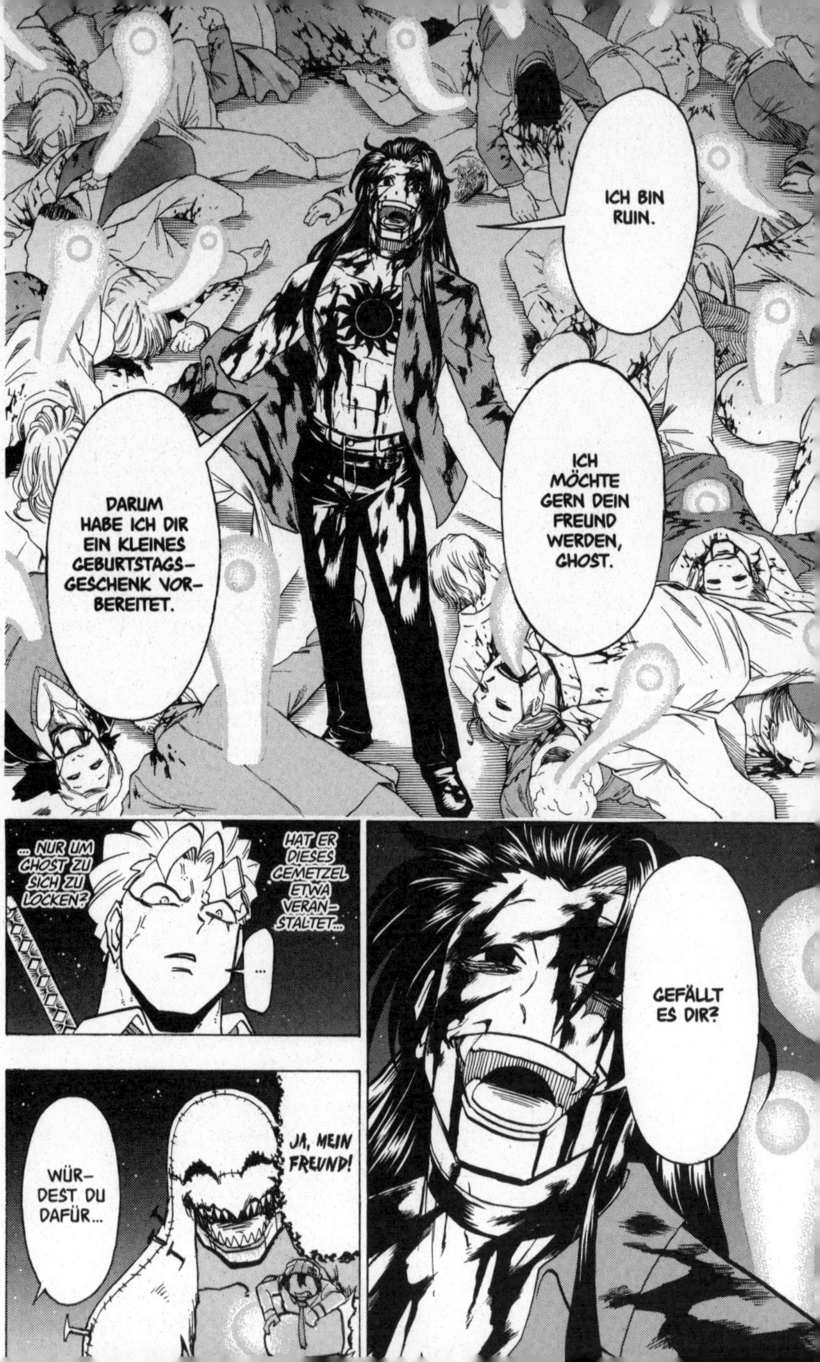
ICH BIN RUIN.
ICH MÖCHTE GERN DEIN FREUND WERDEN, GHOST.
DARUM HABE ICH DIR EIN KLEINES GEBURTSTAGS-GESCHENK VOR-BEREITET.
GEFÄLLT ES DIR?
HAT ER DIESES GEMETZEL ETWA VERAN-STALTET...
... NUR UM GHOST ZU SICH ZU LOCKEN?
...
JA, MEIN FREUND!
WÜR-DEST DU DAFÜR...

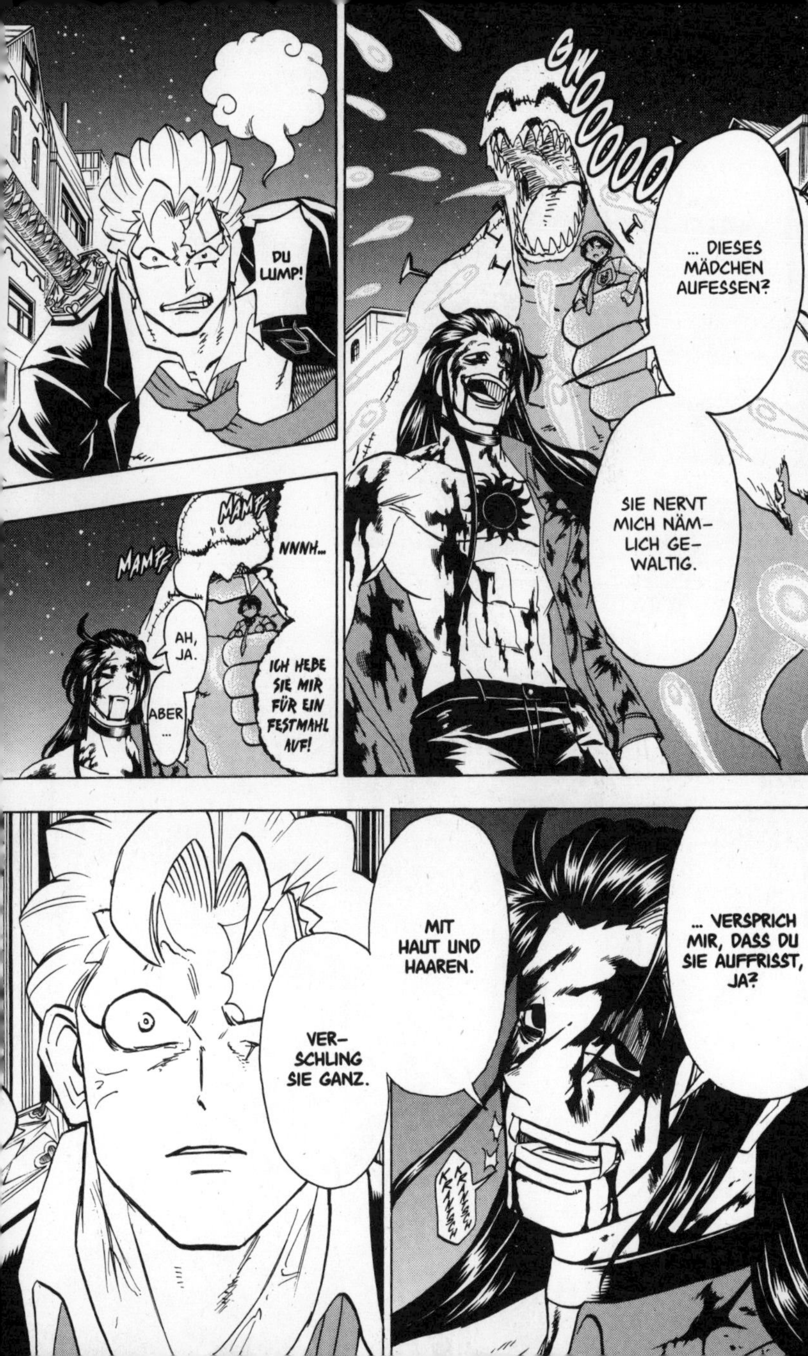

DU LUMP!
MAMPF
MAMPF
NNNH...
ICH HEBE SIE MIR FÜR EIN FESTMAHL AUF!
AH, JA.
ABER ...
GWOOOOOO
... DIESES MÄDCHEN AUFESSEN?
SIE NERVT MICH NÄMLICH GEWALTIG.
... VERSPRICH MIR, DASS DU SIE AUFFRISST, JA?
MIT HAUT UND HAAREN.
VERSCHLING SIE GANZ.

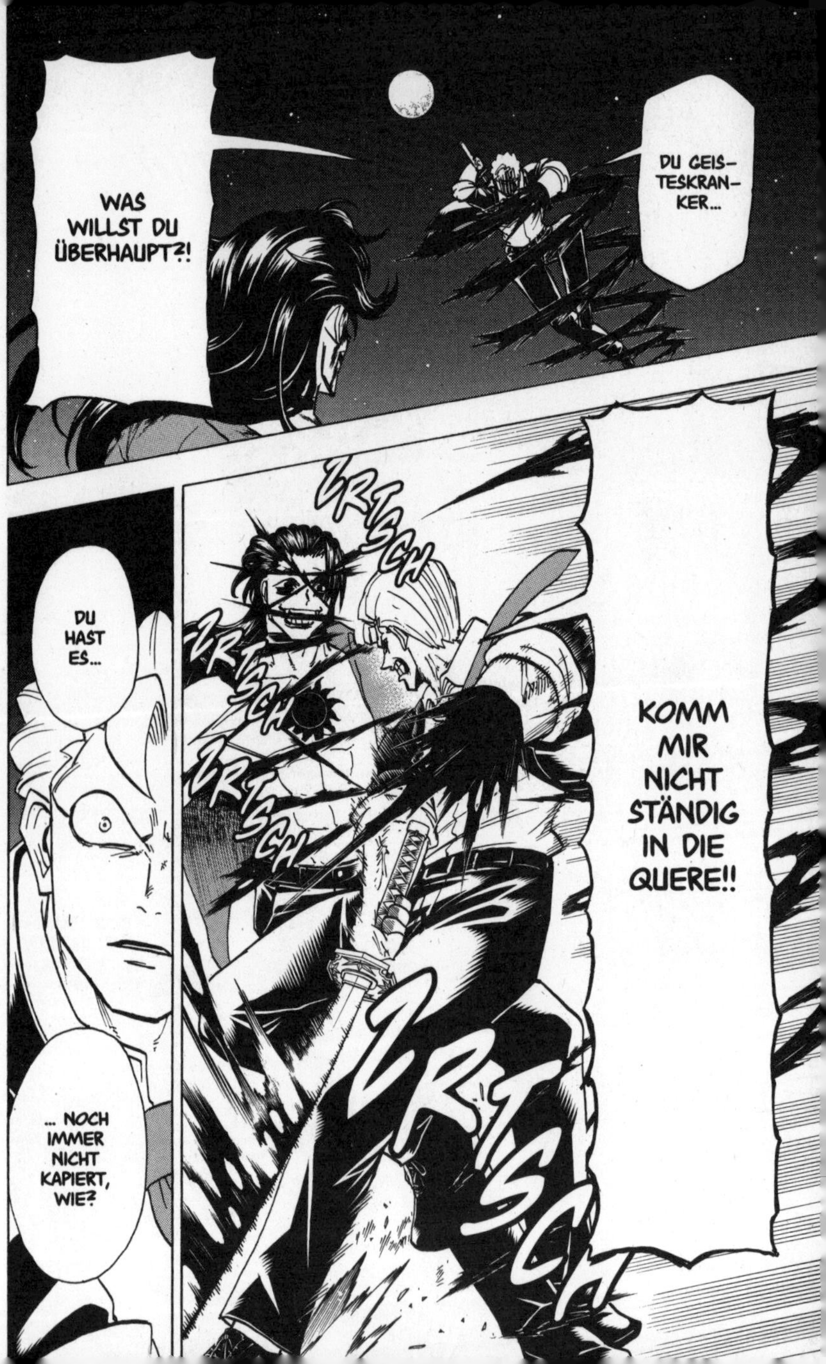
DU GEIS-
TESKRAN-
KER...
WAS WILLST DU ÜBERHAUPT?!
ZRISCH
KOMM MIR NICHT STÄNDIG IN DIE QUERE!!
ZRISCH
ZRISCH
ZRISCH
DU HAST ES...
... NOCH IMMER NICHT KAPIERT, WIE?

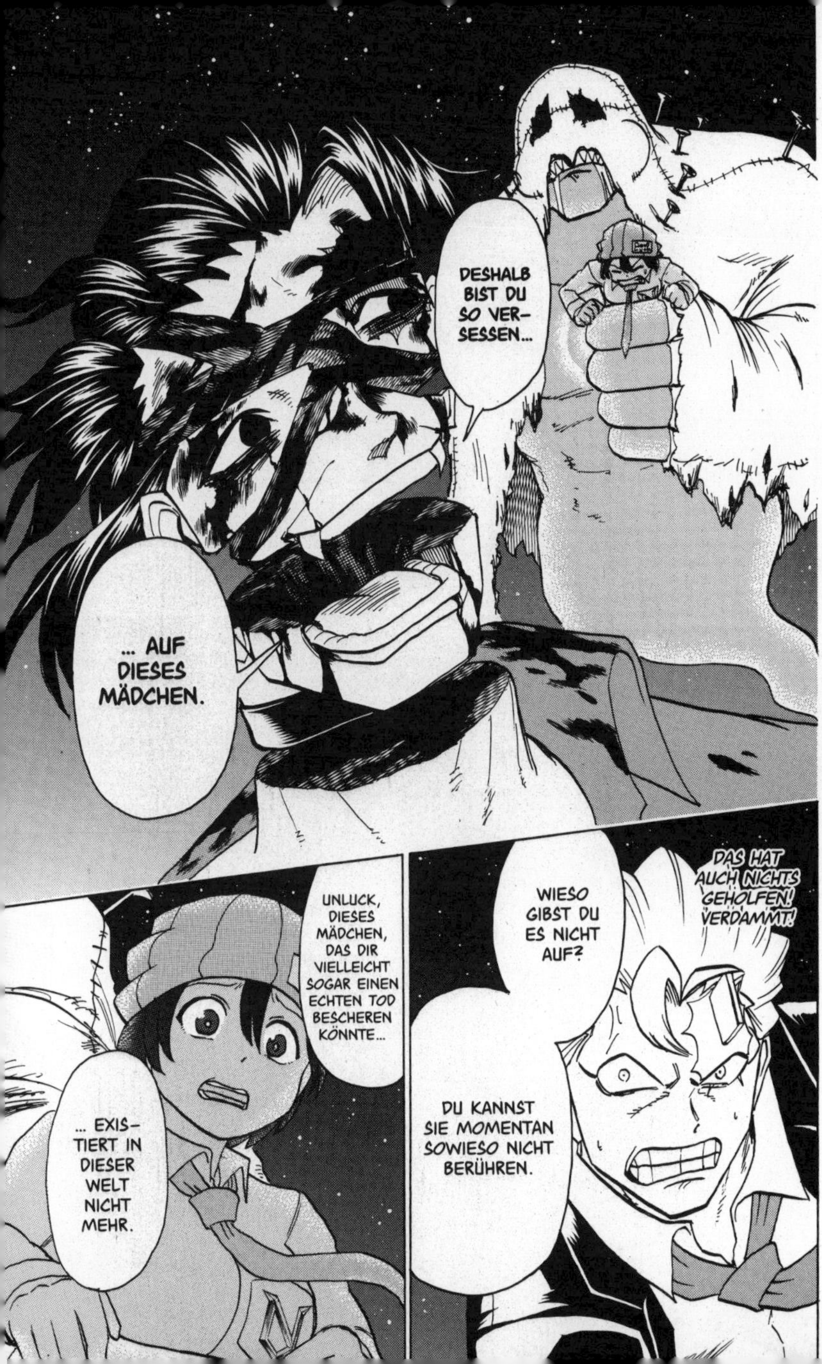
DESHALB BIST DU SO VER-SESSEN...
... AUF DIESES MÄDCHEN.
DAS HAT AUCH NICHTS GEHOLFEN! VERDAMMT!
WIESO GIBST DU ES NICHT AUF?
DU KANNST SIE MOMENTAN SOWIESO NICHT BERÜHREN.
UNLUCK, DIESES MÄDCHEN, DAS DIR VIELLEICHT SOGAR EINEN ECHTEN TOD BESCHEREN KÖNNTE...
... EXIS-TIERT IN DIESER WELT NICHT MEHR.

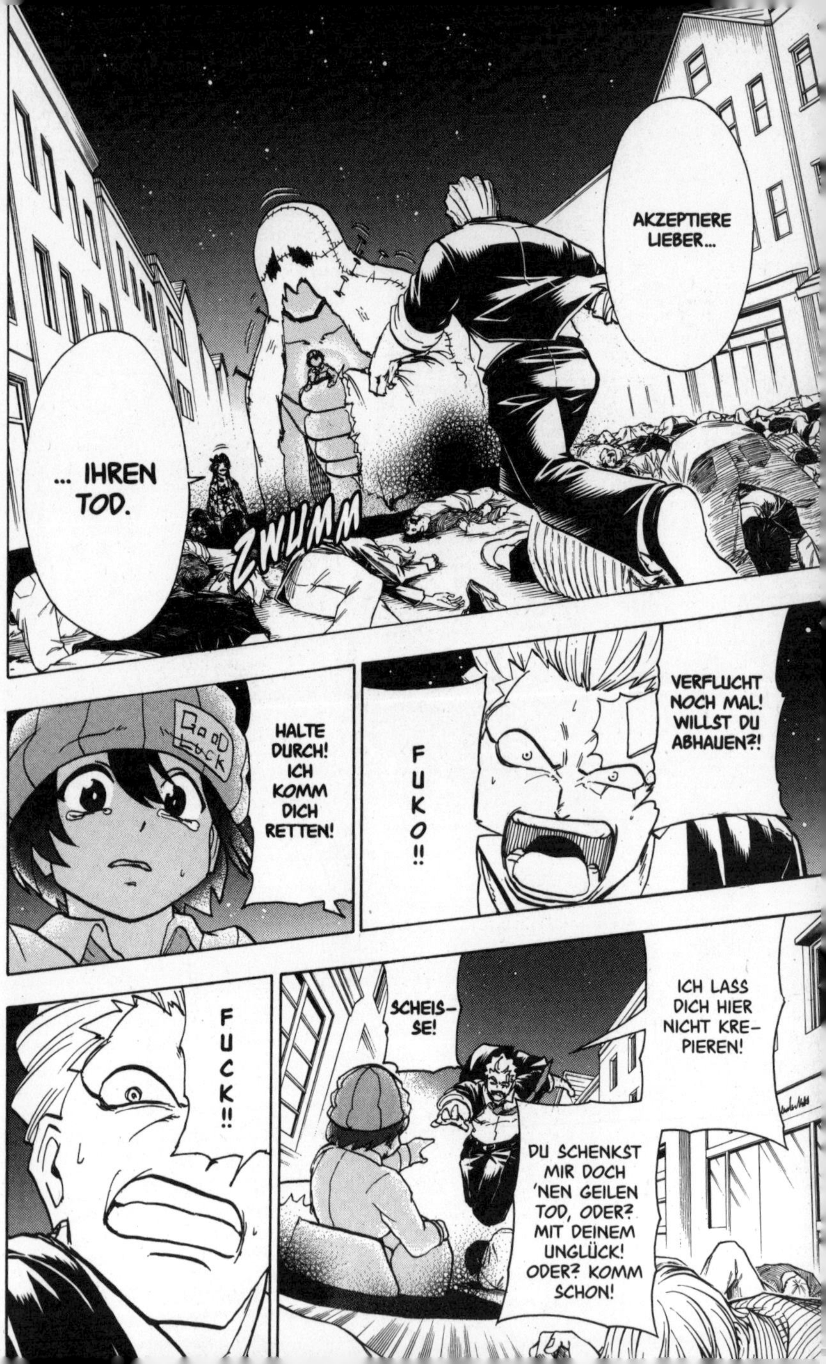
AKZEPTIERE LIEBER...
... IHREN TOD.
ZWUMM
VERFLUCHT NOCH MAL! WILLST DU ABHAUEN?!
FUKO!!
HALTE DURCH! ICH KOMM DICH RETTEN!
ICH LASS DICH HIER NICHT KRE-PIEREN!
SCHEIS-SE!
DU SCHENKST MIR DOCH 'NEN GEILEN TOD, ODER? MIT DEINEM UNGLÜCK! ODER? KOMM SCHON!
FUCK!!

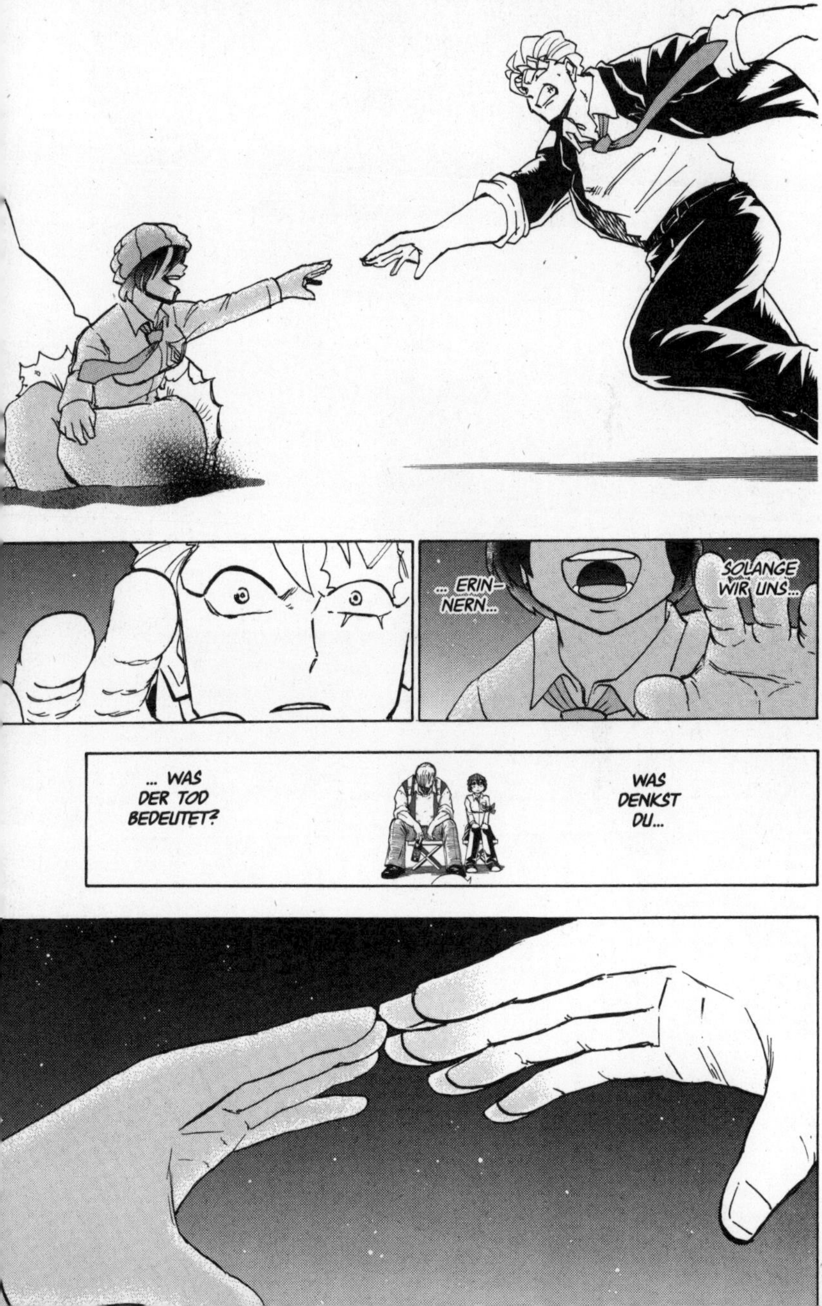
SOLANGE WIR UNS...
... ERIN-NERN...
WAS DENKST DU...
... WAS DER TOD BEDEUTET?

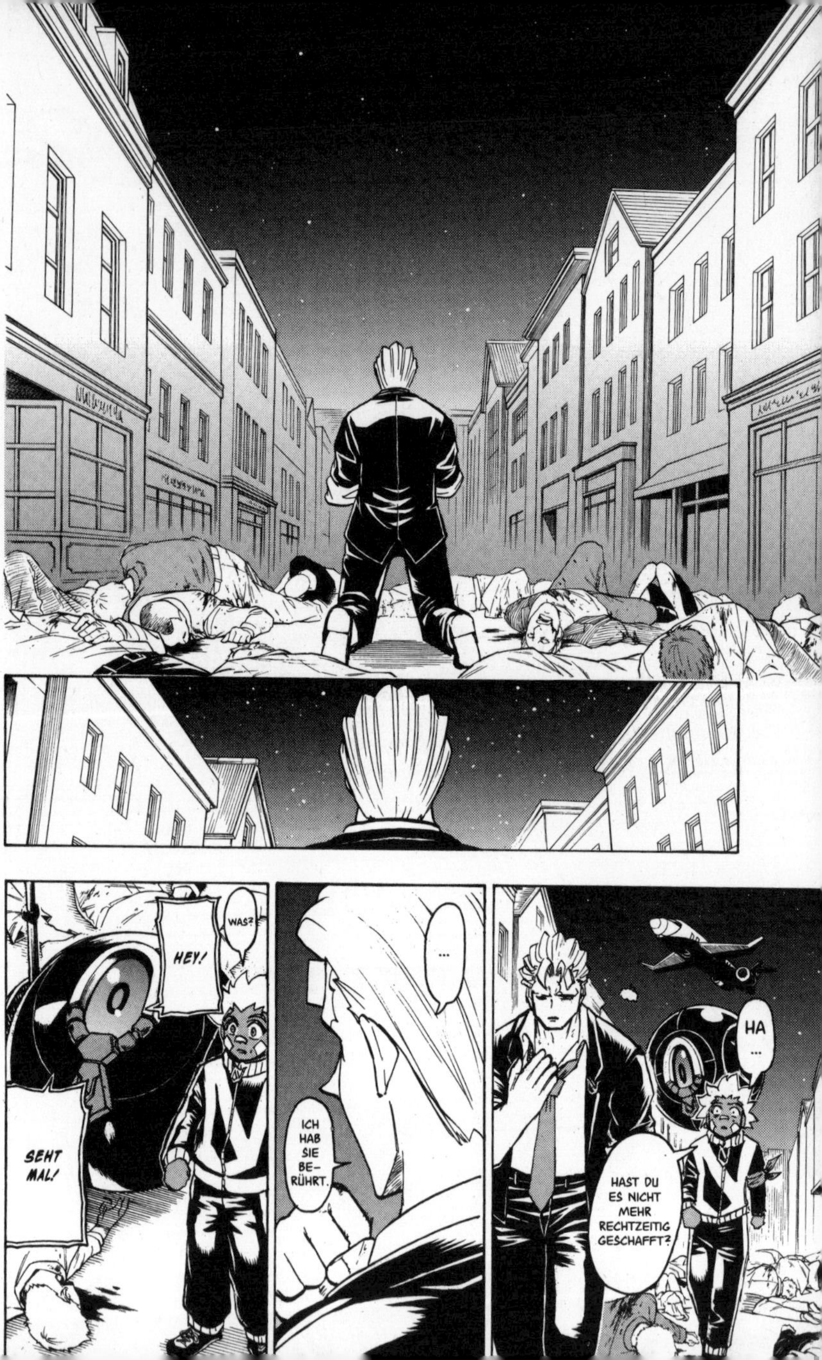
HA ...
HAST DU ES NICHT MEHR RECHTZEITIG GESCHAFFT?
...
ICH HAB SIE BE-RÜHRT.
HEY!
WAS?
SEHT MAL!

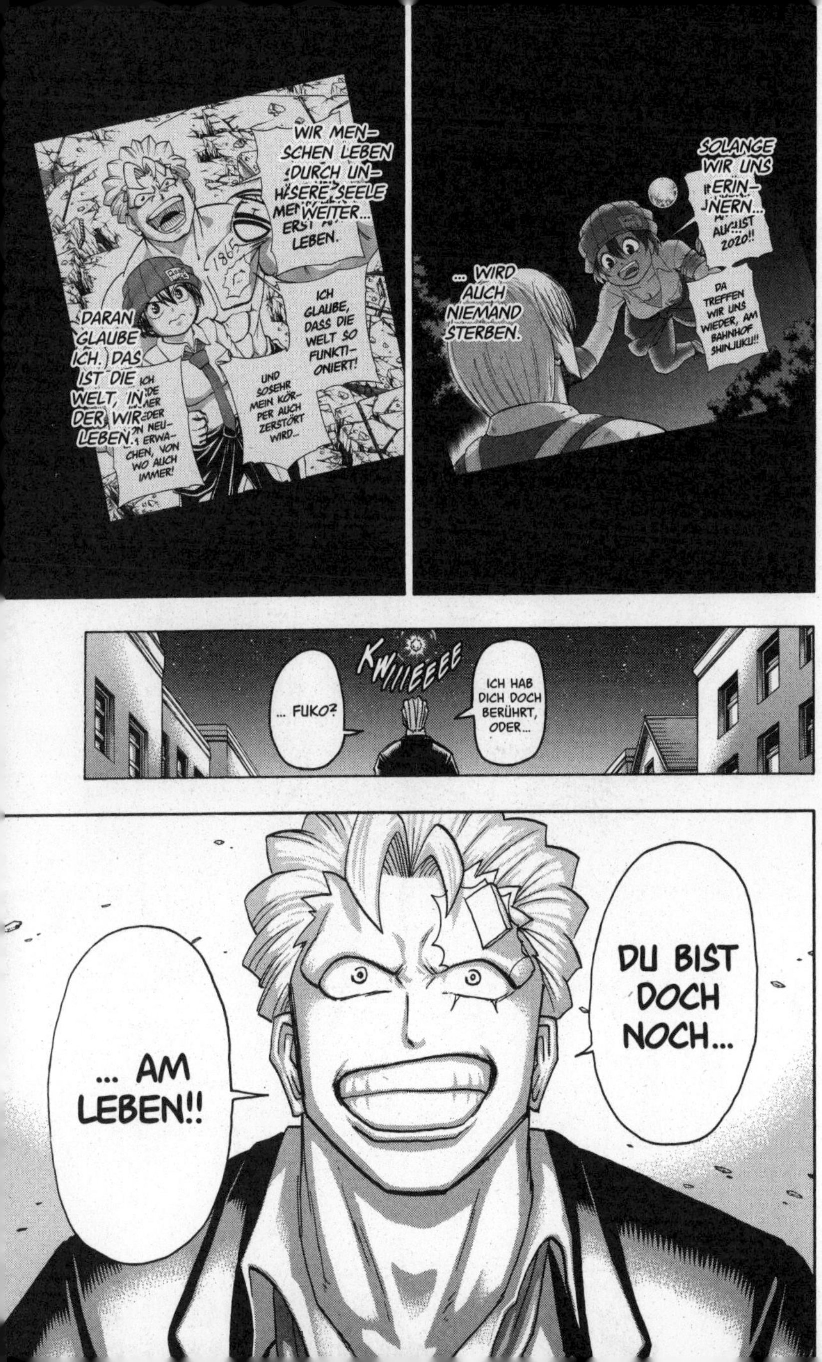
SOLANGE WIR UNS ERINNERN...
AUGUST 2020!!
DA TREFFEN WIR UNS WIEDER, AM BAHNHOF SHINJUKU!!
... WIRD AUCH NIEMAND STERBEN.
WIR MENSCHEN LEBEN DURCH UNSERE SEELE WEITER...
LEBEN.
ICH GLAUBE, DASS DIE WELT SO FUNKTIONIERT!
UND SOSEHR MEIN KÖRPER AUCH ZERSTÖRT WIRD...
ERWACHEN, VON WO AUCH IMMER!
DARAN GLAUBE ICH. DAS IST DIE WELT, IN DER WIR LEBEN.
KWIIIEEEE
ICH HAB DICH DOCH BERÜHRT, ODER...
... FUKO?
DU BIST DOCH NOCH...
... AM LEBEN!!

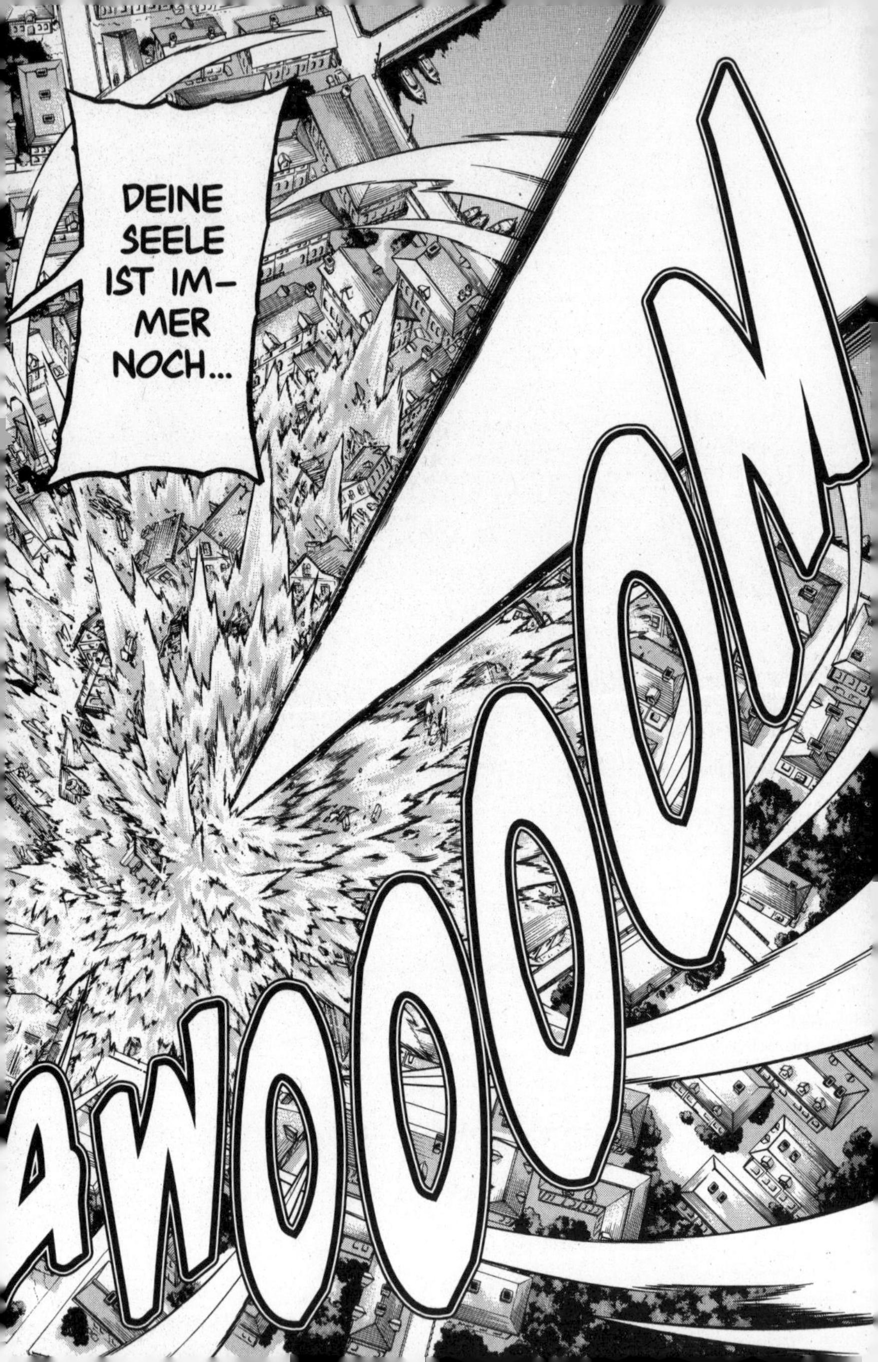
DEINE SEELE IST IMMER NOCH...
AWOOOOM

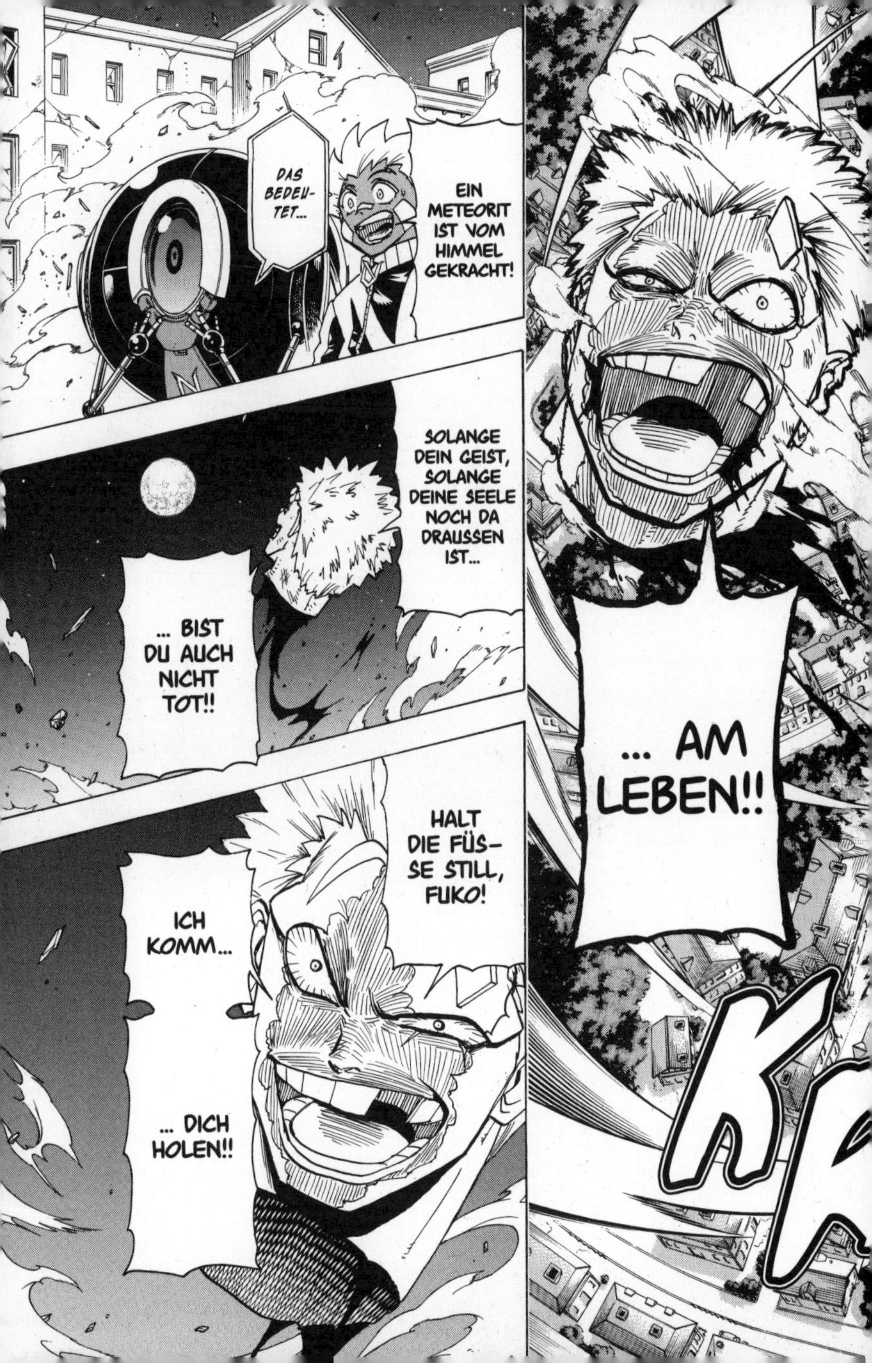

... AM LEBEN!!
EIN METEORIT IST VOM HIMMEL GEKRACHT!
DAS BEDEUTET...
SOLANGE DEIN GEIST, SOLANGE DEINE SEELE NOCH DA DRAUSSEN IST...
... BIST DU AUCH NICHT TOT!!
HALT DIE FÜSSE STILL, FUKO!
ICH KOMM...
... DICH HOLEN!!

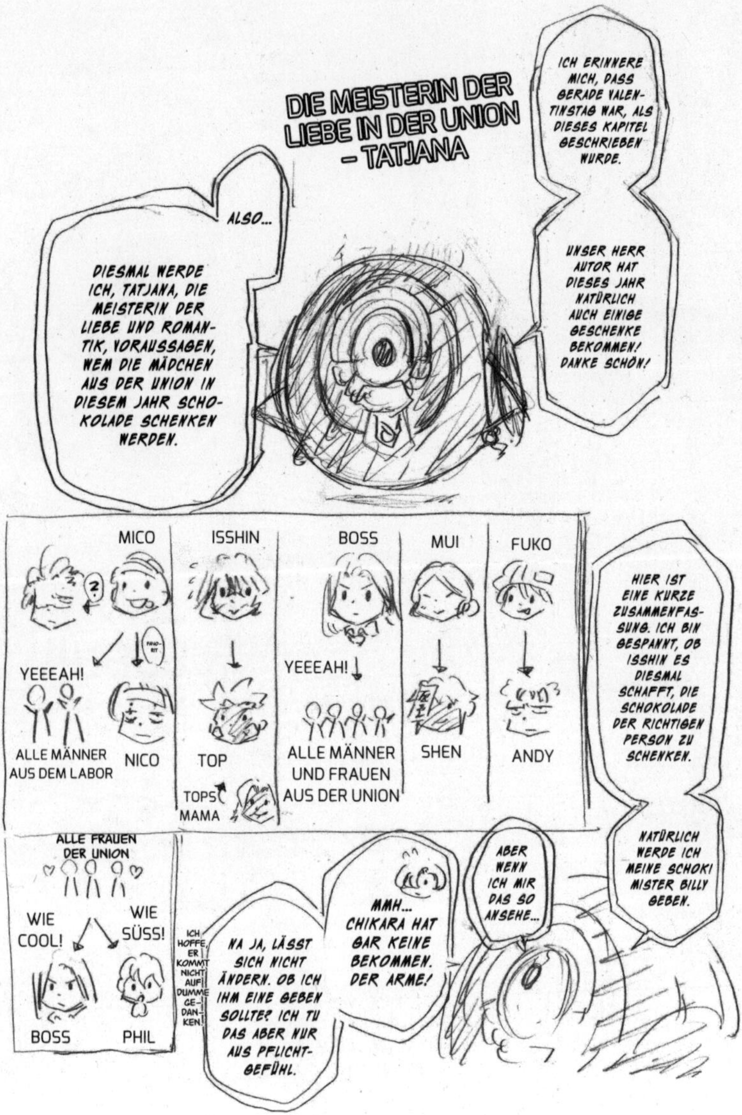

DIE MEISTERIN DER LIEBE IN DER UNION – TATJANA
ICH ERINNERE MICH, DASS GERADE VALENTINSTAG WAR, ALS DIESES KAPITEL GESCHRIEBEN WURDE.
UNSER HERR AUTOR HAT DIESES JAHR NATÜRLICH AUCH EINIGE GESCHENKE BEKOMMEN! DANKE SCHÖN!
ALSO...
DIESMAL WERDE ICH, TATJANA, DIE MEISTERIN DER LIEBE UND ROMANTIK, VORAUSSAGEN, WEM DIE MÄDCHEN AUS DER UNION IN DIESEM JAHR SCHOKOLADE SCHENKEN WERDEN.
HIER IST EINE KURZE ZUSAMMENFASSUNG. ICH BIN GESPANNT, OB ISSHIN ES DIESMAL SCHAFFT, DIE SCHOKOLADE DER RICHTIGEN PERSON ZU SCHENKEN.
FUKO
ANDY
MUI
SHEN
BOSS
YEEEAH!
ALLE MÄNNER UND FRAUEN AUS DER UNION
ISSHIN
TOP
TOPS MAMA
MICO
YEEEAH!
ALLE MÄNNER AUS DEM LABOR
NICO
NATÜRLICH WERDE ICH MEINE SCHOKI MISTER BILLY GEBEN.
ABER WENN ICH MIR DAS SO ANSEHE...
MMH... CHIKARA HAT GAR KEINE BEKOMMEN. DER ARME!
NA JA, LÄSST SICH NICHT ÄNDERN. OB ICH IHM EINE GEBEN SOLLTE? ICH TU DAS ABER NUR AUS PFLICHTGEFÜHL.
ICH HOFFE, ER KOMMT NICHT AUF DUMME GEDANKEN!
ALLE FRAUEN DER UNION
WIE COOL!
WIE SÜSS!
BOSS
PHIL

No. 097 Du Hurensohn

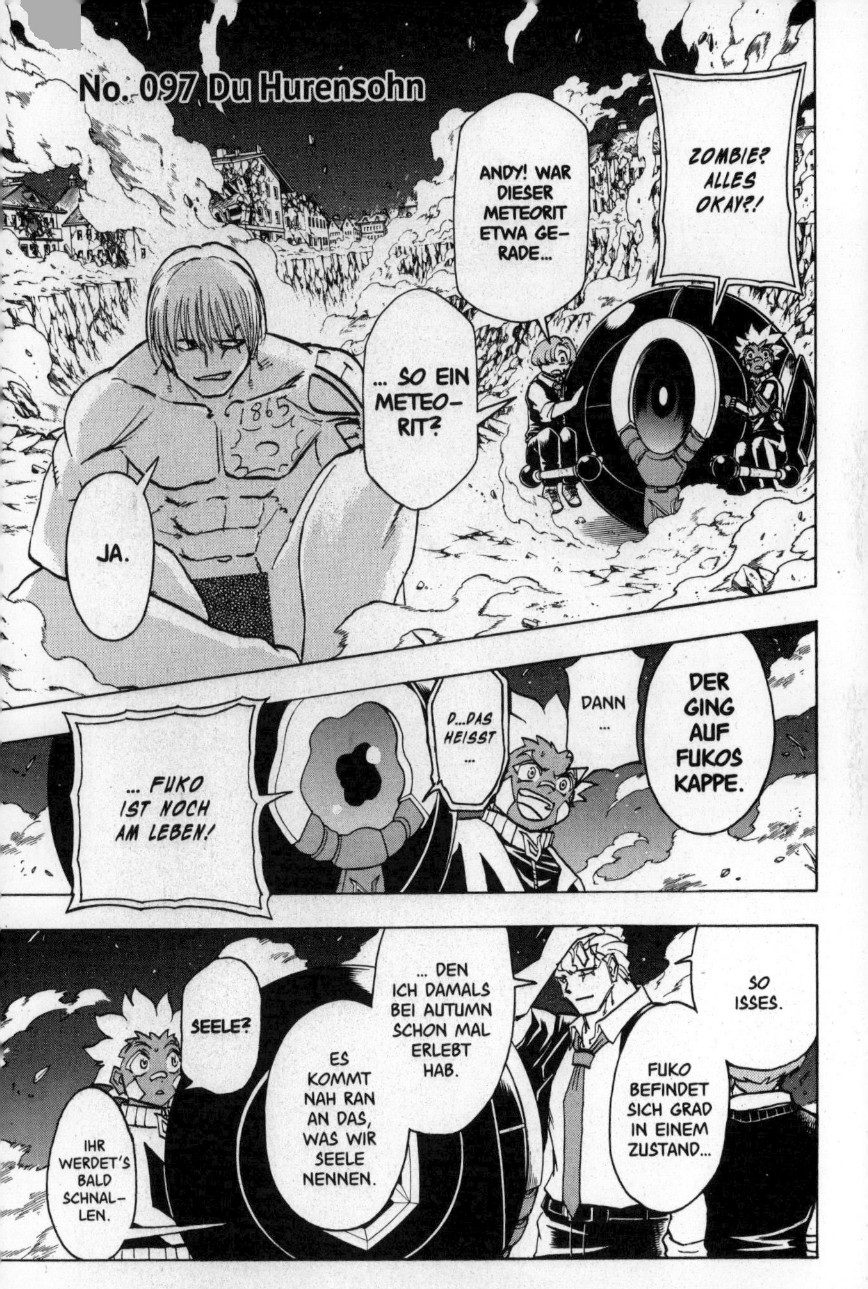

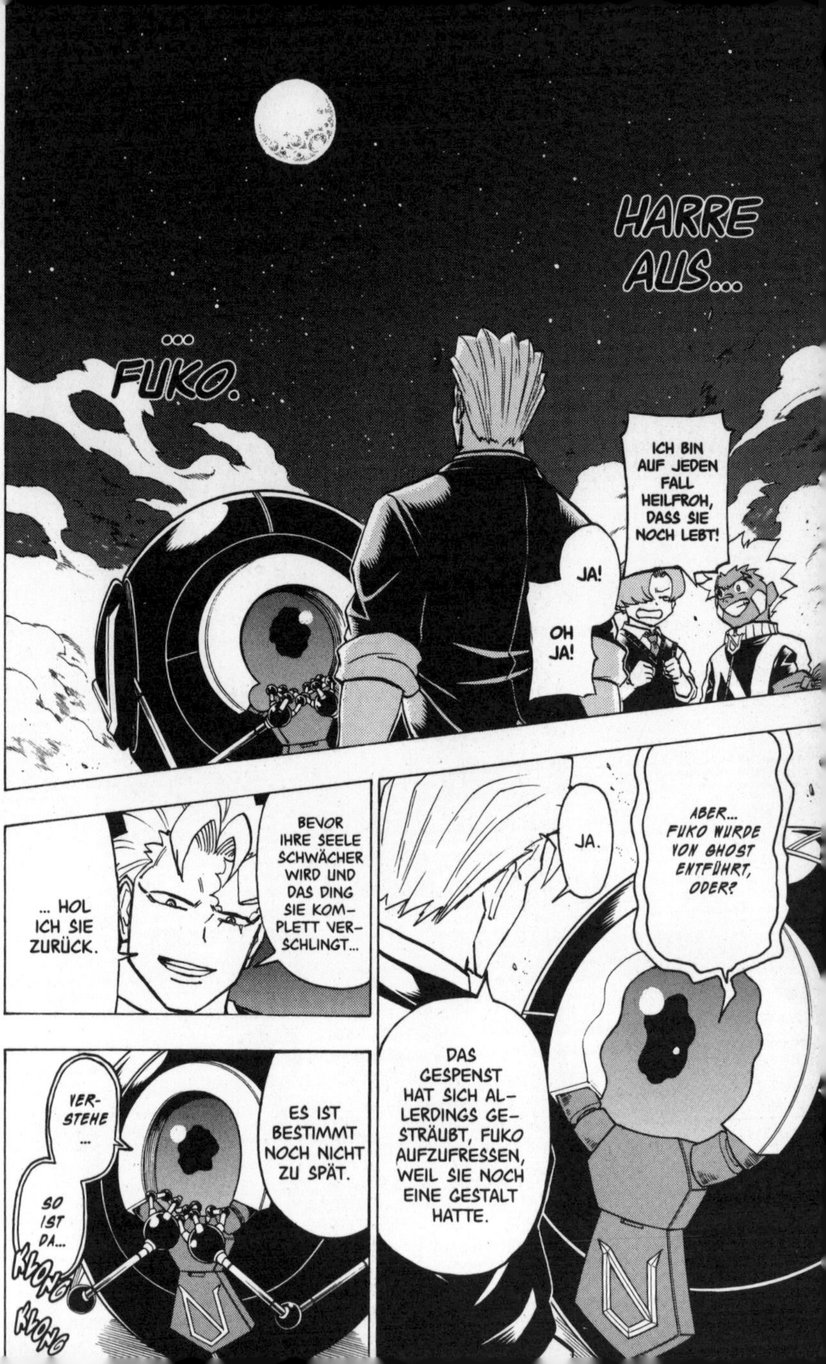
HARRE AUS...
...FUKO.
ICH BIN AUF JEDEN FALL HEILFROH, DASS SIE NOCH LEBT!
JA!
OH JA!
ABER... FUKO WURDE VON GHOST ENTFÜHRT, ODER?
JA.
BEVOR IHRE SEELE SCHWÄCHER WIRD UND DAS DING SIE KOMPLETT VERSCHLINGT...
... HOL ICH SIE ZURÜCK.
DAS GESPENST HAT SICH ALLERDINGS GESTRÄUBT, FUKO AUFZUFRESSEN, WEIL SIE NOCH EINE GESTALT HATTE.
ES IST BESTIMMT NOCH NICHT ZU SPÄT.
VERSTEHE ...
SO IST DA...
KLONG
KLONG

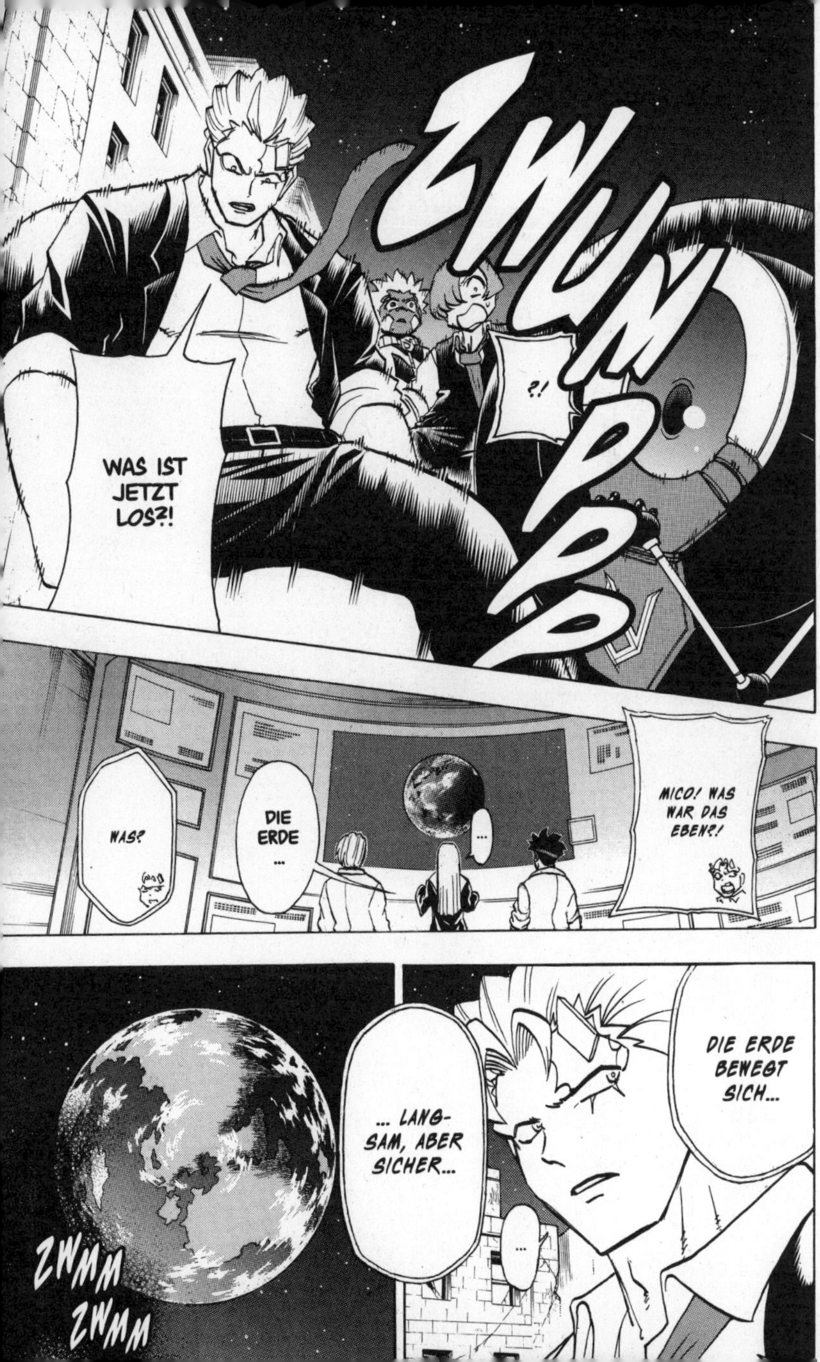

ZWUMMPPP
WAS IST JETZT LOS?!
?!
MICO! WAS WAR DAS EBEN?!
DIE ERDE ...
...
WAS?
DIE ERDE BEWEGT SICH...
... LANG-SAM, ABER SICHER...
...
ZWMM ZWMM

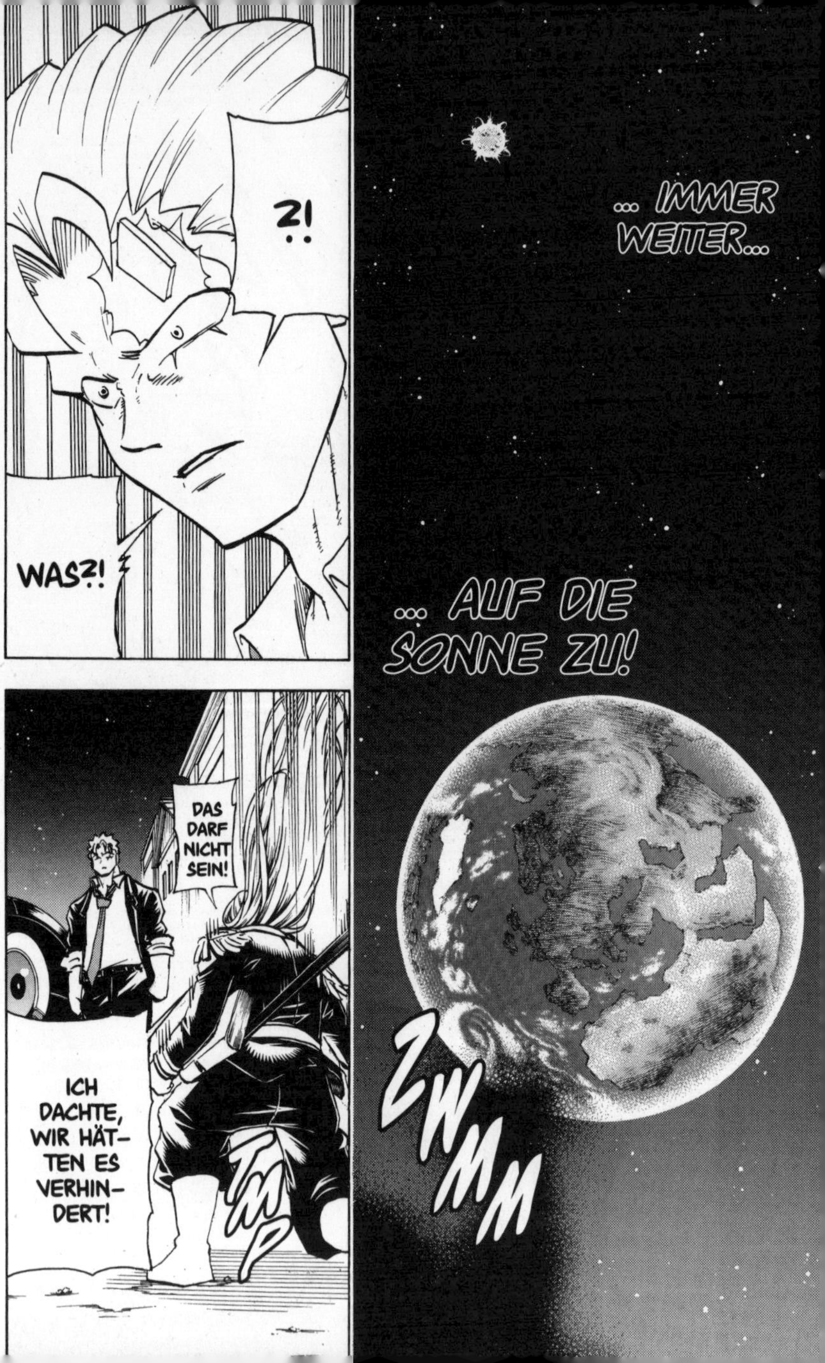
... IMMER WEITER...
... AUF DIE SONNE ZU!
ZWMM
Z!
WAS?!
DAS DARF NICHT SEIN!
ICH DACHTE, WIR HÄT-TEN ES VERHIN-DERT!

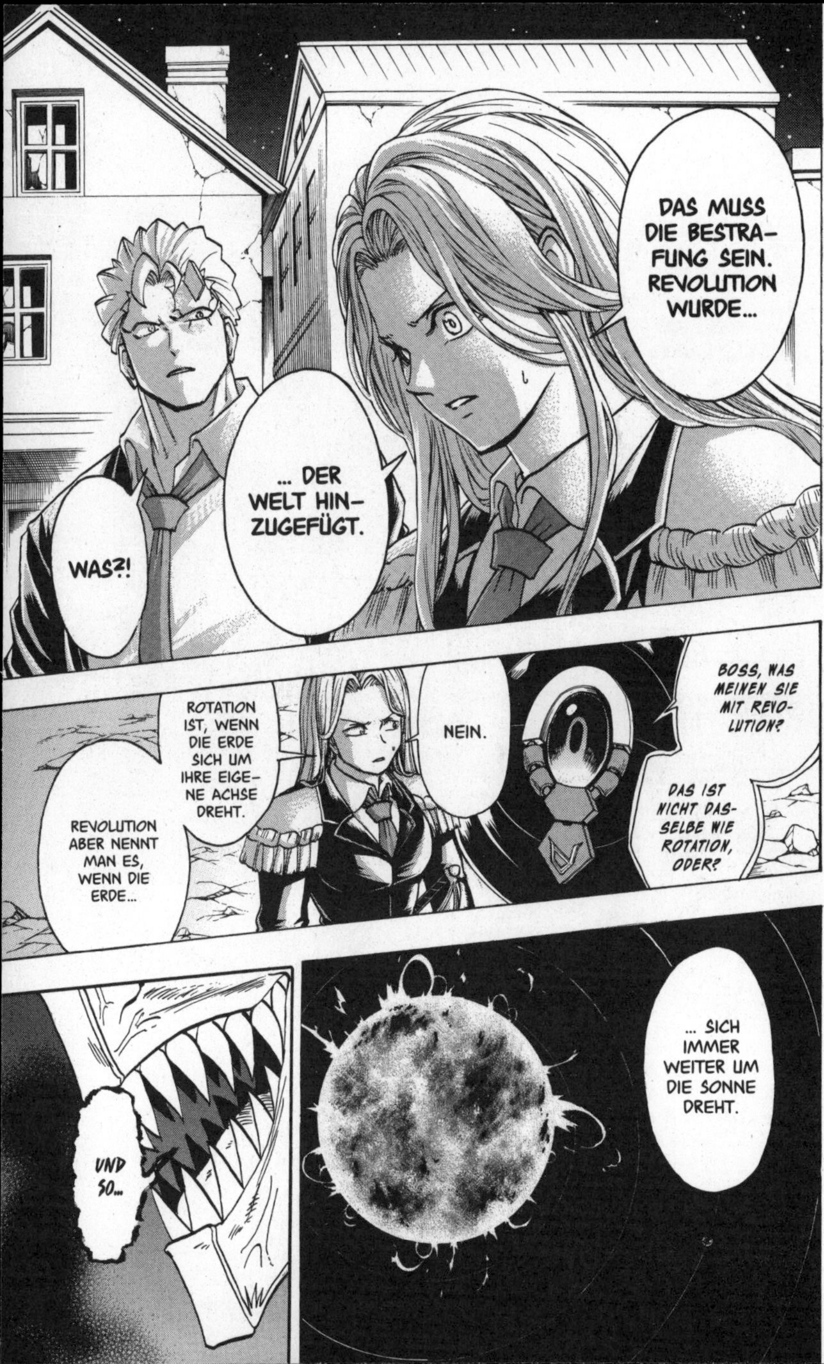
DAS MUSS DIE BESTRAFUNG SEIN. REVOLUTION WURDE...
... DER WELT HINZUGEFÜGT.
WAS?!
BOSS, WAS MEINEN SIE MIT REVOLUTION?
DAS IST NICHT DASSELBE WIE ROTATION, ODER?
NEIN.
ROTATION IST, WENN DIE ERDE SICH UM IHRE EIGENE ACHSE DREHT.
REVOLUTION ABER NENNT MAN ES, WENN DIE ERDE...
... SICH IMMER WEITER UM DIE SONNE DREHT.
UND SO...

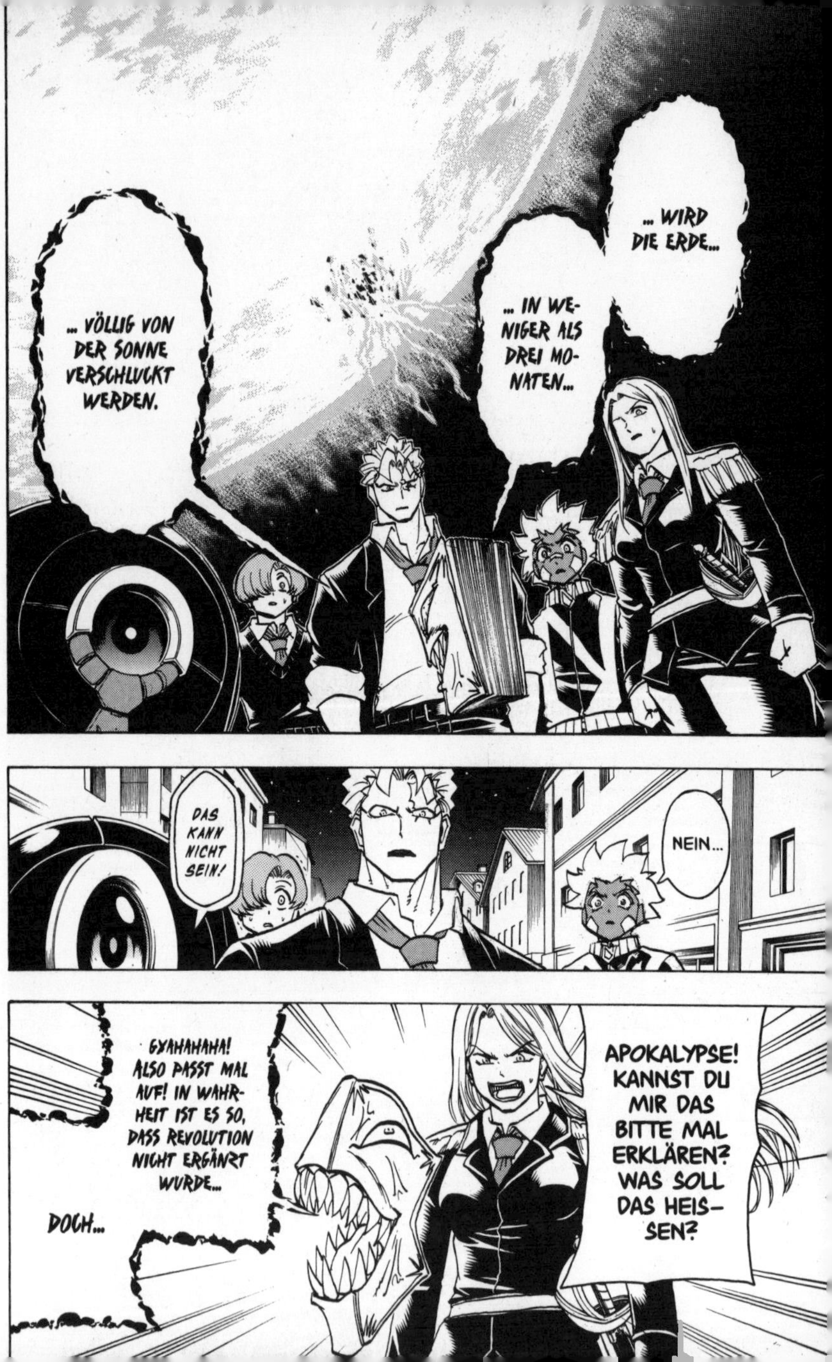
... WIRD DIE ERDE...
... IN WENIGER ALS DREI MONATEN...
... VÖLLIG VON DER SONNE VERSCHLUCKT WERDEN.
NEIN...
DAS KANN NICHT SEIN!
APOKALYPSE! KANNST DU MIR DAS BITTE MAL ERKLÄREN? WAS SOLL DAS HEISSEN?
GYAHAHAHA! ALSO PASST MAL AUF! IN WAHRHEIT IST ES SO, DASS REVOLUTION NICHT ERGÄNZT WURDE...
DOCH...

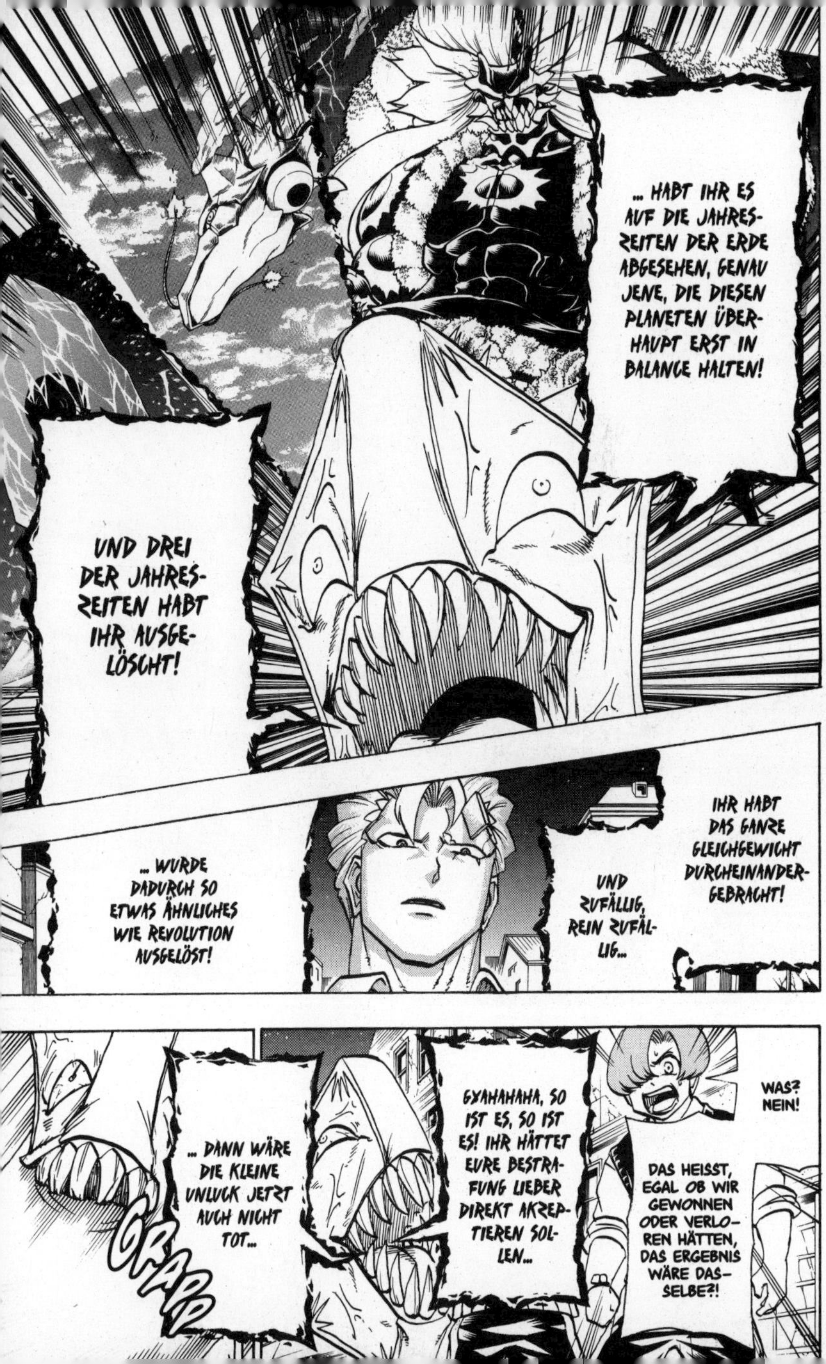
... HABT IHR ES AUF DIE JAHRESZEITEN DER ERDE ABGESEHEN, GENAU JENE, DIE DIESEN PLANETEN ÜBERHAUPT ERST IN BALANCE HALTEN!
UND DREI DER JAHRESZEITEN HABT IHR AUSGELÖSCHT!
IHR HABT DAS GANZE GLEICHGEWICHT DURCHEINANDERGEBRACHT!
UND ZUFÄLLIG, REIN ZUFÄLLIG...
... WURDE DADURCH SO ETWAS ÄHNLICHES WIE REVOLUTION AUSGELÖST!
WAS? NEIN!
DAS HEISST, EGAL OB WIR GEWONNEN ODER VERLOREN HÄTTEN, DAS ERGEBNIS WÄRE DASSELBE?!
GYAHAHAHA, SO IST ES, SO IST ES! IHR HÄTTET EURE BESTRAFUNG LIEBER DIREKT AKZEPTIEREN SOLLEN...
... DANN WÄRE DIE KLEINE UNLUCK JETZT AUCH NICHT TOT...
GRAPP

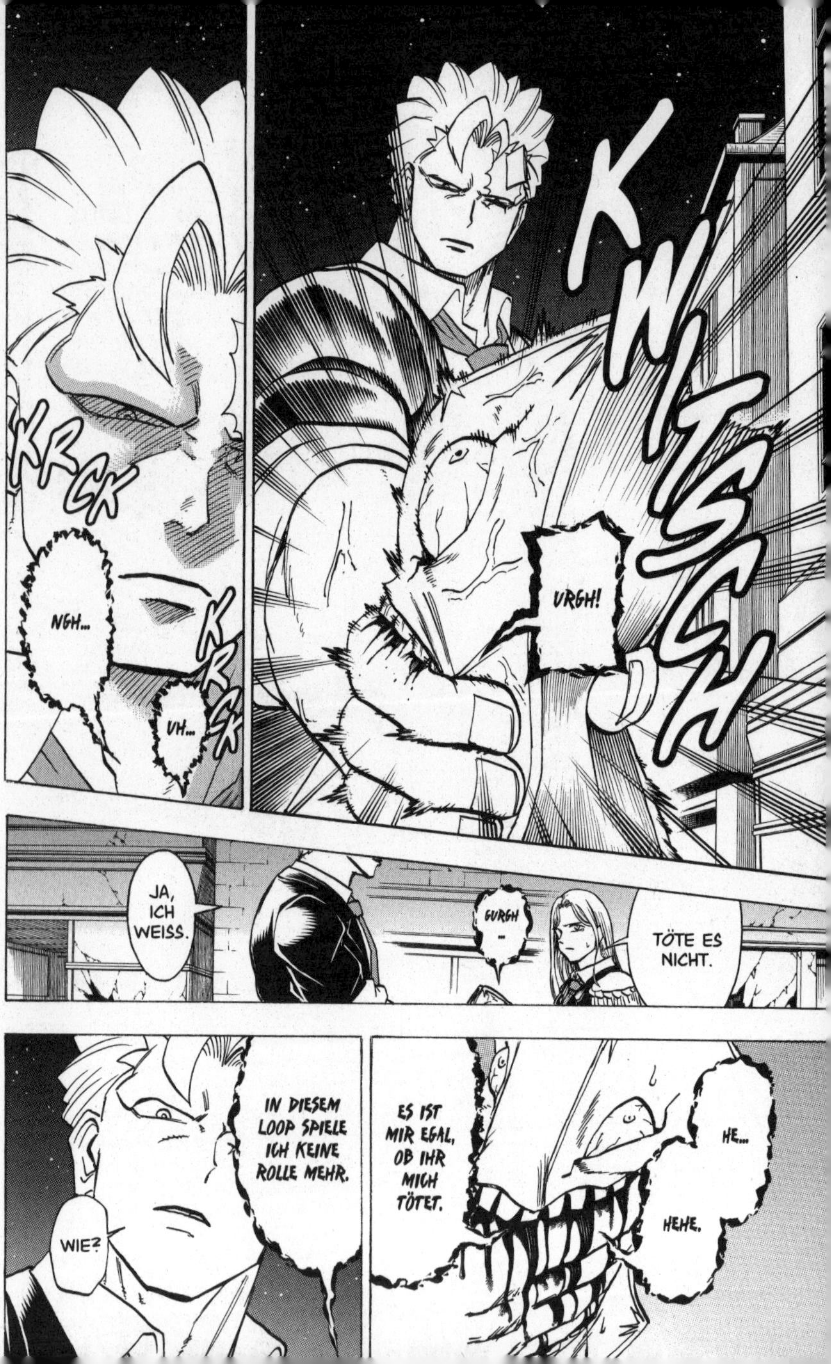
KWITSCH
URGH!
KRCK
NGH...
KRCK
UH...
TÖTE ES NICHT.
GURGH ...
JA, ICH WEISS.
HE... HEHE.
ES IST MIR EGAL, OB IHR MICH TÖTET.
IN DIESEM LOOP SPIELE ICH KEINE ROLLE MEHR.
WIE?

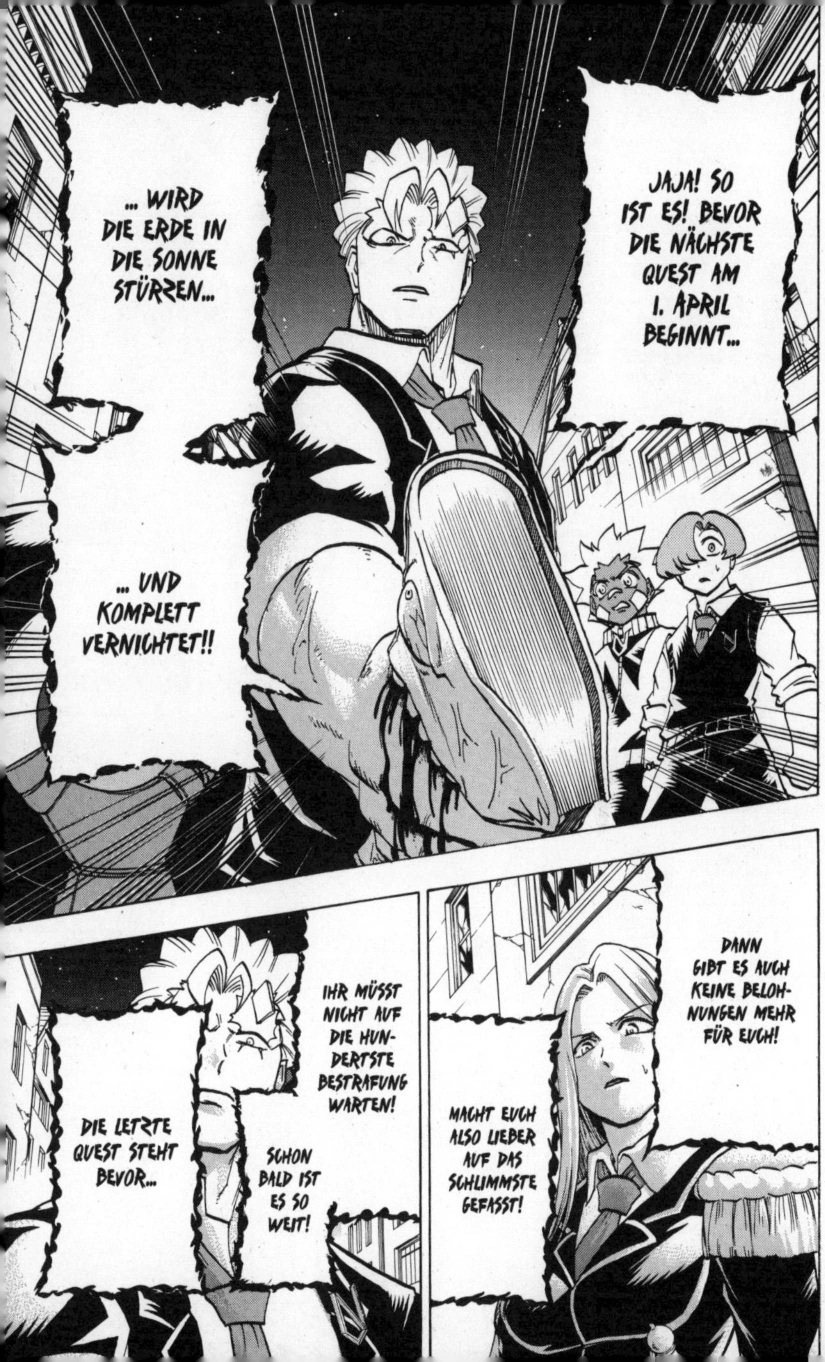
JAJA! SO IST ES! BEVOR DIE NÄCHSTE QUEST AM 1. APRIL BEGINNT...
... WIRD DIE ERDE IN DIE SONNE STÜRZEN...
... UND KOMPLETT VERNICHTET!!
DANN GIBT ES AUCH KEINE BELOHNUNGEN MEHR FÜR EUCH!
MACHT EUCH ALSO LIEBER AUF DAS SCHLIMMSTE GEFASST!
IHR MÜSST NICHT AUF DIE HUNDERTSTE BESTRAFUNG WARTEN!
SCHON BALD IST ES SO WEIT!
DIE LETZTE QUEST STEHT BEVOR...

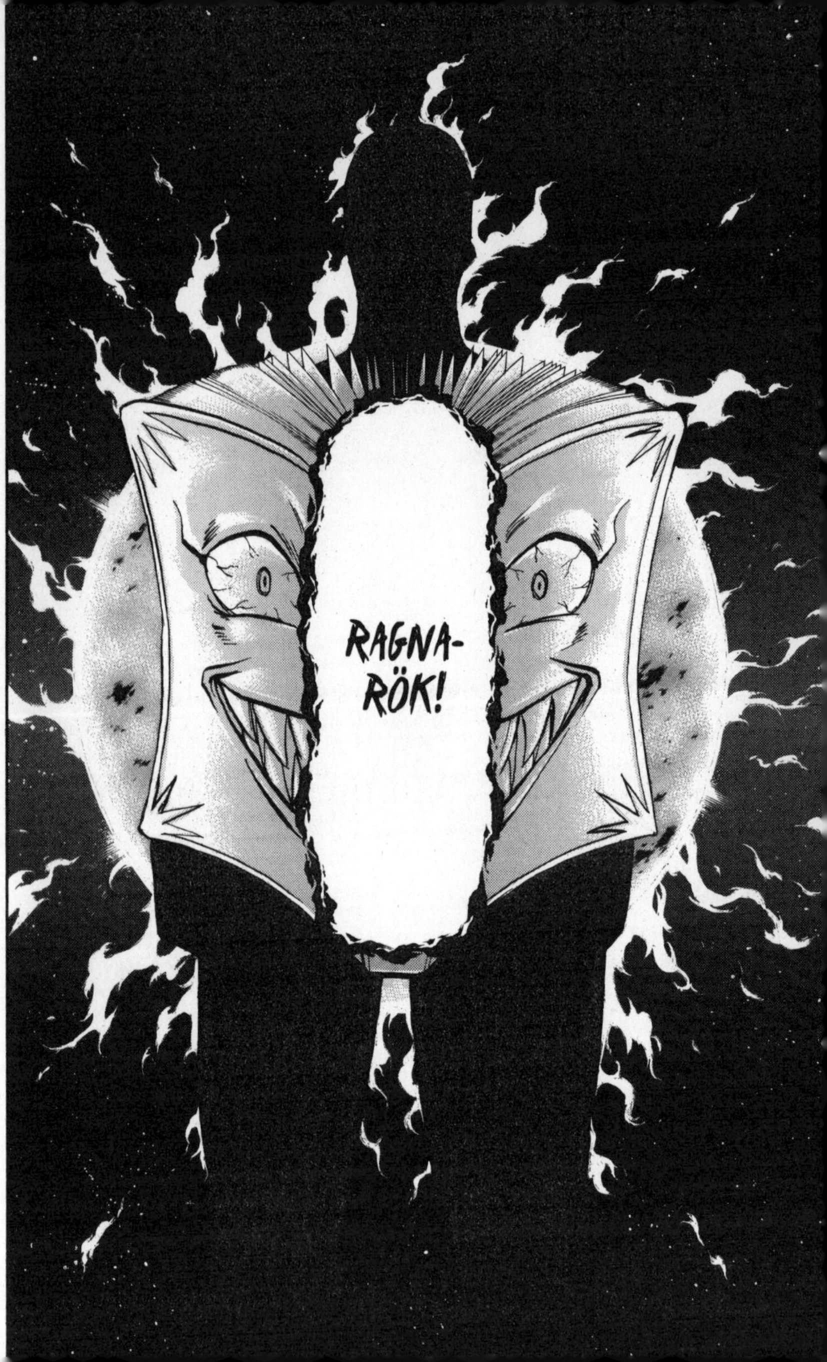
RAGNA-
RÖK!

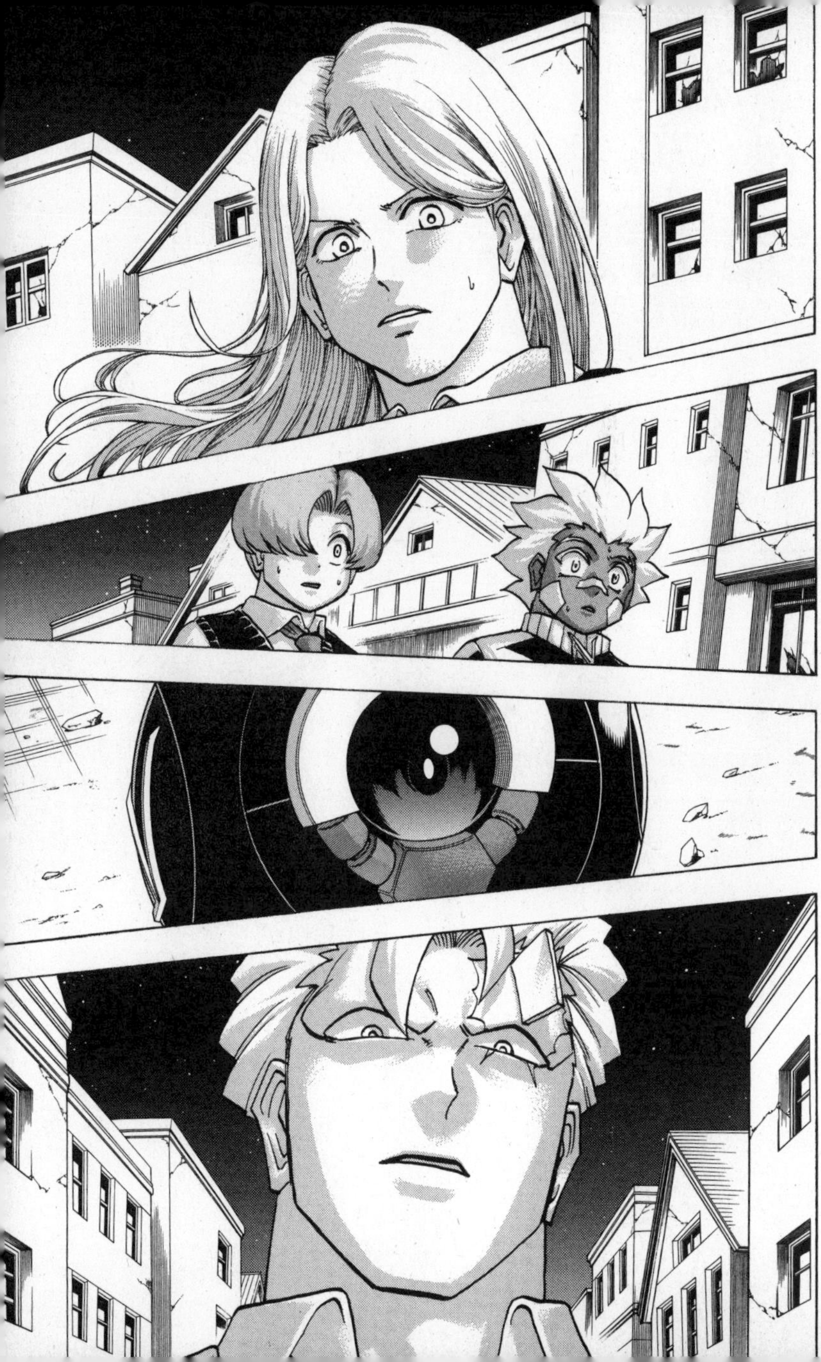

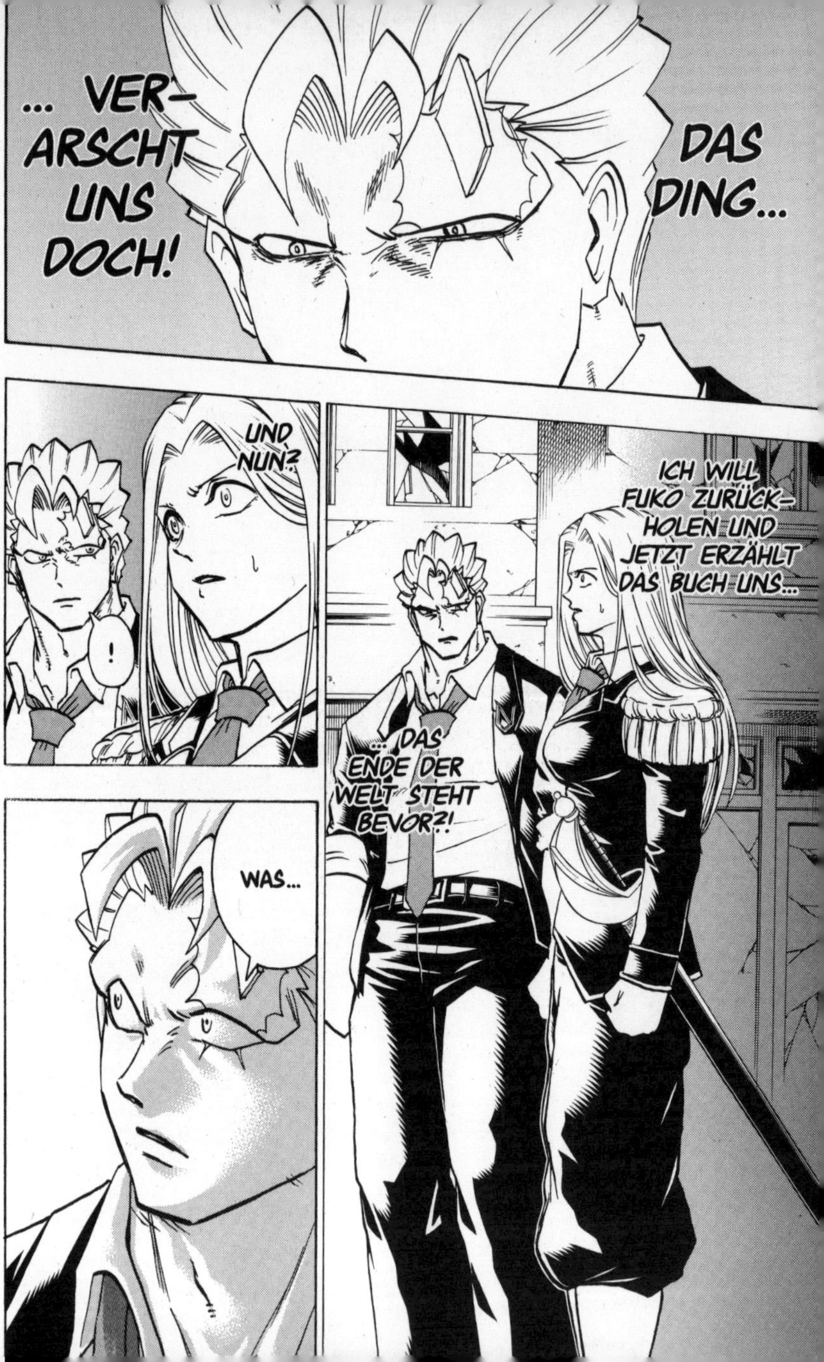
DAS DING...
... VER-ARSCHT UNS DOCH!
ICH WILL FUKO ZURÜCK-HOLEN UND JETZT ERZÄHLT DAS BUCH UNS...
... DAS ENDE DER WELT STEHT BEVOR?!
UND NUN?
!
WAS...

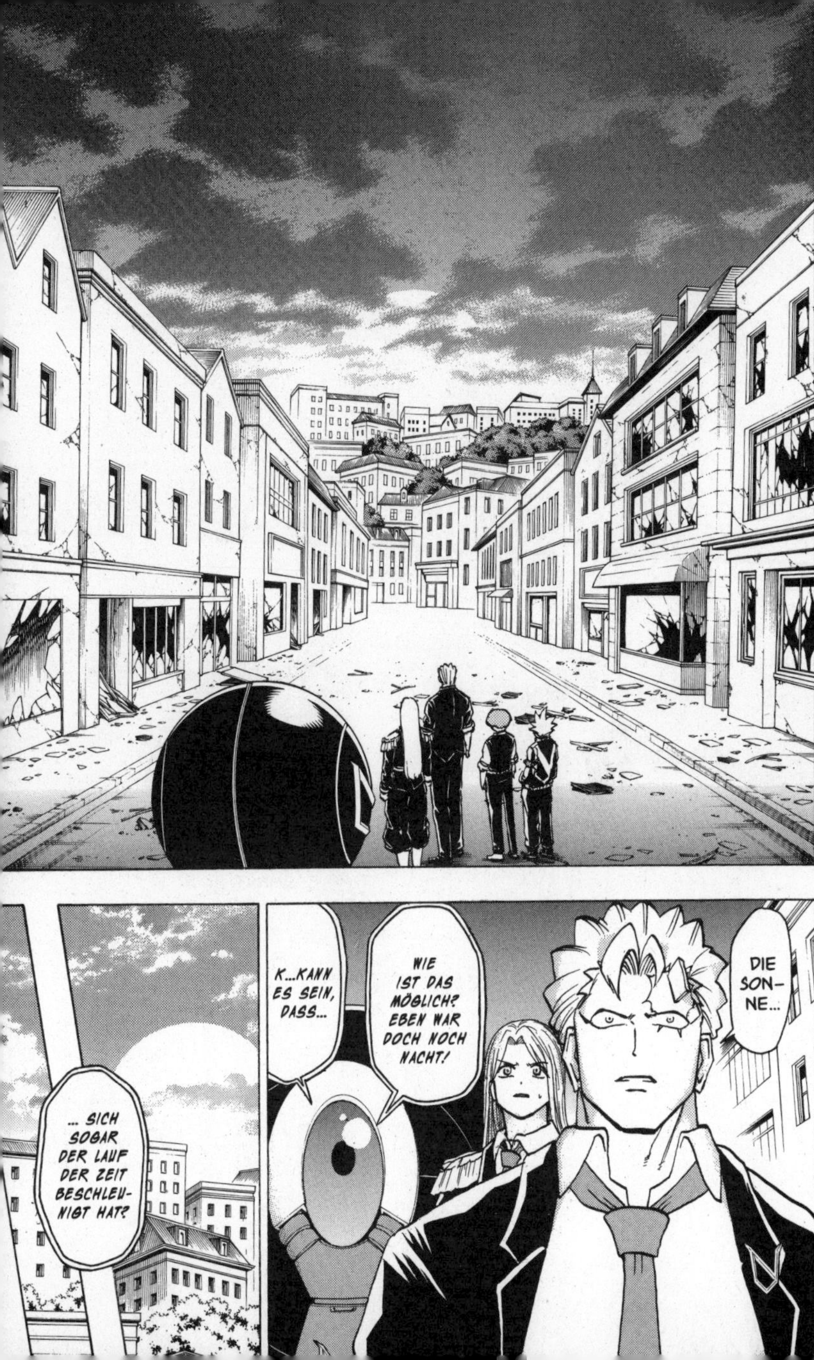
DIE SONNE...
WIE IST DAS MÖGLICH? EBEN WAR DOCH NOCH NACHT!
K...KANN ES SEIN, DASS...
... SICH SOGAR DER LAUF DER ZEIT BESCHLEUNIGT HAT?

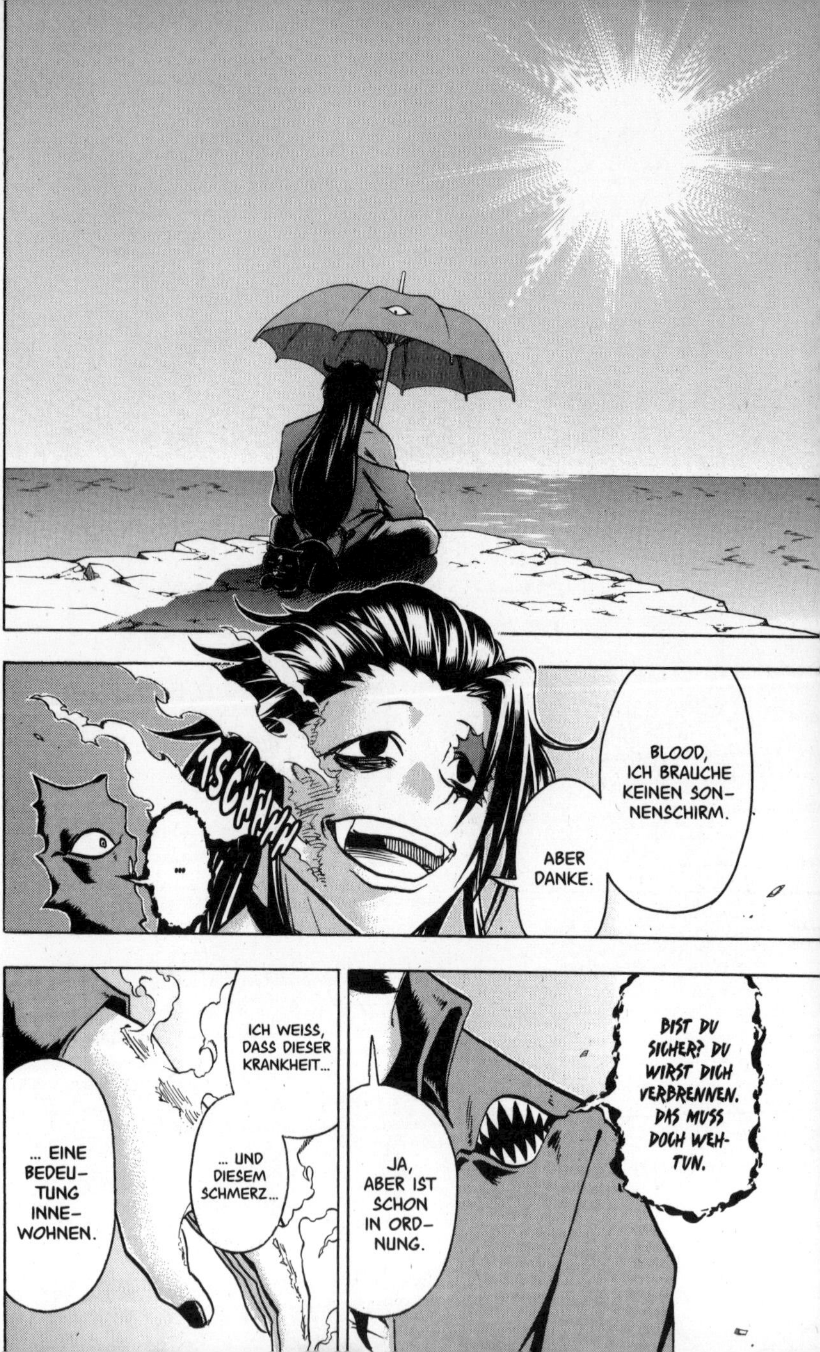
BLOOD, ICH BRAUCHE KEINEN SONNENSCHIRM.
ABER DANKE.
TSCHHHH
...
BIST DU SICHER? DU WIRST DICH VERBRENNEN. DAS MUSS DOCH WEHTUN.
JA, ABER IST SCHON IN ORDNUNG.
ICH WEISS, DASS DIESER KRANKHEIT...
... UND DIESEM SCHMERZ...
... EINE BEDEUTUNG INNEWOHNEN.

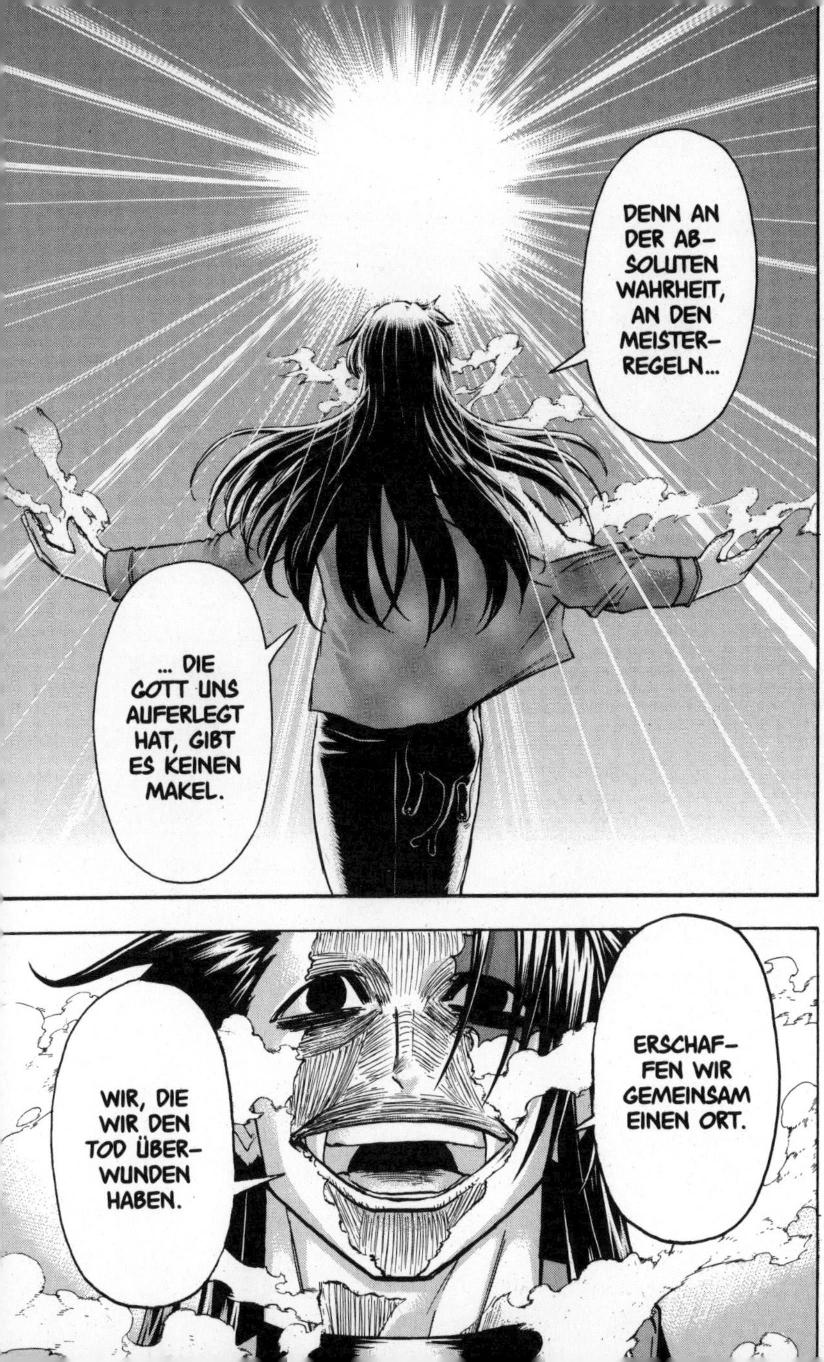
DENN AN DER AB-SOLUTEN WAHRHEIT, AN DEN MEISTER-REGELN...
... DIE GOTT UNS AUFERLEGT HAT, GIBT ES KEINEN MAKEL.
ERSCHAF-FEN WIR GEMEINSAM EINEN ORT.
WIR, DIE WIR DEN TOD ÜBER-WUNDEN HABEN.

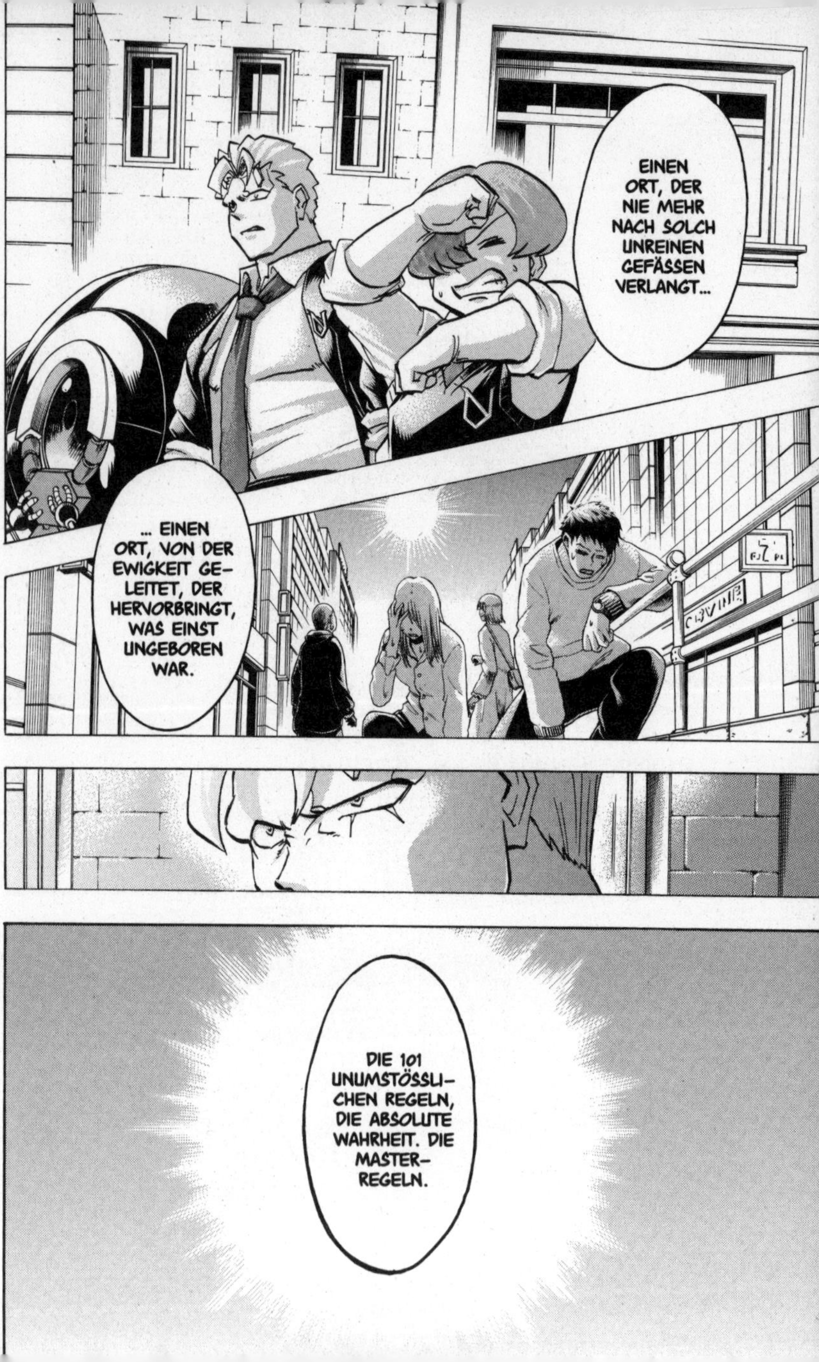
EINEN ORT, DER NIE MEHR NACH SOLCH UNREINEN GEFÄSSEN VERLANGT...
... EINEN ORT, VON DER EWIGKEIT GE-LEITET, DER HERVORBRINGT, WAS EINST UNGEBOREN WAR.
DIE 101 UNUMSTÖSSLI-CHEN REGELN, DIE ABSOLUTE WAHRHEIT. DIE MASTER-REGELN.

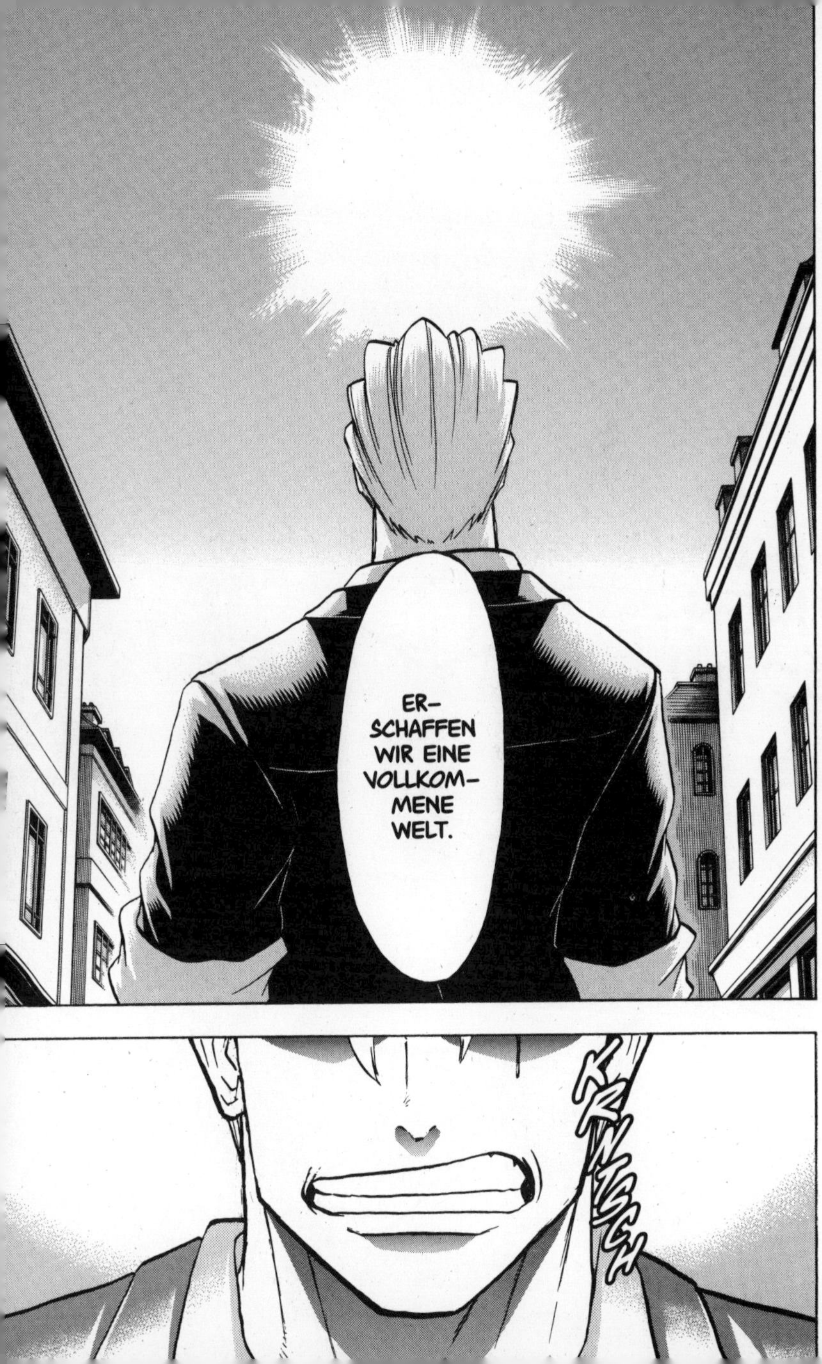
ER-
SCHAFFEN
WIR EINE
VOLLKOM-
MENE
WELT.
KNIRSCH

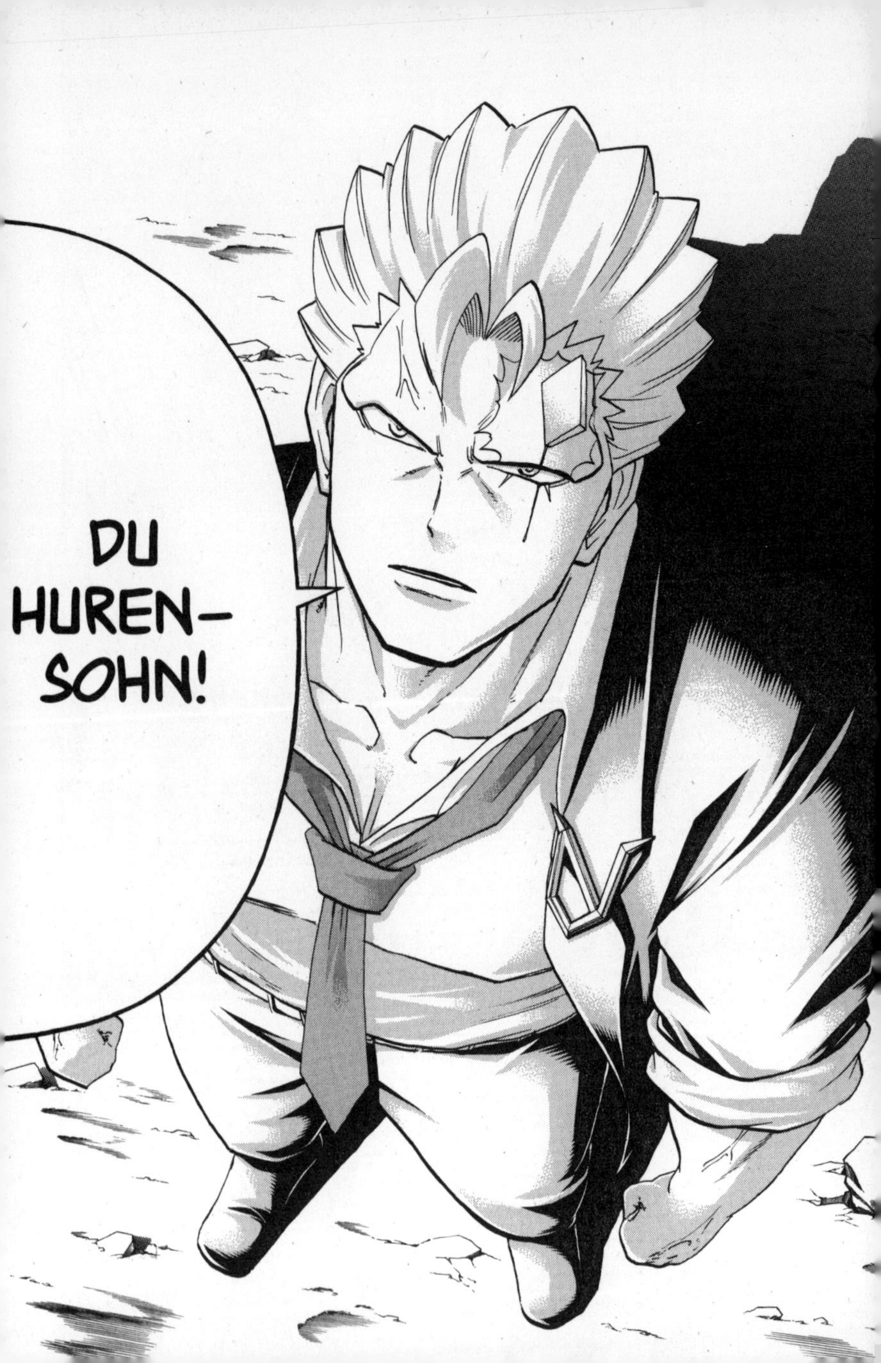
DU HUREN-SOHN!

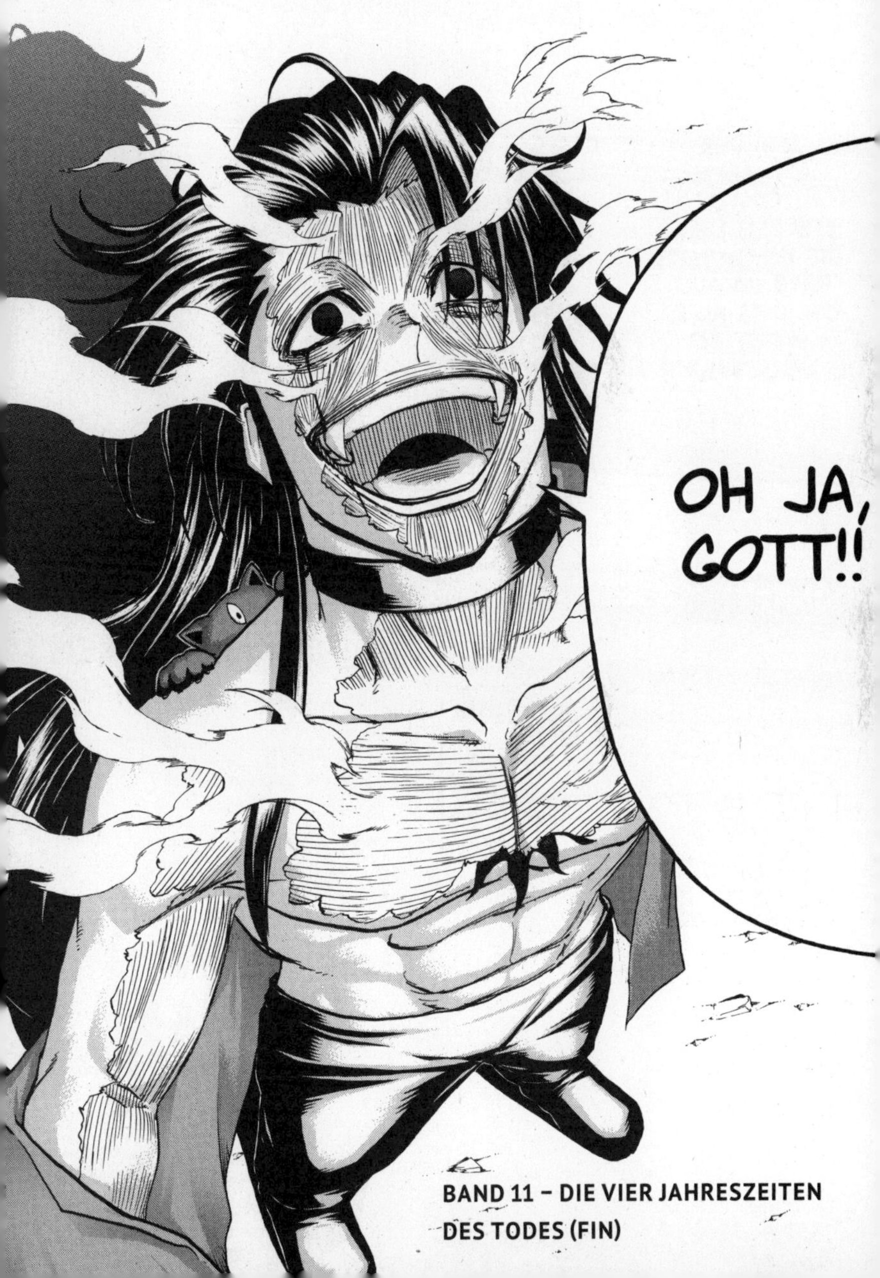

BAND 11 – DIE VIER JAHRESZEITEN DES TODES (FIN)

DIE VERSE DER 13 NEGATOREN

ICH WERDE DIE KRAFT, DIE DU MIR GEGEBEN HAST, UND DIE WORTE, DIE DU MIR GEGEBEN HAST, MIT AUGEN BEANTWORTEN, DIE NICHT LÜGEN.

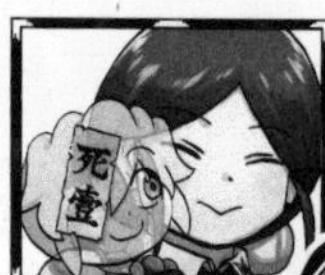

(MUI)

DAS SCHWERE LOS, DURCH PROPHEZEIUNG DIE EIGENE SCHWESTER GETÖTET ZU HABEN. SOLLTE ICH ES SCHULTERN? MICH WINDEN VOR QUAL? ODER DIES NAHENDE SCHICKSAL VORAUSSEHEN?

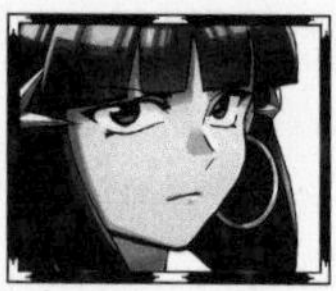

(LATLA)

ICH, DER ICH MEINE LIEBSTEN STERBEN LIESS, DIE UNHEILBARE NARB IM AUG, OH, DIES ALLES WIEGT SO UNVERSÖHNLICH.

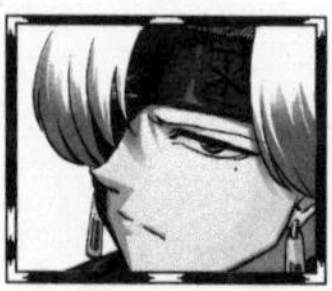

(RIP)

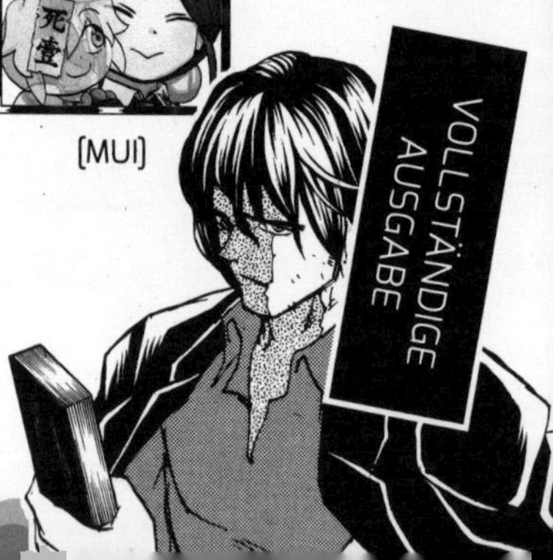

ICH WERDE DICH NICHT BERÜHREN, DENN ES IST RECHT SO, WENN DIES DER EINZIGE WEG IST, DIE FLANKEN DEINES HERZENS ZU ERTASTEN.

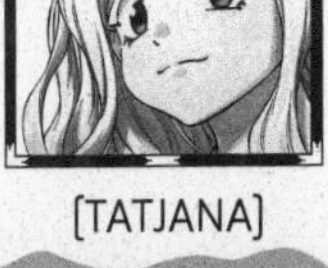

[TATJANA]

AUF DER SUCHE NACH EINER DANKESSCHULD, DIE ICH DEM UNSTERBLICHEN ZURÜCKZAHLEN KANN, DER MICH DIE FARBE DER LIEBE IN SO VIELEN TÖNEN GELEHRT HAT.

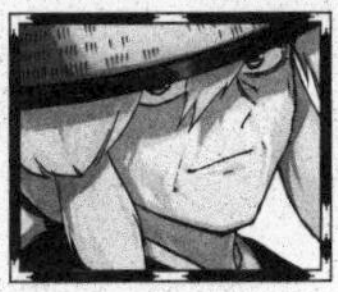

[YUSAI]

ICH BORGE MEINE STIMME DEM UNERFÜLLTEN TRAUM MEINES WOHLTÄTERS. DIE WAHRHEIT, IHN ZU STOPPEN, DRINGT IMMERZU NACH OBEN, DOCH ICH VERMAG SIE NICHT IN WORTE ZU FASSEN.

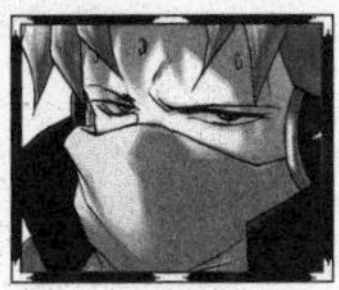

[TELLA]

UM
EIN SOHN
ZU SEIN,
DER SEINEN
VERSTORBENEN
ELTERN KEINE
SCHANDE
BEREITET, WILL
ICH MICH IN
BEWEGUNG
SETZEN, UM
AN ORT UND
STELLE ZU
VERWEILEN.

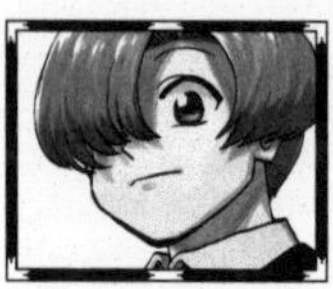

[CHIKARA]

EIN GANZES
LEBEN, DIE
TRÄUME EINES
FREUNDES,
IN TAUSEND
TRÜMMERN.
ICH LAS SIE
AUF. UND ICH
WERDE NICHT
INNEHALTEN,
EHE ICH NICHT
GOTT MIT
DEM FUSS
INS HEHRE
ANTLITZ TRAT.

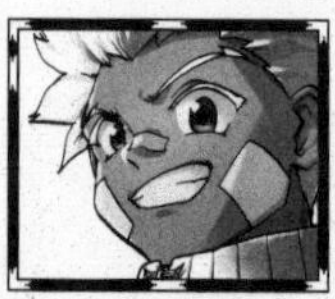

[TOP]

WENN
DER LANG
ERSEHNTE
WUNSCH DES
KRIEGER-
FREUNDS
NICHT ERFÜLLT
WIRD UND
SINN UND
ZWECK DES
KAMPFES
DEM KRIEG
ANHEIMFAL-
LEN, WILL ICH
DICH STÜRZEN,
GOTT, DENN
ANDERS IST
ES NICHT ZU
ERREICHEN.

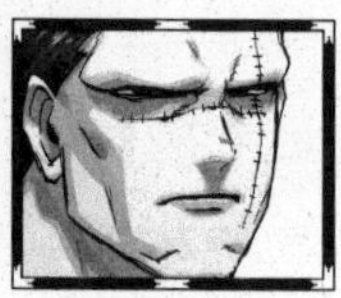

[CREED]

ES GIBT
AUCH SOLCHE,
DIE NICHT HE-
RAUSKOMMEN,
DOCH SORGE
DICH NICHT.
LASS ALL DIE
TRAURIGKEIT
FALLEN, VON
DER DU ER-
FÜLLT BIST.

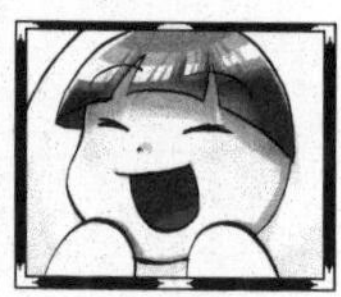

[BACKS]

GEMEINSAM SIND WIR DURCH DIE EWIGKEIT GEREIST. DIES IST FÜR DICH. MEINE GERECHTIGKEIT ERFÜLLT SICH DARIN, EIN VERGEHEN IM ALLERLETZTEN ZU GEWÄHREN.

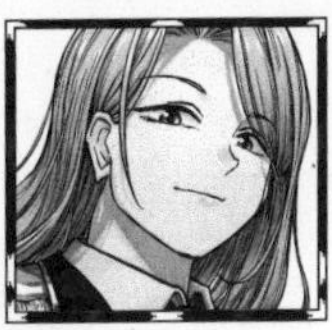

[JUIZ]

DEN GEIST DER UNVERWÜSTLICHKEIT, DEN ICH AN EINEM FRÜHLINGSTAG ERLERNEN DURFTE, WILL ICH AUF EWIG BESCHÜTZEN UND BEWAHREN. MEIN HERZ SOLL DIES BEZEUGEN.

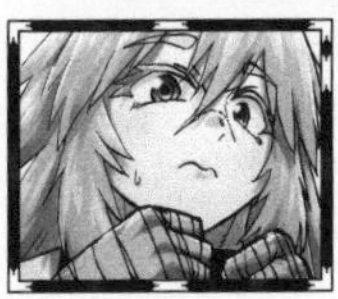

[ISSHIN]

ICH VERLIEBTE MICH IN EINE PRINZESSIN, DIE NIE SCHLIEF. UND NUN? DIE GEGENWART ERTRAGEN, OHNE JE DIE TAGE MEINER JUGEND ZU VERGESSEN.

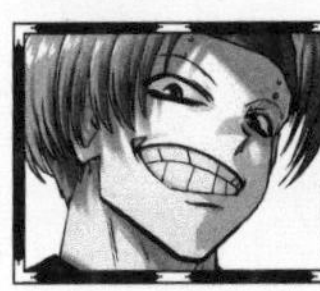

[NICO]

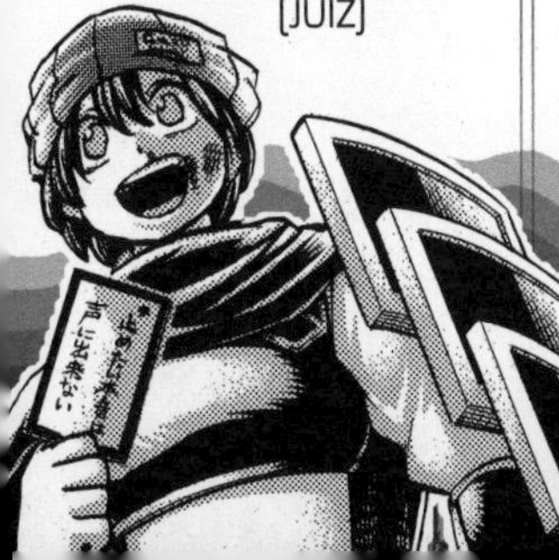

° DIE WAHRHEIT, IHN ZU STOPPEN, DRINGT IMMERZU NACH OBEN, DOCH ICH VERMAG SIE NICHT IN WORTE ZU FASSEN

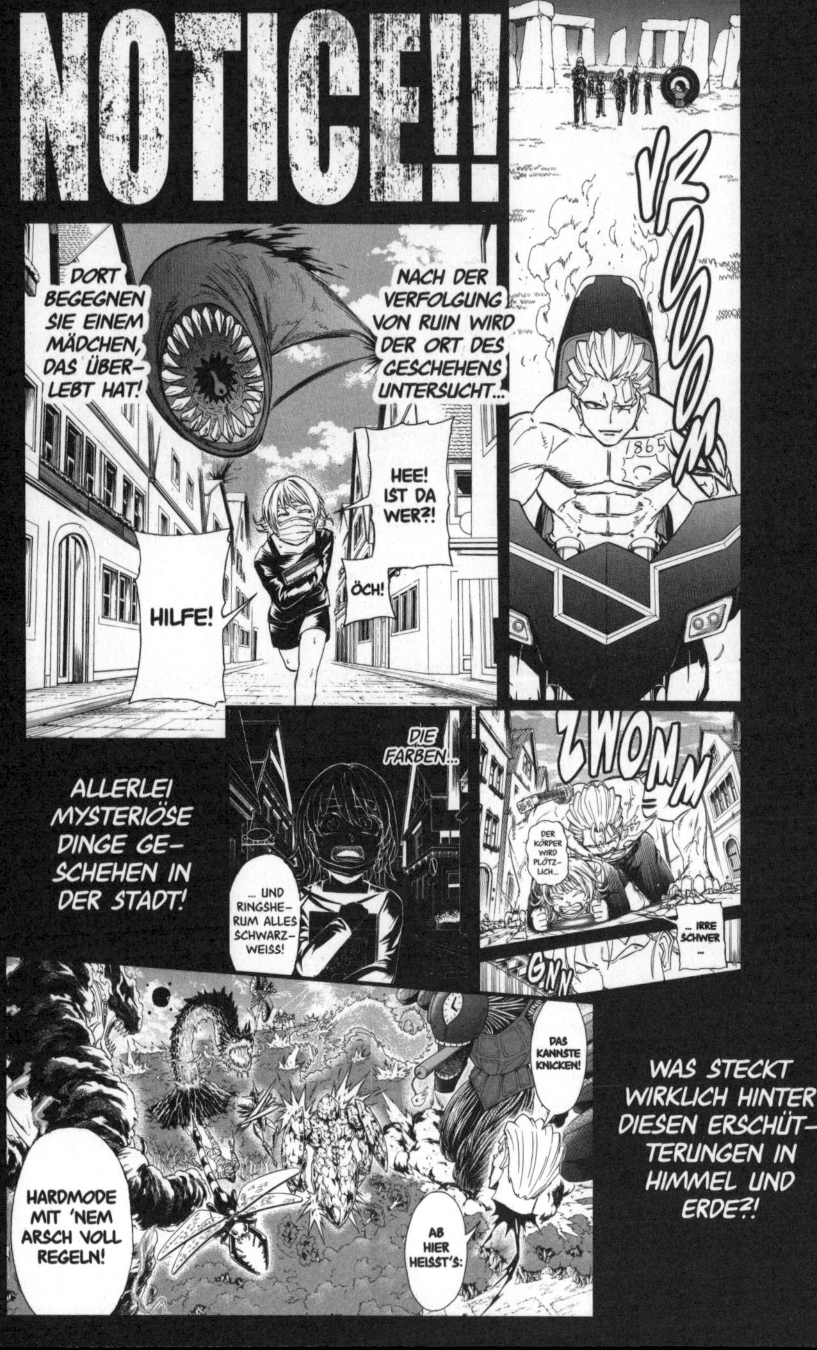
NOTICE!!
VROOOOOM
NACH DER VERFOLGUNG VON RUIN WIRD DER ORT DES GESCHEHENS UNTERSUCHT…
DORT BEGEGNEN SIE EINEM MÄDCHEN, DAS ÜBERLEBT HAT!
HEE! IST DA WER?!
ÖCH!
HILFE!
ZWONN
DER KÖRPER WIRD PLÖTZLICH…
… IRRE SCHWER …
GNN
DIE FARBEN…
… UND RINGSHERUM ALLES SCHWARZWEISS!
ALLERLEI MYSTERIÖSE DINGE GESCHEHEN IN DER STADT!
DAS KANNSTE KNICKEN!
AB HIER HEISST'S:
HARDMODE MIT 'NEM ARSCH VOLL REGELN!
WAS STECKT WIRKLICH HINTER DIESEN ERSCHÜTTERUNGEN IN HIMMEL UND ERDE?!

UNDEAD UNLUCK

NEXT VOLUME

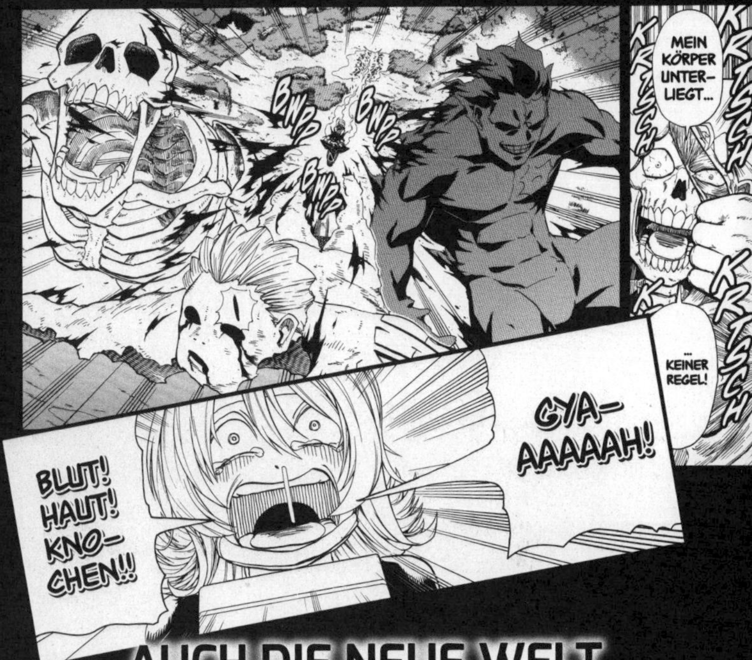

AUCH DIE NEUE WELT WIRD VERNICHTET!!

12

UNDEAD UNLUCK
BAND 12 – ERSCHEINT
VORAUSSICHTLICH IM
DEZEMBER 2023!!

UNDEAD
UNLUCK

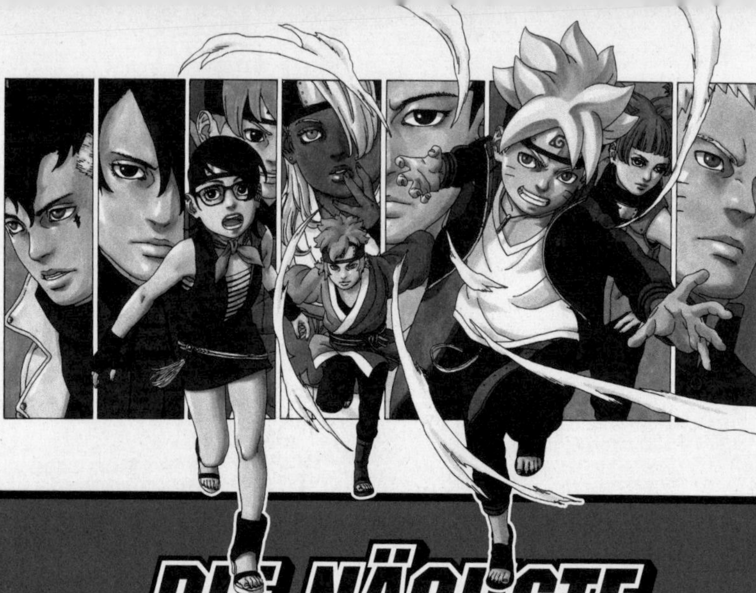

DIE NÄCHSTE NINJA-GENERATION!

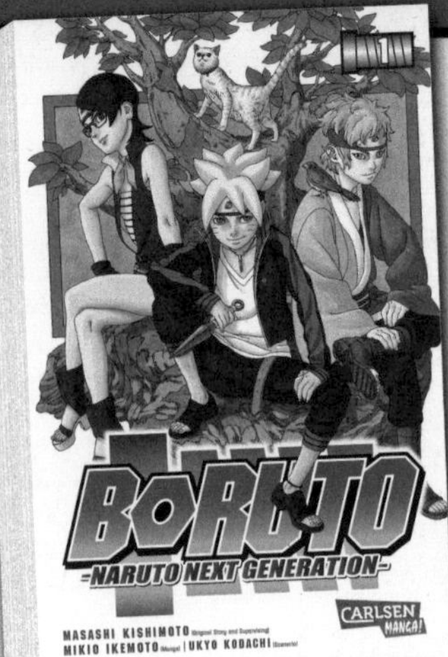

BORUTO: NARUTO NEXT GENERATIONS © 2016 by Masashi Kishimoto, Ukyo Kodachi, Mikio Ikemoto/SHUEISHA Inc

Naruto Uzumaki ist endlich Hokage und stolzer Vater von zwei Kindern. Sein Sohn Boruto gilt als Wunderkind und ist genauso rebellisch wie einst sein Vater. Boruto ist total genervt von seinem Vater, der nichts außer die Arbeit zu kennen scheint.
Er beschließt gegen die veraltete Denkweise der Ninja zu rebellieren und bittet Sasuke ihn zu trainieren, um ein besserer Ninja als Naruto zu werden ...

CARLSEN MANGA!

www.carlsenmanga.de

MASHLE
MAGIC AND MUSCLES

Story and Art by
HAJIME KOMOTO

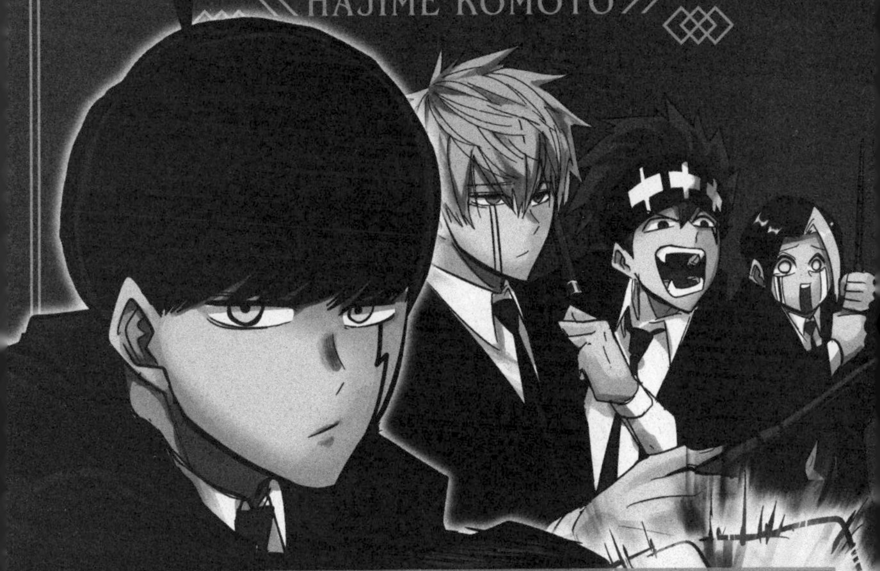

MAGIE IST GUT – MUSKELN SIND BESSER!

Im Reich der Magie wird der soziale Status durch die magischen Fähigkeiten bestimmt. Doch tief im Wald lebt Mash Burnedead, ein junger Mann, der seine gesamte Zeit damit verbringt, seinen Körper zu stählen. Er kann keine Magie benutzen, genießt jedoch ein friedliches Leben mit seinem Vater. Als das herauskommt, geraten beide in Gefahr. Die einzige Lösung: Mash wird in der Magieschule eingeschrieben, wo er die magische Konkurrenz schlagen muss! Wird sich Mash ohne einen Funken Magie und durch reine Muskelkraft einen Weg an die Spitze bahnen können?

MASHLE © 2020 by Hajime Komoto / SHUEISHA Inc.

CARLSEN MANGA!

www.carlsenmanga.de

carlsen_manga

carlsenmanga

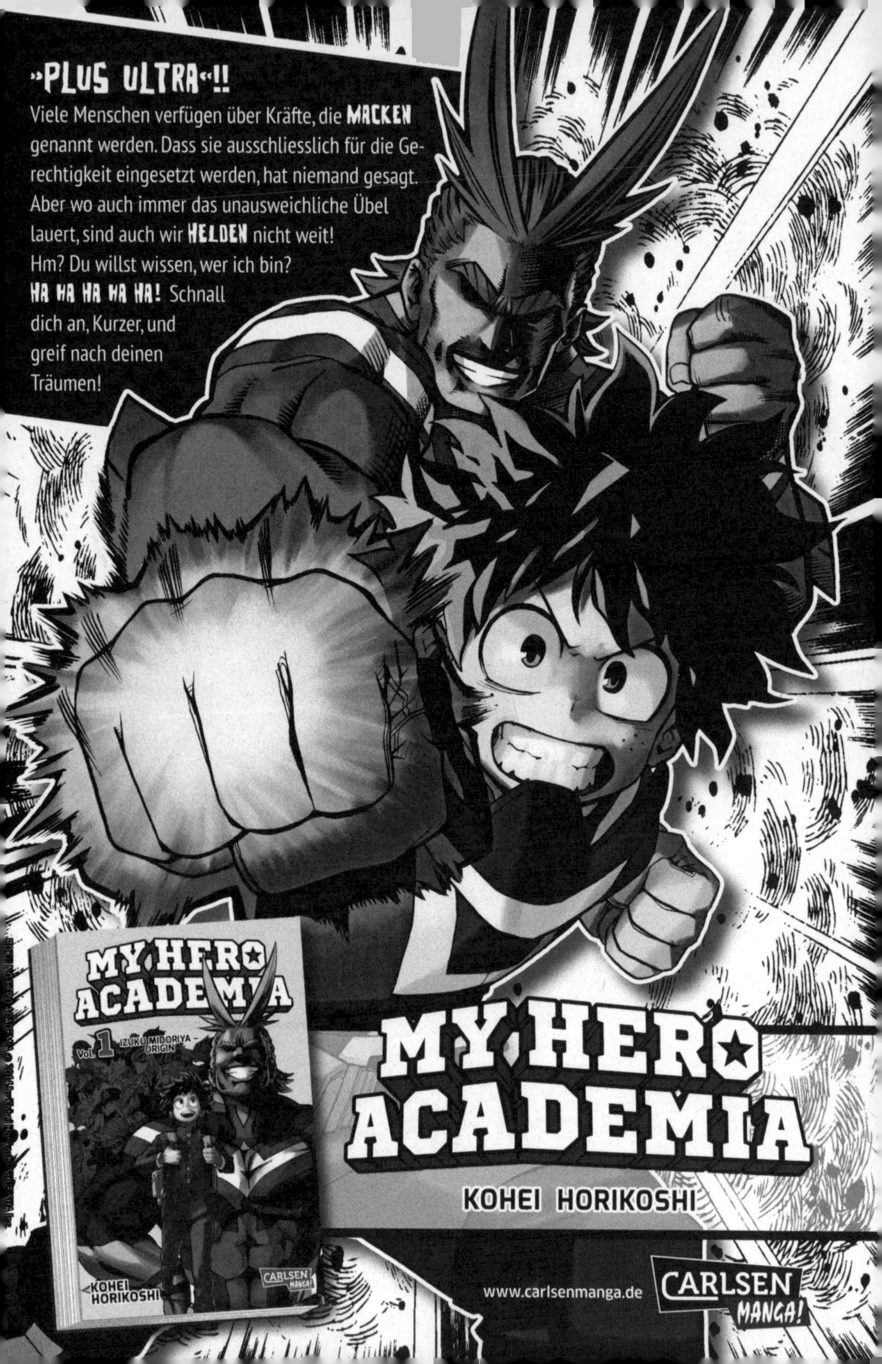
»PLUS ULTRA«!!
Viele Menschen verfügen über Kräfte, die MACKEN genannt werden. Dass sie ausschliesslich für die Gerechtigkeit eingesetzt werden, hat niemand gesagt. Aber wo auch immer das unausweichliche Übel lauert, sind auch wir HELDEN nicht weit!
Hm? Du willst wissen, wer ich bin?
HA HA HA HA HA! Schnall dich an, Kurzer, und greif nach deinen Träumen!
MY HERO ACADEMIA
Vol. 1
IZUKU MIDORIYA – ORIGIN
KOHEI HORIKOSHI
CARLSEN MANGA!
MY HERO ACADEMIA
KOHEI HORIKOSHI
www.carlsenmanga.de
CARLSEN MANGA!
BOKU NO HERO ACADEMIA © 2014 by Kohei Horikoshi / SHUEISHA Inc.

VIGILANTE
MY HERO ACADEMIA ILLEGALS

Autor: Hideyuki FURUHASHI
Zeichnungen: Betten COURT
Original Story: Kohei HORIKOSHI

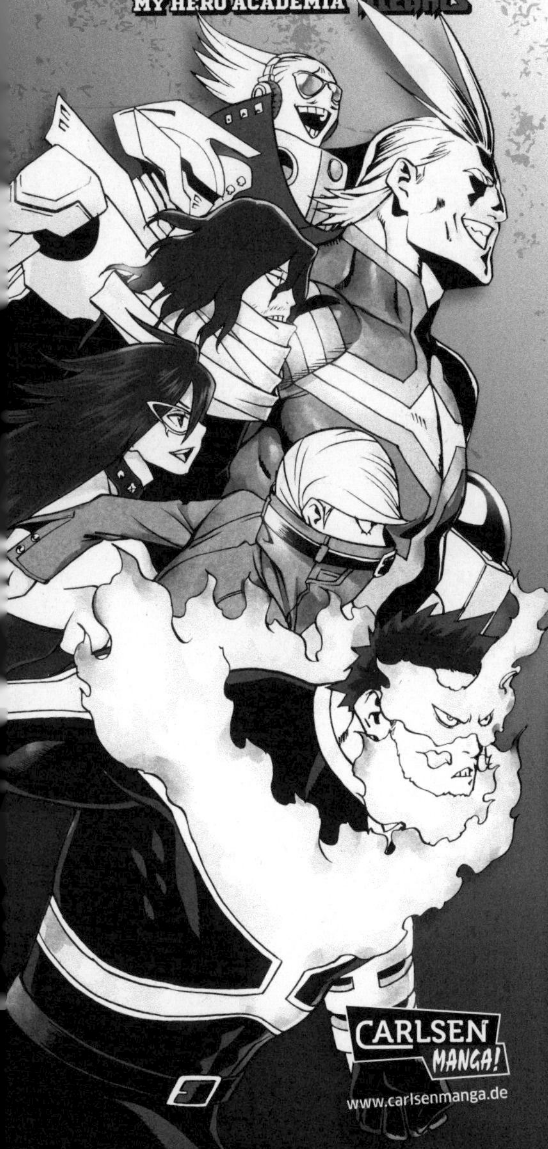

In der Welt von Izuku Midoriya ist Heldsein ein richtiger Job; sind doch 80% der Bevölkerung mir Superpower gesegnet. Schon an der U.A. lernen sie ihre Kräfte für Gutes unter Einhaltung der Regeln einzusetzen. Aber es gibt auch immer die, die keine Lust auf Regeln haben – sogenannte Vigilante (Rächer) – und die im Schatten der Legalität agieren auch wenn sie Gutes tun.
Koichi, ein großer Fan von All Might, ist einer von ihnen. Er nutzt seine Kraft um Müll zu sammeln oder Passanten beim Einkauf zu helfen – gut gemeint, aber es ist leider untersagt, seine Kräft in der Öffentlichkeit einzusetzen und so wird er zu einem Vigilante. Koichi beschließt eine Art Bürgerwehr zu bilden...

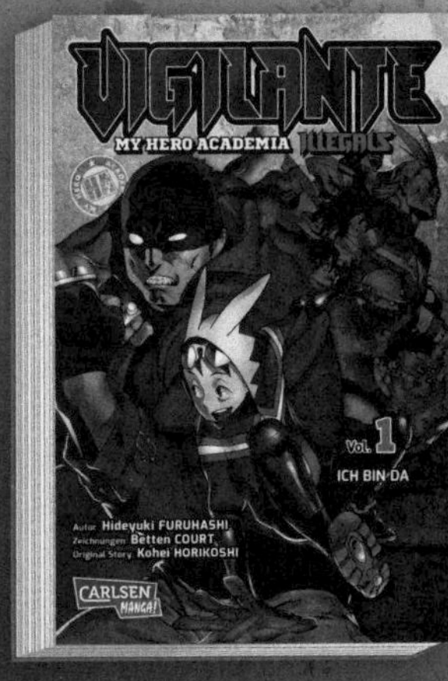

CARLSEN MANGA!

www.carlsenmanga.de

VIGILANTE -BOKU NO HERO ACADEMIA ILLEGALS- © 2016 by Hideyuki Furuhashi, Betten Court, Kohei Horikoshi / SHUEISHA Inc.

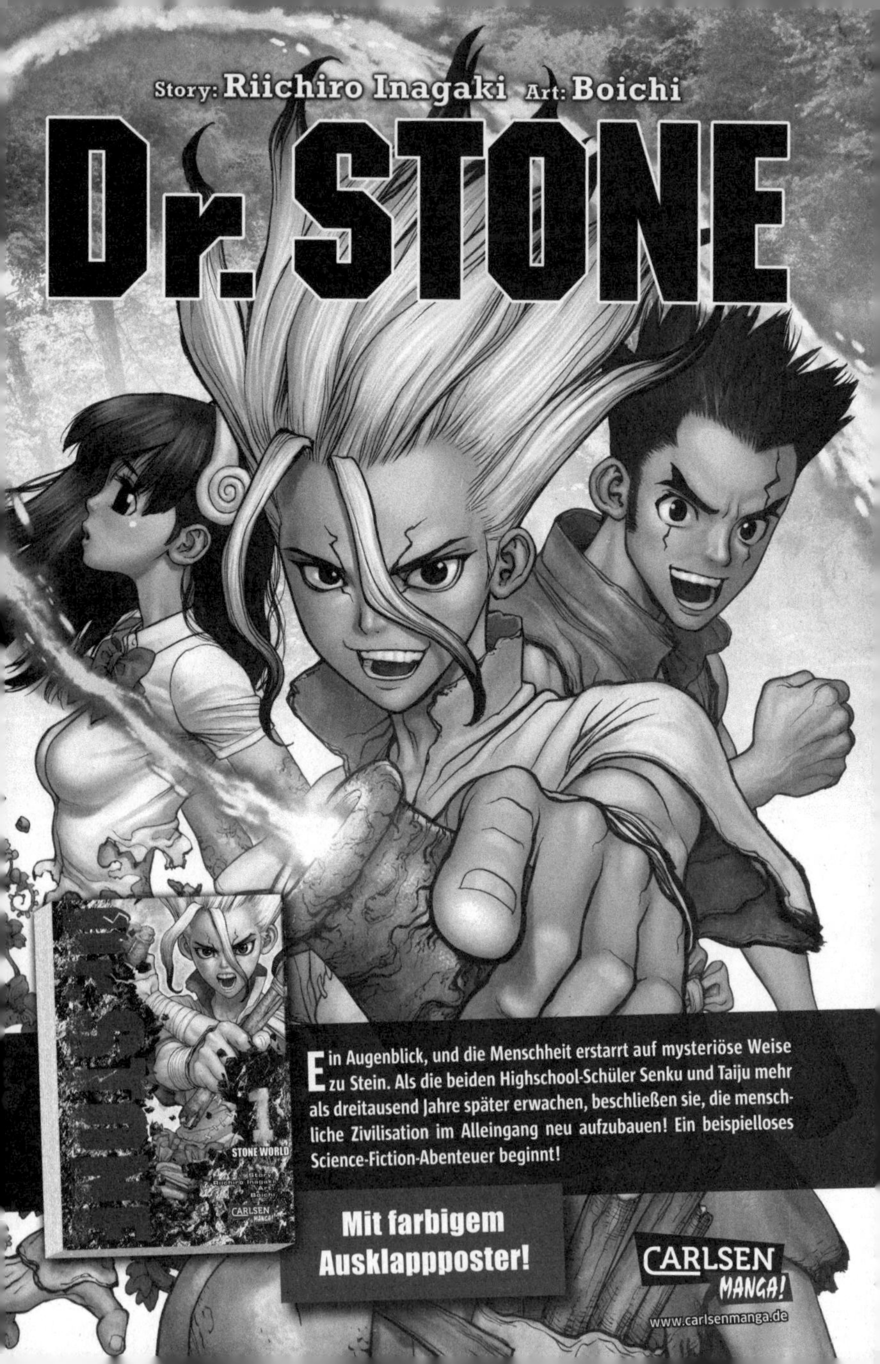
Story: Riichiro Inagaki Art: Boichi
Dr. STONE
STONE WORLD
1
Story: Riichiro Inagaki Art: Boichi
CARLSEN MANGA!
Ein Augenblick, und die Menschheit erstarrt auf mysteriöse Weise zu Stein. Als die beiden Highschool-Schüler Senku und Taiju mehr als dreitausend Jahre später erwachen, beschließen sie, die menschliche Zivilisation im Alleingang neu aufzubauen! Ein beispielloses Science-Fiction-Abenteuer beginnt!
Mit farbigem Ausklappposter!
CARLSEN MANGA!
www.carlsenmanga.de

MORIARTY THE PATRIOT

Story von
Ryosuke Takeuchi

Zeichnungen von
Hikaru Miyoshi

DIE GESCHICHTE DES GENIALEN RIVALEN VON SHERLOCK HOLMES

Paperback, sw/vierfarbig, 210 Seiten, 14,5 x 21 cm
€(D) 9,99 | €(A) 10,30

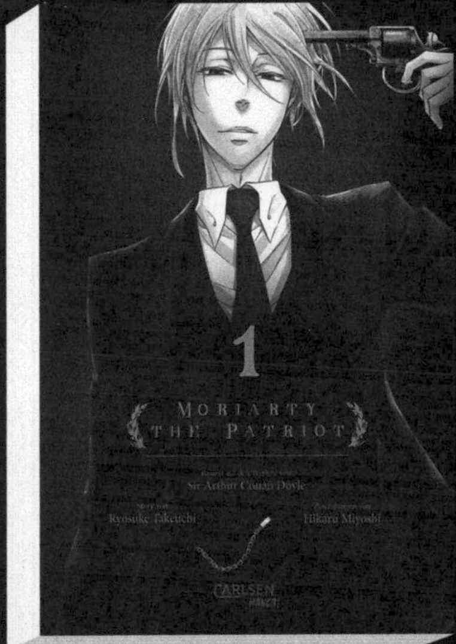

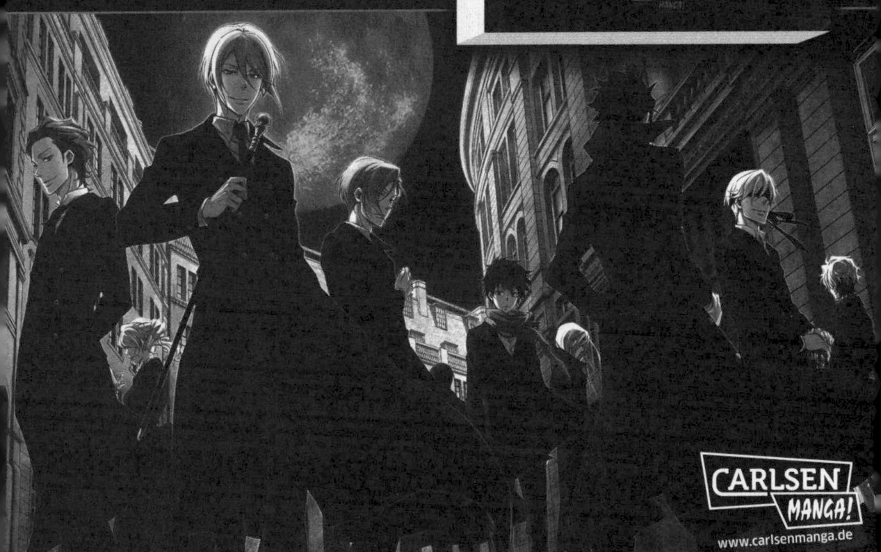

CARLSEN MANGA!
www.carlsenmanga.de

YUKOKU NO MORIARTY © 2016 by Ryosuke Takeuchi, Hikaru Miyoshi / SHUEISHA Inc.

HALT!

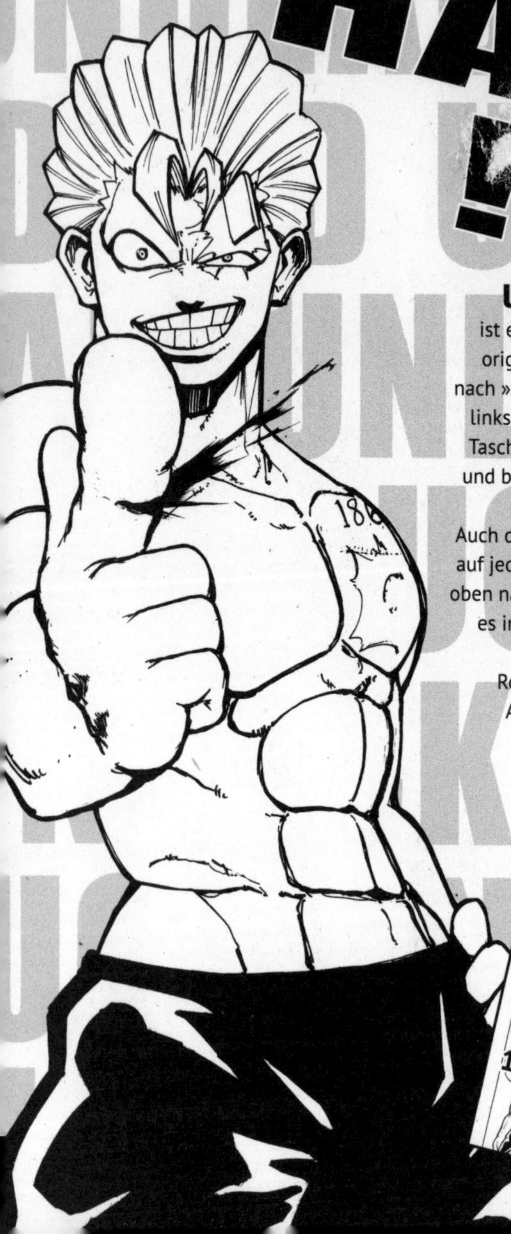

UNDEAD UNLUCK
ist eine japanische Serie, die originalgetreu von »hinten« nach »vorne« und von rechts nach links gelesen wird! Schlagt das Taschenbuch also »hinten« auf und blättert Seite für Seite nach »vorne« weiter!
Auch die Bilder und Sprechblasen auf jeder Seite werden von rechts oben nach links unten gelesen, wie es in der Grafik gezeigt wird!

Rotes Mützchen auf und Action auf Full Power!

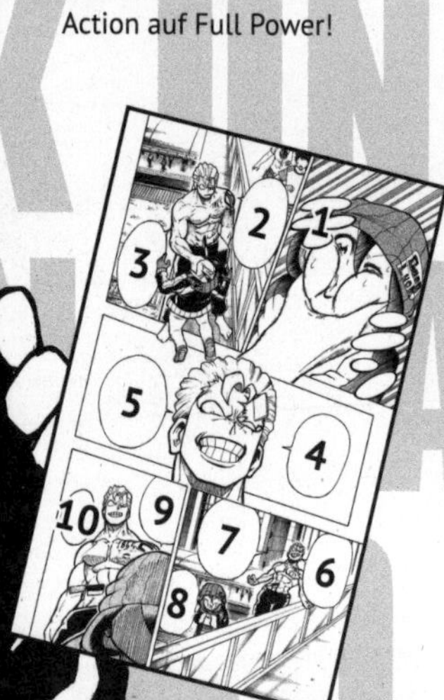